PSpice를 이용한 기초 회로 해석

전광일 저

머리말

정보화가 급속하게 진행되면서 모든 분야에서 컴퓨터를 활용하게 되었다. 전자회로의 특성을 알기 위해서는 회로를 실제로 구성하여 실험을 통하여 확인하는 방법이 있으나 이것은 여러 가지 노력, 시간과 비용이 들어가게 된다. 이러한 것들을 최소화하기 위해서 오늘날에는 컴퓨터 프로그램 상에서 회로를 모의 실험하여 그 회로의 특성을 확인하게 되는 과정을 대부분 거치게 된다.

기본적인 전자회로 법칙을 이론이나 실험을 통하여 배운 후 이것을 더 발전시키기 위한 과정으로 모의실험을 활용할 수 있고 이러한 것을 얻기 위하여 모의실험을 할 수 있는 컴퓨터 프로그램을 사용할 수 있어야 한다.

모의실험에 사용되는 컴퓨터 프로그램은 수많은 형태와 종류가 있으나 본 교재에서는 전자회로에 대하여 사용할 수 있는 프로그램인 PSpice에 대하여 알아보고자 한다.

본 교재는 전자 회로에 대하여 어려워하고 모의실험에 대하여 생소한 학생들을 위하여 만들어졌으며 모의실험에 익숙한 학생들에게는 다소 쉬운 구성으로 되어 있고, 일반적인 매뉴얼과 같은 나열식으로 내용을 전개하는 것을 지향하고 매주 수업에서 학생들이 수업의 목적을 가지게 하기 위하여 과제를 진행하면서 내용을 습득해 나가는 방식으로 내용을 구성하였다. 이 방법은 처음으로 CAD 프로그램을 이용하여 모의실험을 배우는 학생들에게 매우 유용하며, 이렇게 익힌 후 기존의 방식으로 구성된 책이나 매뉴얼을 습득하면 좀 더 손쉽게 적응할 수 있을 것으로 생각된다.

본 교재의 구성은 제1단원에서는 Capure CIS를 이용하여 실험할 회로도를 도면에 작성하는 것을 상세하게 설명하였고 제2단원에서는 아주 간단한 회로와 법칙들을 모의 실험하는 과정을 PSpice를 통하여 알게 되는 과정에 대하여 설명하였다. 제3단원에서는 PSpice를 이용하여 할 수 있는 기능을 익히는 내용을 수록하였고, 제4단원에서는 PSpice를 이용하여 다양하게 활용하는 내용에 대하여 언급하였다. 마지막으로 제5단원에서는 PSpice를 이용하여 실용에서 사용하는 회로도 예를 아날로그와 디지털로 구분하여 수록하였다.

쉽게 CAD 프로그램을 익히게 하기 위하여 만들어진 것으로 처음 배우는 학생들에게 유용한 교재가 되기를 간절히 바란다.

저자 전광일

목차

제 1 단원 PSpice 준비하기

제 1 장 PSpice 소개 및 준비하기

제 2 장 Capture CIS 시작하기

제 3 장 도면 작성하기

제 2 단원 PSpice 시작하기

제 4 장 PSpice 시작하기

제 5 장 직류 회로 해석 I

제 6 장 직류 변수 해석

제 7 장 직류 회로 해석 II

제 3 단원 PSpice 배우기

제 8 장 교류 정상상태 회로 해석

제 9 장 연산증폭기 해석

제 10 장 디지털 논리 회로 해석

제 11 장 과도응답 해석

제 12 장 Parametric 해석과 Measurements

제 4 단원 PSpice 응용하기

제 13 장 주파수 응답 해석

제 14 장 Fourier Series 해석

제 15 장 Monte-Carlo/Worst-Case 해석

제 16 장 ABM 활용

제 5 단원 회로 실습하기

제 17 장 아날로그 회로 실습

제 18 장 디지털 회로 실습

Appendix

제 1 단원
PSpice 준비하기

제 1 단원

PSpice 준비하기

제 1 장

PSpice 소개 및 준비하기

1.1 PSpice란?

전자 산업과 컴퓨터의 발전으로 오늘날 전기, 전자, 정보통신 분야의 설계, 제작, 제조 등에 컴퓨터 프로그램이 널리 사용되어지고 있다. 이 가운데 제품을 설계하는 과정에 컴퓨터 프로그램의 도움을 받는 것을 CAD(Computer Aided Design)라고 하며, 이 중에서 설계 분야에서 사용되는 프로그램은 제작 과정 보다 설계 과정에서 전기, 전자 및 디지털 회로 등을 설계할 경우, 회로 특성을 평가할 수 있는 정확한 방법이 필수적이다. 이러한 회로를 직접 제작하여 실험할 수도 있지만, 이렇게 할 경우 회로 구성 및 특성 해석에 많은 시간과 계측장비 및 경비가 필요하기 때문에 실제로 회로를 제작하기 전에 컴퓨터를 이용하여 계산하고, 측정, 평가하는 과정을 거치는 것이 현재 회로설계 및 제작 시에 반드시 필요한 필수적인 사항이 되었다. 이러한 과정을 컴퓨터 시뮬레이션(Computer Simulation)이라고 한다.

현재 사용되고 있는 수많은 컴퓨터 시뮬레이션 프로그램들이 있지만 범용으로 가장 많이 사용되어지는 것이 SPICE(Simulation Program with Integrated Circuit Emphasis) 계열의 프로그램들이다. 이 SPICE는 컴퓨터를 이용하여 전기 전자 디지털 회로의 해석 및 설계를 위해 1972년 미국 버클리의 캘리포니아 대학에서 개발한 Berkely SPICE 에 의한 PC 기반의 Analog/Digital 혼합 회로 시뮬레이션 프로그램이다. SPICE의 개발에 의해 트랜지스터의 동작점, 과도특성 해석 및 주파수 응답해석 등의 전기 전자회로에 대한 복잡하고 다양한 해석이 가능케 되었고 모든 회로에 공통으로 사용하는 저항, 커패시터, 인덕터 등의 수동소자와 다이오드, 트랜지스터, FET 등의 능동소자에 대한 모델을 자료화함으로써 거의 모든 회로에 대한 시뮬레이션을 손쉽게 수행할 수 있게 되었다. 이로 인하여 산업계에서 회로설계 검증용과 고교, 대학 등 교육기관의 교육용으로 폭넓게 사용하고 있다. 또한 11000개의 Analog library와 2000 개의 Digital library로 구성되어 있고 vendor 와 PSpice가 제공하는 library를 수정하여 새로운 model을 생성할 수 있는 기능을 제공한다. 표 1.1에는 PSpice를 이용한 회로 시뮬레이션 과정을 흐름도로 표현하였다.

표 1.1 PSpice를 이용한 시뮬레이션 흐름도

1. Schematic Entry - Capture CIS를 이용한 회로도 부품 배치하기 - Capture CIS를 이용한 회로도 선 그리기 - Capture CIS를 이용하여 부품 속성 편집하기
⇩
2. Analysis Setup & Simulation - PSpice A/D 회로 해석 - Stimulus Editor를 이용한 입력 조건 설정하기
⇩
3. Output - Probe 를 이용하여 회로 시뮬레이션 결과 파형 보기 - Text Editor를 이용하여 결과 파일 및 네트리스트 파일 보기

최근까지도 SPICE는 단지 워크스테이션 이상의 중·대형 컴퓨터에서만 사용할 수 있었지만 1984년에 MicroSim사에서 PSpice(Professional Simulation Program with Integrated Circuit Emphasis)를 소개하면서 PC에서도 사용할 수 있게 되어 회로해석에 컴퓨터의 이용을 더욱 확대하는 계기를 마련하였다. 1992년에 PSpice v5.2가 소개되면서 윈도우즈에서 동작하는 것이 가능해졌다. PSpice는 회로의 설계와 편집, 시뮬레이션 그리고 그래픽 출력 등을 볼 수 있는 Capture, Stimulus editor, PSpice A/D, Probe로 구성되어 있다. 시뮬레이션을 수행하고자 하는 회로를 그림으로 그려 처리하는 GUI 기능이 첨가되면서 초보자도 쉽게 접근할 수 있게 되어 보급이 활성화되었으며, 1993년에 기능이 강화된 PSpice v6.0이, 1995년에 PSpice v6.2, PSpice v6.3, 1996년에 PSpice v7.1이 1998년에 PSpice v8.0이 발표되었다. 1998년에 회로의 작성 및 Layout의 대명사로 널리 알려진 OrCAD사에서 PSpice를 인수하여 Schematic(회로 작성) 부분을 대폭 강화한 OrCAD PSpice Release 9.0을 발표하였고 1999년 4월 이후 OrCAD PSpice Release 9.1이 사용되었다. 2000년 cadence사에서 OrCAD사를 합병하여 보다 기능을 강화한 OrCAD family PSpice Release 9.2를 2001년 7월에 발표하였다. OrCAD family PSpice

Release 9.2에서는 OrCAD와 PSpice가 별도의 프로그램으로 설치하여 사용하였으나 2003년 하반기에는 OrCAD의 기능과 PSpice의 기능을 실제적으로 한 프로그램에서 사용하는 OrCAD v 10.5가 발표되었고 2007년 6월에 OrCAD v 16.0이 발표되었다. 현재에는 OrCAD v 16.3이 최신 버전으로 사용되고 있다.

1.2 프로그램의 구성

OrCAD v16.3 데모 버전은 cadence사에서 사용자들의 편의를 위해 무료로 배포하는 버전으로 다음과 같은 구성으로 이루어져 있다.

- Capture : 회로 작성, Schematic 관련
- Capture CIS : 회로 작성, Schematic, CIS(Component Information System)
- PSpice A/D : 아날로그와 디지털회로 시뮬레이션
- OrCAD PCB Editor : PCB 디자인 관련
- SPECCTRA : PCB autorouting 관련

OrCAD Package	OrCAD Capture	PSpice A/D	PSpice Advanced Analysis	OrCAD PCB Editor	SPECCTRA For OrCAD
OrCAD PCB Designer Basics	✓			✓	
OrCAD PCB Designer	✓			✓	✓
OrCAD PCB Designer with Spice	✓	✓	Optional	✓	✓
OrCAD EE Designer	✓	✓	Optional		
OrCAD EE Designer Plus	✓	✓	✓		

아날로그와 디지털 회로의 시뮬레이션 기능만을 위해서는 회로작성을 위한 Capture와 시뮬레이션 부분을 담당하는 PSpice A/D만 사용하며, 다른 것은 PCB와 관련이 있으므로 여기에서는 언급하지 않는다.

데모 버전용의 기능은 단일 회로 안에 사용 가능한 노드의 수를 64개, 사용 가능한 subcircuit의 수를 20개, 최대로 사용할 수 있는 부품 수를 25개, 디지털 부품

인 경우 65개 정도로 제한하고 있지만 비교적 복잡한 회로의 시뮬레이션도 가능하기 때문에 학교 및 산업체 여러 곳에서 폭넓게 사용하고 있다.

데모 버전의 제약 사항을 정리하면 다음과 같다.

- Node 수 : 64개
- Transistor 수 : 10개
- 디지털 부품 수 : 65개
- Model Editor의 사용은 다이오드로 제한
- Stimulus generation은 sine waves(analog)와 clocks(digital)만 가능
- Sample library는 39개의 analog parts와 134개의 digital parts만 제공
- demo version으로 실행한 시뮬레이션 데이터만을 화면에 display 가능

1.3 PSpice demo 프로그램 설치

1.3.1 설치 환경

- 사용하실 수 있는 컴퓨터 최소사양

OS : Winodws XP, Windows Vista, Window Server 2003

CPU : Pentium® 4 (32-bit) 이상

Memory : 512MB (XP와 Vista에서는1GB 이상 추천)

HDD : 300MB 이상 빈공간이 필요

최소 해상도 : 1024 x 768 (1280x1024)에 65,000이상 Color

1.3.2 프로그램 설치

www.orcad.com 이나 www.orcadpcb.com에서 압축된 OrCAD v16.3 demo version을 다운 받아 동일한 장소에 압축을 풀면 OrCAD_163_Demo_all_products 디렉터리가 생기고 그 안에 디렉터리 Disk1과 Disk2가 생기고 디렉터리 Disk1 안에 있는 setup.exe를 실행시키면 프로그램이 설치된다.

제 2 장

Capture CIS 시작하기

2.1 Capture CIS 시작하기

PSpice의 시뮬레이션을 위하여 OrCAD Capture CIS Demo 프로그램 상에 회로도를 작성하여야 한다. 그래서 회로도 작성을 위한 OrCAD Capture CIS Demo 사용법을 간단하게 알아보고자 한다.

윈도 작업 표시줄의 [시작] 버튼을 클릭하여 모든 프로그램/Cadence/OrCAD 16.3 Demo/OrCAD Capture CIS Demo를 선택한다. 그러면 그림 2.1과 같이 기본 창이 열린다.

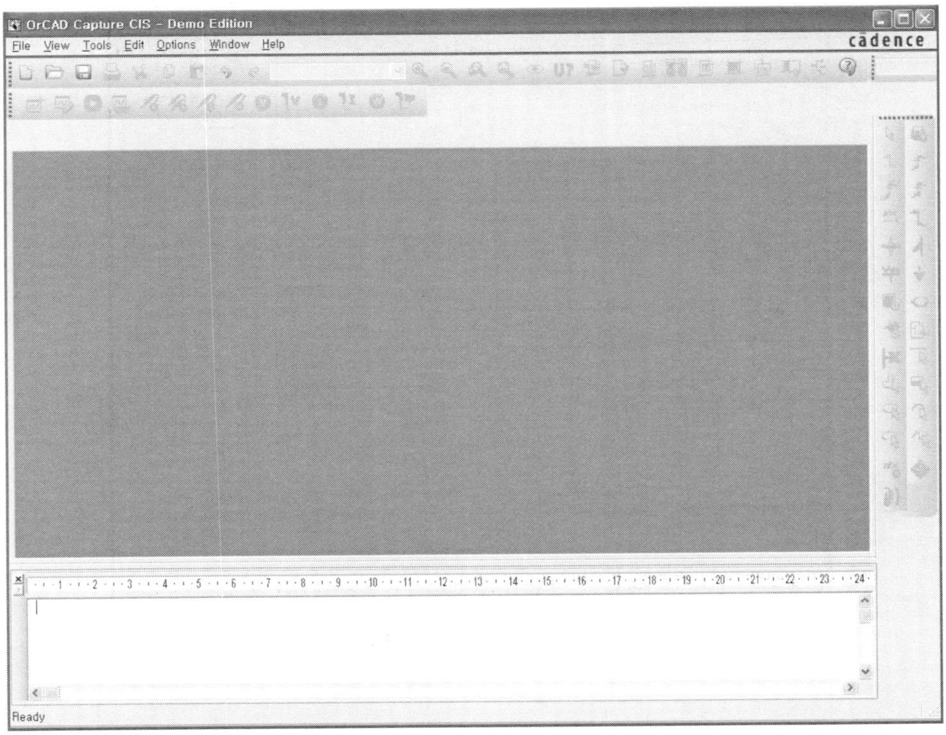

그림 2.1 OrCAD Capture CIS Demo 기본 창

2.2 새로운 디자인 파일 만들기

새로운 디자인 파일을 만드는 순서는 다음과 같다.

① 메뉴 줄에서 File/New/Project를 선택한다.

② 그림 2.2와 같이 New Project 창이 열린다.

③ Name 상자에 디자인 프로젝트의 파일 이름을 입력한다.

④ Create a New Project Using 항목에서 작업할 프로젝트 종류를 선택한다. 여기에서는 PSpice를 위하여 도면을 작성하는 것이므로 Analog or Mixed A/D를 선택한다.

⑤ Location 상자에 프로젝트 파일의 저장 폴더를 지정하기 위해 Browse 버튼을 선택한다.

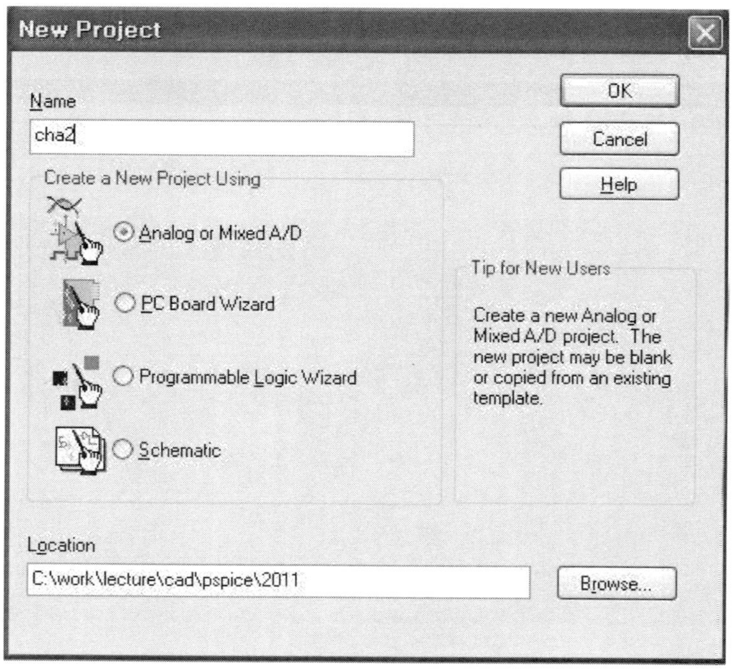

그림 2.2 New Project 창

⑥ Select Directory 창이 열린다.

⑦ Directories 상자에서 원하는 폴더를 지정한다. 특정 폴더에 새로운 폴더를

생성하기 위해 Create Dir 버튼을 선택한다.

⑧ 원하는 폴더를 지정한 후 New Project 창에서 ok 버튼을 선택한다.

⑨ 그림 2.3과 같이 Create PSpice Project 창이 열린다.

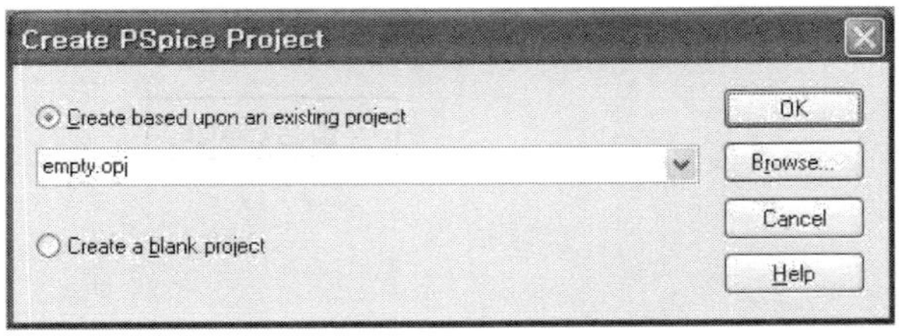

그림 2.3 Create PSpice Project

⑩ 이용할 기존에 있는 Project를 선택한 후 ok 버튼을 선택한다.

⑪ 그림 2.4와 같이 도면 상태가 된다.

⑫ Design Resources/디자인 파일 이름(예 : cha2.dsn)/SCHEMATIC1/PAGE1을 선택하면 도면이 그려질 Page가 열리며 정렬하면 그림 2.5와 같이 되고 이제 Page에 도면을 그리는 준비가 완료된 것이다.

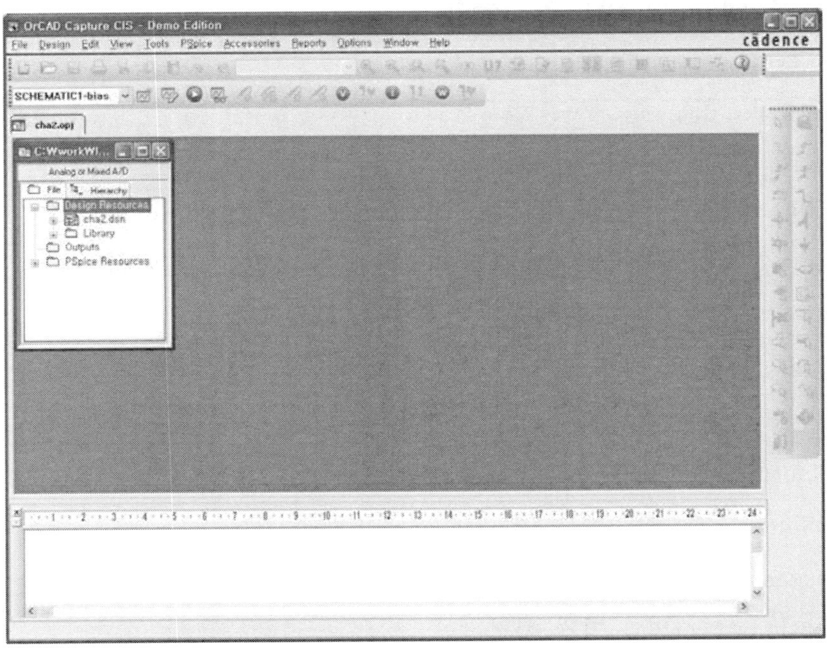

그림 2.4 초기 상태

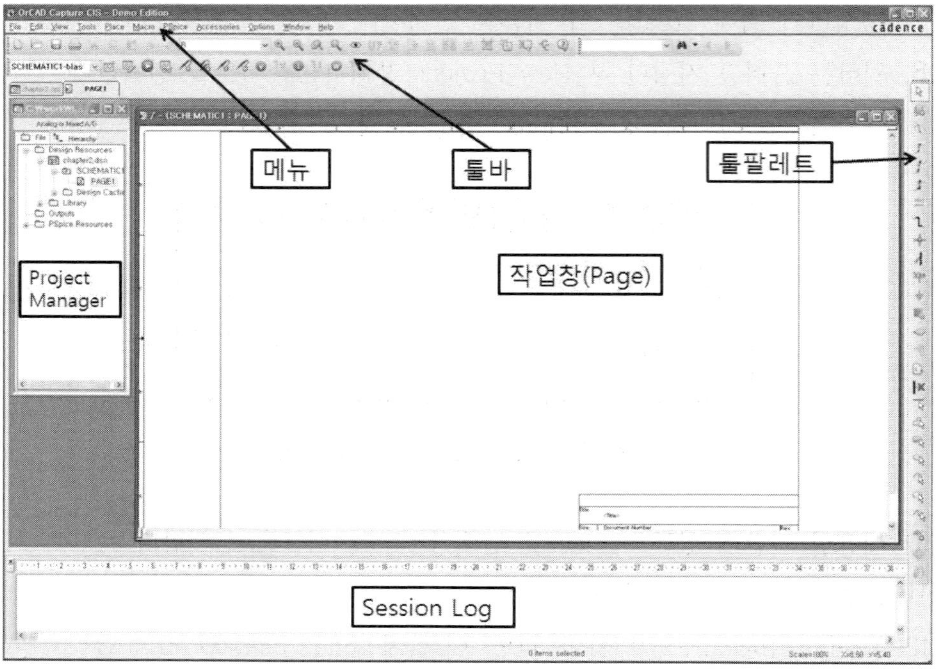

그림 2.5 Page가 열린 상태의 화면 구성

2.2.1 기본 메뉴 및 아이콘, 툴바

1) 메뉴

① File : 파일을 열거나 저장하고 Schematic을 인쇄함

② Edit : 작업도면에서 아이템을 변경하거나 삭제함

③ View : 작업도면의 축척도를 바꾸거나 다시 그림

④ Tools : 유틸리티를 포함 다양한 툴 기능

⑤ Place : 부품 가져오기 또는 그리기

⑥ Macro : 매크로 기능 작성

⑦ PSpice : OrCAD PSpice에 의한 시뮬레이션 기능

⑧ Accessories : Alias 로테이션 기능

⑨ Options : 화면과 환경 설정

⑩ Window : 윈도우 선택 및 정렬 방식

⑪ Help : 도움말

2) 툴바

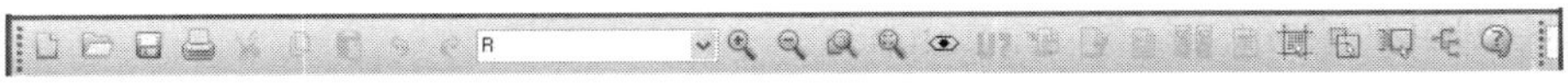

① New : 새로운 설계 및 라이브러리 작성

② Open : 기존 설계 및 라이브러리 열기

③ Save : 작업도면 또는 부품을 저장

④ Print : 작업도면 또는 부품을 인쇄

⑤ Cut : 선택한 개체를 삭제하고 클립보드에 저장

⑥ Copy : 선택한 개체를 클립보드에 저장

⑦ Paste : 클립보드에 저장되어 있는 내용을 문서에 붙임

⑧ Undo : 가장 최근에 실행한 명령을 취소

⑨ Redo : 가장 최근에 실행한 명령을 다시 실행

⑩ Place Part : 최근에 사용했던 부품 가져오기

⑪ Zoom in : 한번 클릭할 때 마다 작업도면 2배 확대

⑫ Zoom out : 한번 클릭할 때 마다 작업도면 1/2배 축소

⑬ Zoom to region : 작업도면에서 드래그 하여 지정한 영역을 확대

⑭ Zoon to all : 모든 개체가 한 화면에 보이게 함

⑮ Fisheye view : 부분 확대

⑯ Annotate : 작업 도면상에서 부품의 참조를 갱신

⑰ Back annotate : PCB 쪽 수정정보를 작업도면에서 갱신

⑱ Design rules check : 도면의 설계 오류를 체크

⑲ Create netlist : 부품과 부품의 연결 상태 정보를 생성

⑳ Cross reference parts : 교차 참조된 부품 목록을 작성

㉑ Bill of material : 부품 목록서 작성

㉒ Snap to grid : 부품을 그리드에 맞추어 이동

㉓ Area select : 부품 선택 시 전체 또는 부분 선택 가능

㉔ Drag connected object : 부품과 부품 또는 연결선의 단선 방지

㉕ Project manager : 프로젝트 매니저 창 선택

㉖ Help : 도움말

3) 시뮬레이션 툴바(Simulation Setting)

① Active Profile : 작업 중인 프로파일 목록

② New Simulation Profile : 프로파일 생성

③ Edit Simulation Settings : 현재 프로파일 편집

④ Run PSpice : 시뮬레이션 실행

⑤ View Simulation Results : 시뮬레이션 결과 보기

⑥ Voltage/Level Marker : 전압 표시자

⑦ Voltage Differential Marker(s) : 양단간 전압 표시자

⑧ Current Marker : 전류 표시자

⑨ Power Dissipation Marker : 소비전력 표시자

⑩ Enable Bias Voltage Display : 직류 전압 표시자

⑪ Toggle Voltage on Selected Net(s) : 선택된 네트만 전압 표시 토글

⑫ Enable Bias Current Display : 직류 전류 표시자

⑬ Toggle Currents on Selected Net(s) : 선택된 부품/핀만 전류 표시 토글

⑭ Enable Bias Power Display : 직류 전력 표시자

⑮ Toggle Power on Selected Net(s) : 선택된 부품만 전력 표시 토글

4) 툴 팔레트

① Select : 개체 선택

② Place Part : 부품 선택 배치

③ Place Wire : 부품 간 연결선

④ Place Auto wire two points : 두 포인터를 자동으로 연결

⑤ Place Auto wire Multi Points : 여러 개의 포인터를 자동으로 연결

⑥ Place Auto Connect to Bus : Bus와 자동으로 연결

⑦ Place Net Alias : 네트에 이름 정의

⑧ Place Bus : 버스선 연결

⑨ Place Junction : 접합점 놓기

⑩ Place Bus Entry : 버스와 와이어간 연결 인입선

⑪ Place Power : 전원 심벌 배치

⑫ Place Ground : 접지 심벌 배치

⑬ Place Hierarchical : 계층 블록 생성

⑭ Place Port : 포트 단자 배치

⑮ Place Pin : 계층 블록 핀 배치

⑯ Place off-page connector : 페이지 간 연결 심벌

⑰ Place no connect : 핀에 연결 없음 표시

⑱ Place line : 라인 배치

⑲ Place polyline : 폴리라인 배치

⑳ Place rectangle : 사각형 배치

㉑ Place ellipse : 타원 배치

㉒ Place arc : 호 배치

㉓ Place elliptical arc : 타원형의 호 배치

㉔ Place bezier curve : bezier 곡선 배치

㉕ Place text : 텍스트 배치

㉖ Place IEEE symbol : IEEE 심벌 표시

㉗ Place pin array : 핀 배열

[단축키]

[All Capture Windows]

KEY	Mouse click equivalent
ALT+F4	Edit
ALT, F, X	Exit
ALT, SPACEBAR, C	Exit
F1	Help
Ctrl+F8	Switch capture to full screen mode (click close full screen button or press escape key to exit full screen mode)

[Schematic Page editor]

KEY	Mouse click equivalent
CTRL+A	Select all
A	Ascend hierarchy
D	Descend hierarchy
B	Place bus
E	Place bus entry
F	Place power
G	Place ground
J	Place junction
N	Place net alias
P	Place part
T	Place text
W	Place wire
Y	Place polyline
X	Place no connect symbol
F7	Record macro
F8	Play macro
F9	Configure macro
CTRL+SHIFT+A	Add part(s) to group
CTRL+SHIFT+R	Remove part(s) from group
CTRL+I	Opens the selection filter dialog box where you can specify the objects that should be selected when the mouse pointer is dragged diagonally across the schematic page
CTRL+SHIFT+LEFT Click	Lock components

[Schematic Page and part editors]

Key	Mouse click equivalent
CTRL+C	Copy
CTRL+E	Edit properties
CTRL+F	Find
CTRL+G	Go to
CTRL+P	Print
CTRL+S	Save
CTRL+T	Cursor snap to grid(identical to the preferences dialog box grid display tab option
CTRL+V	Paste
CTRL+X	Cut
CTRL+Y	Redo
CTRL+Z	Undo
F4	Repeat
DEL	Delete(Design and edit menus)
DELETE	Delete(Design and edit menus)
BACKSPACE	Delete(Design and edit menus)
ENTER	Double-click left mouse button
ESCAPE	Deselect all and switch to selection tool(arrow pointer)
SPACE	Click left mouse button
UP ARROW	Move 1 grid up(grid on) or 0.1 grid up(grid off)
DOWN ARROW	Move 1 grid down(grid on) or 0.1 grid down(grid off)
LEFT ARROW	Move 1 grid left(grid on) or 0.1 grid left(grid off)
RIGHT ARROW	Move 1 grid right(grid on) or 0.1 grid right(grid off)
CTRL+UP ARROW	Snap pointer to nearest grid and then move 5 grids up
CTRL+DOWN ARROW	Snap pointer to nearest grid and then move 5 grids down
CTRL+LEFT ARROW	Snap pointer to nearest grid and then move 5 grids left
CTRL+RIGHT ARROW	Snap pointer to nearest grid and then move 5 grids right
PAGE UP	Pan up
PAGE DOWN	Pan down
CTRL+PAGE UP	Pan left
CTRL+PAGE DOWN	Pan right
F5	Redraw
C	Center the view at the pointer' s current position
H	Mirror horizontally
I	Zoom in
O	Zoom out
R	Rotate

2.2.2 디자인 매니저 창

기본창의 디자인 매니저 창은 윈도 탐색기처럼 디자인 파일을 구성하고 있는 스키매틱 폴더와 페이지를 관리하는 창이다. 모든 디자인 파일은 기본적으로 한 개의 스키매틱 폴더와 그 폴더에 속한 한 개의 페이지로 구성된다. 이러한 기본적인 스키매틱 폴더를 루트 스키매틱 폴더라 하고 폴더 아이콘 안에 슬래시(/)가 표시된다. 디자인 파일은 디자인 파일의 확장자는 dsn이며 프로젝트 파일(*.opj)과 함께 저장된다. 디자인 파일로 기존의 파일을 불러올 수도 있다. 스키매틱 폴더는 스키매틱 페이지를 관리하는 폴더이고 스키매틱 페이지는 도면을 작성하는 페이지이다. 디자인 매니저 창을 선택하여야 툴바의 유틸리티 아이콘이 활성화가 된다.

2.2.3 작업창

실제 회로는 그리는 창으로 부품들이 배치되는 곳이다. 이곳에서 부품, 와이어, 버스 등을 입력할 수 있고 그래픽 또는 문자들을 입력할 수 있다. 또한 이 작업창이 선택이 된 상태가 되어야 툴 팔레트가 활성화가 된다. 즉 사용할 수 있는 상태가 된다.

2.2.4 Session Log

진행되고 있는 작업에 대한 정보를 나타내는 창으로 작업 과정에서 발생한 모든 내용과 메시지가 기록된다. Edit 메뉴의 Find 명령을 통해 Session Log에서 정보를 찾을 수 있으며, 내용을 파일로 저장할 수 있다. Session Log의 내용을 삭제하려면 Edit 메뉴에서 Clear Session Log 명령을 선택하면 된다.

2.3 도면 구조

도면의 구조는 일반적으로 도면을 어떻게 나누어 작성하느냐에 따라 단일도면, 평면도면, 그리고 계층도면으로 구분된다. 하나의 작업도면을 한 개의 스키매틱 페이지에 작성하는 경우를 단일도면이라 하고 한 개의 스키매틱 폴더에 여러 개의 페이지로 나누어 작성하는 것을 평면도면이라 한다. 또 계층도면은 여러 개의 스키매틱 폴더로 나누어 작성한다.

1) 단일 도면

스키매틱 페이지 한 장에 작성하고자 하는 회로 도면이 전부 포함이 된 회로 도면

2) 평면 도면

두 장 이상의 스키매틱 페이지에 회로 도면이 만들어 진 회로 도면

3) 계층 도면

여러 개의 스키매틱 폴더로 나누어 회로 도면이 작성이 된 경우로 상위 계층 페이지에 있는 계층 블록 안에 들어 가는 회로를 하위 계층 도면 페이지에 작성하는 경우이다.

2.4 파일 불러오기/저장하기

2.4.1 기존의 디자인 파일 불러오기

1) File/Open/Project를 선택한다.
2) 찾는 위치 상자의 버튼을 이용하여 프로젝트 파일이 있는 폴더로 이동한다.
3) 열고자 하는 프로젝트 파일을 선택한 후에 열기 버튼을 선택한다.

2.4.2 디자인 파일 저장하기

1) 디자인 매니저 창에서 디자인 파일을 선택한 후에 팝업 메뉴의 Save As를 선택한다. 다른 이름으로 저장 창이 열린다.
2) 저장 위치 상자의 버튼을 선택하여 자기 폴더로 이동한다.
3) 새 폴더 작성 아이콘 선택하여 저장할 폴더를 만든다.
4) 만든 폴더로 이동한다.
5) 파일 이름 상자에 새로운 파일 이름을 입력한 후에 저장 버튼을 선택한다.

2.5 스키매틱 페이지 열기

디자인 매니저 창에서 열고자 하는 페이지를 더블 클릭한다. 스키매틱 페이지에서 디자인 매니저 창으로 돌아가기 위해서는 Project Manager 툴을 선택한다.

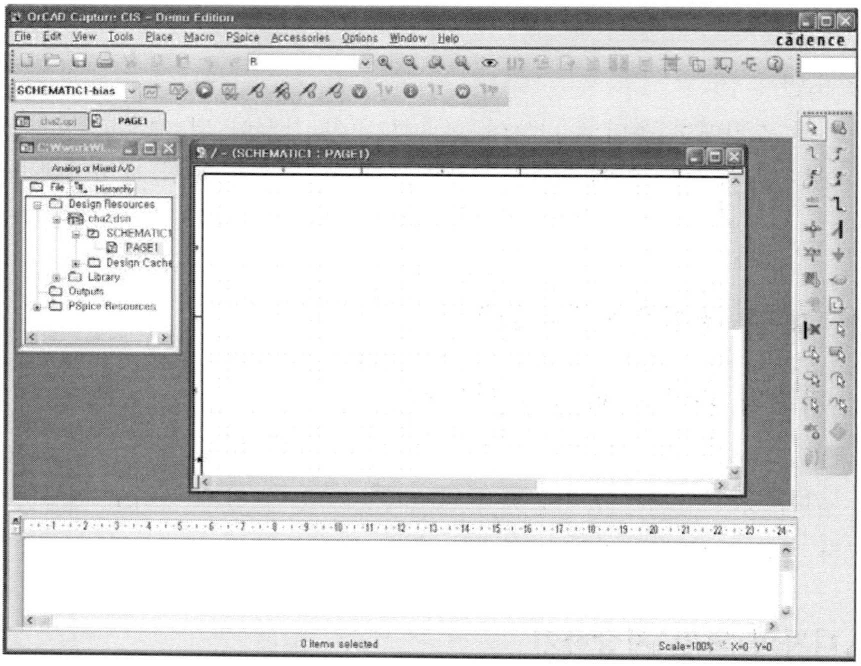

그림 2.6 디자인 매니저 창

2.6 유틸리티 실행하기

디자인 매니저 창에서 디자인 파일, 스키매틱 폴더 그리고 스키매틱 페이지 중에서 어느 것이든 선택하면 툴바의 유틸리티 아이콘들이 활성화되고 명령이 실행 가능한 상태가 된다. 이들 유틸리티 중에서는 Annotate와 DRC(Design Rule Check)는 도면을 완성한 후 반드시 실행을 해야 하는 유틸리티이다.

2.6.1 Annotate

그려진 디자인 파일의 부품 번호를 새롭게 부여하고 순서대로 정렬하는 기능으로 반드시 사용해야 하는 유틸리티이다.

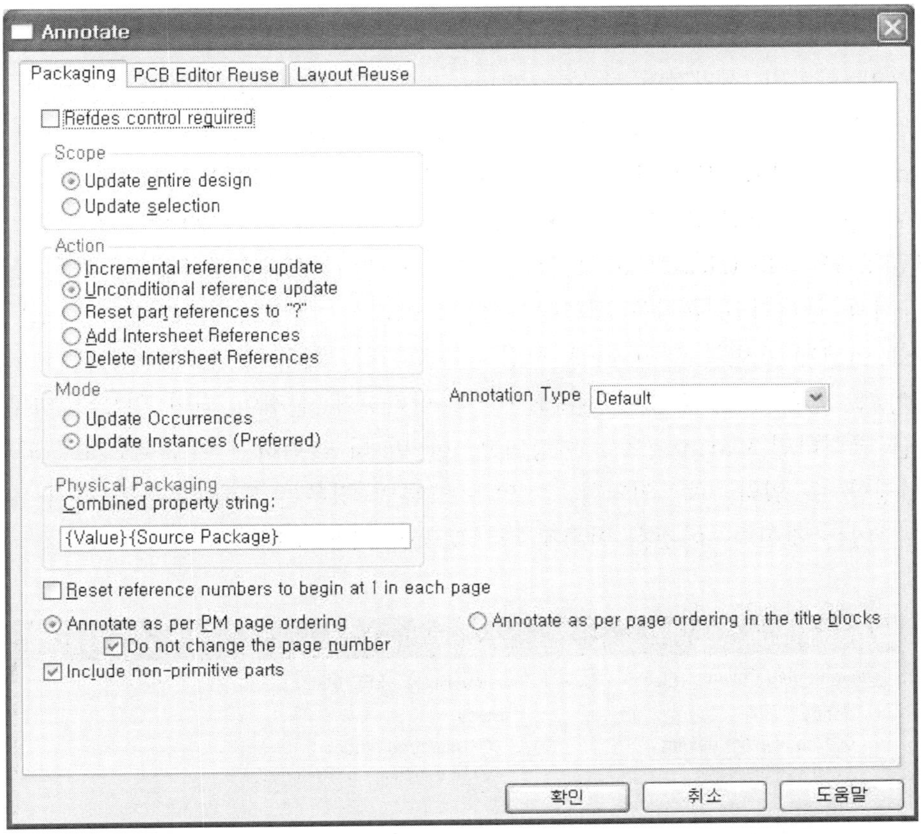

그림 2.7 Annotate

* Scope

- Update entire design : 디자인 파일 전체를 갱신한다.
- Update selection : 선택한 스키매틱 폴더나 페이지만 갱신한다.

* Action

- Incremental reference update : 부품번호를 증가시키면서 갱신한다.
- Unconditional reference update : 기존의 부여된 부품번호를 무시하고 부품번호를 갱신한다.

2.6.2 Design Rule Check

디자인 파일의 전기적인 검사를 한다. 파일 확장자는 DRC이다. Design Rule Check 창에는 [Design Rule Check Option] 탭, [Electrical Rules] 탭, [Physical Rules] 탭 그리고 [ERC Matrix] 탭이 있다. 그림 2.8에 나타난 [Design Rule Check Option] 탭은 DRC를 할 범위나 모드 등을 설정하는 탭이다.

그림 2.9의 Electrical Rules] 탭과 그림 2.10의 [Physical Rules] 탭은 전기적인 규칙과 물리적인 규칙을 정하는 탭이고 아래 그림 2.11의 [ERC Matrix] 탭은 결과를 어떻게 표현할 것인 가를 결정하는 탭이다. 예를 들면, Output과 Power가 연결이 된 경우 그림 2.10에서는 Error로 나타나게 설정이 되어 있으나 마우스로 그곳을 클릭하면 Warning으로 변경되고, 한 번 더 클릭하면 아무것도 표현되지 않게 설정할 수 있다. 즉, 인지할 수 있는 오류인 경우는 Error표시를 하지 않도록 할 수 있는 것이다. 이것은 연속적으로 토글이 되게 되어 있다.

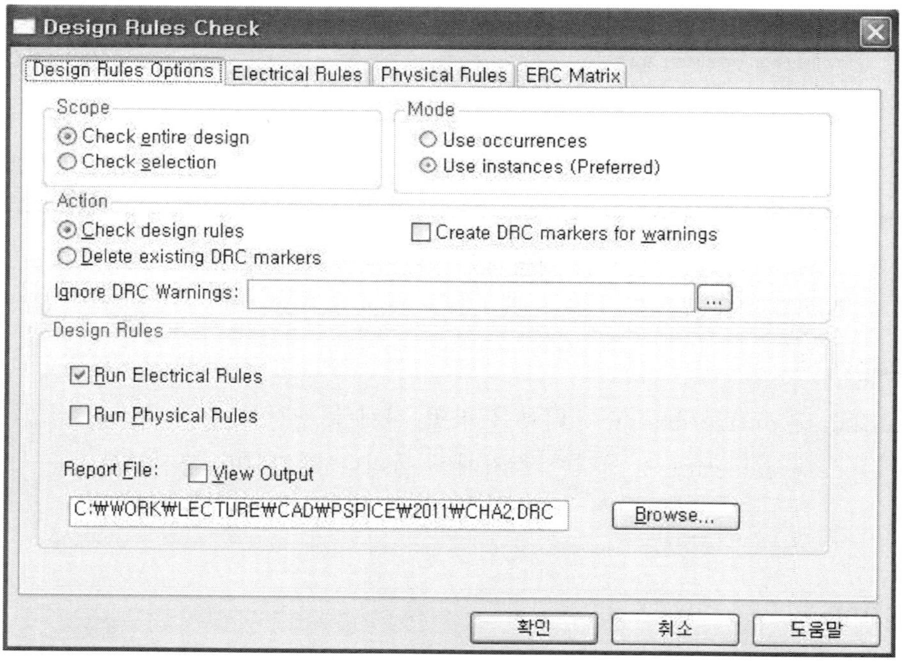

그림 2.8 Design Rule Check Option 탭

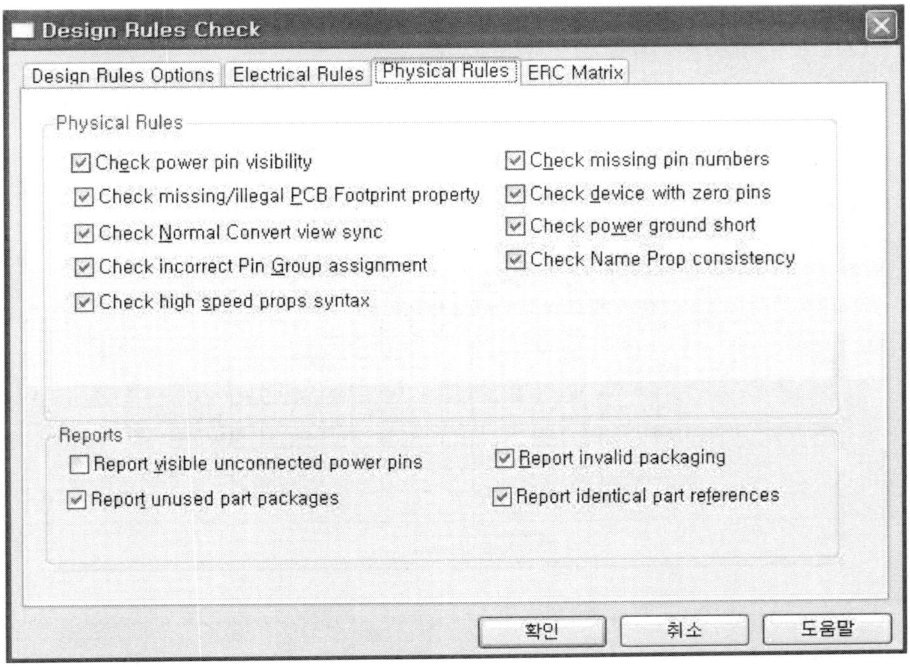

그림 2.9 Electrical Rules 탭

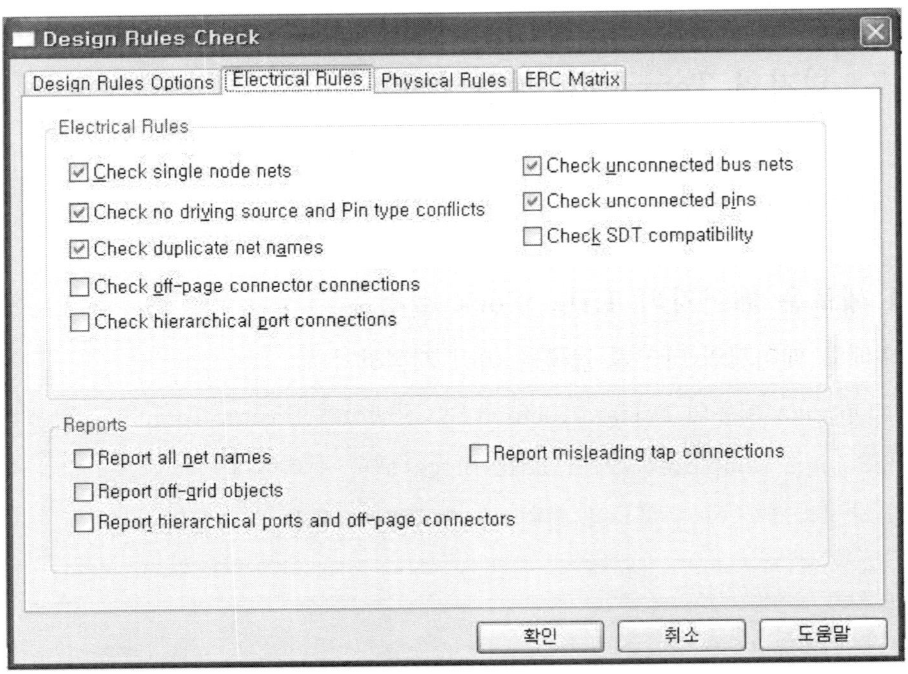

그림 2.10 Physical Rules 탭

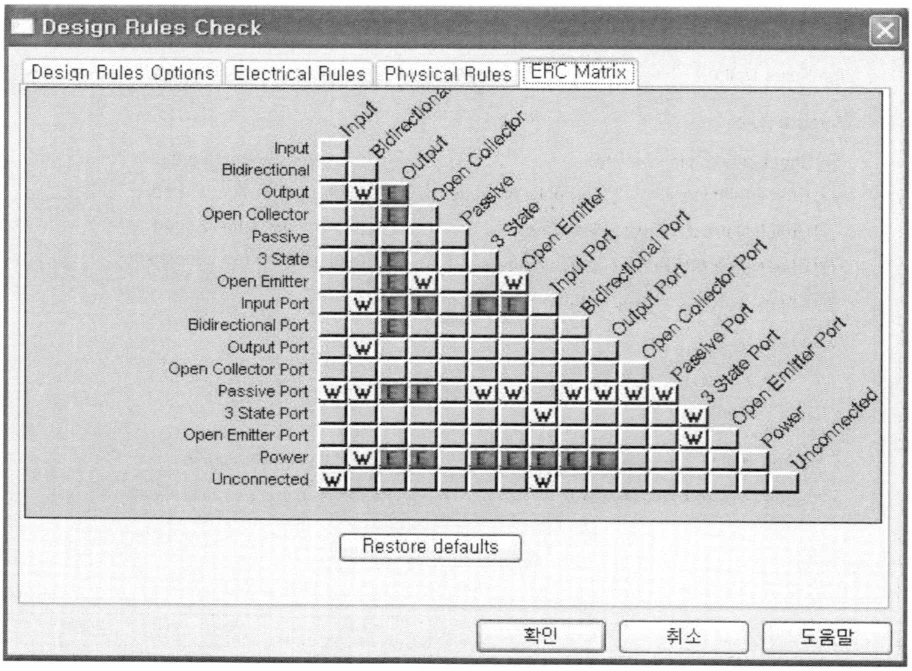

그림 2.11 ERC Matrix

2.7 디자인 Template 설정

Options 메뉴의 Design Template 명령은 기존의 페이지에는 적용이 되지 않으며, 지금부터 만들어지는 새로운 페이지에만 적용된다.

2.7.1 새로운 페이지의 Title Block 설정

1) 스키매틱 페이지의 타이틀 블록을 미리 지정하기

① Options 메뉴의 Design Template를 선택하여 Design Template 창을 연다.

② Design Template 창에서 Title Block 탭을 선택한다.

③ 작성하고자 하는 항목을 입력 한 후 확인 버튼을 선택한다.

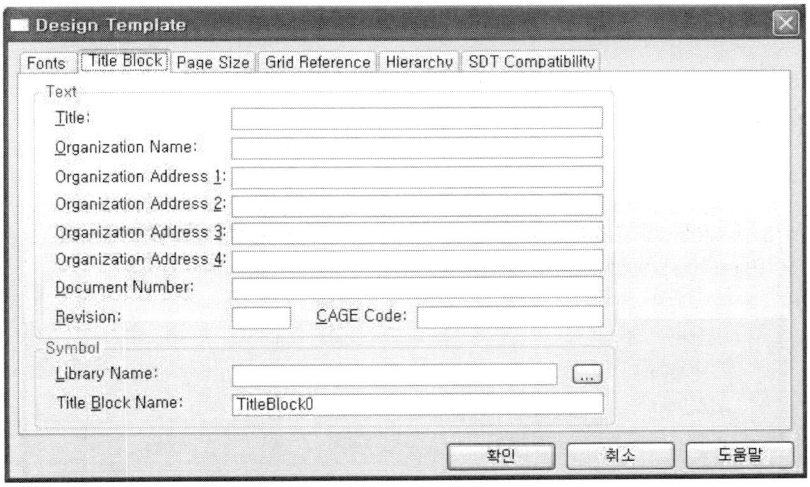

그림 2.12 Title Block

2) 새로운 페이지 Page Size 설정

① Options 메뉴의 Design Template를 선택하여 Design Template 창을 연다.

② Design Template 창에서 Page Size 탭을 선택한다.

③ 페이지의 크기를 정하기 위한 단위를 선택한다.

④ 각 페이지의 크기를 정한다.

⑤ 확인 버튼을 선택한다.

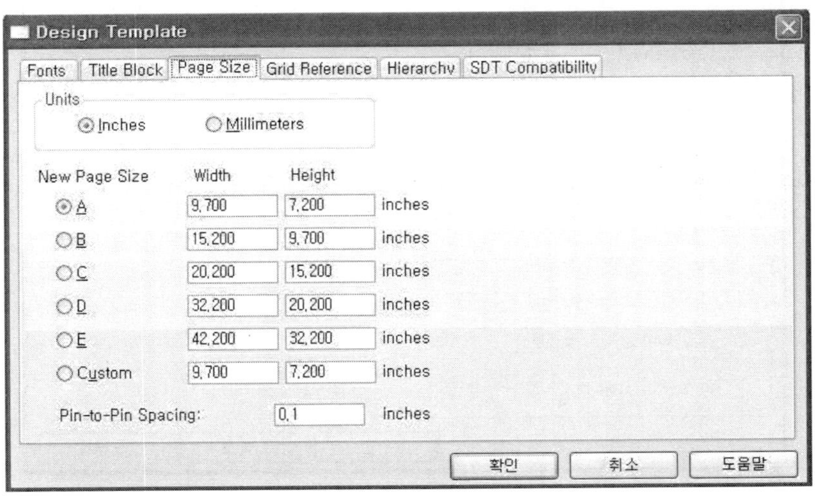

그림 2.13 Page Size

2.7.2 Schematic Page Properties

Options 메뉴의 Schematic Page Properties 명령은 기존 페이지의 크기나 그리드 설정을 변경한다.

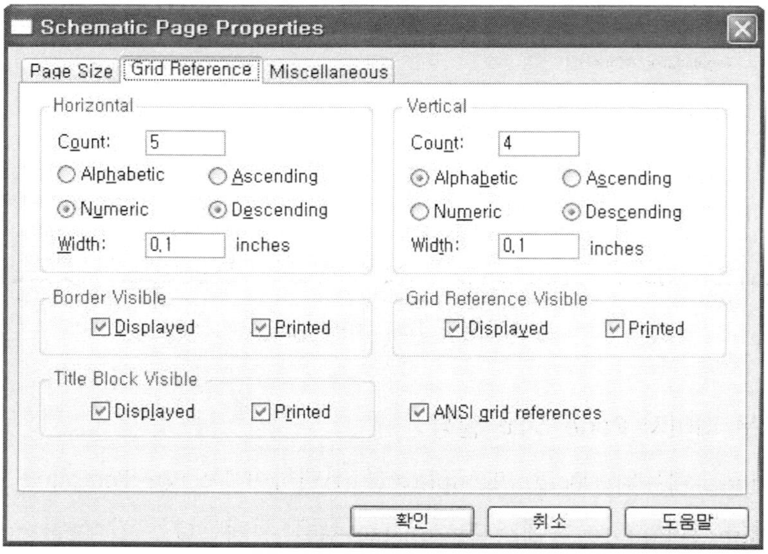

그림 2.14 Page Size

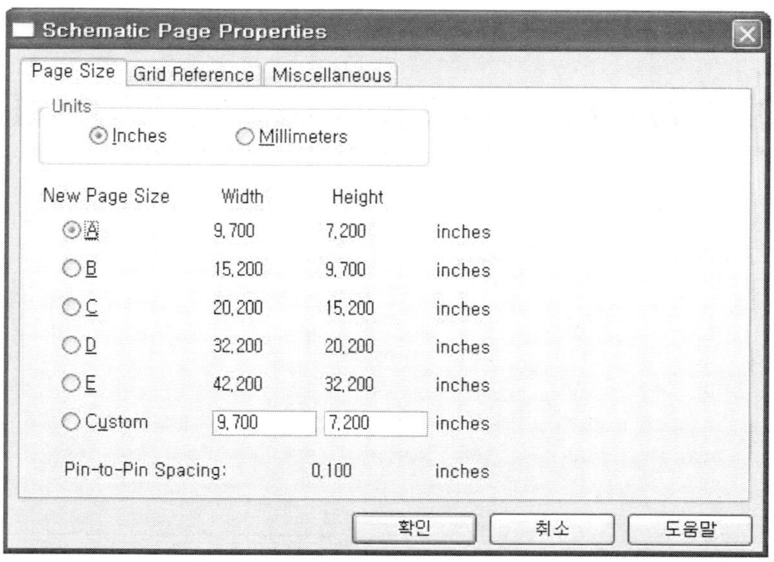

그림 2.15 Page Size

2.8 Capture 설정

Capture의 환경 설정을 위해서 Options/Preferences를 선택하면 그림 2.14와 같은 창이 열리게 되고 여기에서 환경을 설정하면 된다.

1) Colors/Print

그림 2.16와 같은 창에서 오프 페이지 커넥터, 계층블록, 포트 , 글자, 타이틀 블록 등의 색상을 지정하고 출력 유무를 표시한다. 바탕색과 그리드 색상을 변경 할 수 있다.

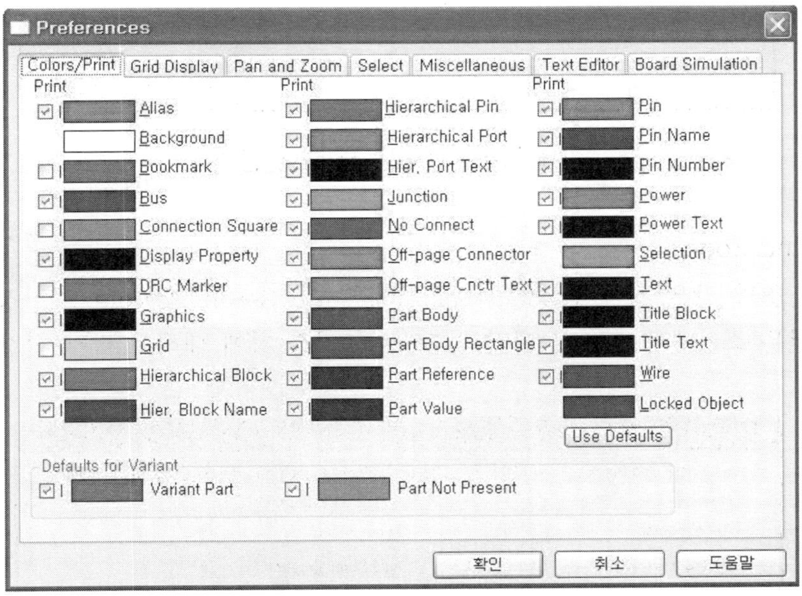

그림 2.16 Colors/Print 설정 창

2) Grid Display

점 또는 선 중에서 그리드 종류를 지정하고 그리드 출력 유무를 선택한다. 또 객체의 그리드 배치 유무를 결정한다. 이러한 옵션은 그림 2.17에 나타나 있는 스키메틱 페이지 편집 창과 부품 편집 창에 대해서 각각 설정한다.

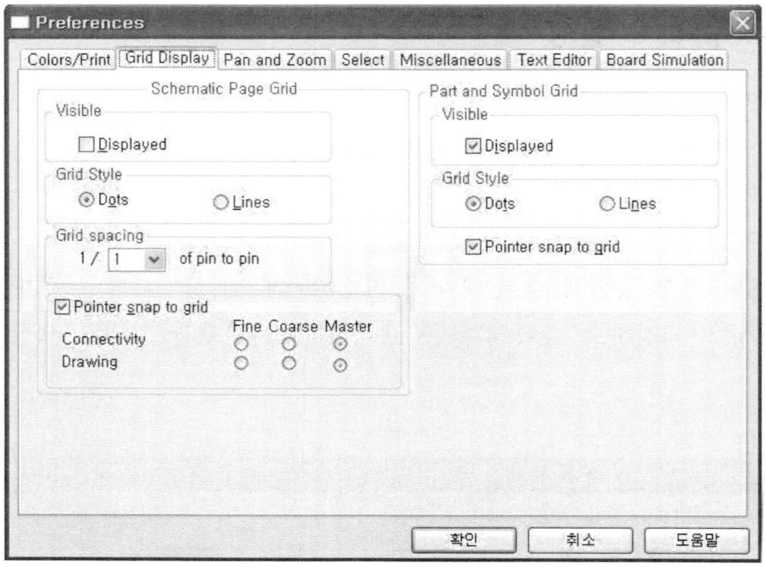

그림 2.17 Grid Display 설정 창

3) Pan and Zoom

그림 2.18과 같은 창에서 Zoom Factor와 Auto Scroll Percent를 결정한다. 이러한 옵션은 스키매틱 페이지 편집 창과 부품 편집 창에 대해서 각각 설정한다.

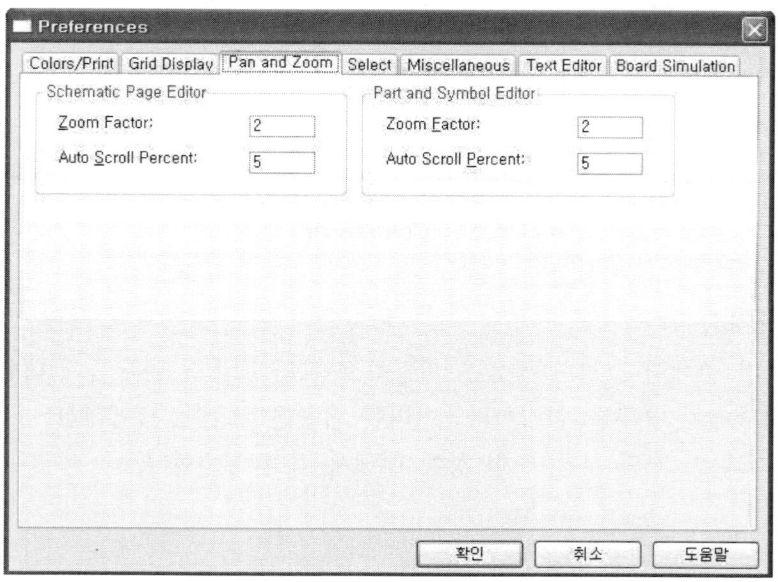

그림 2.18 Pan and Zoom 설정 창

4) Select

그림 2.19와 같은 창에서 마우스를 누르면서 대각선 방향으로 이동하면 사각형이 나타난다. 이 사각형에 개체 전체가 포함된 것만 선택할 것인지 아니면 일부만이라도 포함된 것까지 선택할 것인지를 결정한다. 또 이러한 사각형으로 최대 선택할 수 있는 객체의 수를 지정한다.

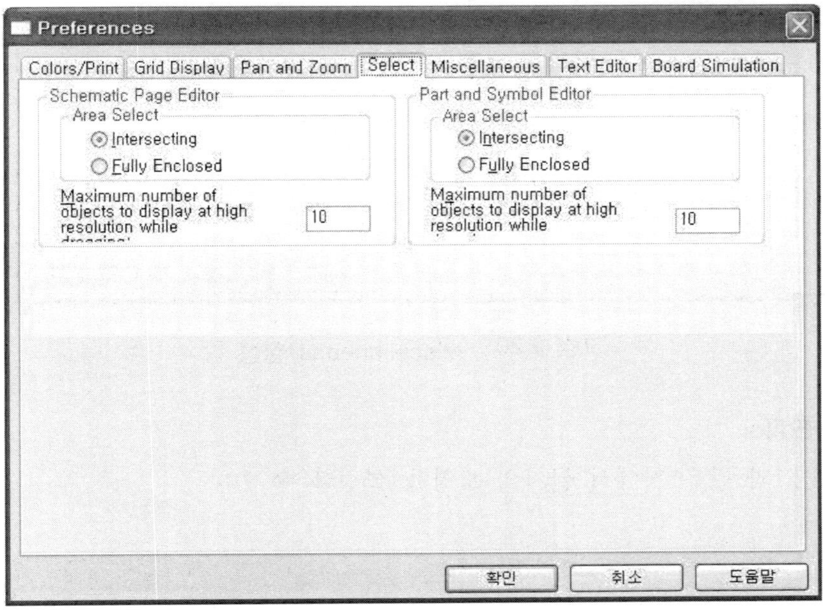

그림 2.19 Select 설정 창

5) Miscellaneous

그림 2.20과 같은 창에서 스키매틱 페이지 편집 창에서의 사각형, 원형 또는 닫힌 다각형에 대해서 지정한다. 부품 편집창세서도 지정할 수 있다. 세션 로그 창에서 사용할 글자체와 크기를 선택, 문자 표시를 선택한다. 백업 파일 생성 유무와 백업시간을 결정한다. 스키매틱 페이지 창에서 부품을 배치할 때 부품 번호를 자동으로 지정할 것인지를 선택한다.

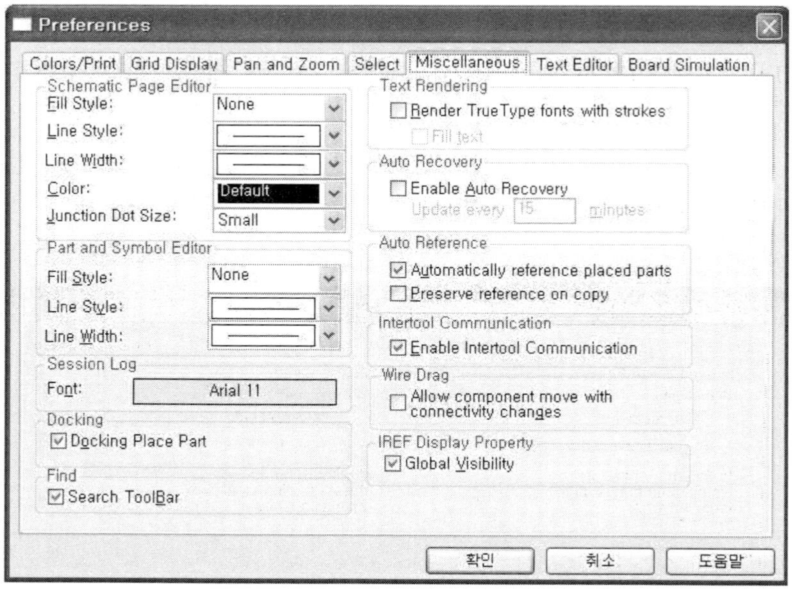

그림 2.20 Miscellaneous 설정 창

6) Text Editor

그림 2.21와 같은 창에서 글자의 모양을 설정할 수 있다.

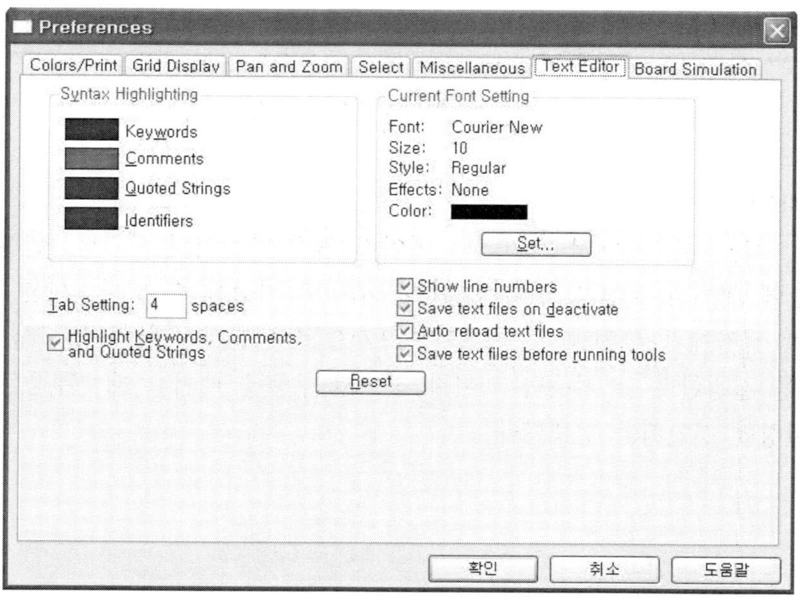

그림 2.21 Text Editor 설정 창

2.9 Simulation Settings

PSpice로 Simulation을 하기 위해서 설정하여야 하는 조건들에 대한 것으로 회로도를 완성한 후 메뉴에서 PSpice/New Simulation Profile을 선택하여 New Simulation 창이 나타나고 Name에 cha2(본인이 설정)라고 입력하고 Create를 선택하여 창을 닫으면 그림 2.22와 같은 Simulation Settings 창이 열린다. 여기에서 Simulation을 위한 설정을 할 수 있다.

1) General

① Simulation Profile : Simulation 설정 파일명

② Input : 프로젝트에 관련된 입력 파일 관련 사항 표시

③ Output : PSpice 출력 파일 관련 사항 표시

④ Notes : Simulation Setting에 관하여 사용자가 나타내고 싶은 사항 입력

그림 2.22 Simulation Setting - General

2) Analysis

해석의 형태는 다음과 같이 4가지로 분류되어 진다.

① Time Domain

② DC Sweep

③ AC Sweep/Noise

④ Bias Point

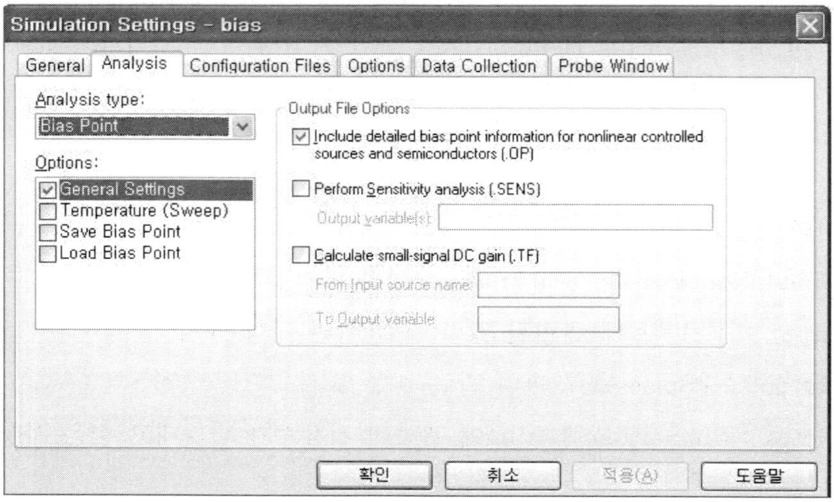

그림 2.23 Simulation Setting - Analysis

3) Configuration Files

Simulation 시 Stimulus/Library/Include할 파일을 선택하거나 직접 입력한다. Add as Global은 PSpice 해석을 수행하는 모든 파일에 적용하며, Add to Design은 선택한 설계회로에만 적용된다.

① Stimulus : 이전에 작업한 소스원(VSTIM 등을 사용하여 만든 전압원 또는 전류원을 사용할 경우 Browse를 통해 경로를 설정한다.

② Library : 새로운 라이브러리 파일을 만든 경우 Browse를 통해 경로를 설정한다.

③ Include : 라이브러리 파일에서 변수명을 지정하여 라이브러리를 만든 경우 변수명에 대한 값을 파일로 저장하여 경로를 설정한다.

Stimulus tab, Library tab, Include tab에는 내장되어 있는 source 및 library를 사용할 때 또는 내장되어 있는 라이브러리 및 source를 편집할 경우에는 자동적으로 편집된 내용이 파일로 저장되게 되어 있다. 그래서 따로 지정할 필요가 없지만 새롭게 사용하여야 할 라이브러리 및 다른 프로젝트에 Save As 된 source를 이용하야 할 경우 위의 환경 창에 새로운 파일을 링크하여야만 사용할 수 있다.

4) Options

PSpice에서는 여러 가지 해석에 대한 Simulation 계산을 위한 파라미터를 제한하고 설정하는 여러 가지 조건을 제공하고 있다. Simulation 해석 후에 결과를 저장하는 output 파일에 Simulation에 대한 어떤 정보를 저장하느냐의 여부에 대해 선택을 하는 것이고 수치를 입력하는 options는 Simulation의 결과에 대한 정확도

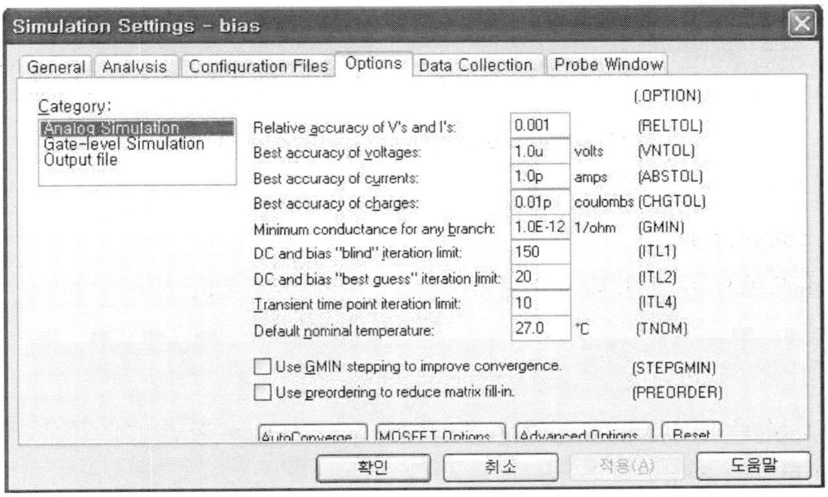

그림 2.24 Simulation Setting - Configuration Files

와 해석 알고리즘의 계산, 스텝사이즈 및 반복 계산 횟수를 결정하는 역할을 수행한다. 회로가 복잡해지거나 반도체 소자를 Simulation에 사용하게 되면 해석 에러가 종종 발생하거나 해석 시간이 상당히 오래 걸리는 경우가 발생하게 되는데 이때는 수치를 입력하는 options 값을 변경하여 이를 피할 수 있다. options는 Analog Simulation, Gate-level Simulation, Output file Category로 구분된다.

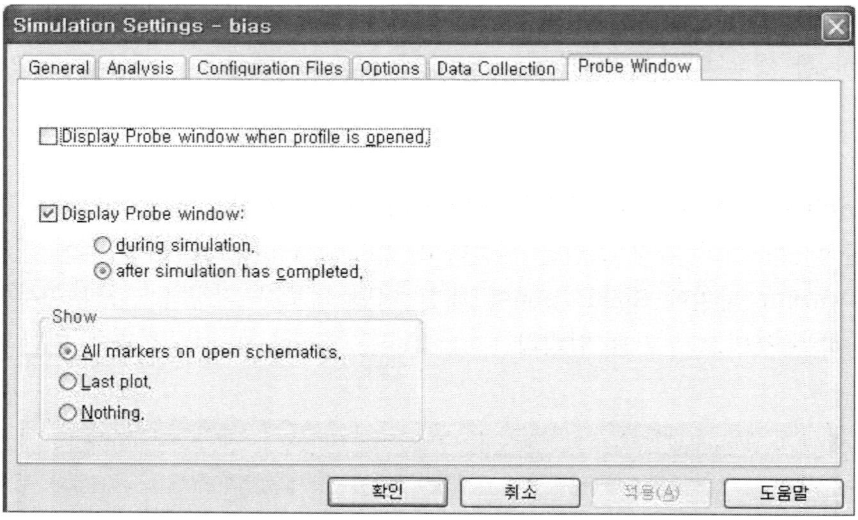

그림 2.25 Simulation Setting - Options

5) Data collection

- 회로도에서 수집할 데이터 종류 선택 : Voltages, Currents, Power, Digital, Noise

① At Markers Only : Marker에 의해 Schematics 화면상에 표시한 노드 데이터만을 저장한다.

② All : 전체 회로에 대한 모든 데이터 저장

③ All But internal Subcircuit : Subcircuit 안쪽에 존재하는 노드를 제외한 모든 노드 데이터 저장

④ None : 데이터를 저장하지 않음

⑤ Save data in the CSDF Format : Probe용 데이터를 binary 대신 Text format으로 저장

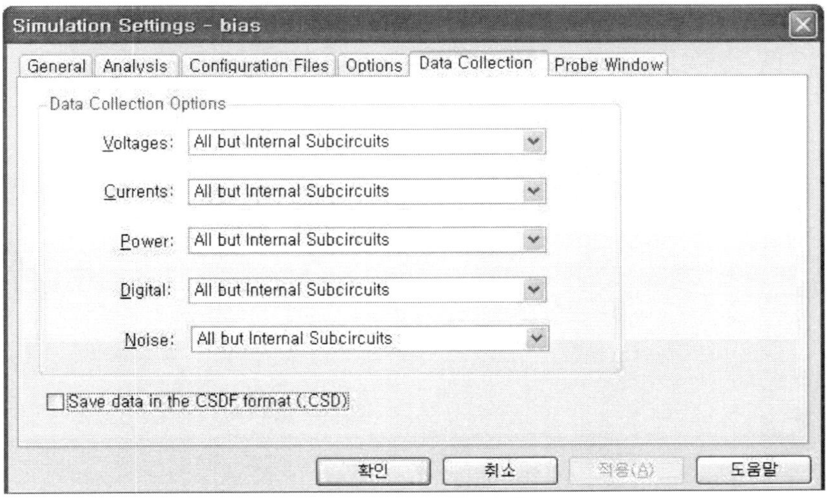

그림 2.26 Simulation Setting – Data Collection

⑥ Probe

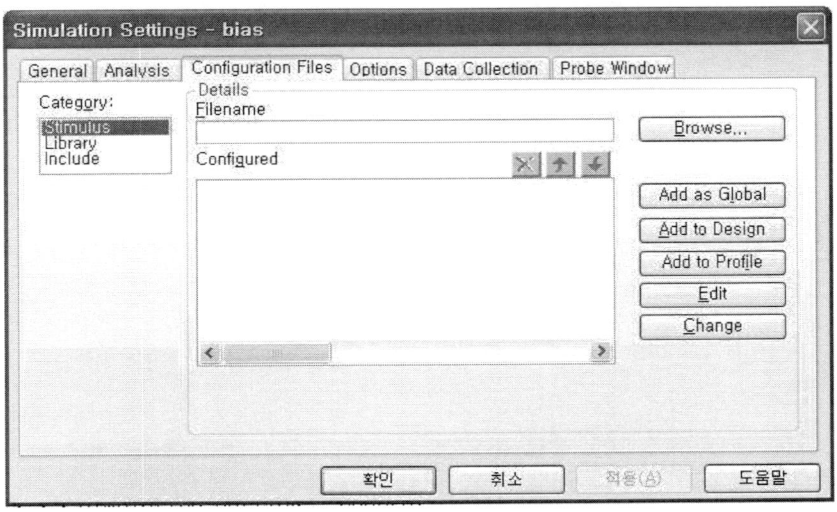

그림 2.27 Simulation Setting – Probe

제 3 장

도면 작성하기

3.1 새로운 도면 만들기

1) 도면작성은 툴 팔레트 순으로 작업하면 편리하다

① 부품 및 전원 배치

② 선 그리기 / 버스선 그리기

③ 선과 버스선 이름 지정하기

④ 접지 심볼 배치

⑤ 부품 속성(부품 값 등) 지정

2) 도면 작성 후 PSpice의 시뮬레이션을 위하여 마무리 작업 순서는 다음과 같다.

① Annotate 실행

② Design Rule Check 실행

③ PSpice/New Simulation Profile 선택

④ Simulation Settings 창에서 설정

⑤ Run PSpice 선택하여 시뮬레이션 실행

3.2 부품 찾기

3.2.1 Select

그림 3.1과 같이 페이지가 열리면 기본적으로 선택되는 도구는 Select이다. 모든 명령을 수행하다가 종료하면 자동으로 Select 도구가 선택되며, 물론 모든 명령을 수행하다가 Select 도구를 선택하면 작업하던 명령은 자동으로 종료된다.

3.2.2 Place Parts

Orcad는 수많은 부품 기호를 제공한다. 제공되는 수많은 부품 기호들 중에서 사용하고자 하는 부품의 기호를 배치하기 위해서 라이브러리에 들어 있는 부품의 기호를 찾아야 한다. 이때 찾고자 하는 부품의 정보를 얼마나 알고 있느냐에 따라 찾는 방법이 다르다. 일반적으로 세 가지 정도로 구분하는데 그 첫째는 경우는 부품 이름과 그 부품의 기호가 들어 있는 라이브러리를 알고 있는 경우, 두 번째는 경우는 부품 이름은 알지만 어느 라이브러리에 있는지 모르는 경우, 세 번째는 경우는 부품 이름도 정확하게 모르고 있는 경우이다.

1) 부품 이름과 부품의 기호가 들어 있는 라이브러리를 이름을 알고 있는 경우

① Place Part 툴을 선택한다. 그림 3.1에서의 툴 팔레트가 그림 3.2와 같이 열리게 된다.

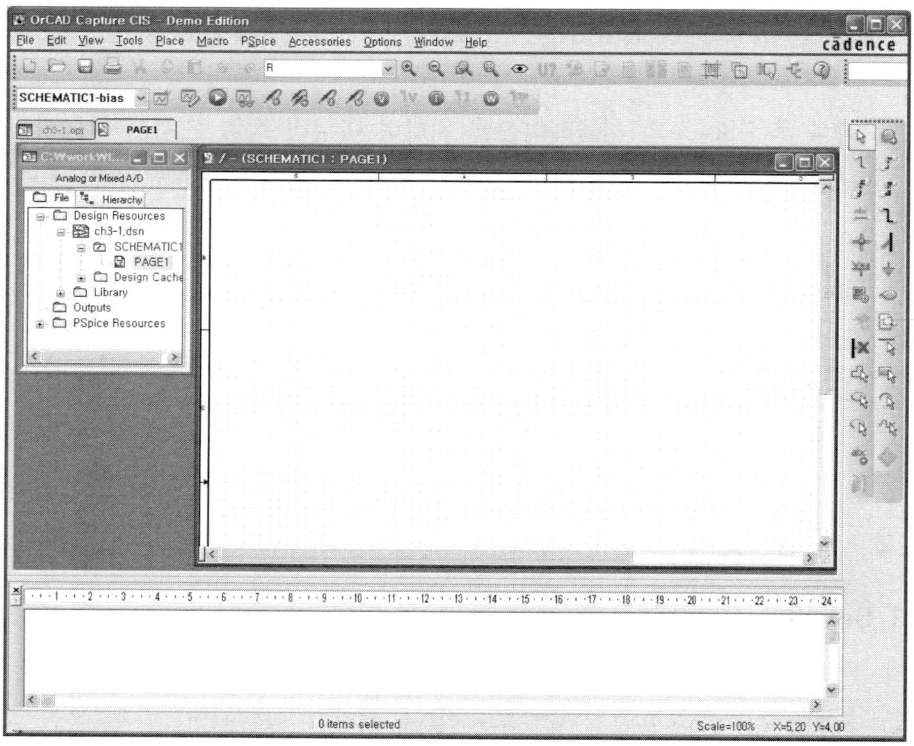

그림 3.1 Select 도구

② 찾고자 하는 부품의 기호가 있는 라이브러리가 이미 라이브러리에 등록이 되어 있으면 등록된 라이브러리를 선택하고, 또는 처음에는 등록된 라이브러리 전체가 선택이 되어 있으므로 Part 창에 부품 이름을 입력하면 그림 3.2와 같이 Part List에서 그 부품이 선택되어 지고 이 부품의 기호가 아래 그림 창에 나타나므로 확인한 후 이 부품을 선택하여 페이지에 놓으면 된다.

③ 찾고자 하는 부품이 있는 라이브러리가 등록이 되어 있지 않은 경우 그림 3.2에 펼쳐진 툴 팔레트에서 Libraries에 네모난 모양이 Add Liblary이고 이것을 클릭하면 Browes File 창이 열리고 이를 통하여 라이브러리를 등록한 후 동일하게 부품을 페이지에 놓으면 된다.

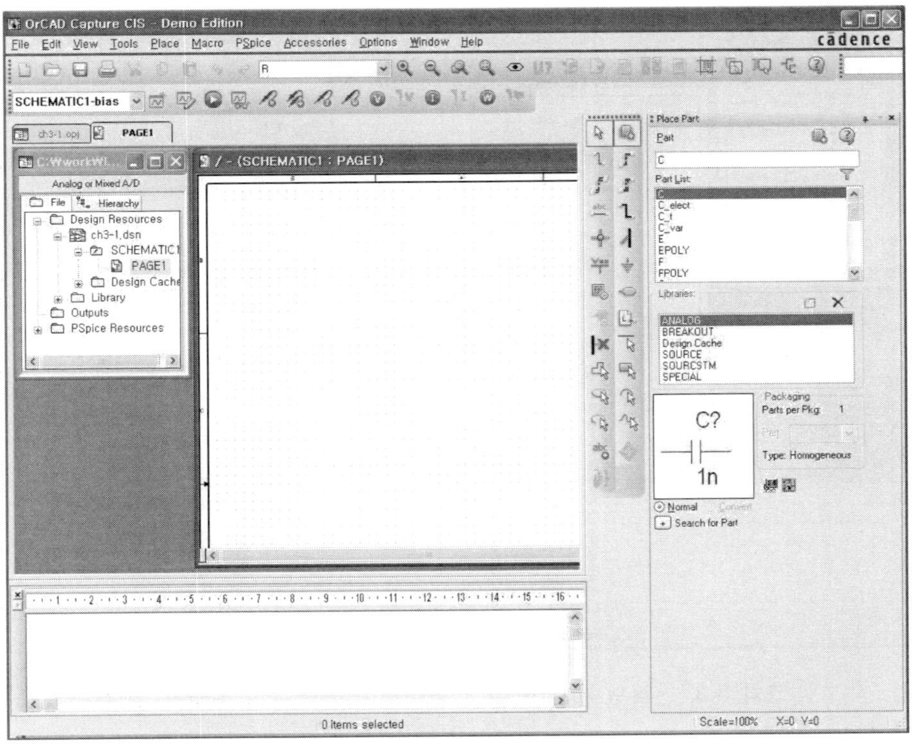

그림 3.2 부품 이름과 라이브러리를 알고 있는 경우

2) 부품 이름만 알고 부품 기호가 들어 있는 라이브러리를 알지 못하는 경우

① Place Part 툴을 선택한다.

② Search for Parts를 클릭한다. 그림 3.3과 같이 아래에 찾고자 하는 부품

의 이름을 입력하는 창, 라이브러리를 찾고자하는 디렉토리 그리고 찾은 디렉토리를 나타내는 창이 열리게 된다.

③ 그림 3.3 과 같이 부품 이름을 입력하여 enter하면 그 부품이 있는 라이브러리가 나타난다.

④ Select the Library to Add를 클릭하면 라이브러리가 등록이 된다.

⑤ 그 라이브러리에서 부품을 선택하면 아래 창에 그 부품의 부품 기호가 나타나고 그 기호를 확인한 후 작업 페이지에 놓으면 된다.

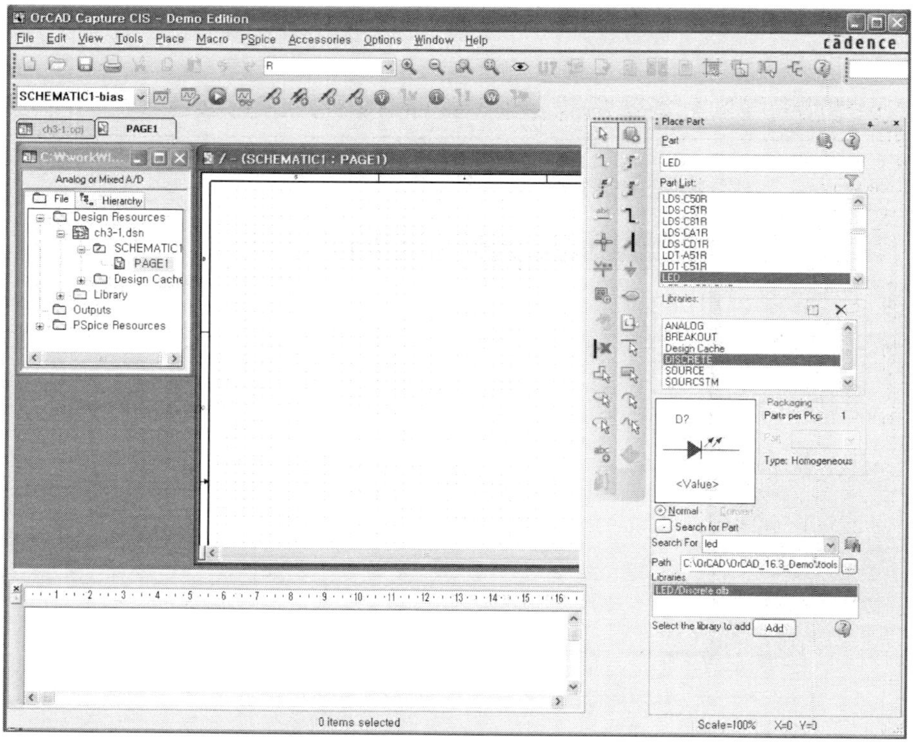

그림 3.3 부품 이름만 알고 라이브러리를 알지 못하는 경우

3) 부품 이름도 정확하게 모르는 경우

① Place Part 툴을 선택한다.

② Search for Parts를 클릭한다.

③ Search for 상자에 별표(*)나 물음표(?)를 이용하여 부품이름을 입력한다.

Wild card로 찾는 법

Part Browser dialog에 wild card를 이용할 수 있다. 예를 들면 4000이 포함된 부품을 찾고 싶을 때 *4000*와 같이 입력하면 된다. "?" 은 한 문자가 매치되기 원할 때 사용하면 된다.

4. 그림 3.4와 같이 Part Search(Enter) 를 클릭한다.
5. 그 부품이 있는 라이브러리가 나타난다.
6. Select the Library to Add를 클릭하면 라이브러리가 등록이 된다.
7. 등록된 그 라이브러리에서 부품을 선택하면 아래 창에 그 부품의 기호가 나타나고 그 기호를 확인한 후에 작업 페이지에 놓으면 된다.

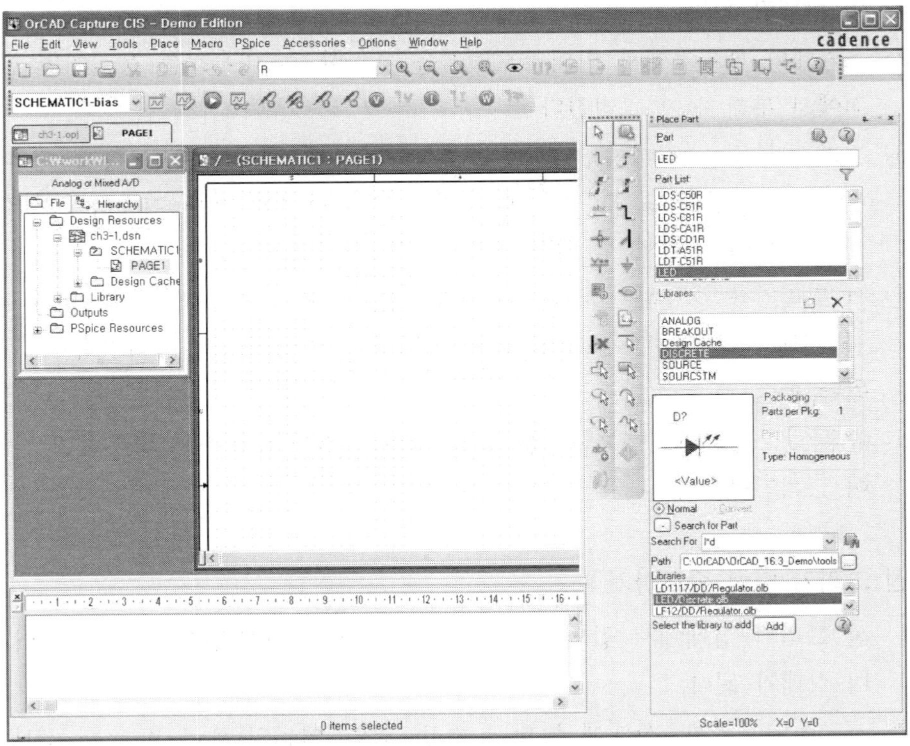

그림 3.4 부품 이름도 정확하게 모르는 경우

3.3 선 그리기

부품 배치를 마치게 되면 이제 부품간의 연결을 하여야 한다. 부품 간 연결은 선으로 연결하며 Place Wire와 Place Bus를 이용하여 할 수 있다.

3.3.1 Place Wire

Place Wire는 부품 간을 연결하지만 실제적으로 부품 몸체와 부품 몸체를 연결하는 것이 아니라 부품의 핀과 부품의 핀을 연결하는 것이다.

1) 선 그리는 방법

① Place Wire 툴을 선택한다. 커서가 십자가 모양으로 바뀌면서 선 그리기 준비 상태가 된다.

② 스키매틱 페이지에서 임의의 한 점을 클릭한 후 마우스를 움직이면 클릭한 점에서 부터 선이 그려진다.

③ 그리고자 하는 점까지 이동하여 클릭하면 두 점 사이에 선이 그려진다. 이 때 선의 방향을 변경할 경우에는 클릭한 후에 마우스를 이동하면 직각으로 선의 방향을 변경할 수 있다.

④ 선 그리기를 종료하기 위해서는 팝업 메뉴의 End Wire를 선택하거나 select를 선택 또는 키보드에 esc 키를 선택하면 된다. 즉, 선 그리기 준비 상태가 된다.

⑤ 마우스를 이동하여 임의의 한 점을 클릭한 후에 마우스를 이동하면 다시 선이 그려진다.

2) 선 그리기 명령 종료하기

① 선 그리기 상태에서 팝업 메뉴의 End Wire를 선택한다. 즉, 선 그리기 준비 상태가 된다.

② 선 그리기 준비 상태에서 다시 한번 팝업 메뉴의 End Wire를 선택한다. 즉, Select 모드로 돌아간다.

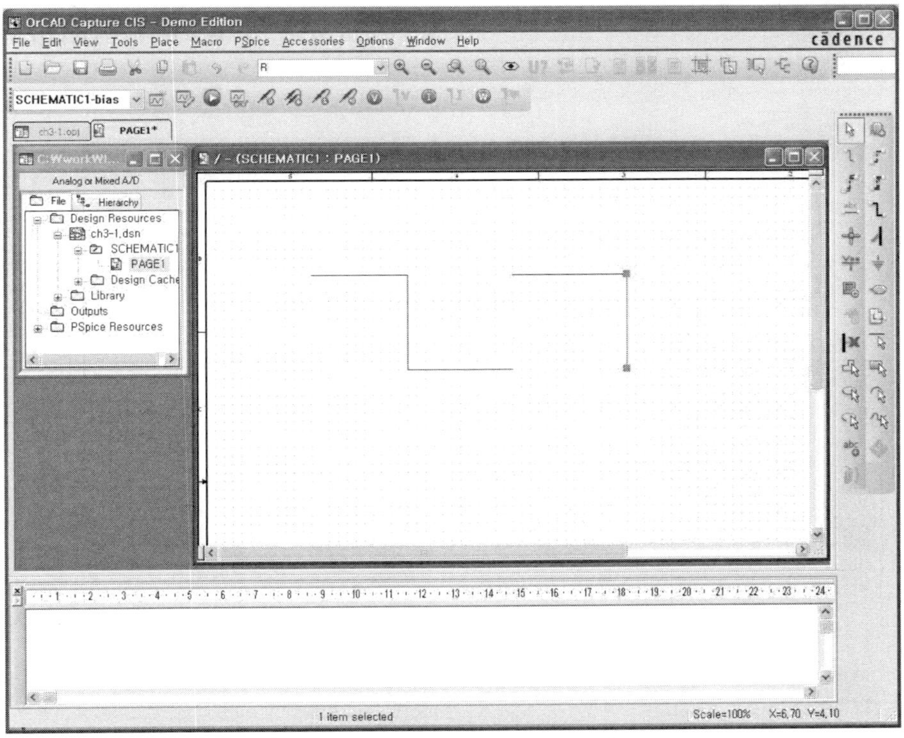

그림 3.5 선 그리기

3) 동일한 선을 반복해서 그리기

① Place Wire 툴을 선택한다. 그리기 준비 상태가 된다.

② 부품 핀 끝의 정사각형을 클릭한다.

③ 이동하여 연결할 또 다른 핀의 정사각형을 클릭하면 두 핀이 연결된다.

④ 지금 연결한 선을 반복하여 그릴 경우에는 F4 키를 누른다

⑤ 필요한 만큼 반복한다.

⑥ 선 그리기를 종료한다.

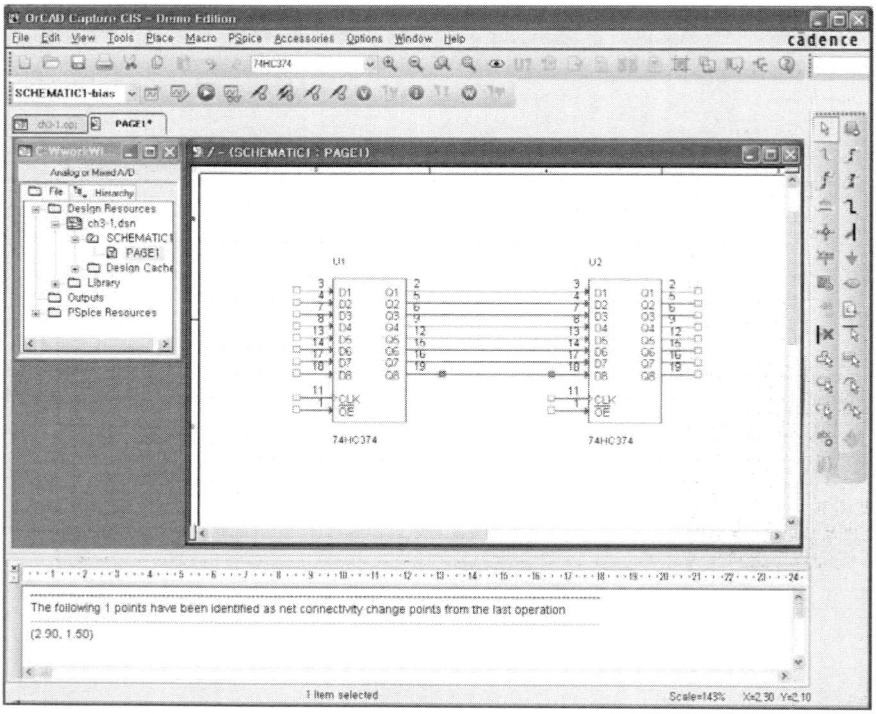

그림 3.6 동일한 선 반복해서 그리기

4) 선을 지우고자 할 경우

① 삭제할 선을 클릭하여 선택한다.

② 팝업 메뉴에서 Delete를 선택한다.

5) 여러 선을 한 번에 선택하여 지우는 방법

① 삭제할 여러 선들을 Ctrl 키를 누른 상태에서 클릭하여 선택한다.

② 팝업 메뉴에서 Delete를 선택한다.

3.3.2 Net Alias

1) 선이나 버스선의 이름을 지정하는 방법

① Net Alias 툴을 선택한다. Place Net Alias 창이 열린다.

② Place Net Alias 창의 Alias 상자에 선이나 버스선 이름을 입력한 후에 ok 버튼을 입력한다.

③ 해당 선이나 버스 선 위에 마우스를 올려놓고 클릭하여 네트 이름을 배치한다.

2) 네트 이름 삭제하기

① Select 모드에서 네트 이름을 선택한다.

② 팝업 메뉴의 Delete를 선택한다.

3.3.3 Junction

선이 교차되는 경우에 교차점에서 두 선이 연결되어 있다면 이를 표시하기 위해서 사용된다.

1) Junction 표시를 하기

① Junction 툴을 선택한다.

② 교차점을 클릭하면 배치된다.

2) Junction 명령 마치기

팝업 메뉴에서 End Mode를 선택한다.

3.3.4 No Connect

사용하지 않는 핀을 표시한다. 사용하지 않는 핀으로 표시하면 핀에 X가 나타난다. 그러나 다시 사용하기 위해서 선을 연결하면 자동으로 X 표시는 없어진다. 또는 다시 한번 더 배치하면 표시가 없어진다.

3.4 접지 심볼 배치하기

접지 네트를 연결하기 위해서 접지 심볼을 사용한다. 심볼은 C:/Orcad_16.3_Demo/tools/Capture/library/pspice/Source.olb 라이브러리에 있다. 부품 라이브러리에서 접지 심볼을 찾고자 하면 존재하지 않는다. 반드시 접지는 툴 팔레트에 따로 존재하는 접지 심볼을 이용하여 배치하여야 한다.

1) 접지 심볼을 배치하기

① Place Ground 툴을 툴 팔레트에서 선택한다.

② Place Ground 창의 심볼 상자 내의 0/source 심볼을 선택한 후 ok 버튼을 선택한다.

③ 배치하고자 하는 곳을 클릭하면 배치된다.

④ 심볼 배치를 마치기 위해서는 팝업 메뉴에서 End Mode를 선택한다.

3.5 부품 속성 수정하기

그림 3.7에 나타나 있는 것과 같이 부품이름, 부품 값이나 부품 번호와 같이 부품 속성을 수정하고자 하는 경우는 다음과 같이 수정할 수 있다.

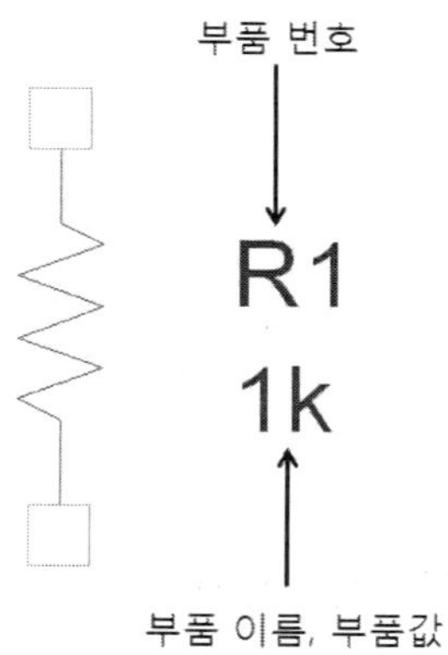

그림 3.7 부품 구성

1) 부품 값만 수정하고자 할 경우

다음과 같이 두 가지 방법을 이용하여 수정 할 수 있다.

① 부품 이름, 부품 값에 마우스를 놓고 두 번 클릭하면 그림 3.8과 같이 Display Properties 창이 열리고 Value 에 부품 값을 입력하면 부품 값이 들어가고 문자나 숫자를 이용하여 입력하면 부품 이름으로 동작하게 된다,

② 부품 기호 위에 마우스를 놓고 두 번 클릭하여 그림 3.9와 같은 속성 창을 열거나, 마우스의 오른쪽 버튼을 클릭하면 팝업 창이 나타나고 거기에서 Edit Properties..를 선택하면 그림 3.9와 같은 속성 창이 열리게 된다.

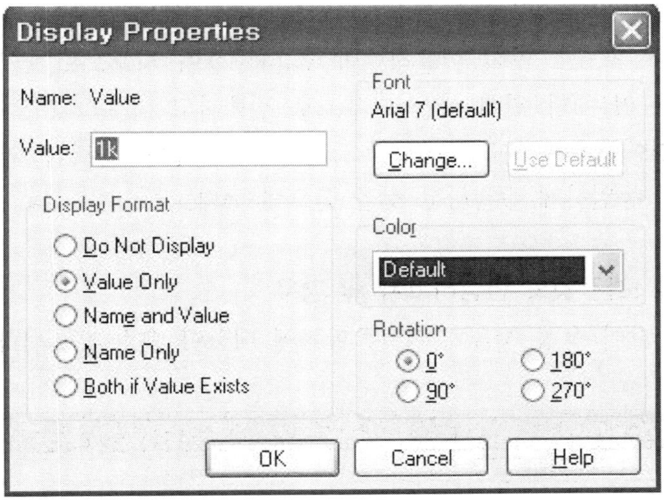

그림 3.8 Display Properties 창

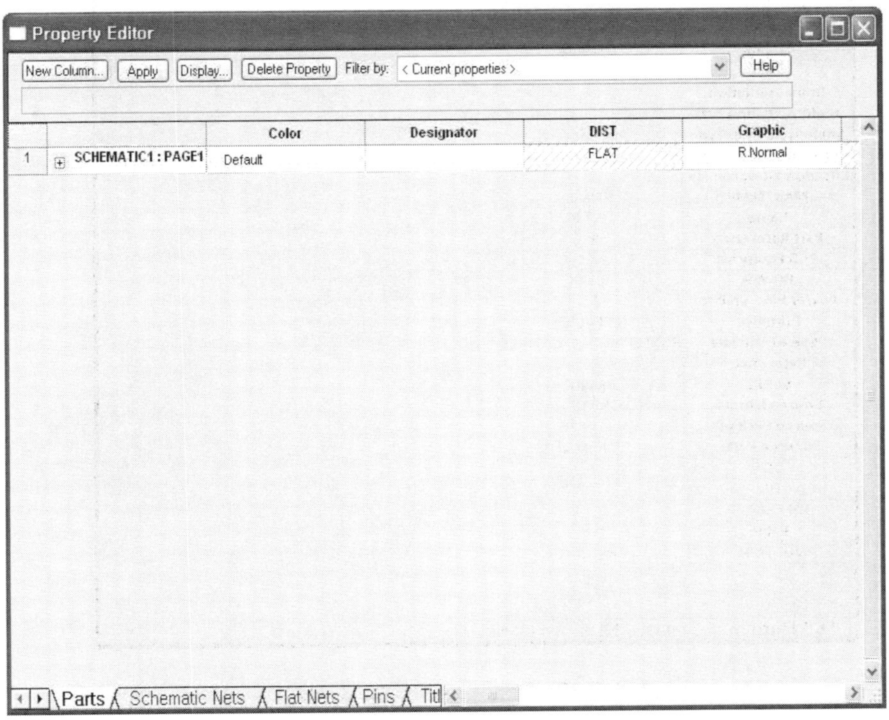

그림 3.9 부품 속성창

여기에서 Value 항을 찾아서 마우스로 클릭하여 값을 입력하면 된다. 그림 3.9와 같은 경우는 옆으로 많이 이동하여야 Value 항이 나오므로 쉽게 보기 위하여 "1" 표시되어 있는 항 위에 항을 마우스로 선택하고 마우스의 오른쪽 버튼을 클릭하면 팝업 창에서 Pivot을 선택하면 그림 3.10과 같이 나타나 쉽게 볼 수 있게 된다. 여기에서 동일하게 수정하고 창을 닫으면 된다.

2) 부품의 다른 모든 것도 변경하고자 할 경우

그림 3.10과 같이 속성 창을 열어 각 항목에 대하여 수정하면 된다.

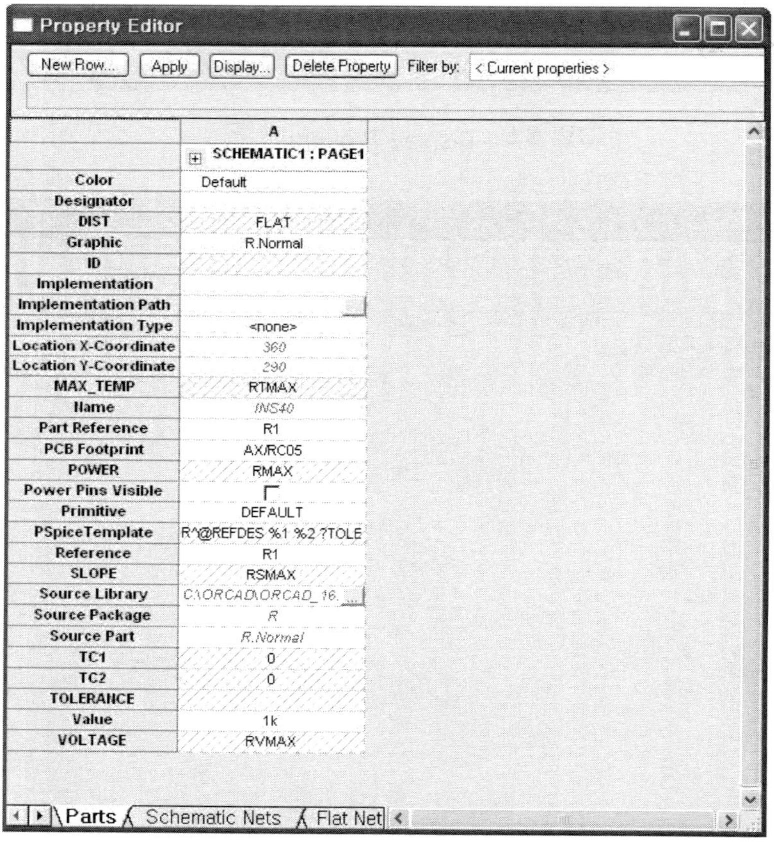

그림 3.10 Pivot 된 부품 속성창

3.6 도면그리기 연습

문제 3-1 아래의 도면을 작성하시오.

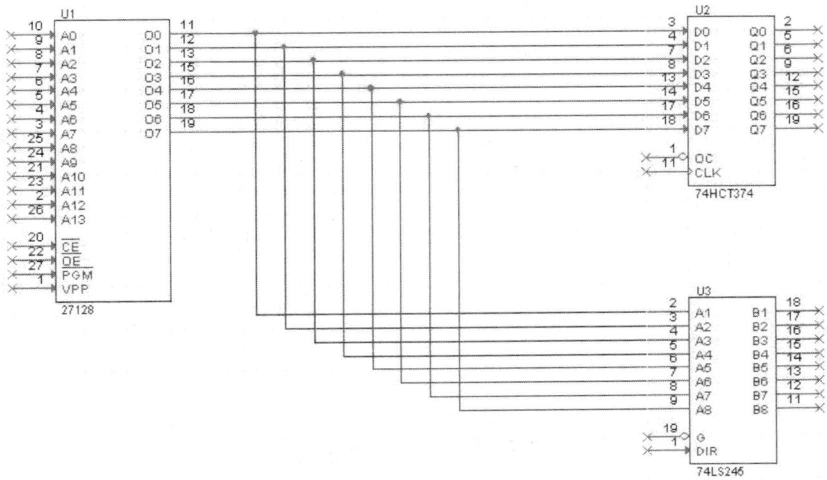

그림 3.11 문제 3-1

문제 3-2 아래의 도면을 작성하시오.

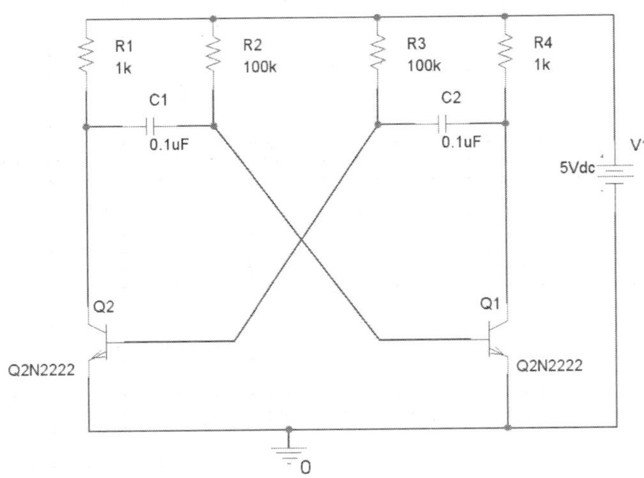

그림 3.12 문제 3-2

문제 3-3 아래의 도면을 작성하시오.

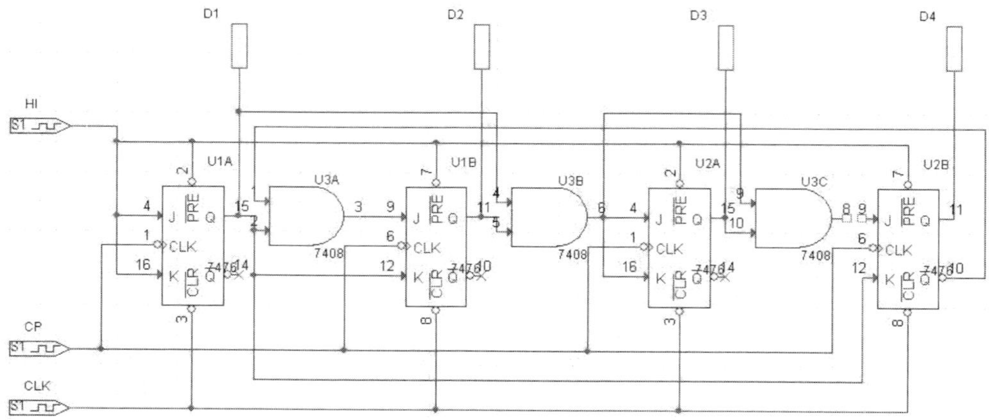

그림 3.13 문제 3-3

문제 3-3 아래의 도면을 작성하시오.

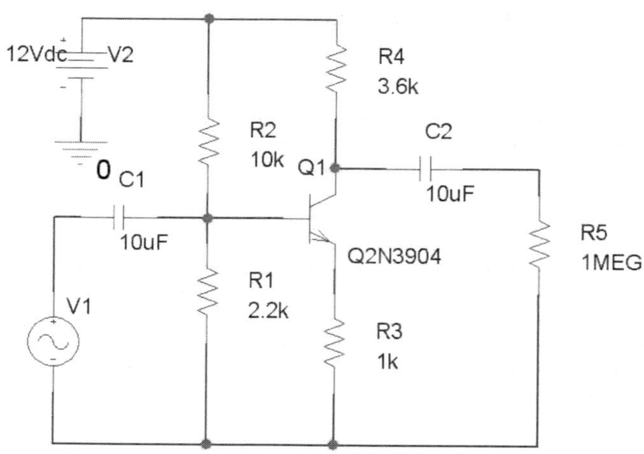

그림 3.14 문제 3-4

문제 3-5 아래의 도면을 작성하시오.

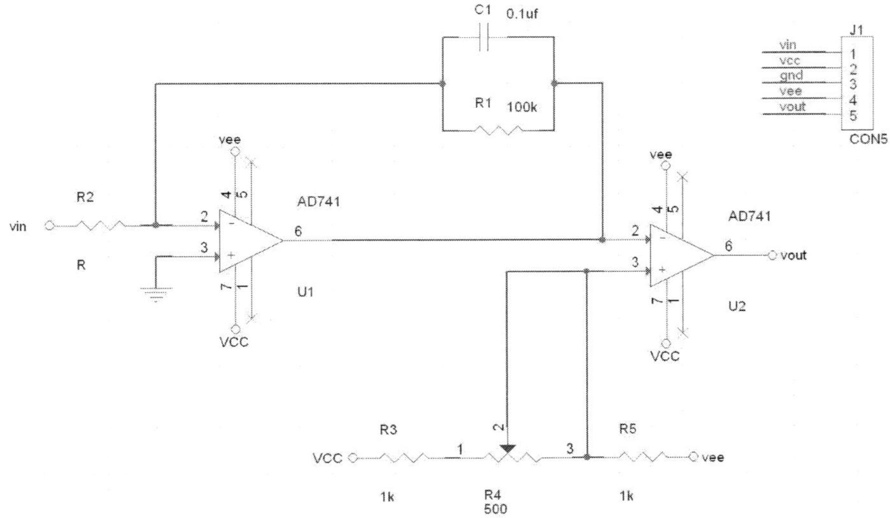

그림 3.15 문제 3-5

문제 3-6 아래의 도면을 작성하시오.

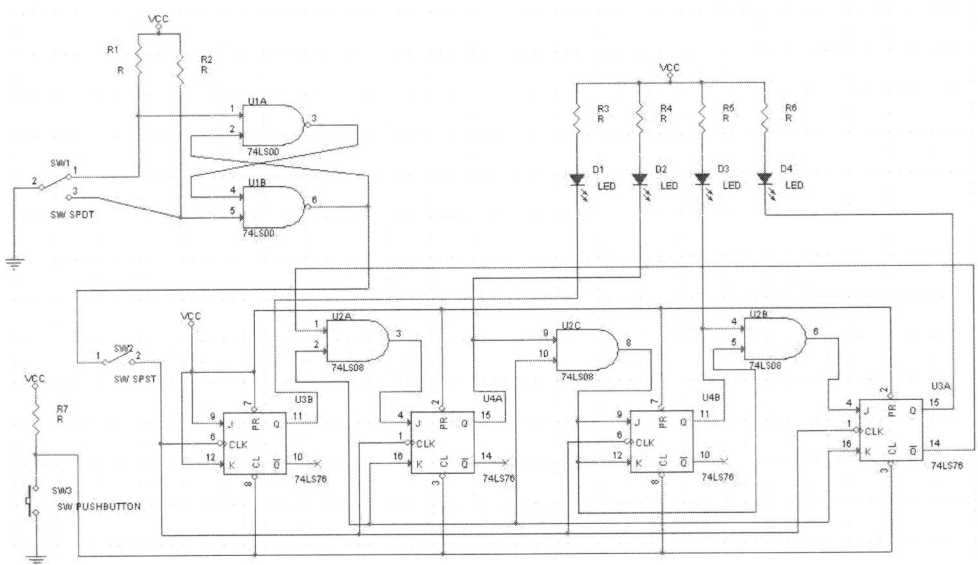

그림 3.16 문제 3-6

제 2 단원
PSpice 시작하기

제 2 단원

PSpice 시작하기

제 4 장

PSpice 시작하기

PSpice를 사용하는 것은 일반적으로 표 4.1에서 보여 주는 것과 같이 세 가지 과정으로 이루어진다. 첫 번째는 사용자가 해석하고 모의 실험할 회로도를 구성하는 것이다. 두 번째 단계는 원하는 회로의 해석형태를 결정하고 해석하는 것이다. 마지막 단계인 세 번째 단계는 해석한 결과를 출력하는 것이다. 이 장에서는 이러한 단계를 어떻게 수행하는 지와 각 단계 별로 예제를 통하여 살펴보고자 한다.

표 4.1 PSpice를 이용한 시뮬레이션 흐름도

1. Schematic Entry
   - Capture CIS를 이용한 회로도 부품 배치하기
   - Capture CIS를 이용한 회로도 선 그리기
   - Capture CIS를 이용하여 부품 속성 편집하기

⇩

2. Analysis Setup & Simulation
   - PSpice A/D 회로 해석
   - Stimulus Editor를 이용한 입력 조건 설정하기

⇩

3. Output
   - Probe 를 이용하여 회로 시뮬레이션 결과 파형 보기
   - Text Editor를 이용하여 결과 파일 및 네트리스트 파일 보기

4.1 Schematic Entry

회로도를 작성하기 위해서는 OrCAD Capture CIS 프로그램을 구동해야 한다. 이 프로그램 상에서 회로도를 작성하는 방법에 대한 상세한 내용은 앞 절에서 OrCAD Capture 프로그램 사용법에서 자세하게 다루었다. 여기에서는 PSpice를 이용하여 모의실험에 필요한 내용을 간단하게 설명하고자 한다. OrCAD Capture CIS 프로그램 초기 화면에서 그림 4.1과 같이 File/New/Project를 선택한다. 이것을 수행하며 그림 4.2와 같이 새로운 도면을 작성하기 위한 Project 이름 정하는 화면이 나타나게 된다. 여기에서 원하는 프로젝트 이름과 작업 디렉터리를 정하여야 한다. 그리고 그림에서 앞으로의 과정에서 계속적으로 사용하게 될 Analog Mixed-Mode Project Wizard를 선택하여야 한다.

기존에 존재하는 프로젝트 파일을 이용하여 새로운 PSpice 프로젝트 파일을 만들 수 도 있고, 새로운 빈 파일을 이용하여 새로운 PSpice 프로젝트 파일을 만들 수 도 있다. 수행하는 프로젝트에 사용될 부품 심벌 라이브러리를 등록하는 것은 그림 4.3에 보여진 것과 같은 창에서 선택할 수 있다. 그리고 이 창을 나갈 때 OrCAD Capture 창으로 되돌아가게 되고 그림 4.4와 같은 화면을 만나게 된다.

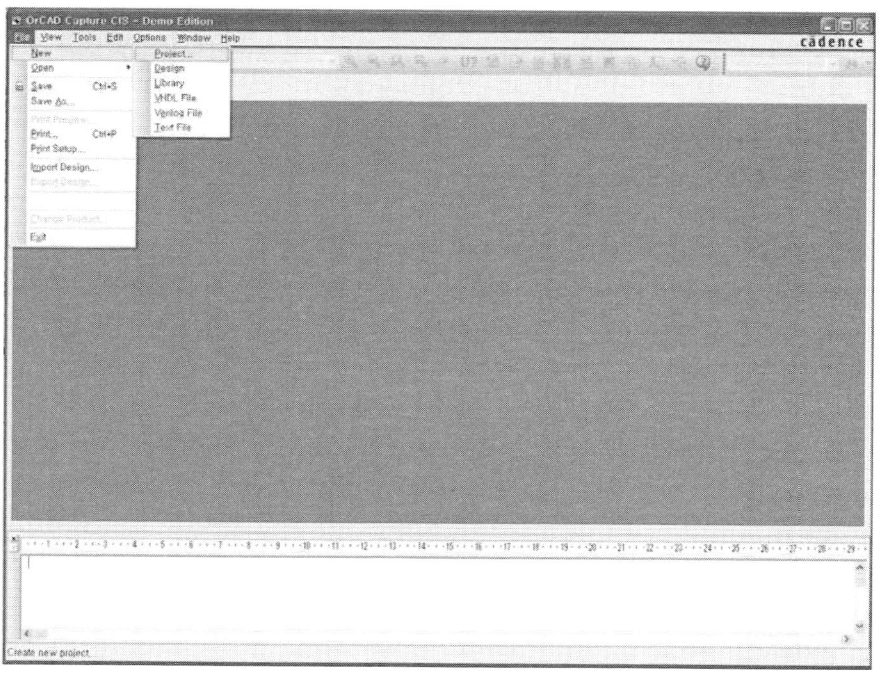

그림 4.1 OrCAD Capture 프로그램 초기 화면

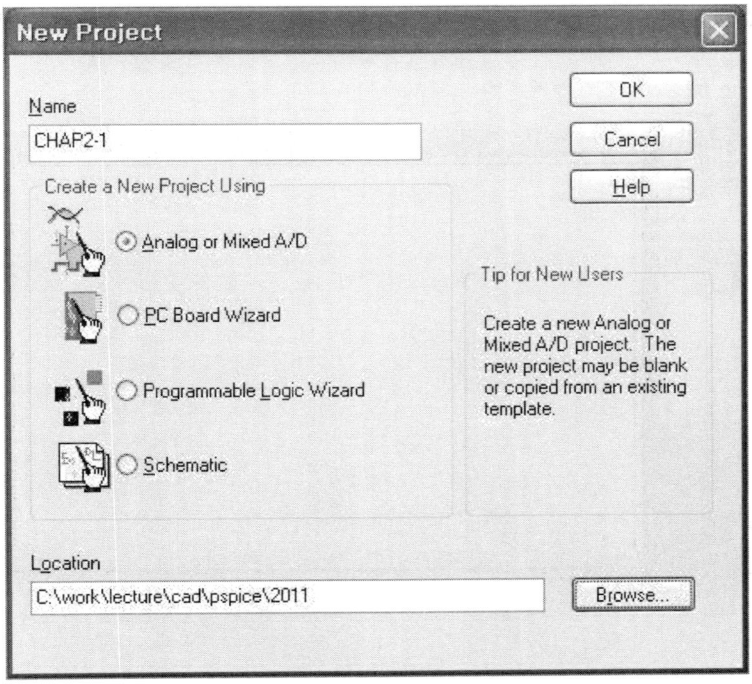

그림 4.2 새로운 프로젝트 대화 창

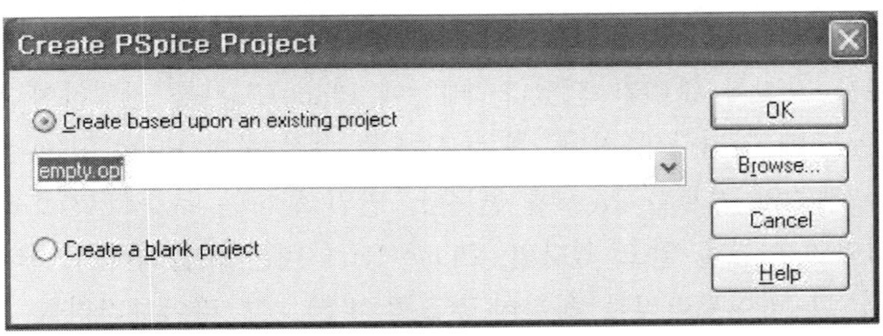

그림 4.3 PSpice 프로젝트 생성을 위한 창

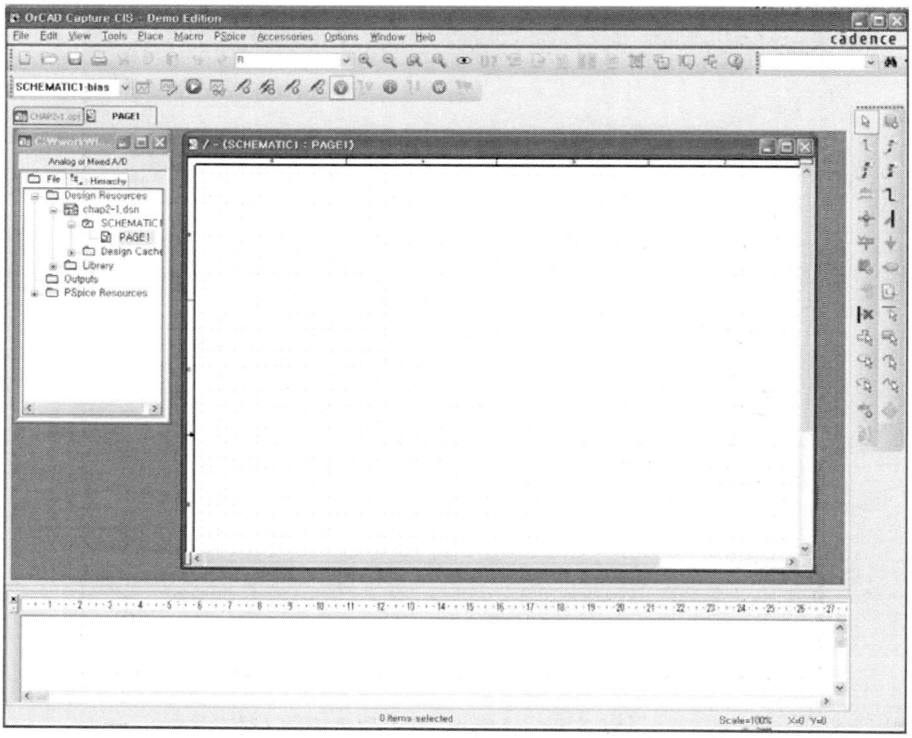

그림 4.4　PSpice 부품 심벌 등록 창

이제 회로를 작성할 준비가 되었다. 메뉴에 Place/Part를 선택하여 원하는 부품의 기호를 Page에 가져다 놓거나. 또는 오른쪽 수직 툴바 Place Part 버튼을 클릭하여 원하는 부품의 기호를 Page에 놓는다. 만일 원하는 부품의 기호를 가지고 있는 라이브러리의 이름을 알고 있다면, Place Part 버튼을 클릭하여 나타나는 Place Part 창에서 그 라이브러리를 등록하고(그림 4.5), 그 라이브러리를 선택하면 그 라이브러리에 들어있는 부품을 선택하여 Page에 가져다 놓으면 된다(그림 4.6).

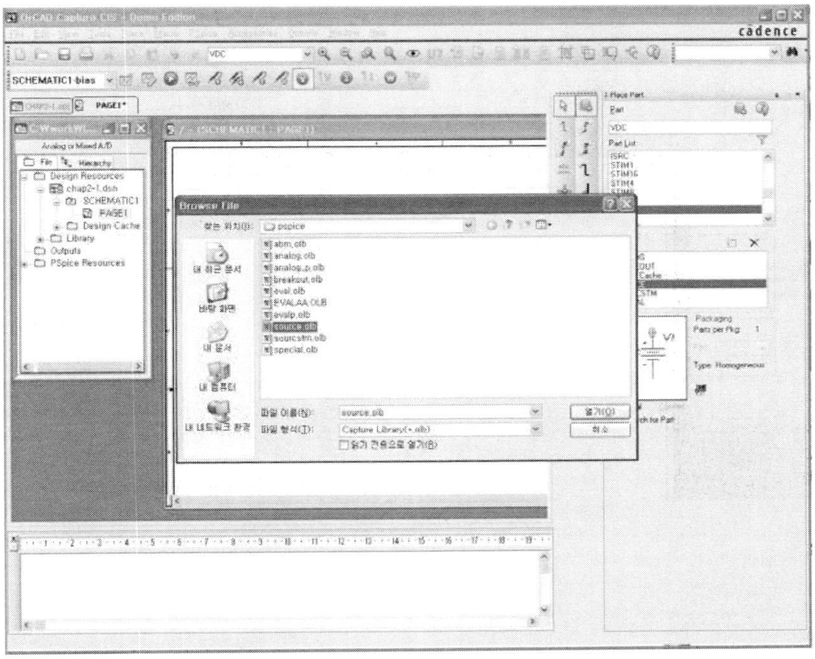

그림 4.5 PSpice 부품 라이브러리 등록

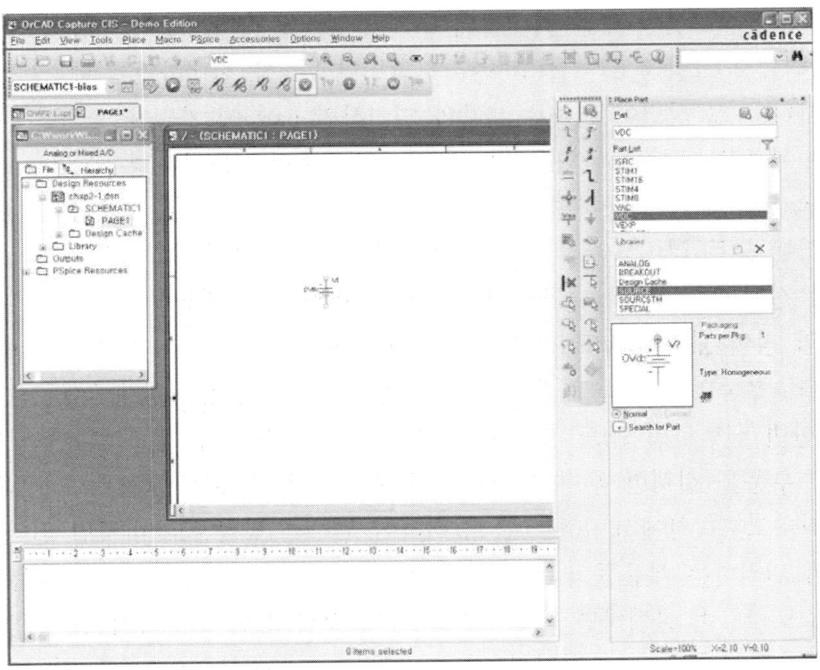

그림 4.6 원하는 부품 심벌 선택하기

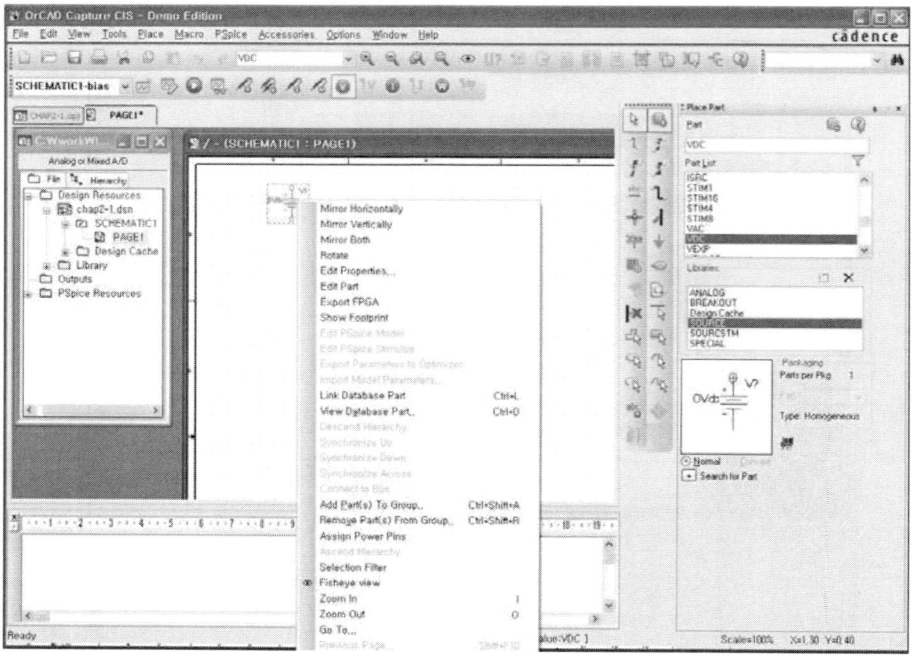

그림 4.7 원하는 부품 page에 놓기

그림 4.5에서 보듯이 부품 라이브러리인 source를 라이브러리에 등록하고 등록된 라이브러리에서 그림 4.6과 같이 직류 전압원인 Vdc를 선택하면 창에 그 부품의 심벌이 나타나고 그 심벌이 원하는 부품과 일치하면 page에 가져다 놓으면 된다.

원하는 부품을 포함하고 있는 라이브러리의 이름을 모르는 경우, Place Part 창에서 Part Search를 이용하여 부품을 포함하고 있는 라이브러리를 찾거나 또는 등록되어 있는 모든 라이브러리를 선택하여 원하는 부품을 찾으면 된다.

앞에서 선택한 Vdc page에 갖다놓고 오른쪽 마우스 버튼을 누르면 그림 4.7과 같이 팝업 창이 나타나고 End Mode를 선택하면 그 부품을 선택한 상태에서 벗어나게 된다. 부품의 방향을 바꾸고 싶을 때는 부품이 선택된 상태에서 자판의 영문자 R를 한번 선택하면 90도 회전하게 되어 방향을 바꿀 수 있고, 다른 방법으로는 마우스로 부품을 선택한 후 마우스의 오른쪽 버튼을 누르면 그림 4.7과 같이 팝업 창이 나타나고 그 창에서 Rotate를 선택하여 원하는 방향으로 바꾸면 된다.

page에 위치하는 부품들의 속성을 정하기 위해서는 정하고자 하는 부품 속성 값을 마우스로 두 번 클릭하면 그림 4.8과 같이 속성 창이 나타나게 된다. 앞에서 언급한 직류 전원의 경우는 전원의 전압 값인 0 Vdc를 두 번 클릭 한다. Display Properties 창에서 전압 값을 원하는 값으로 입력하고 창을 닫아주면 된다.

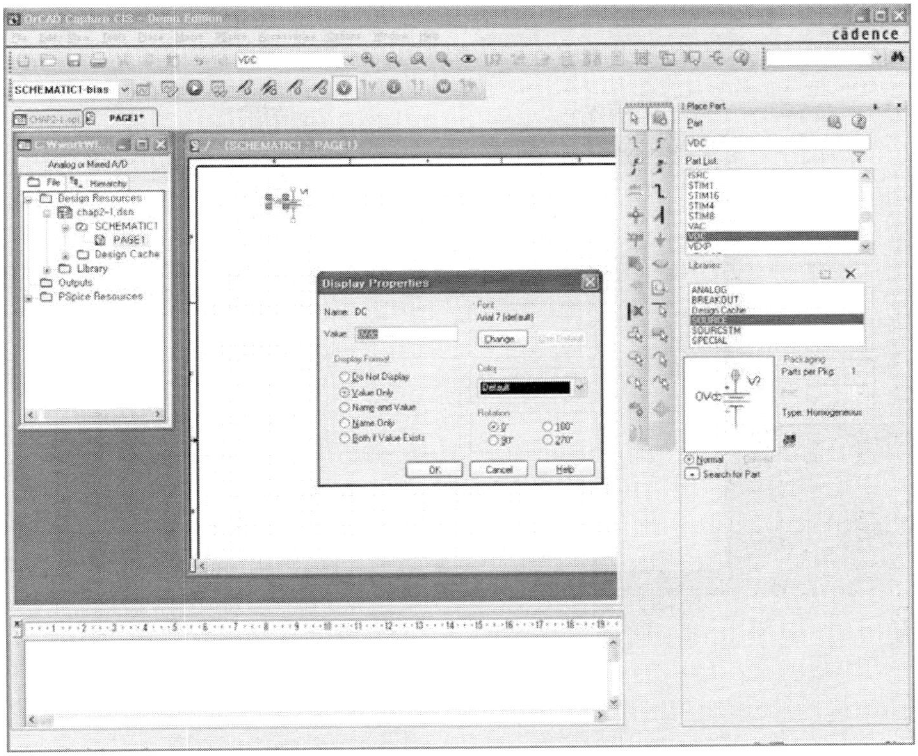

그림 4.8 부품 값 정하기

간단한 예를 위하여 직류 전원 한 개와 저항 두 개로 이루어진 회로를 구성하기로 한다. 구성된 모양은 그림 4.9와 같으며 전원의 전압 값은 12[V] 그리고 두 개의 저항의 값은 각각 3[kΩ]과 6[kΩ]으로 한다.

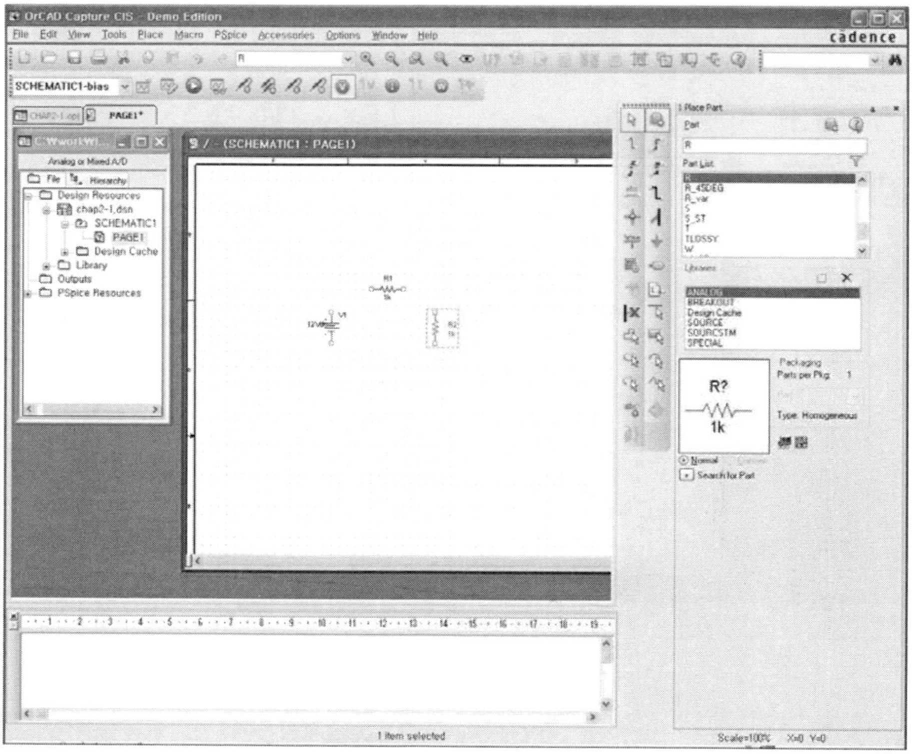

그림 4.9 여러 부품 배치

이제 사용할 부품 전부를 선택하고 배치하고 그리고 그들의 부품 값을 정하였다. 이제 회로의 연결을 할 차례이다. 옵션 창에서 Place/Wire Menu를 선택하여 선을 배치하거나 또는 수직툴바에서 세 번째 아이콘을 선택하여 선을 배치할 수 있다. 선의 시작점에서 마우스를 클릭함으로 시작되고 끝나는 점에서 다시 클릭함으로 선을 그릴 수 있다. 그림 4.10에 이들을 완성한 것을 보여 주고 있다. 회로를 그리는 마지막 단계는 노드 번호가 0으로 지정되어 있는 회로의 접지를 입력하는 것이다. 이것을 하는 가장 간단한 방법은 수직 툴바에서 GND(노드번호가 0인)로 되어 있는 아이콘을 선택하여 page에 배치하는 것으로 할 수 있다. 이것은 그림 4.11에 잘 나타나 있다. 또한, 수직 툴바에서 GND 를 선택했음에도 불구하고 접지 심벌이 나타나지 않는 경우는 PSpice 서브디렉토리로부터 Source 라이브러리가 등록이 되어 있지 않아 나타나는 것으로 라이브러리를 등록하면 나타나게 된다.

회로도에 접지를 입력하는 것은 매우 중요하며, PSpice에서는 노드 0에 접지가 없으면 시뮬레이션이 되지 않는다. 완성된 회로도가 그림 4.12에 나타나 있다.

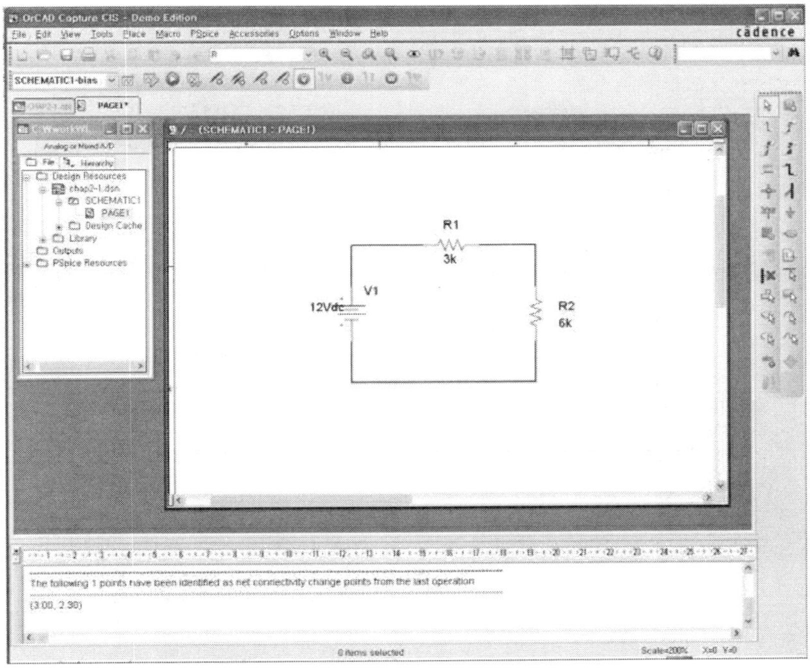

그림 4.10 선의 연결

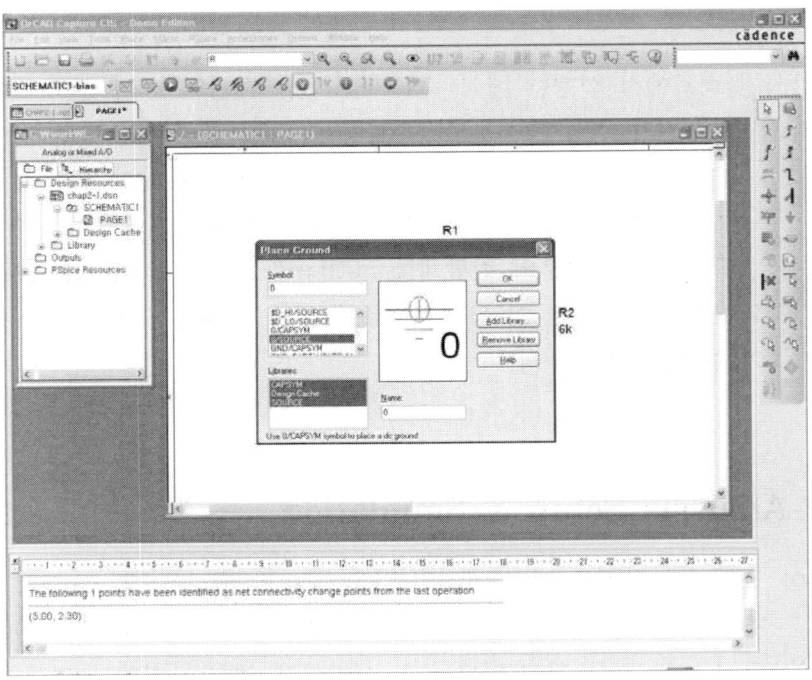

그림 4.11 접지 심벌의 선택

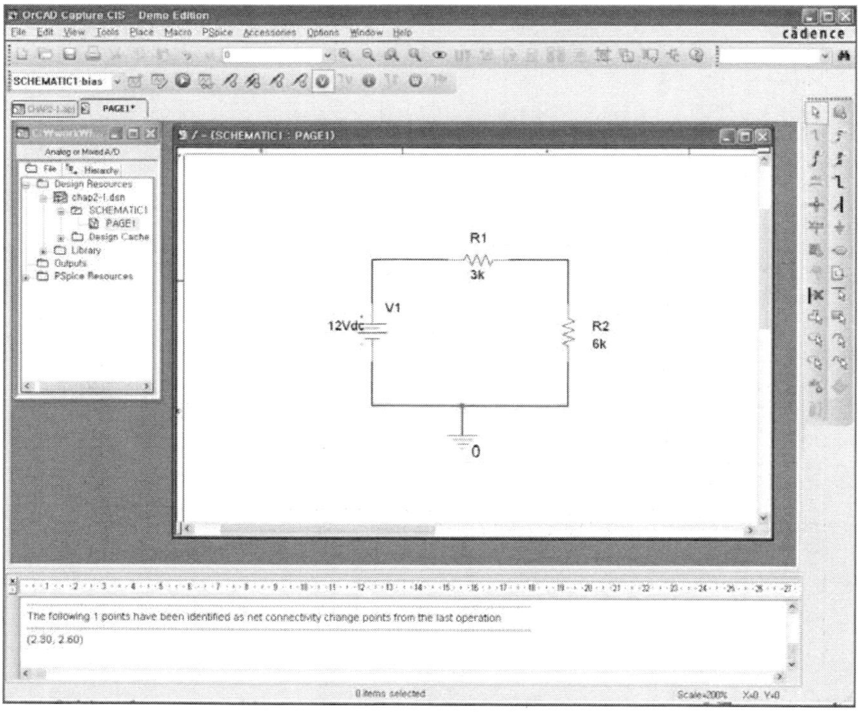

그림 4.12 완성된 회로도

이제 완성된 회로에서 실행할 해석의 형태를 정할 순서이다. 수행할 해석의 형태를 정하기 전에 우리가 완성한 회로도를 가지고 PSpice가 할 수 있는 것이 무엇인지 알아보기로 하자. 우리가 그린 회로도를 PSpice가 이해하기 위하여 회로도는 회로부품, 부품의 속성 그리고 그들 간의 연결들을 알 수 있는 명령문의 집합으로 번역되어야 한다. 이들 명령문의 집합체를 netlist라 하며, 해석을 하기 전에 출력 파일에 기록되어진다. 특별히, 회로도에 오류가 있을 경우와 같이 때때로 netlist를 살펴보는 것이 유용할 때가 있다.

4.2 Analysis Setup & Simulation

여러분이 그린 회로도에서 여러 가지의 다른 형태의 해석을 할 수 있다. 우선 해석을 위한 이름을 선택할 필요가 있다. PSpice/New Simulation Profile Menu를 선택하여 그림 4.13과 같은 창이 나타난다. 이창에서 해석할 형태를 결정하게 된다. 앞에서 구성한 회로에서 하고자 하는 것은 "Biasing"으로 알려져 있는 각 노드에서 걸리는 전압을 알고자 하는 것으로 간단한 dc 해석을 실행하고자 한다. 그 창에서 Name을 bias로 입력한 후 create를 선택하여 창을 닫는다. 창을 닫게 되면 자동적으로 그림 4.14와 같은 창이 열리게 되며, 이 창에서 여러 해석 형태 중에서 Bias Point로 선택하고 "확인" 버튼을 선택하면 회로도가 있는 창으로 되돌아간다.

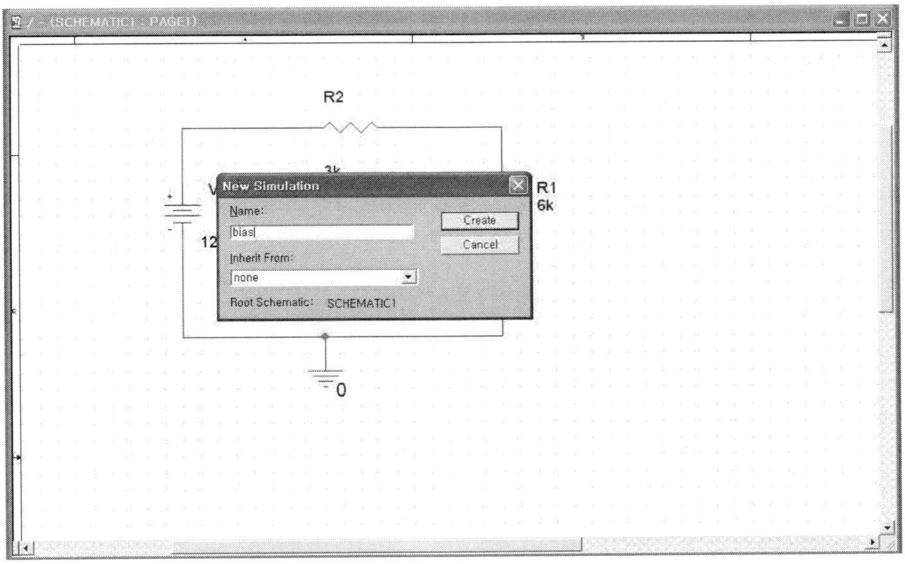

그림 4.13 해석 profile 이름 정하기

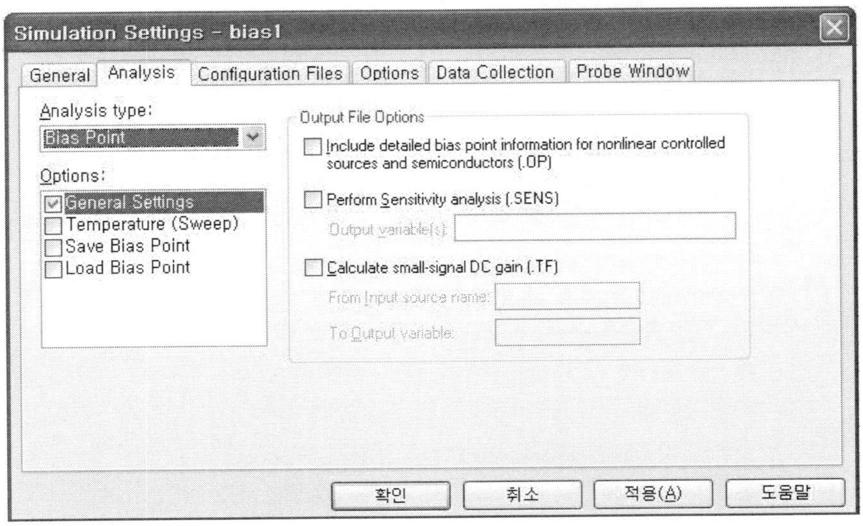

그림 4.14 회로 해석 형태 정하기

이제 회로 해석을 할 수 있는 준비가 되었으며, 회로 해석을 하기 위해서는 PSpice /Run menu option을 선택하면 된다. 해석을 시행하면 아래에 나타나 있는 그림 4.15와 같은 창이 나타난다. 이 창은 세 부분으로 나누어지며, 왼쪽 아래에는 해석과정을 나타내는 문자출력창이 있다. 회로도나 해석을 정하는 과정에서 생긴 오류가 있다면 간단한 오류 메시지가 이 부분에 나타나며, 오류가 수정될 때까지 해석은 중단된다. 오른쪽 아래에는 해석이 진행되면서 변화된 변수 값을 알 수 있도록 하는 부분이다. 앞에서 본 바이어스 예제에서는 그러한 변수가 없다. 마지막으로 위 부분은 해석 결과를 나타내기 위해서 사용하는 부분이다.

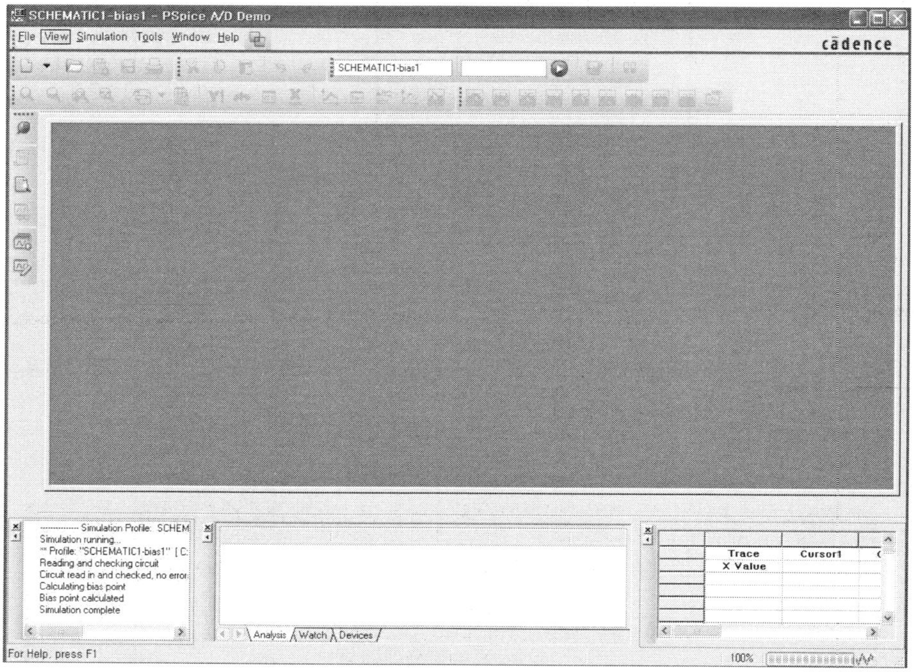

그림 4.15 회로 해석하기

4.3 Output

이제 해석으로부터 문자 구성되거나 그래프로 구성되거나 또는 이들 모두로 구성된 출력을 보기로 하자. 앞에서 본 간단한 예제에서는 변수가 변하는 것이 아니므로 그래프로 볼 수 없다. 왼쪽 수직 툴바의 두 번째 버튼을 클릭하면 바이어스 해석의 출력을 볼 수 있게 된다. 이것은 그림 4.16과 그림 4.17에 보여진 것처럼 PSpice A/D 창의 위 부분에 해석하는 동안 생긴 출력 파일을 보여준다. 이 출력 파일의 윗부분에는 PSpice가 이해할 수 있는 형태로 회로도를 나타내는 명령문의 집합인 netlist 가 있다. 그림에서 보듯이 netlist는 우리가 그린 세 부분으로 이루어져 있다. 노드 N00095와 0 사이의 12[V] 직류 전압 전원을, 노드 N00095와 N00208 사이의 3[kΩ] 저항 그리고 노드 N00208와 0 사이에 6[kΩ] 저항으로 되어 있다. 노드 N00095와 0 사이의 전압은 12[V]이고 이것은 직류 전압 전원이 인한 것이고 노드 N00208과 0 사이의 전압은 8[V]이다. 이것은 전압 분배 법칙에 따라 계산하면 다음 식 4.1과 같은 결과가 나오고 이것과 일치한다.

$$v_{6k\Omega} = \frac{6}{3+6}(12) = 8\ V \qquad \text{식 4.1}$$

이 결과를 회로도에서 보려면 회로도에서 두 번째 열 툴바에서 V 심벌에 클릭하면 회로도 상에 각 노드에서의 전압이 그림 4.18과 같이 나타난다.

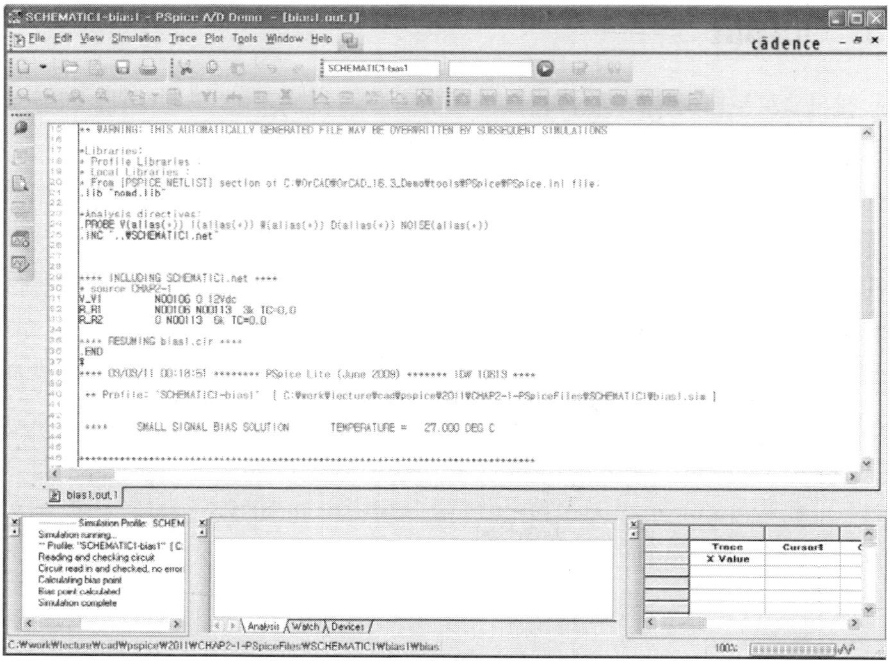

그림 4.16 결과 보기 1

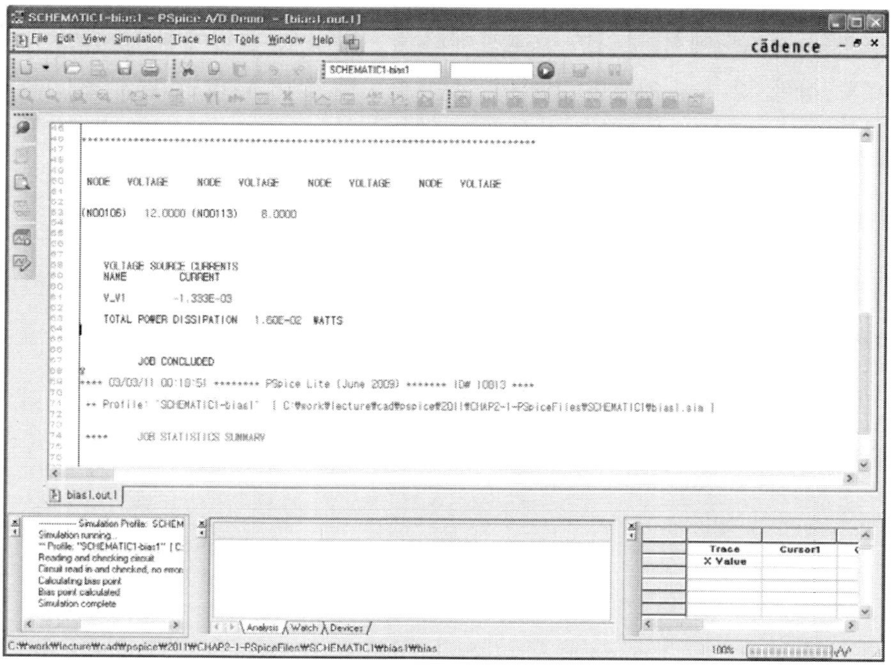

그림 4.17 결과 보기 2

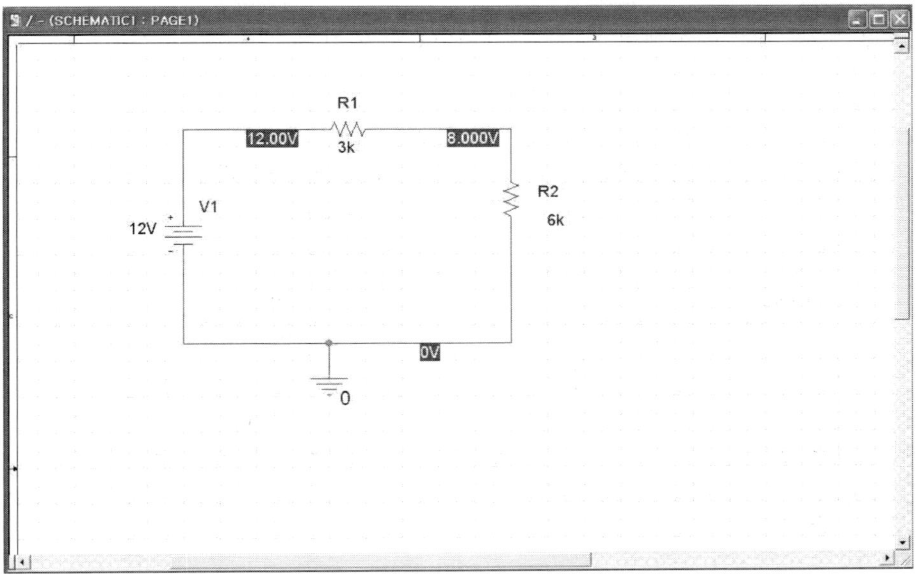

그림 4.18 결과 보기 3

4.4 연습문제

문제 4-1 아래회로에서 각 노드의 전압 값을 구하시오.

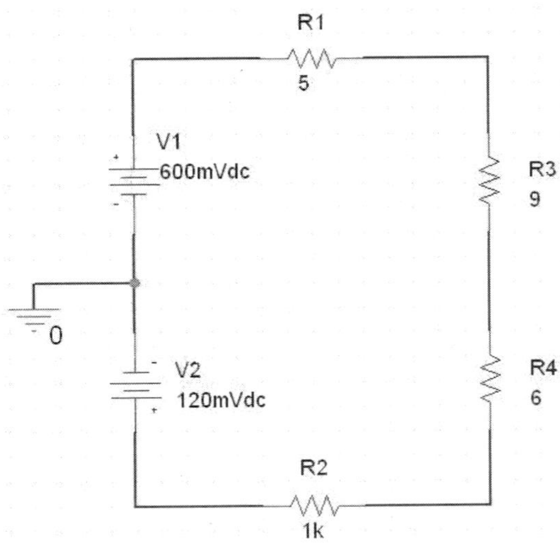

그림 4.19 문제 4-1

문제 4-2 아래회로에서 각 노드의 전압 값을 구하시오.

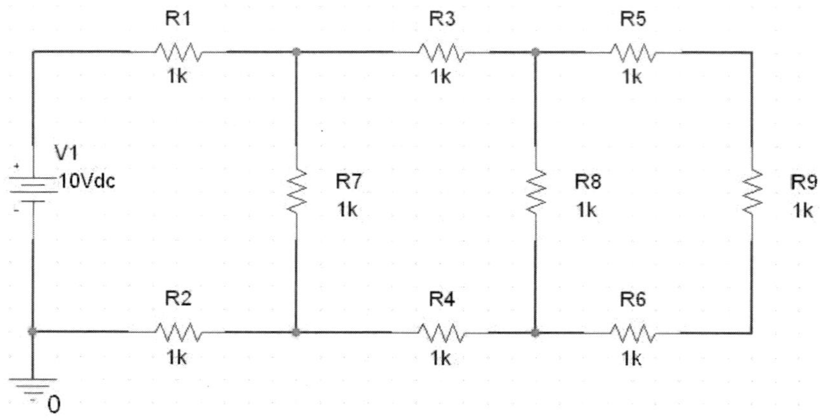

그림 4.20 문제 4-2

문제 4-3 아래회로에서 각 노드의 전압 값을 구하시오.

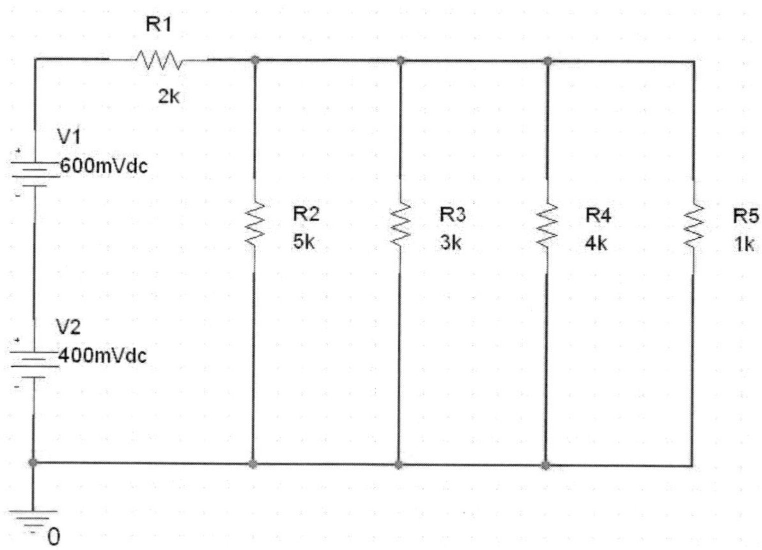

그림 4.21 문제 4-3

문제 4-4 아래회로에서 각 노드의 전압 값을 구하시오.

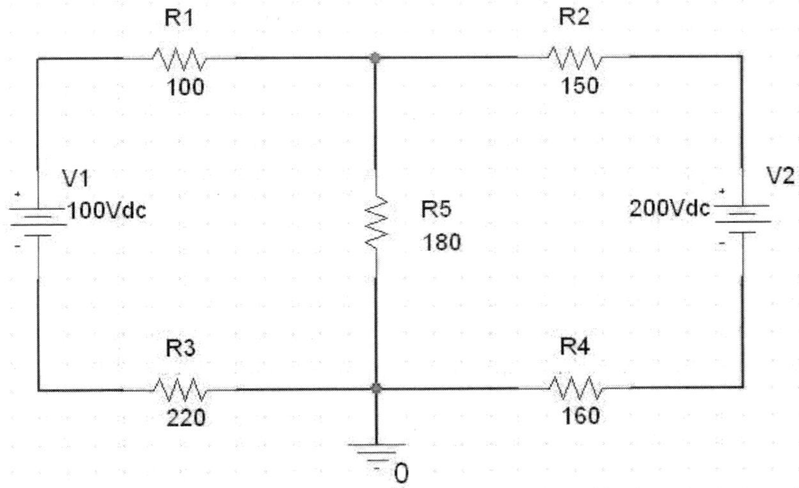

그림 4.22 문제4-4

문제 4-5 아래회로에서 각 노드의 전압 값을 구하시오.

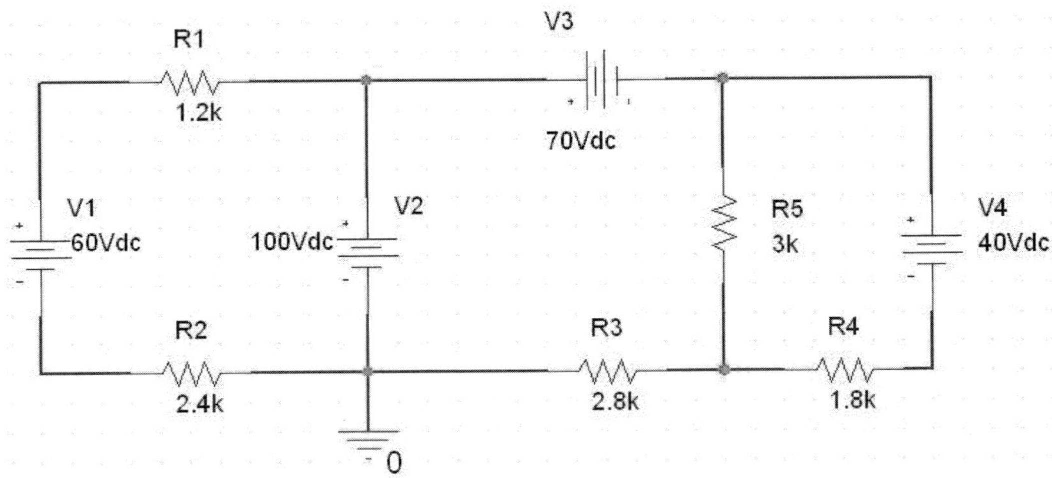

그림 4.23 문제 4-5

문제 4-6 아래회로에서 각 노드의 전압 값을 구하시오.

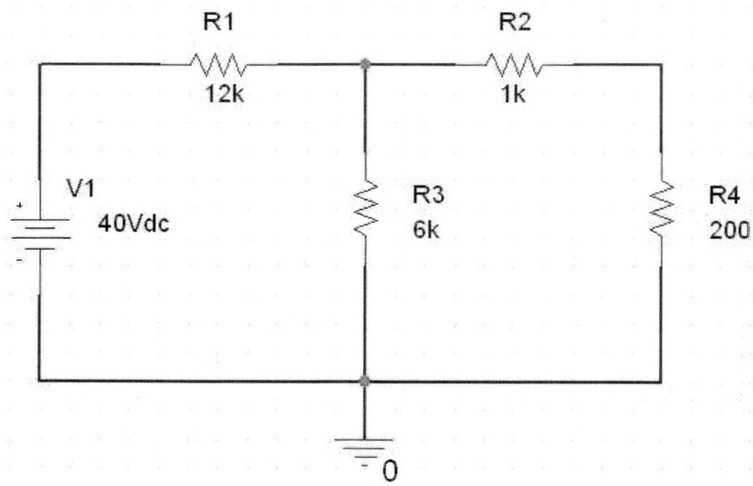

그림 4.24 문제 4-6

문제 4-7 아래회로에서 각 노드의 전압 값을 구하시오.

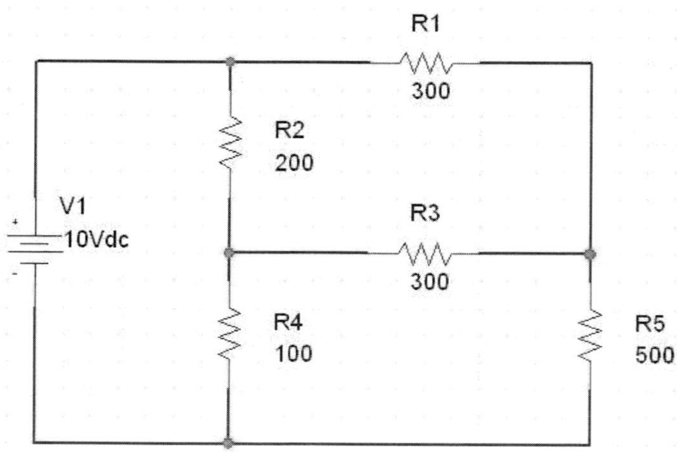

그림 4.25 문제 4-7

제 5 장

직류 회로 해석 I

이 장에서는 전원의 두 가지 형태인 독립 전원과 종속 전원을 포함하는 간단한 회로를 살펴보고자 한다. 간단한 바이어스 포인트 계산을 이용하여 회로를 해석하고자 한다.

5.1 독립 직류 전원

독립 직류 전원의 두 가지 형태인 독립 직류 전압 전원과 독립 직류 전류 전원은 Source Library에 있으며 Vdc와 Idc로 각각 표현되는 부품이다. 회로가 구성되는 page에 독립 직류 전원이 놓이고 전원의 값에 대한 부분을 두 번 클릭하여 양의 값이든 음의 값이든 원하는 값으로 변경이 가능하다.

5.2 종속 직류 전원

종속 직류 전원은 두 개의 종속 전압 조절 전원과 종속 전류 조절 전원으로 분류할 수 있다. 그러므로 종속 전원은 네 가지의 선 연결의 조합, 두 가지 형태의 전원과 그 두 가지의 전원을 조절하는 전압, 전류의 연결 형태 두 가지 등으로 이루어진다. 즉, 종속 전압 조절 전압 전원, 종속 전압 조절 전류 전원, 종속 전류 조절 전압 전원 그리고 종속 전류 조절 전류 전원이다.

먼저 전압 조절 전압 전원으로 시작한다. 독립 직류 전류 전원과 함께 있는 이 형태의 종속 전원을 포함하는 회로는 그림 5.1에 나타나 있다. 전압 조절 전압 전원을 표기하는 부품 이름은 E이고 그림 5.2에서 보인 것처럼 이 부품에 대한 기호는 Analog library에서 찾을 수 있다. 그림에서 보듯이 이 부품에 대한 회로적 표기는 4개의 연결점을 가진다. 원 안에 + 와 −로 표시된 오른쪽의 두 점은 6[A] 전류원과 4[Ω] 저항(그림 5.1)사이의 회로에 이 부품을 연결하게 된다. 다른 두 노드는 조절하는 전압을 측정하기 위하여 회로에 연결된다. 이러한 두 노드는 조절하는 전압이 정의되는 부품과 평행하게 회로에 연결되어야만 한다. 그림 5.1에서는 조절 전압 v_{Δ} 이 정의되는 3[Ω] 저항이 된다. 연결되는 선이 하나도 연결되어 있지 않고 모든 부품이 배치되어 있는 회로도가 그림 5.3에 나타나 있다. 선을 연결하기 위한 방향에 맞게 하기 위하여 전압 조절 전압 전원을 회전한 것을 알 수 있다. 선을 연결하기 전에 전압 조절 전압 전원의 이득을 정하여야 한다. 이것을 하기 위해 전압 조절 전압 전원의 기호를 클릭하면 부품이 선택이 되고 그 주변에 네모 상자가 나타나게 된다.

속성 창을 열기 위해 Edit/Properties 메뉴를 선택하라. GAIN으로 표기된 항을 만날 때까지 수평으로 속성 창을 이동하라. 이득의 값을 클릭하고 그림 5.4에 나타난 것처럼 3으로 변경하라. 이제 선을 연결한다. 그리고 그림 5.5에 보인 것처럼 회로도를 완성하기 위하여 접지를 연결한다. 회로도에서 보여진 것처럼 극성을 일치시키기 위해서 회로도를 연결함에 있어 주의하여야 한다. 종속 전원에 표시되어 있는 극성을 보기 위해서 회로도를 확대하여 볼 필요가 있을 수 있다. View/Zoom 메뉴나 또는 zoom 툴바 버튼을 사용하라.

그림 5.6에는 나머지 종속 직류 전원에 대한 회로 기호를 보여 주고 있다. 이러한 종속 직류 전원은 마찬가지로 Analog library에서 찾을 수 있다. 직류 조절 전류 전원은 부품 기호가 F, 전압 조절 전류 전원의 부품기호는 G 그리고 전류 조절 전압 전원은 부품 기호는 H이다. 부품 기호 F와 G의 오른쪽에 보인 원 내부의 화살표를 갖는 단자를 사용하여 종속 전류 전원에 연결하는 것을 기억하라 전류에 의해 조절되는 종속을(부품 기호 F와 H)은 그림 5.6에서 같이 회로도의 왼쪽에 있는 큰 화살표를 가진다. 이러한 단자는 조절 전류가 정의 되는 부품과 직렬로 연결되어야 한다. 다음 장에서 전류 조절 종속 전원을 사용한 회로의 예를 보게 될 것이다.

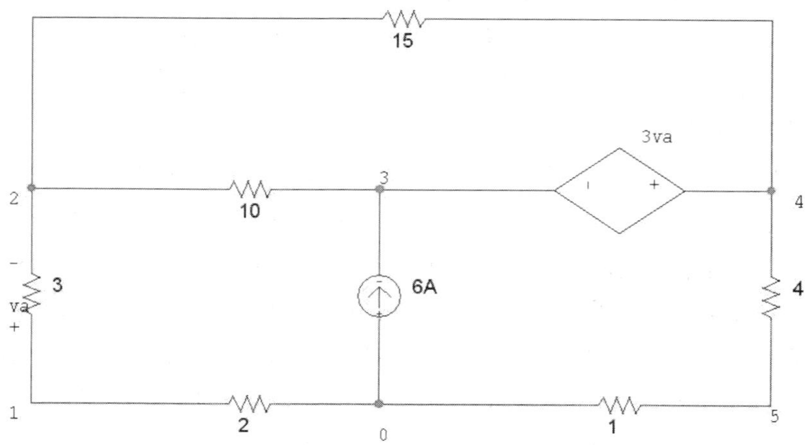

그림 5.1 전압 조절 전압 전원이 포함된 회로

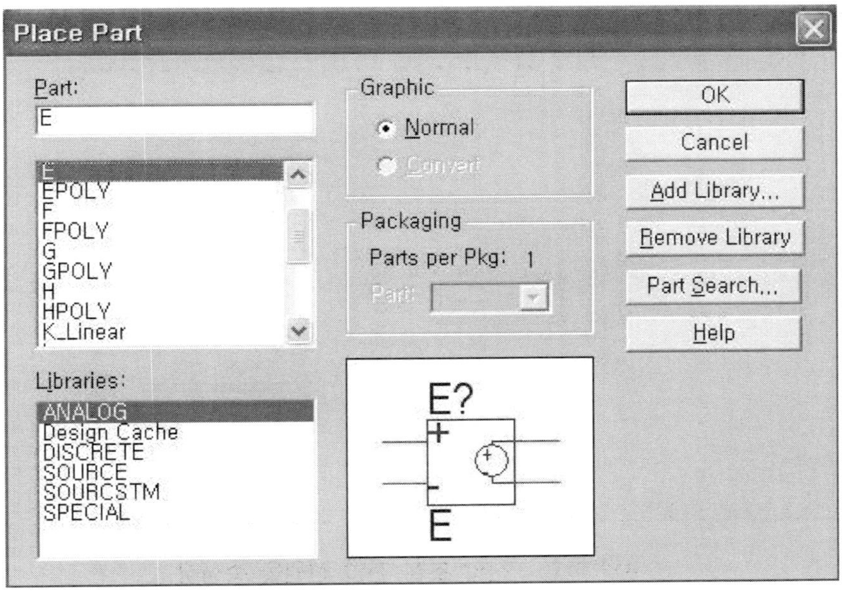

그림 5.2 전압 조절 전압원의 Place Part 대화창

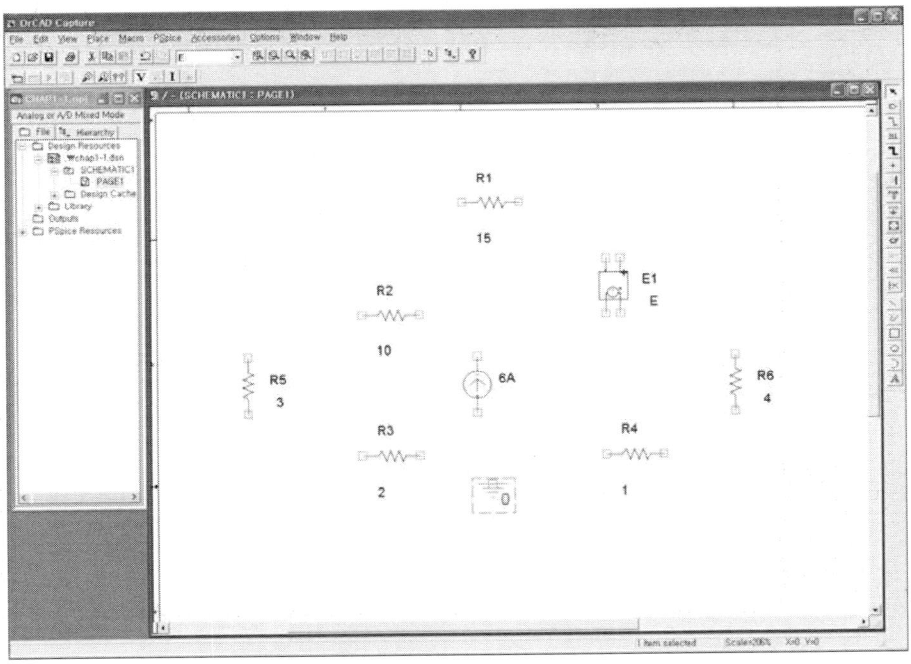

그림 5.3 부품 배치

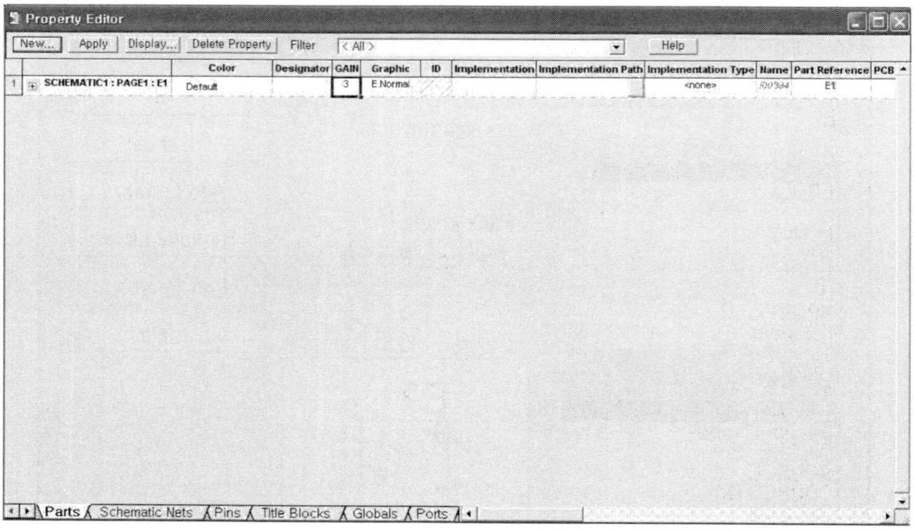

그림 5.4 전압 조절 전압 전원을 속성창

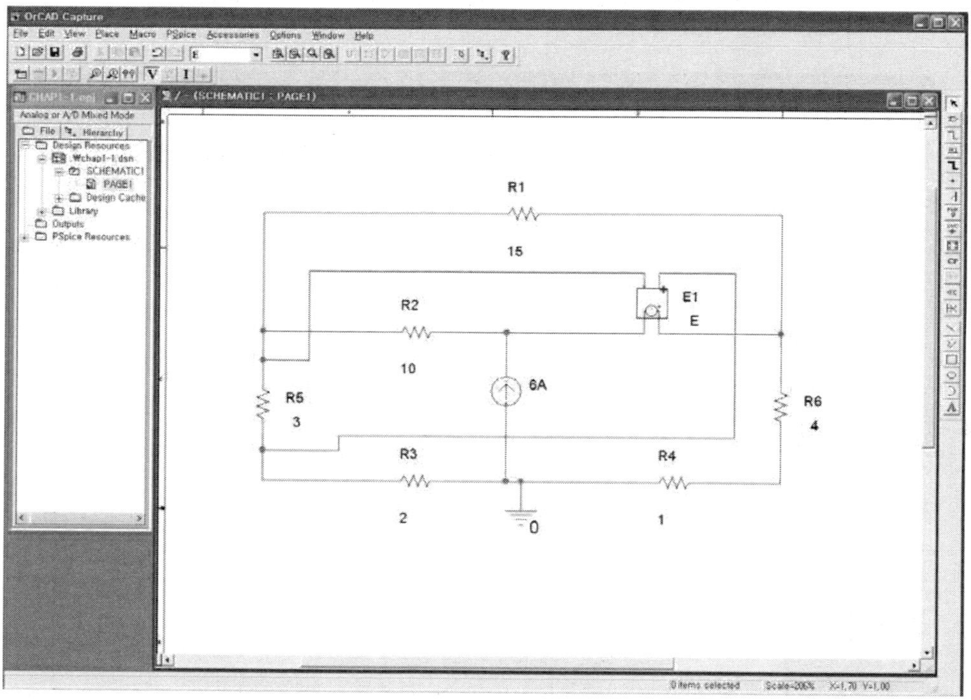

그림 5.5 연결된 회로도

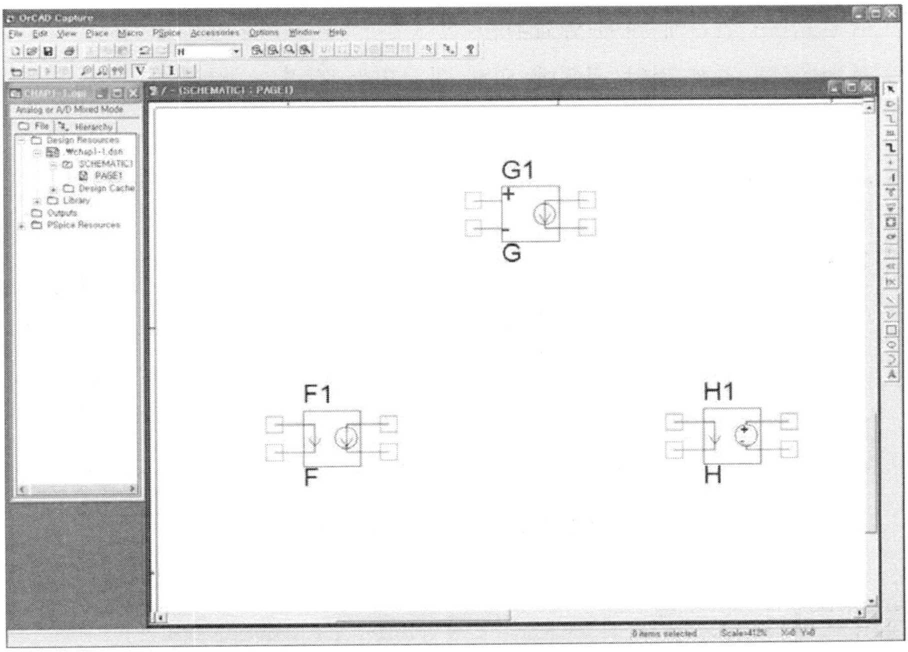

그림 5.6 전류 조절 전류 전원, 전압 조절 전류 전원 그리고 전류 조절 전압 전원

5.3 저항

앞의 4장에서는 직류 전압 전원과 저항을 포함하는 회로 상에서의 직류 바이어스 해석을 하였다. 그곳에서의 저항 R의 모델은 Analog Library에서 가져 왔다. 저항을 회로도에 놓고 저항 값을 두 번 클릭하여 저항 값을 바꿀 수 있었다. 다음의 예에서는 독립 전원과 종속 전원 그리고 저항을 포함하는 회로의 바이어스 해석을 하게 된다.

예제 5-1

a) 그림 5.7에 보인 회로에서 독립 전압 전원 v_a와 종속 전류 조절 전압 전원 v_b를 PSpice를 통하여 계산하시오. 속성 창에 종속 전원의 이득은 20.384615(=265/13)을 입력하시오.

b) PSpice를 이용하여 다음을 계산하시오.

① 회로에서 소비되는 전체 전력

② 독립 전류 전원에 의해 공급되는 전력

③ 종속 전류 조절 전압 전원에 의해 공급되는 전력

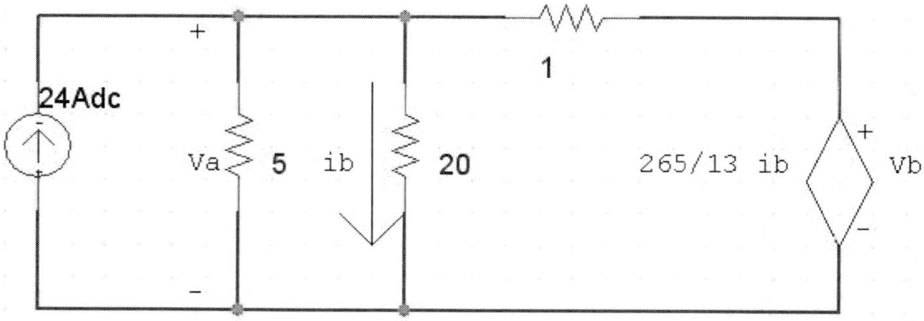

그림 5.7 예제 5-1의 회로도

풀이

a) 그림 5.7에 보인 회로를 그림 5.8에 보인 것처럼 PSpice 상에 회로를 나타낸다. PSpice 상에 이와 같이 회로를 작성하기 위한 순서를 요약하면 다음과 같다.

① 초기 창에서 File/New/Project를 선택한다.

② 새로운 Project 대화창이 열리고 여기서 Name과 저장 위치 그리고 형태들을 정하고 ok를 선택한다.

③ Create PSpice Project 창이 열리면 ok를 선택한다.
(작은 창이 여러 번에 거쳐 열리면 확인을 선택하여 창을 닫는다.)

④ 작업할 Page가 열리고 작업 준비가 완료된다.

⑤ Place Part(P)를 선택하여 사용될 부품을 배치한다.
여기서 사용된 부품과 심벌은 다음과 같다.
R : R/ANALOG, V1 : VDC/SOURCE,
H1 : H1/SOURCE, GND : 0/SOURCE

⑥ Place Wire(W)를 이용하여 선을 연결한다.

⑦ 마우스로 각 부품을 선택하여 부품 값을 입력하고 속성을 변경한다.

⑧ 메뉴에서 PSpice/New Simulation Profile을 선택하면 그림 5.9와 같은 New Simulation 창이 나타나고 Name에 ch5-1(본인이 설정)라고 입력하고

Create를 선택하여 창을 닫는다.

⑨ 그림 5.10과 같은 Simulation Settings 창이 열린다. 그림과 같이 설정하고 창을 닫는다.

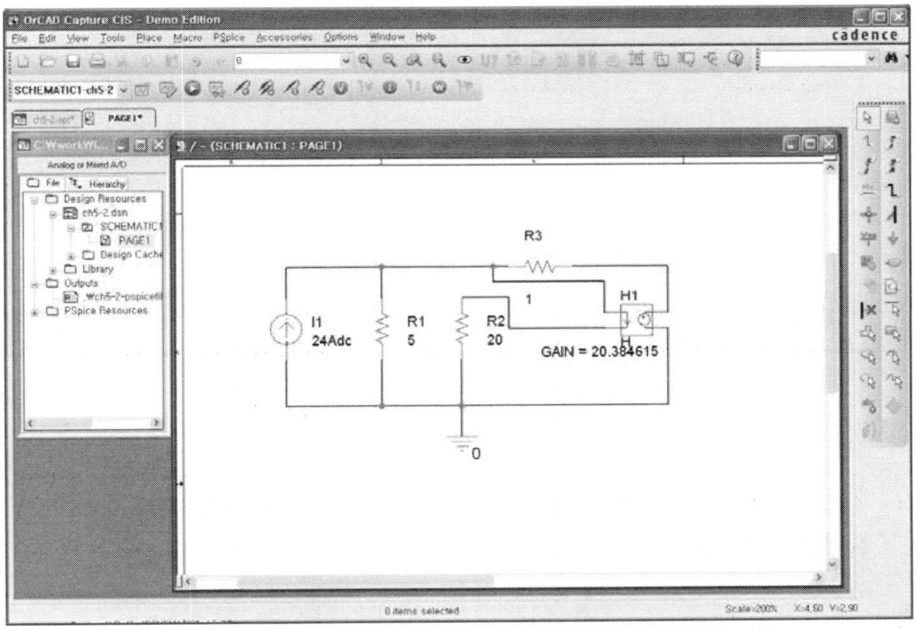

그림 5.8 그림 5.7의 회로구성

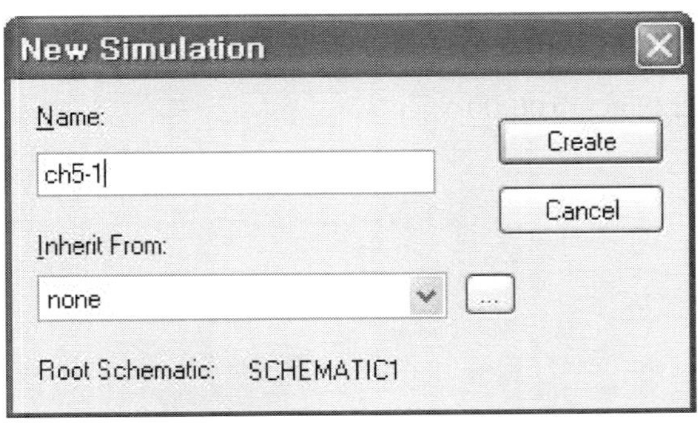

그림 5.9 New Simulation 창

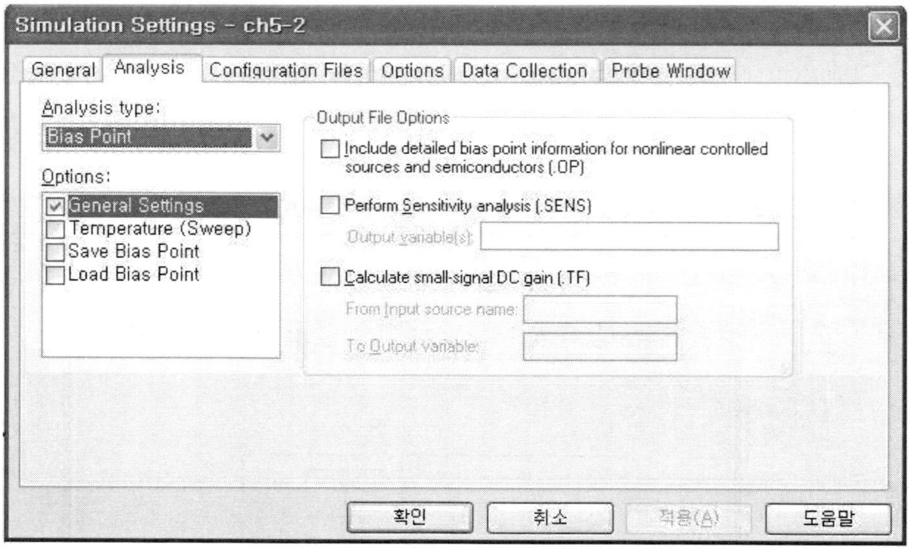

그림 5.10 Simulation Settings 창

⑩ 메뉴에서 PSpice/Run을 선택하거나 툴바에서 Run PSpice를 선택하여 모의 실험을 실행한다.

종속 전류 조절 전압 전원의 선 연결을 주의 하여야 한다. 적절한 PSpice 출력이 그림 5.11와 5.12에 나타나 있다. 그림 5.11의 출력으로부터 각 노드의 전압은 다음과 같다.

$$v_a = V(N02319) = 104.00\ V$$

$$v_b = V(N02285) = 106.00\ V$$

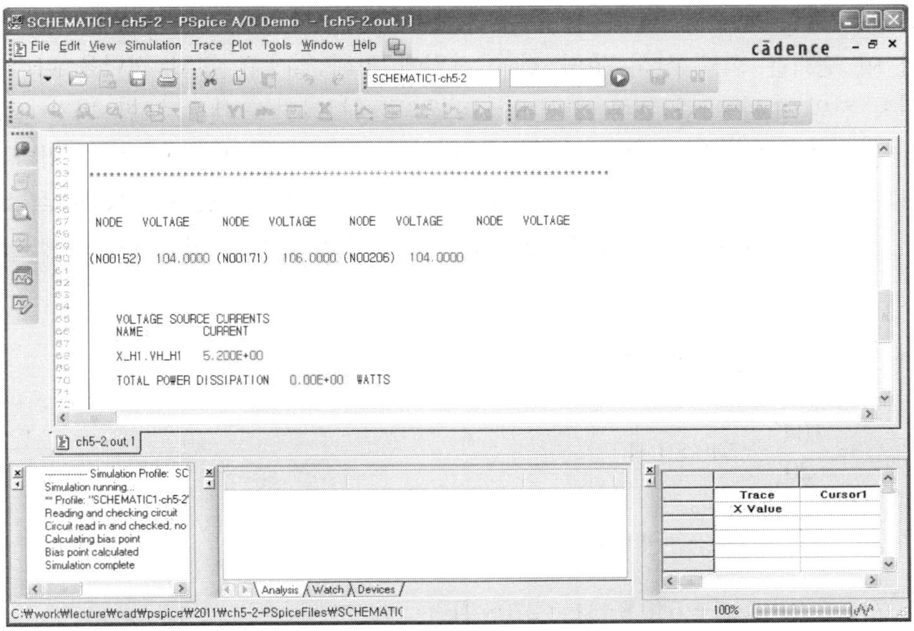

그림 5.11 시뮬레이션 결과 1

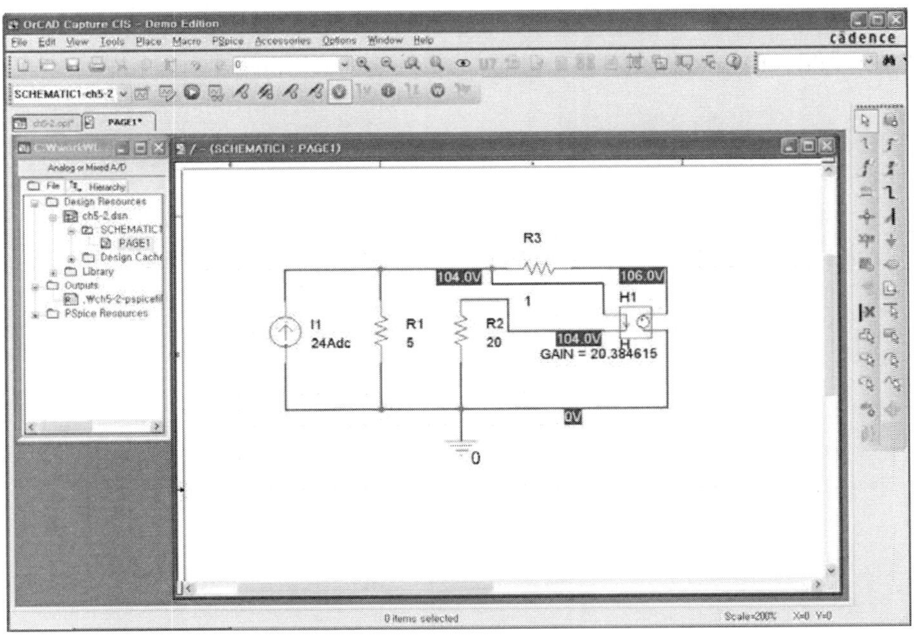

그림 5.12 시뮬레이션 결과 2

b) 간단한 직류 해석을 통하여 전체 소비전력은 자동적으로 출력이 된다. PSpice에서 이 전력은 회로 상의 독립 전압 전원에 의해 발생된 전체 전력을 나타낸다. 종속 전원 또는 독립 전류 전원이 전력을 발생시키면 그것은 포함 되지 않는다. 이것은 그림 5.9의 출력에서 전체 소비 전력이 0[W]가 되는 이유를 설명하는 것이다. 여기에는 모의 실험한 회로 상에 독립 전압 전원이 없다. 그러므로 소비되고 공급되는 전력의 실제 값을 찾기 위하여 아래와 같은 수식이 필요하게 된다.

1. $P_{5\Omega} = \dfrac{104^2}{5} = 2163.20\ W$

$P_{20\Omega} = \dfrac{104^2}{20} = 540.80\ W$

$P_{1\Omega} = \dfrac{(106-104)^2}{1} = 4.0\ W$

$\sum P_{dis} = 2163.20 + 540.8 + 4 = 2708\ W$

2. $P_{24A} = 104 \times (24) = 2496\ W$

3. $P_{H1} = 106 \times (2) = 212\ W$

5.4 연습문제

문제 5-1 그림 5.13의 회로에서 전류 i를 구하시오.

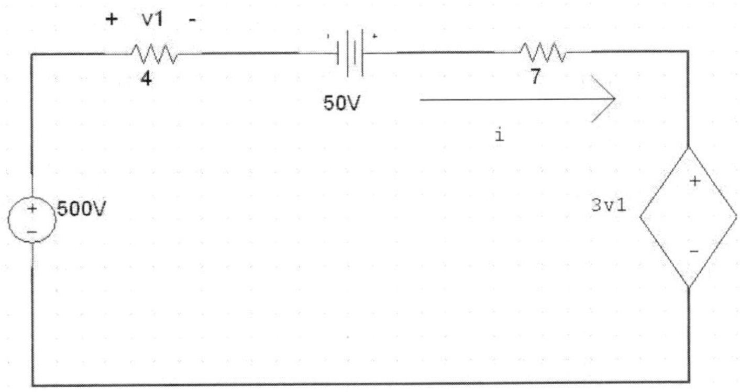

그림 5.13 문제 5-1

문제 5-2 아래 그림 5.14에서 각 소자가 흡수하는 전력을 구하시오.

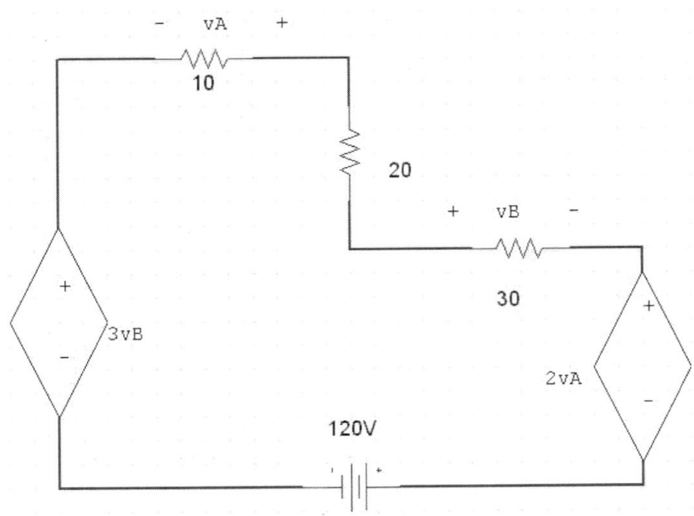

그림 5.14 문제 5-2

문제 5-3 아래 그림 5.15에서 회로의 전압 전류 값을 구하고 각 소자가 흡수하는 전력을 구하고 이들 모든 전력을 합하면 0이 됨을 보여라.

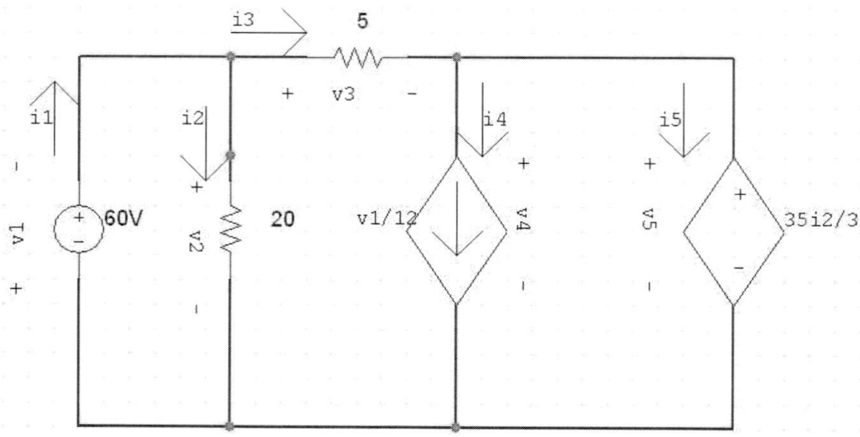

그림 5.15 문제 5-3

문제 5-4 아래 그림 5.16에서 전압과 전류 값을 구하시오.

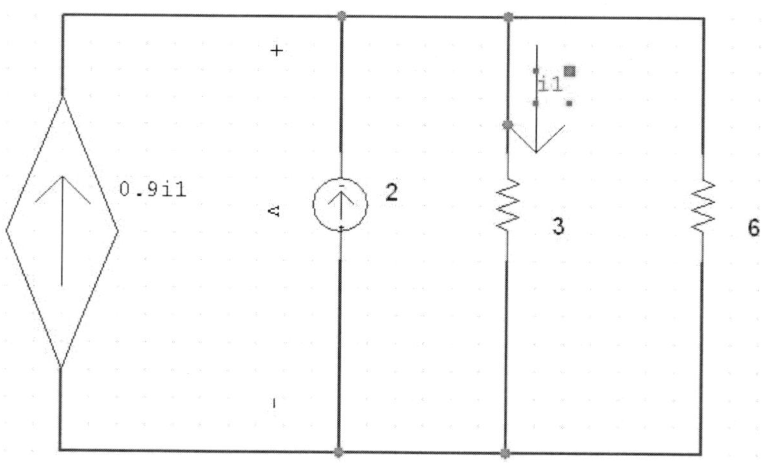

그림 5.16 문제 5-4

문제 5-5 아래 그림 5.17에서 전압 v와 전류 ix를 구하시오.

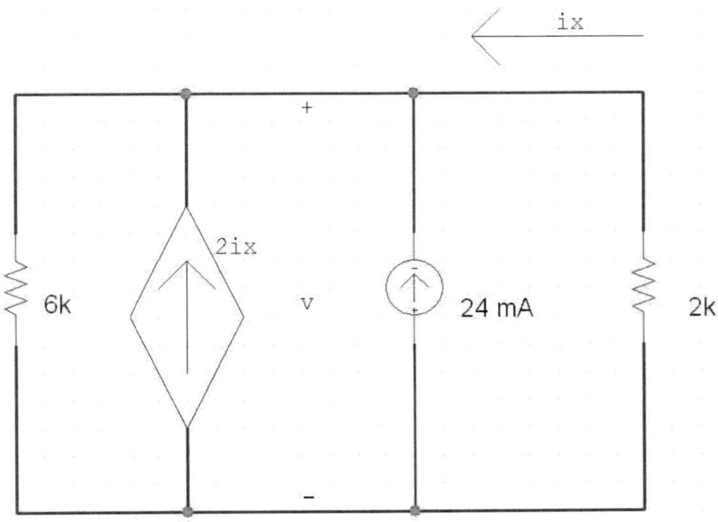

그림 5.17 문제 5-5

문제 5-6 아래 그림 5.18에서 전압 Vb와 전류 I를 구하시오.

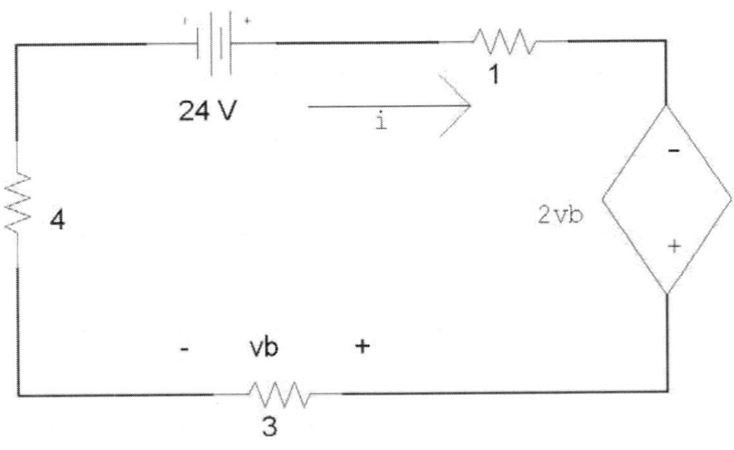

그림 5.18 문제 5-6

제 6 장

직류 변수 해석

앞의 두 장에서는 바이어스 점(직류 동작 점)을 계산하는 것에 대하여 배웠다. 실제 PSpice는 다른 형태의 해석을 진행하기 전에 직류 동작 점에 대한 정보가 필요하므로 바이어스 점을 항상 계산하고 있다. 앞 장에서 본 것처럼 바이어스 점 해석의 결과는 출력 파일에 값이 출력된다. 이러한 값들은 3 가지의 분류로 나눌 수 있다.

1) 각 노드의 전압 값
2) 각 전압 전원의 전류와 전체 소비전력
3) 각 소자의 동작 점

이 장에서는 직류 변수 해석에 대하여 알아보고자 한다. 이것은 직류 전류 전원 그리고 직류 전압 전원의 값의 변화에 따른 회로 특성을 해석할 수 있게 한다.

6.1 단일 전원 값의 변화

예제 6.1은 전압 전원의 값 변화에 따른 회로에서의 출력 전압 그리고 전류의 효과를 알아 보기위해 직류 변수 해석을 사용한다.

예제 5-1

아래 그림 6.1에 나타나 회로에 대하여 직류 전압 전원 vg 값이 0에서 100V 까지 10V 씩 변할 경우 io와 vo의 값을 알아보기 위해 PSpice를 사용하라.

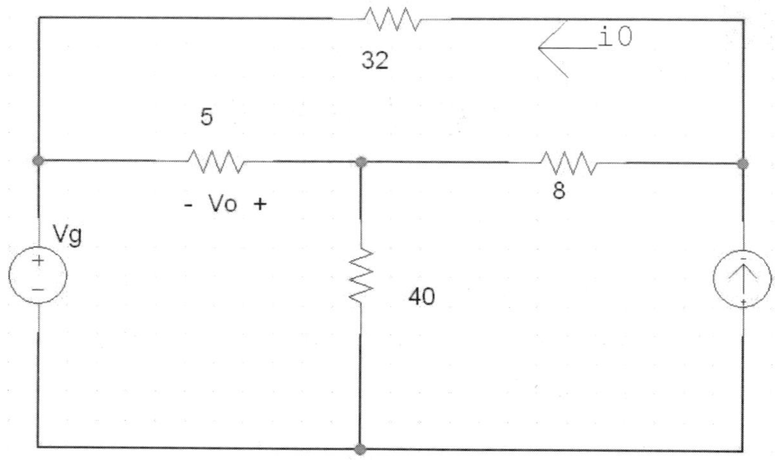

그림 6.1 예제 6-1의 회로도

풀이

회로도 그림 6.1은 그림 6.2와 같이 Capture에서 그려진다. PSpice 상에 이와 같이 회로를 작성하기 위한 순서를 요약하면 다음과 같다.

① 초기 창에서 File/New/Project를 선택한다.

② 새로운 Project 대화창이 열리고 여기서 Name 과 저장 위치 그리고 형태들을 정하고 ok를 선택한다.

③ Create PSpice Project 창이 열리면 ok를 선택한다.
(작은 창이 여러 번에 거쳐 열리면 확인을 선택하여 창을 닫는다.)

④ 작업할 Page가 열리고 작업 준비가 완료된다.

⑤ Place Part(P)를 선택하여 사용될 부품을 배치한다.
여기서 사용된 부품과 심벌은 다음과 같다.
R : R/ANALOG, V1 : VSRC/SOURCE,
I1 : ISRC/SOURCE, GND : 0/SOURCE
VPRINT : VPRINT2/SPECIAL, IPRINT : IPRINT/SPECIAL

이 회로에서는 여러 가지 새로운 부품들이 사용되었다. 전압원은 Source Library에서 모델 Vsrc를 사용했고, 전류원은 모델 Isrc를 사용했다.

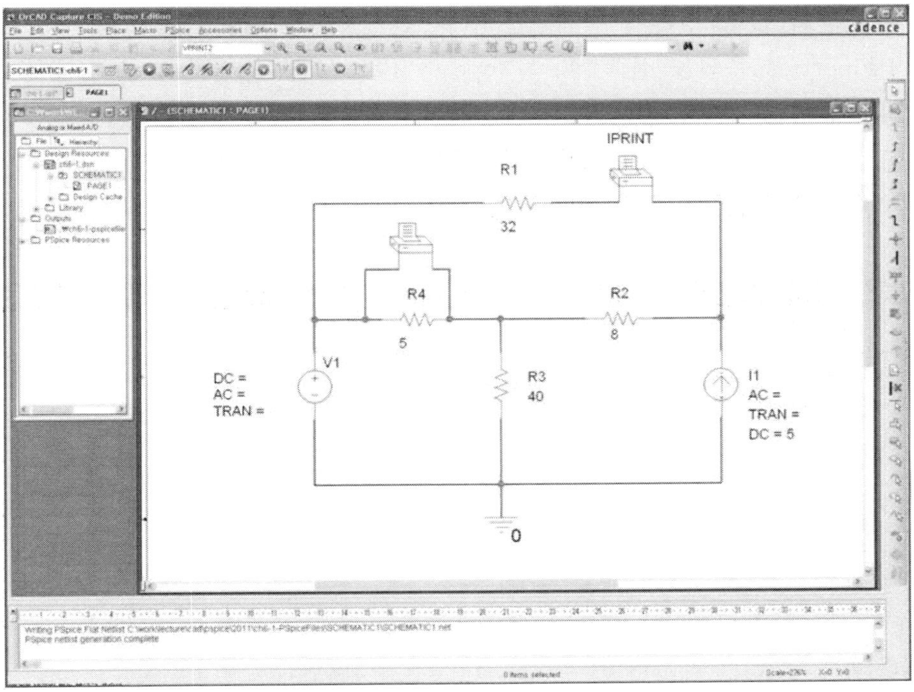

그림 6.2 예제 6-1의 Capture 상의 회로도

이러한 부품에서 필요하지 않는 표기들은 생략하였으며, 이 예제에서는 Vdc 또는 Idc를 사용하여도 된다. 이제 출력 파일에 출력 전류와 출력 전압의 값을 기록하기 위하여 프린트를 회로에 추가한다. 전류 프린트는 Iprint의 이름으로 되어 있고 Special Library에 있다. 프린트가 Ammeter와 같이 동작하게 하기 위하여 전류 프린트는 알고자 하는 전류가 흐르는 Branch와 직렬로 연결되어야만 한다. 그러므로 알고자 하는 전류의 방향과 동일하게 프린트의 방향을 택해야 한다. 알고자 하는 전류 i0가 오른쪽에서 왼쪽 방향으로 흐르므로 프린트의 –에 해당하는 부분이 왼쪽에 있도록 배치하면 된다. 그런데 Library에서 프린트를 가져와서 놓으면 –에 해당하는 부분이 오른쪽에 있게 된다. 이것은 팝업 창을 열어 Mirror Horizontally를 선택하면 그림 6.2와 같이 –에 해당하는 부분이 오른쪽에 위치하게 된다.

6. Place Wire(W)를 이용하여 선을 연결한다.
7. 마우스로 각 부품을 선택하여 부품 값을 입력하고 속성을 변경한다.

전류 전원의 값을 정하기 위해서는 전류 전원을 마우스로 선택하여 팝업창에서 Edit Properties 옵션을 선택한다. Property Editor 창이 열리고 그 창에서 DC로 되어있는 칼럼을 선택한 후 전류의 값 5을 입력하면 된다. 전류 전원의 속성창이 그림 6.3에 나타나 있다. 이 예제에서는 전압 전원의 값을 정할 필요는 없다. 다른 부품의 값도 동일한 방법으로 입력하면 된다.

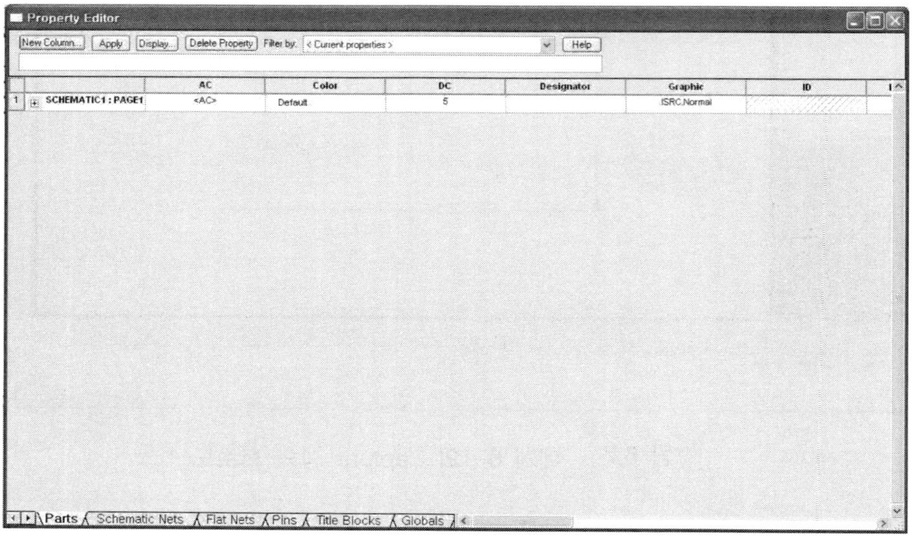

그림 6.3 예제 6-1에서 전류원의 속성창

전류 프린트가 직류 해석의 결과를 기록하게 하기 위해서는 전류 프린트를 선택하고 팝업창을 열어 Edit Properties를 선택하여 속성 창을 열어 그림 6.4와 같이 DC로 표기되어 있는 칸에 Y를 입력한다.

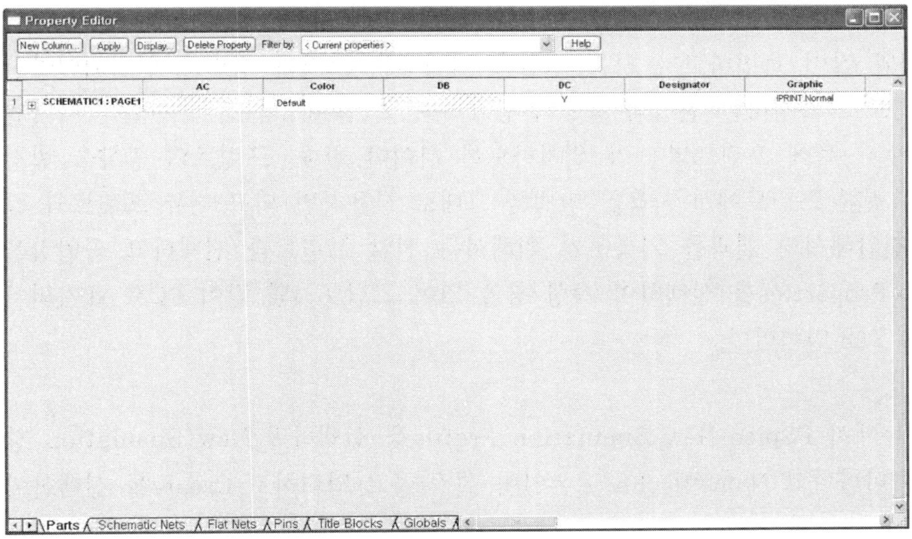

그림 6.4 예제 6-1에서 전류 프린트의 속성 창

전압 프린트에는 두 가지의 전압 프린트가 있다. Special Library에 있는 Vprint1과 Vprint2이다. Vprint1은 단일 노드(즉, 접지에 대하여)의 전압을 측정할 때 사용하며, Vprint2는 두 노드사이의 전압을 측정할 때 사용한다. 결과를 저장하거나 출력할 때 사용하는 다른 심벌들은 표 6.1에 나타나 있다.

표 6.1 시뮬레이션 결과를 저장하는 형태

심볼	기능
IPLOT	회로 내에 직렬로 연결하여 전류를 출력 파일에 그린다.
IPRINT	회로 내에서 직렬로 연결하여 전류 데이터를 출력 파일에 저장한다.
PRINTDGTLCHG	과도상태동안의 디지털 상태를 표시한다.
VPLOT1	연결한 부분의 절대 전압을 그린다.
VPLOT2	연결한 부분의 상대 전압을 그린다.
VPRINT1	연결한 부분의 절대 전압 데이터를 저장한다.
VPRINT2	연결한 부분의 상대 전압 데이터를 저장한다.

예제 6.1의 경우는 그림 6.2에서 보여진 것처럼 Vprint2를 사용한다. 이 프린트는 전압계와 같이 측정하고자 하는 전압을 나타내는 소자와 병렬로 연결되어야만 한다. 그러므로 측정하는 전압의 방향이 중요하며, 그림 6.2와 같이 전압을 나타낼 때 사용하는 -쪽에 프린트의 -가 위치하도록 하여야 한다. 프린트의 방향을 변경하는 것은 전류 프린트에서 사용한 방법을 그대로 사용하면 되고 전류 프린트와 같이 직류 전압해석의 결과를 기록하기 위해서는 전압 프린트를 선택하고 팝업창을 열어 Edit Properties를 선택하여 속성 창을 열어 그림 6.4와 같이 DC로 표기되어 있는 칸에 Y를 입력한다.

⑧ 메뉴에서 PSpice/New Simulation Profile을 선택하면 New Simulation 창이 나타나고 Name에 ch6-1(본인이 설정)라고 입력하고 Create를 선택하여 창을 닫는다.

⑨ 그림 6.5와 같은 Simulation Settings 창이 열린다. 그림과 같이 설정하고 창을 닫는다.

회로가 완성이 되었고 이 회로의 새로운 Simulation profile을 생성하고 해석의 형태는 DC Sweep을 선택한다. 그림 6.5에 보여진 것처럼 변할 값의 이름 V1을 입력하고, 시작 값 0, 최종 값 100 그리고 증가분 20을 입력한다.

⑩ 메뉴에서 PSpice/Run을 선택하거나 툴바에서 Run PSpice를 선택하여 모의실험을 실행한다.

결과 파일을 보면 그림 6.6과 같이 입력 전압 값의 변화로 인한 출력 전압의 변화를 볼 수 있다.

⑪ 메뉴에서 Trace/Add Trace 를 선택하면 그림 6.7과 같은 창이 열리고 그림과 같이 설정하고 확인을 선택하여 창을 닫는다.

앞에서 직류 시뮬레이션을 한 후 시뮬레이션 윈도우에서 선택된 독립변수로 소스 전압 값에 따라 표시된다. 변수 이름 V2(R1)을 이용하여 저항 R1에 걸리는 전압을 선택하였으며, 그 결과의 그래프가 그림 6.8에 나타나있다.

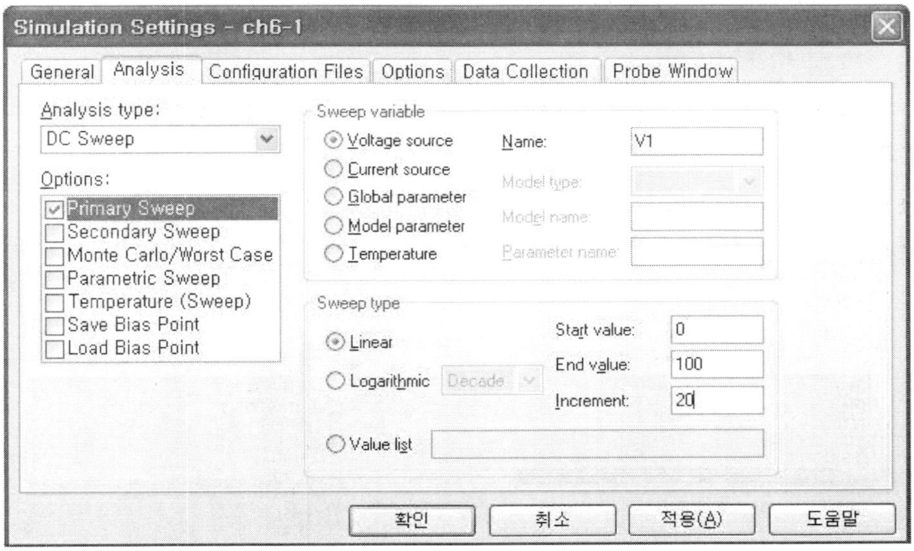

그림 6.5 예제 6-1의 DC Sweep analysis를 위한 시뮬레이션 설정

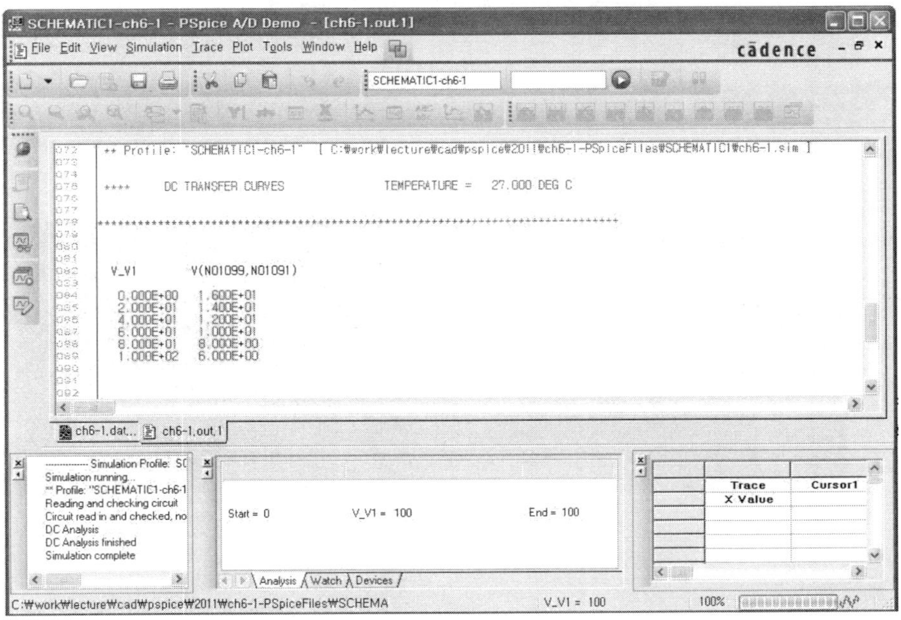

그림 6.6 예제 6-1의 해석결과 1

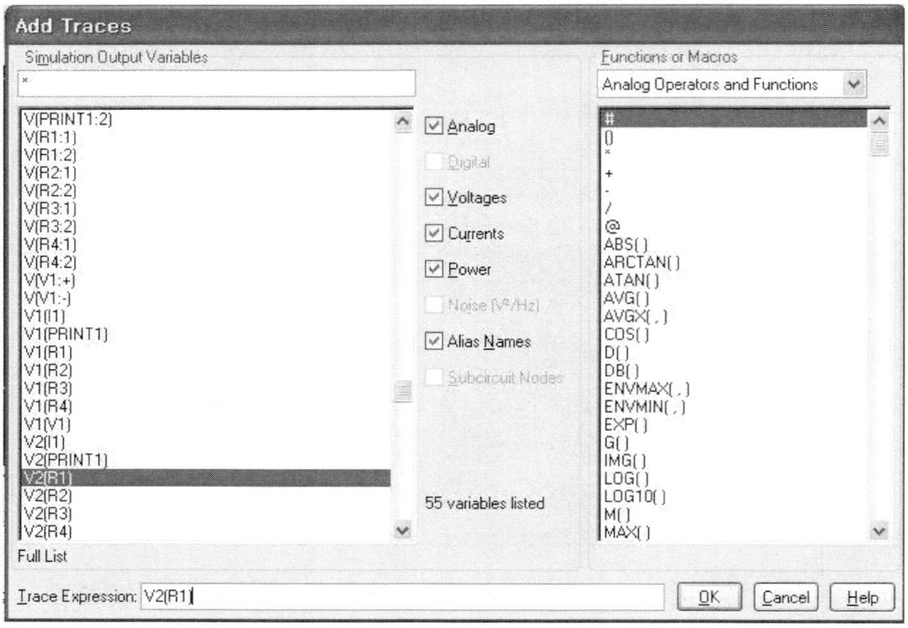

그림 6.7 예제 6-1의 Trace 추가

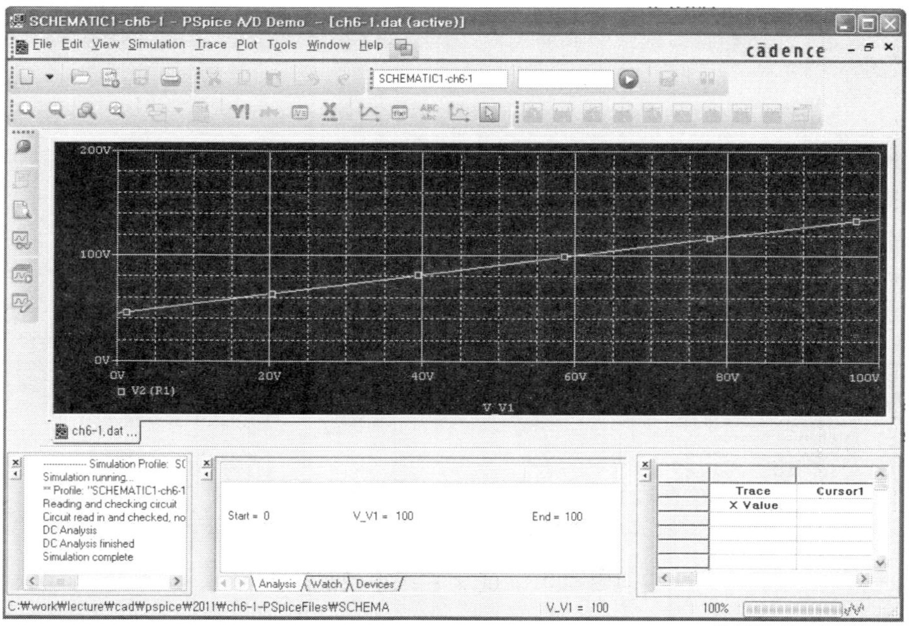

그림 6.8 예제 6-1의 V2(R1) 결과

6.2 다중 전원 값의 변화

예제 6-1에서는 전압 전원의 값만 sweep 되었으나, 여기에서는 전압 전원과 전류 전원 모두가 sweep 되는 경우와 같이 다중 전원의 값이 변화하는 경우에 대하여 알아보고자 한다. 그 예를 예제 6-2에 나타내었다.

예제 6-2

예제 6-1에 보여진 회로에서 전류 전원을 0에서부터 5[A]까지 1[A]간격으로 변하게 하고 다른 것은 동일하게 하였을 때 32[Ω] 저항에 흐르는 전류를 그래프로 나타내어라.

풀이

회로 구성은 그림 6.3에 나타난 것과 동일하며, PSpice/Edit Simulation Profile 을 선택하여 이차 sweep 변수와 추가적인 sweep 변수 그리고 값을 정한다. Simulation Setting dialog는 아래 그림 6.9에 나타나 있다. 그리고 시뮬레이션 결과 그래프는 그림 6.10에 나타나 있으며 여기에는 여섯 개의 분리된 traces가 있다. 이 trace는 전류원의 각 전류 값에 따른 것이다.

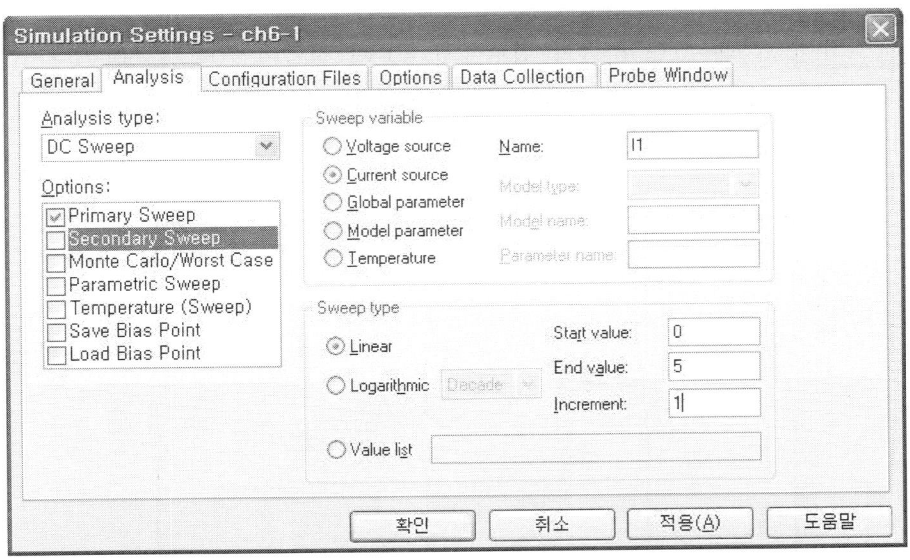

그림 6.9 예제 6-2 Simulation Setting dialog

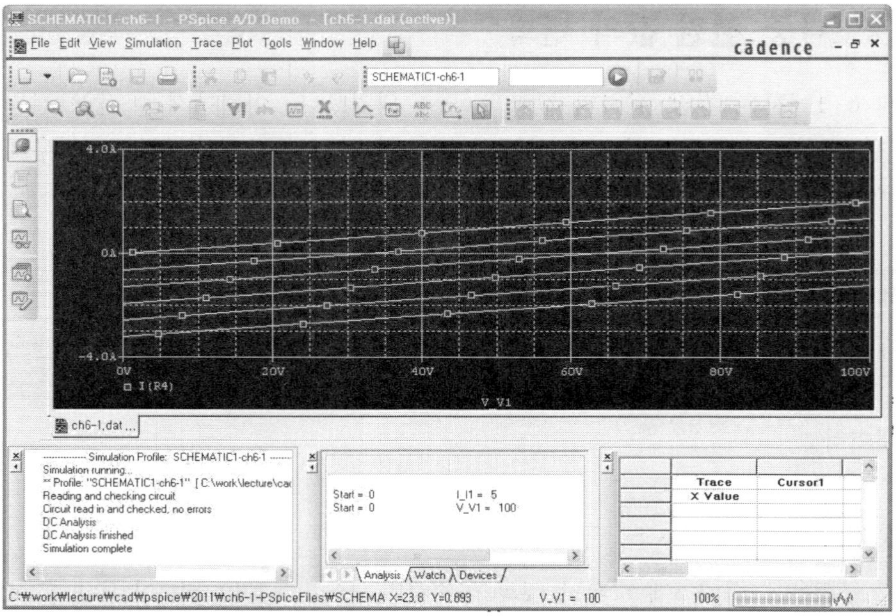

그림 6.10 예제 6-2의 I(R4) 결과

6.3 연습 문제

문제 6-1 아래 그림 6.11의 회로에서 60[V] 전압이 20에서 60[V]까지 10[V] 간격으로 변할 때 i3의 전류를 그래프로 나타내시오.

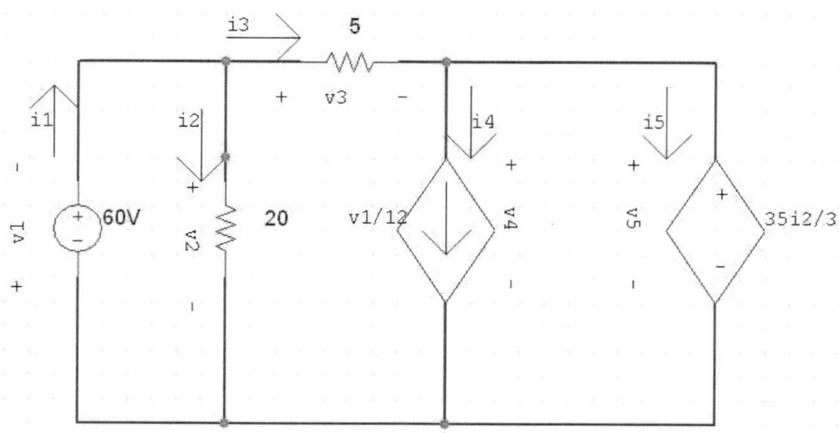

그림 6.11 문제 6-1

문제 6-2 아래 그림 6.12에서 24V 전압원이 10에서 30V 까지 5V 간격으로 변할 때 흐르는 전류를 그래프로 나타내시오

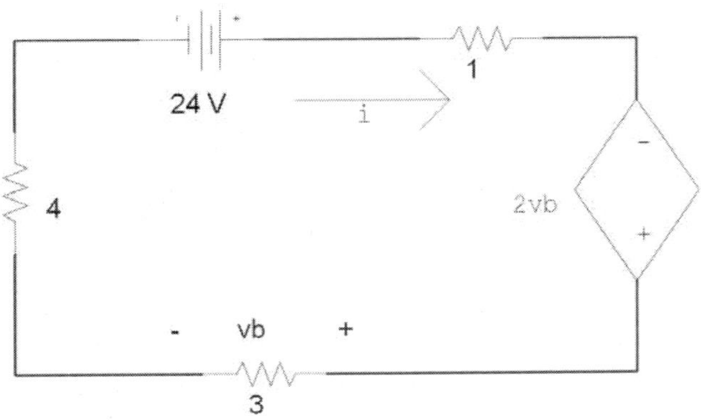

그림 6.12 문제 6-2

문제 6-3 아래 그림 6.13의 회로에서 10[V] 전압원이 0부터 20[V]까지 5[V] 간격으로 변할 때 500[Ω] 저항에 아래쪽으로 흐르는 전류를 그래프로 나타내시오.

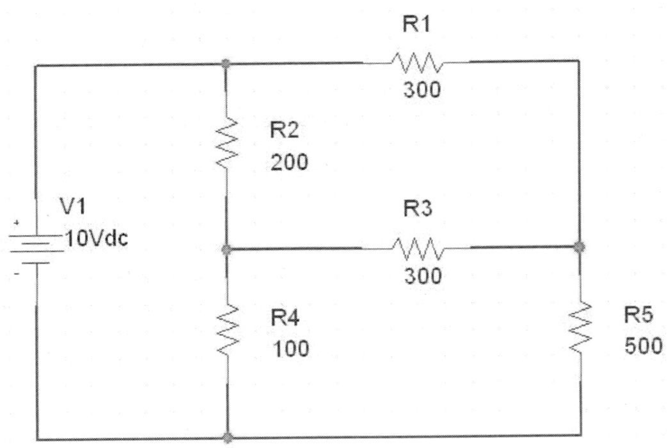

그림 6.13 문제 6-3

문제 6-4 아래 그림 6.14의 회로에서 10[V]의 전압원이 0부터 20까지 5[V] 간격으로 변할 때 R9 저항 아래로 흐르는 전류를 그래프로 나타내시오.

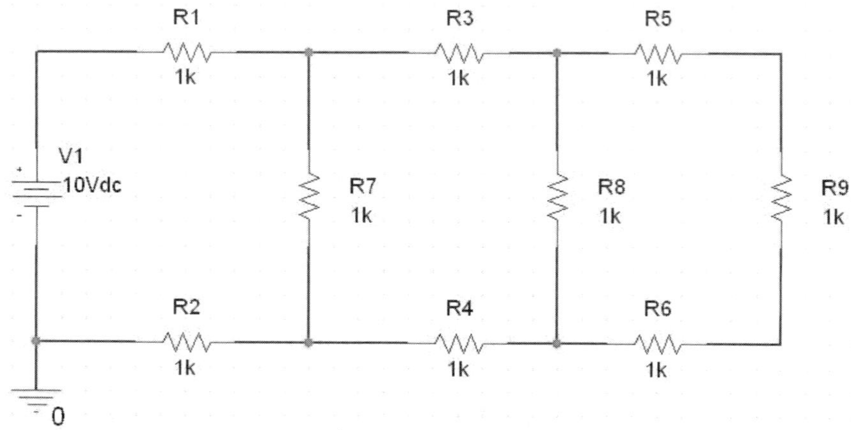

그림 6.14 문제 6-4

문제 6-5 아래 그림 6.15의 회로에서 600[mV] 전압원이 0에서 1000[mV]까지 200[mV] 간격으로 변할 때 저항 R5 아래로 흐르는 전류를 그래프로 나타내시오.

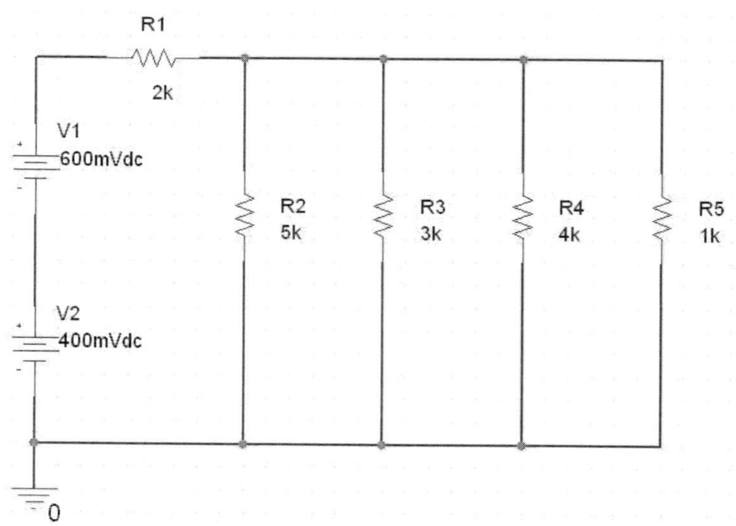

그림 6.15 문제 6-5

문제 6-6 아래 그림 6.16의 회로에서 100[V] 전압원이 0에서 100[V]까지 20[V] 간격으로 변할 때 R5 저항 아래로 흐르는 전류를 그래프로 나타내시오

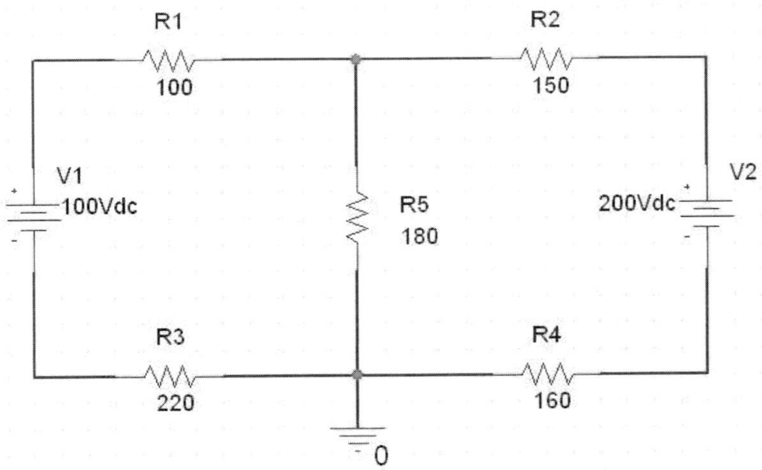

그림 6.16 문제 6-6

제 7 장

직류 회로 해석 Ⅱ

이 장에서는 테브닌 등가회로와 노튼의 등가회로를 구하고, 회로 변수 값이 변화에 따른 회로 출력 값의 변화 정도를 구한다. 그리고 회로 출력의 저항 값의 변화 범위의 효과를 알기 위하여 PSpice 를 사용한 직류 해석의 사용법에 대하여 알아보고자 한다.

7.1 테브닌의 등가 회로와 노턴의 등가 회로

임의의 복잡한 회로를 간단하게 표현하기 위하여 독립 전압 전원과 직렬로 연결된 저항으로 구성되는 테브닌 등가회로와 독립 전류 전원과 병렬로 연결된 저항으로 구성된 노턴의 등가회로를 PSpice를 통하여 확인할 수 있다. 그림 7.1에는 이들 관계를 간략하게 잘 나타나 있다.

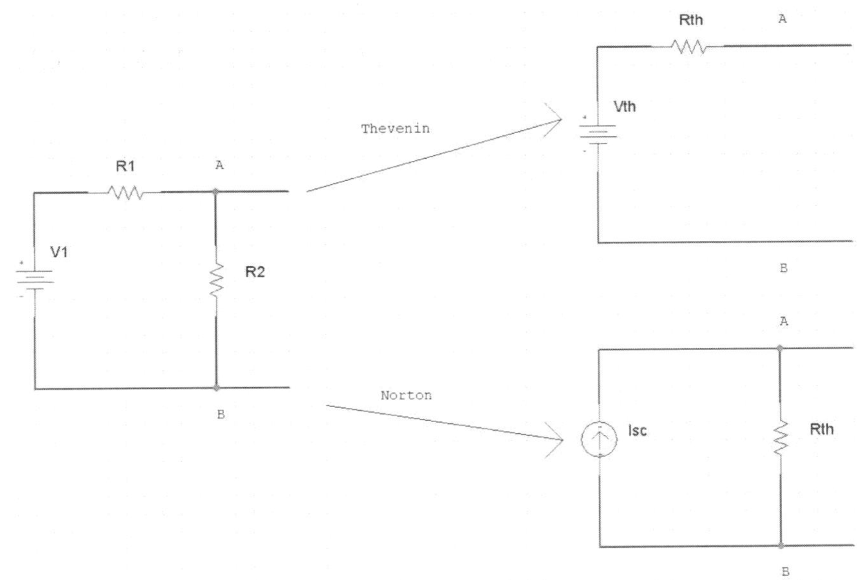

그림 7.1 테브닌 등가 회로와 노턴의 등가 회로

지정된 노드에서 개방회로 전압과 단락회로 전류를 계산하기 위하여 바이어스 해석을 사용한다. 이것을 통하여 언급된 단자에서의 테브닌 등가 회로와 노턴의 등가 회로를 계산할 수 있다. 예제 7-1은 이 응용을 나타내고 있다.

예제 7-1

그림 7.2에 나타난 회로에서 a와 b 단자사이의 저항 R3를 제외한 나머지 회로에 대하여 다음을 구하시오.

a) 이론적으로 테브닌 등가 회로와 노튼의 등가 회로를 구하시오.
b) 테브닌 등가 회로와 노턴의 등가회로를 PSpice를 이용하여 구하시오.

풀이

a) 부하저항을 끊고 접선 안에 회로에서 A지점을 바라봤을 때의 A 지점에 걸리는 전압, 즉 테브닌 등가 전압 Vth는 다음과 같다.

$$Vth = \frac{R2}{R1+R2} \times V1 = \frac{2k}{2k+2k} \times 2 = 1\,V \qquad \text{식 7.1}$$

그리고 등가 저항을 구해보면 앞서 설명한 바와 같이 전압 전원은 등가적으로 0[Ω] 즉, 단락이므로 A 지점을 기준으로 한 등가 저항은 다음과 같이 계산되어진다.

$$Rth = \frac{R1 \times R2}{R1+R2} = \frac{2k \times 2k}{2k+2k} = 1\,k \qquad \text{식 7.2}$$

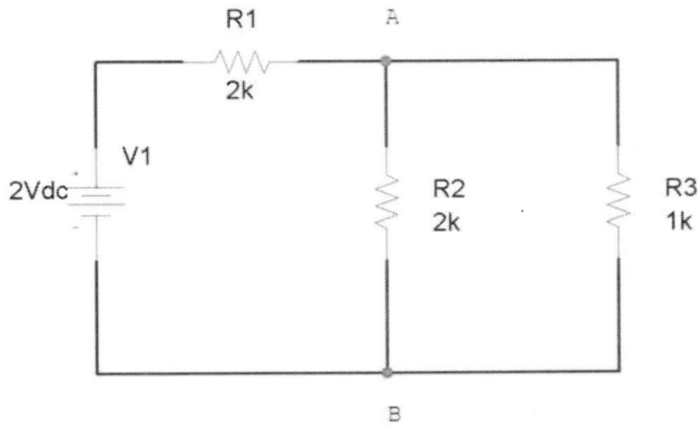

그림 7.2 예제 7-1의 회로도

아래 그림 7.3에는 이론적으로 구한 테브닌의 등가 회로가 나타나 있다.

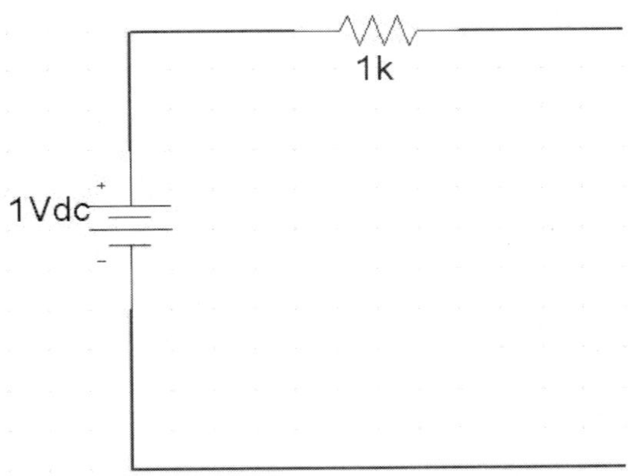

그림 7.3 그림 7.2의 테브닌 등가 회로

부하저항을 단락시키고 단락된 선으로 흐르는 전류 즉, 노튼의 등가 전류(단락전류) Isc는 다음과 같다.

$$Isc = \frac{V1}{R1} = \frac{2}{2k} = 1mA \quad \text{식 7.3}$$

그리고 병렬 저항은 앞에서 구한 Rth와 동일하다. 그림 7.4에는 이론적으로 구한 노튼 등가 회로가 나타나있다.

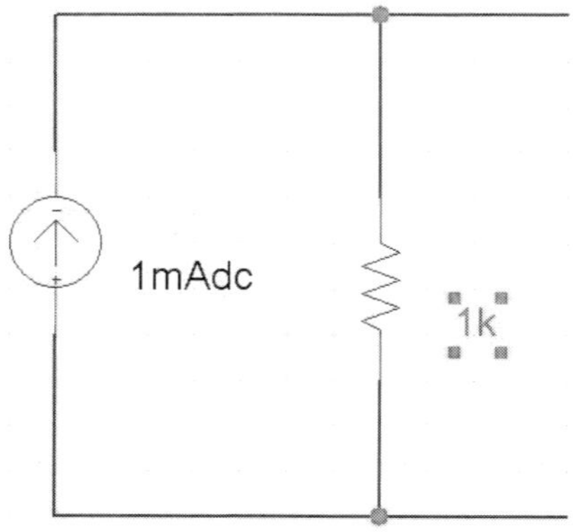

그림 7.4 그림 7.2의 노튼 등가 회로

b) 그림 7.2에 나타난 회로를 PSpice 상에 표현한 것이 그림 7.5에 나타나있다. 그림 7.5에서 기준 단자로 b 노드를 선택했음을 알 수 있다. PSpice 상에 이와 같이 회로를 작성하기 위한 순서를 요약하면 다음과 같다.

① 초기 창에서 File/New/Project를 선택한다.

② 새로운 Project 대화창이 열리고 여기서 Name과 저장 위치 그리고 형태들을 정하고 ok를 선택한다.

③ Create PSpice Project 창이 열리면 ok를 선택한다.
(작은 창이 여러 번에 거쳐 열리면 확인을 선택하여 창을 닫는다.)

④ 작업할 Page가 열리고 작업 준비가 완료된다.

⑤ Place Part(P)를 선택하여 사용될 부품을 배치한다.
여기서 사용된 부품과 심벌은 다음과 같다.
R : R/ANALOG, VDC : VDC/SOURCE, GND : 0/SOURCE

⑥ Place Wire(W)를 이용하여 선을 연결한다.

⑦ 각 부품을 선택하여 속성 창에서 부품 값을 입력한다.

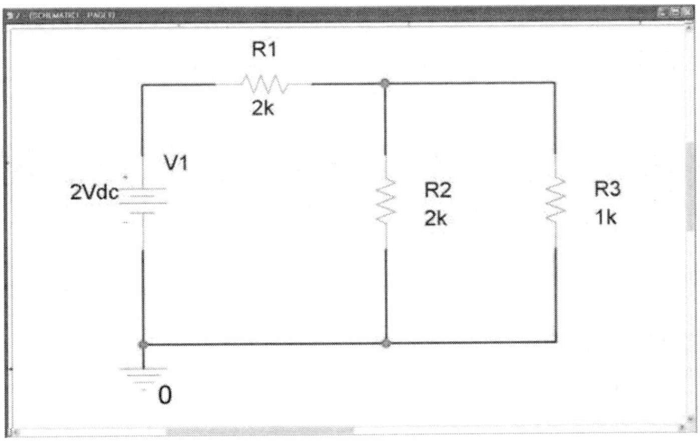

그림 7.5 PSpice 상의 예제 7-1의 회로도

먼저 테브닌의 등가 회로를 구하기 위하여 이론적으로 R3 의 저항을 개방시켜 개방된 양단의 전압을 구하여야 하나, 그 대신 R3 의 저항 값을 아주 큰 저항 1[MΩ]을 대신 연결하고 R3에 걸리는 전압을 구한다. 그것이 테브닌의 등가 전압 VTH 가 된다.

⑧ 마우스로 저항 R3 를 선택하여 속성 창을 열고 값을 1[MΩ]로 변경한다. 이제는 모의실험을 위한 해석의 형태를 정하는 방법을 정하여야 한다.

⑨ 메뉴에서 PSpice/New Simulation Profile을 선택하면 New Simulation 창이 나타나고 Name에 ch7-2(본인이 설정)라고 입력하고 Create를 선택하여 창을 닫는다.

⑩ 그림 7.6와 같은 Simulation Settings 창이 열린다. 그림과 같이 설정하고 창을 닫는다.

⑪ 메뉴에서 PSpice/Run을 선택하거나 툴바에서 Run PSpice를 선택하여 모의실험을 실행한다.

⑫ 툴바에서 Enable Bias Voltage Display와 Enable Bias Current Display를 선택하면 그림 7.7과 같이 결과가 나타난다.

그림 7.7에서 저항 R3 양단에 걸리는 전압은 0.999[V]가 되고 이것이 테브닌의 등가 전압이 된다. 이번에는 R3를 단락시켜 그때 흐르는 전류인 노튼의 등가 전류를 구하기 위해서 이론적으로 R3의 저항을 단락시켜 단락 전류를 구하여야 하나,

그 대신 R3의 저항 값을 아주 작은 저항 1[Ω]을 대신 연결하고 R3에 흐르는 전류를 구한다. 그것이 노튼의 등가 전류 또는 단락 전류 isc가 된다.

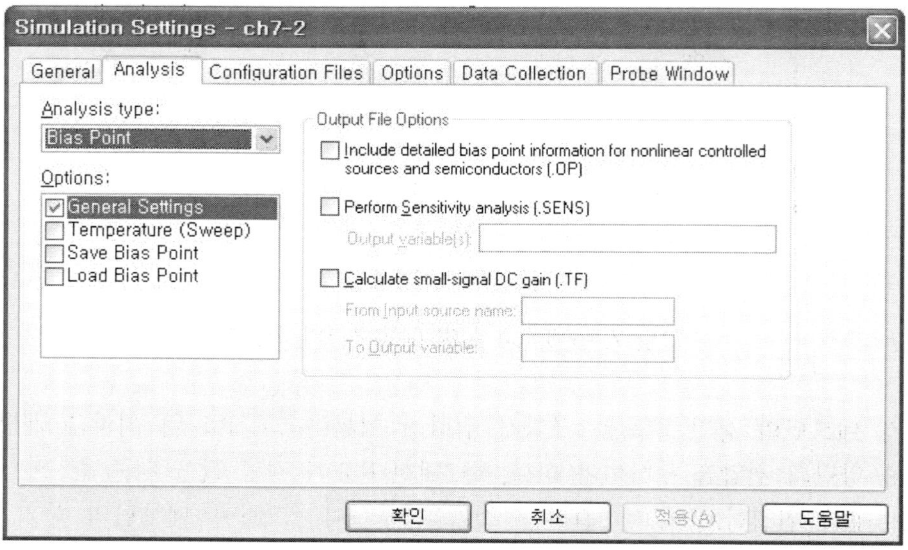

그림 7.6 시뮬레이션 설정 창

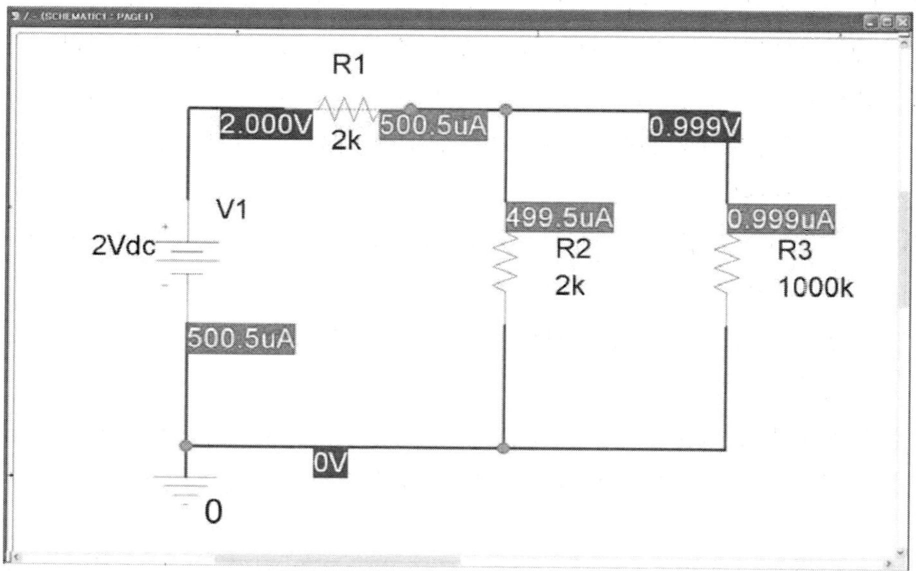

그림 7.7 R3가 1MΩ일 때 모의실험 결과

⑬ 마우스로 저항 R3를 선택하여 속성 창을 열고 값을 1[Ω]로 변경한다.

⑭ 메뉴에서 PSpice/Run을 선택하거나 툴바에서 Run PSpice를 선택하여 모의실험을 실행한다.

그림 7.8에서 저항 R3에 흐르는 전류는 0.999[mA]가 되고 이것이 노튼의 등가 전류가 된다. 테브닌의 등가 저항은 앞에서 구한 두 모의실험 결과에서 등가 전압과 등가 전류 값의 비가 등가 저항이 된다. 식으로 구하면 다음과 같다.

$$R_{TH} = \frac{V_{TH}}{I_{SC}} = \frac{0.99\,V}{0.99mA} = 1k\Omega \qquad \text{식 7.4}$$

그림 7.9에서 부하 저항인 R3에 걸리는 전압은 0.99[V] 그리고 전류는 0.99[mA]임을 알 수 있고, 테브닌의 등가 회로의 모의실험 결과인 그림 7.10에서도 부하 저항 R3인 1K에서 보면 동일한 전압과 전류가 흐름을 알 수 있다. 노튼의 등가 회로의 모의 실험인 그림 7.11에서도 부하 저항 R3 인 1K에서 보면 동일한 전압과 전류가 흐름을 알 수 있다. 그러므로 그림 7.9과 그림 7.10 그리고 그림 7.11은 모두 동일한 회로임을 알 수 있다.

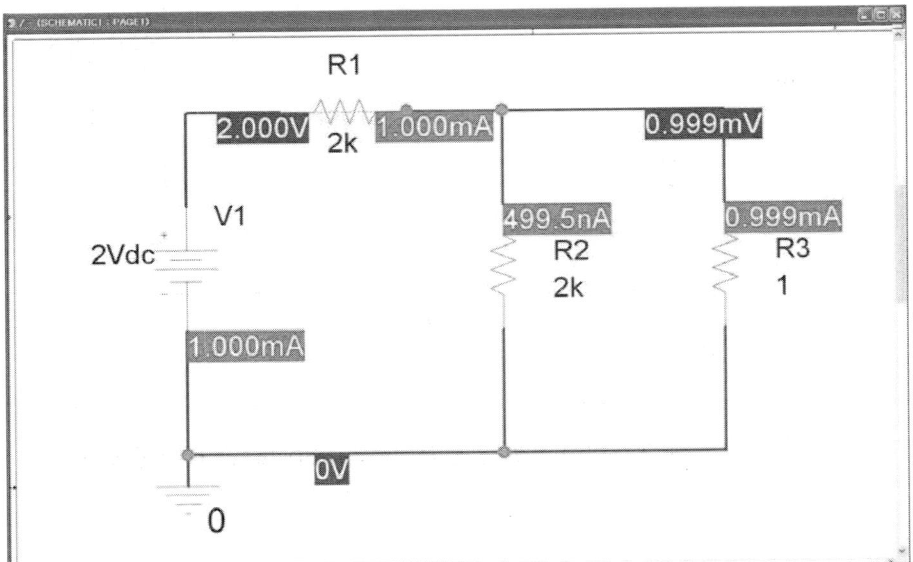

그림 7.8 R3가 1Ω일 때 모의실험 결과

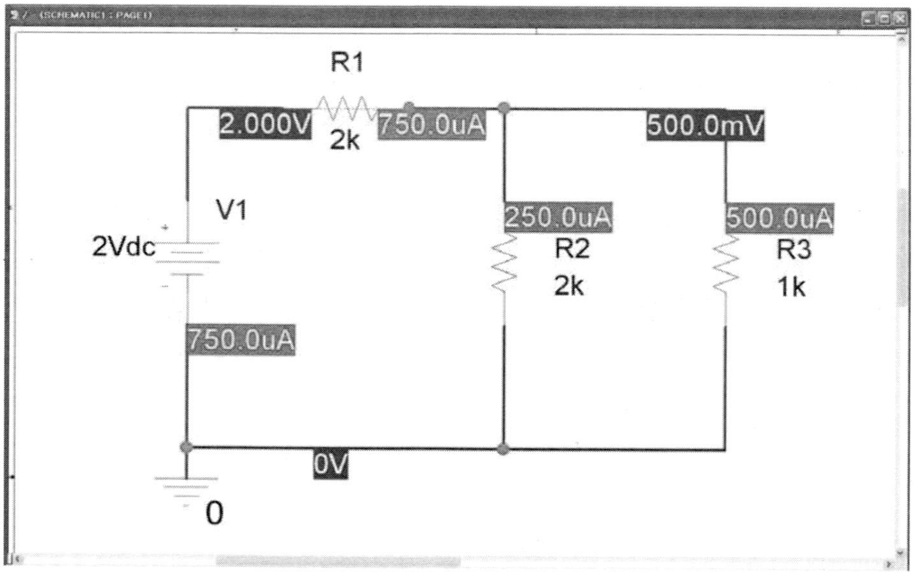

그림 7.9 예제 7-1의 PSpice 시뮬레이션 결과

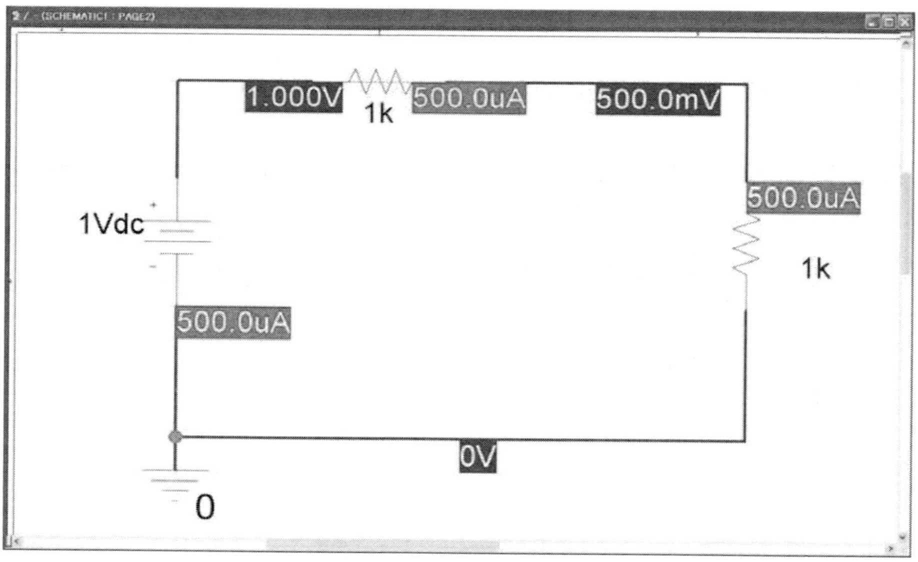

그림 7.10 예제 7-1의 테브닌 등가회로의 PSpice시뮬레이션 결과

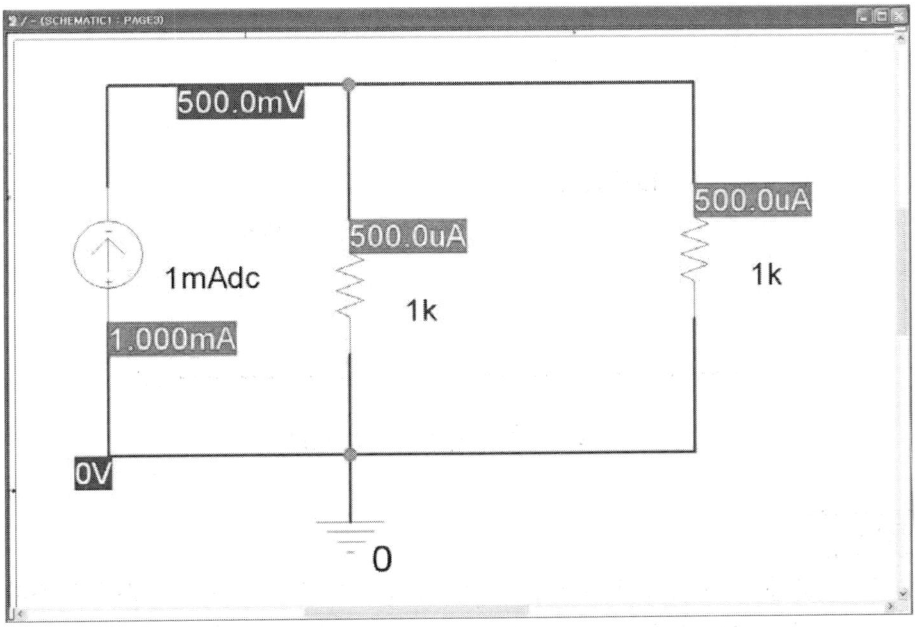

그림 7.11 예제 7-1의 노턴의 등가회로 PSpice시뮬레이션 결과

7.2 Sensitivity 해석

Sensitivity Analysis는 모든 회로 변수에 대하여 규정된 각각의 출력 변수의 직류 소신호 Sensitivity를 구하는 것이다. 회로는 많은 소자를 포함하고 있기 때문에 출력 데이터는 매우 많이 만들어지고 특별히 출력 변수가 여러 개가 될 경우는 더 많아 진다. Sensitivity Analysis는 Bias Point Analysis의 한 부분으로 수행되며, 회로에서 Sensitivity Analysis를 수행하기 위한 전압과 전류를 정해여야 한다. 예제 7-2는 무부하 전압 분배 회로의 성능을 알기 위한 Sensitivity Analysis를 어떻게 하는 지를 보여 준다.

예제 7-2

아래 그림 7.12에 보여진 전압 분배 회로에서 출력 전압의 감도를 PSpice를 이용하여 구하시오.

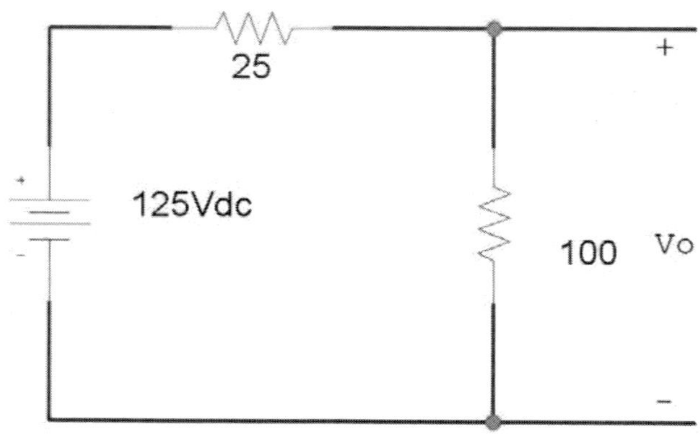

그림 7.12 예제 7-2의 회로

풀이

예제의 회로를 PSpice상에 나타낸 것이 그림 7.13에 있으며, 회로에서 소자가 3개이므로 독립 전압 전원과 25[Ω]저항 그리고 100[Ω] 저항 각각에 대하여 출력 전압 Vo의 감도를 PSpice를 이용하여 계산한다.

PSpice상에 나타난 회로에서 Sensitivity Analysis를 할 출력 전압을 Vo로 표기하여 나타낸다. 이것은 수직 툴바의 Off-page Connector를 선택하여 이중 화살표로 표기한다. PSpice 상에 이와 같이 회로를 작성하기 위한 순서를 요약하면 다음과 같다.

① 초기 창에서 File/New/Project를 선택한다.

② 새로운 Project 대화창이 열리고 여기서 Name과 저장 위치 그리고 형태들을 정하고 ok를 선택한다.

③ Create PSpice Project 창이 열리면 ok를 선택한다.
(작은 창이 여러 번에 거쳐 열리면 확인을 선택하여 창을 닫는다.)

④ 작업할 Page가 열리고 작업 준비가 완료된다.

⑤ Place Part(P)를 선택하여 사용될 부품을 배치한다.
여기서 사용된 부품과 심벌은 다음과 같다.
R : R/ANALOG, VDC : VDC/SOURCE, GND : 0/SOURCE

⑥ Place Wire(W)를 이용하여 선을 연결한다.

⑦ 수직 툴바의 Off-page Connector를 선택하여 이중 화살표로 표기한다.

⑧ 각 부품을 선택하여 속성 창에서 부품 값을 입력한다.

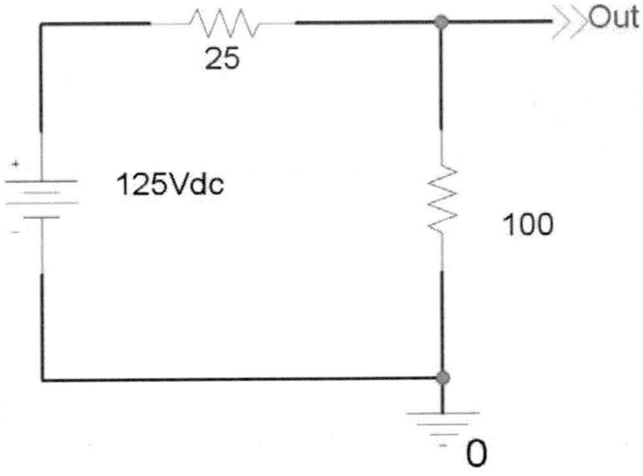

그림 7.13 예제 7-2의 회로를 PSpice 상에 나타낸 회로

Sensitivity Analysis를 수행하기 위해서는 그림 7.14에 보여진 것처럼 Simulation Setting에서 해석 형태로는 Bias Point를 선택하여야 하며, Sensitivity Analysis box를 선택하여 관심 변수를 V(Out)로 지정하여야 한다.

⑨ 메뉴에서 PSpice/New Simulation Profile을 선택하면 New Simulation 창이 나타나고 Name에 ch7-3(본인이 설정)라고 입력하고 Create를 선택하여 창을 닫는다.

⑩ 그림 7.6와 같은 Simulation Settings 창이 열린다. 그림과 같이 설정하고 창을 닫는다.

⑪ 메뉴에서 PSpice/Run을 선택하거나 툴바에서 Run PSpice를 선택하여 모의 실험을 실행한다.

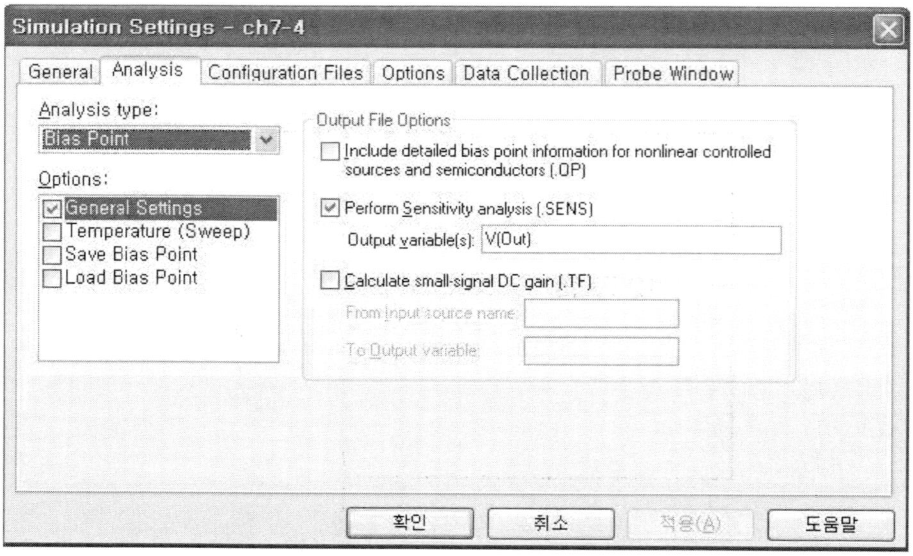

그림 7.14 예제 7-2의 Simulation Setting

시뮬레이션을 수행하면 PSpice는 결과 파일에 Sensitivity Analysis에 관련된 데이터를 저장하게 된다. 그 출력 파일은 그림 7.15에 나타나있다. R1, R2 그리고 전원 V1의 값이 주어진 값일 경우 출력 전압 Vo=V(Out)=100이다. 여기에서 Sensitivity Analysis를 통하여 얻은 결과는 다음과 같다.

1. 만일 R1 저항이 1[Ω] 증가하면, V(Out)는 0.8[V] 감소하게 된다.
   즉, Vo=V(Out)=99.2[V]
2. 만일 R1 저항이 1[%] 증가하면, V(Out)는 0.2[V] 감소하게 된다.
   즉, Vo=V(Out)=99.8[V]
3. 만일 R2 저항이 1[Ω] 증가하면, V(Out)는 0.2[V] 증가하게 된다.
   즉, Vo=V(Out)=100.2[V]
4. 만일 R2 저항이 1[%] 증가하면, V(Out)는 0.2[V] 증가하게 된다.
   즉, Vo=V(Out)=100.2[V]
5. 만일 V1 전압이 1[V] 증가하면, V(Out)는 0.8[V] 증가하게 된다.
   즉, Vo=V(Out)=100.8[V]
6. 만일 V1 전압이 1[%] 증가하면, V(Out)는 0.8[V] 증가하게 된다.
   즉, Vo=V(Out)=101[V]

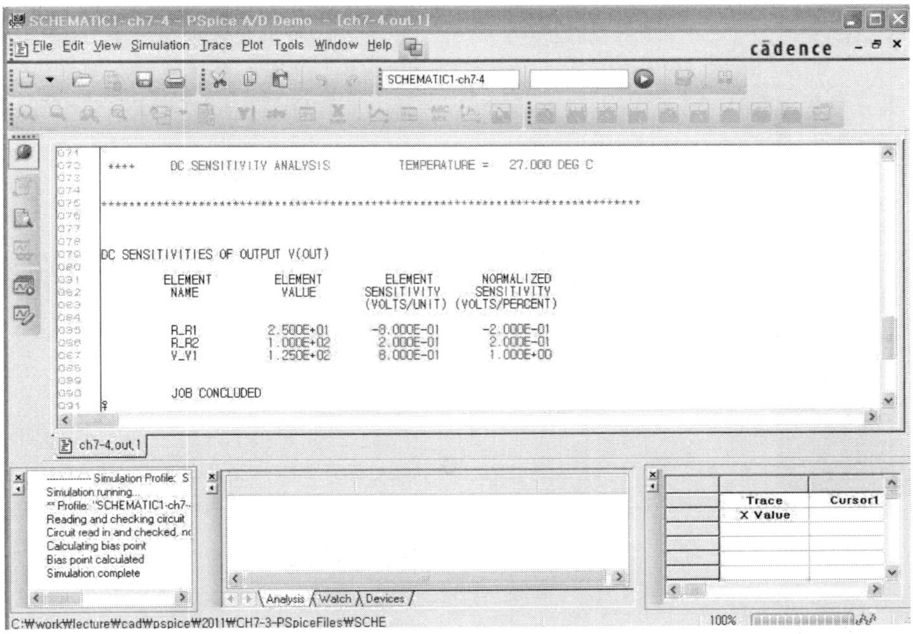

그림 7.15 예제 7-2의 Simulation 결과

7.3 저항 공차 해석

Sensitivity Analysis는 회로의 출력에서 특정한 부품을 선택하여 효과를 알아볼 수 있다. 회로 출력 상에서 공차라고 하는 부품 값의 변화 폭에 대한 시뮬레이션을 알아보고자 한다. 다음 예제에서 실제 공차 값을 정하기 위하여 저항의 모델을 변경한다. 회로 상에서 좀 더 실제적인 부품을 사용하기 위해서 회로의 출력에 이 공차의 효과를 나타내는 worst-case analysis를 실시하게 된다.

예제 7-3

그림 7.16에 나타난 회로에서 100[Ω] 저항을 공차 10[%]를 가지며, 동일한 저항 값을 갖는 저항으로 변경하라. 좀 더 실제적인 저항의 모델을 가질 때 나타날 수 있는 출력 전압의 범위를 PSpice를 이용하여 나타내어라.

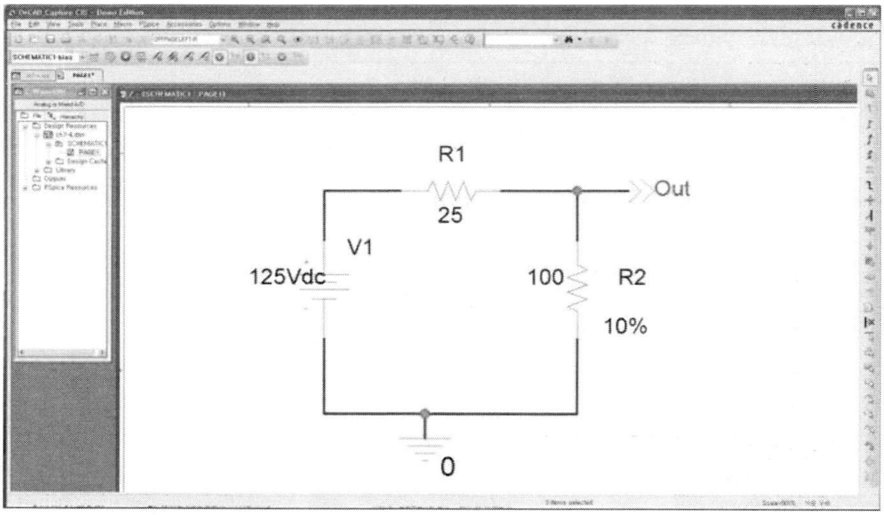

그림 7.16 예제 7-3의 회로도

풀이

회로에서 저항 R2 저항은 공차로서 10[%]를 갖고 있음을 알 수 있다. 저항의 속성 창에서 이 값을 지정할 수 있다. 속성 창에서 Tolerance 칸에 10[%]를 입력하면 되고, 이것을 회로도에 나타내기 위하여 속성 창에서 Display를 선택하여 Display Property 창이 열리면 이 창에서 그 값이 나타나도록 설정하면 된다. 속성 창은 아래 그림 7.17에 나타나 있다.

해석을 하기 위하여 DC Sweep Analysis를 선택하고, 1[V] 씩 증가하는 125[V] 입력 전압원의 최소값과 최대값을 정하라. 이것은 그림 7.18에서처럼 Option에서 Monte Carlo/Worst Case Option을 선택하고, Worst Case/Sensitivity를 선택. 그리고 출력 변수를 정하고 Only DEV를 Vary devices that have로 선택하라.

이러한 선택 사항이 결정되었으면 그림 7.19에 나타난 것과 같은 창을 열기 위하여 the More Settings button을 선택하라. 회로의 모의실험하고 그리고 두 개의 worst-case analyses를 수행하는 저항 공차의 효과를 알아보고자 한다. the maximum worst-case 출력 전압을 결정하는 것이 첫 번째고 두 번째는 the minimum worst-case 출력 전압을 알아보는 것이다. 첫 번째로 그림 7.19에 the maximum worst-case analysis가 보여지고 있다. 그리고 그것에 대한 출력파일이 그림 7.20에 나타나 있다. 이 그림은 저항 R2가 정해진 값 100[Ω]보다 10[%]가 크다면 출력 전압은 101.85[V]가 된다는 것을 나타내는 것이다. 두 번째 worst-case analysis는 그림 7.21과 같이 설정하는 것이다.

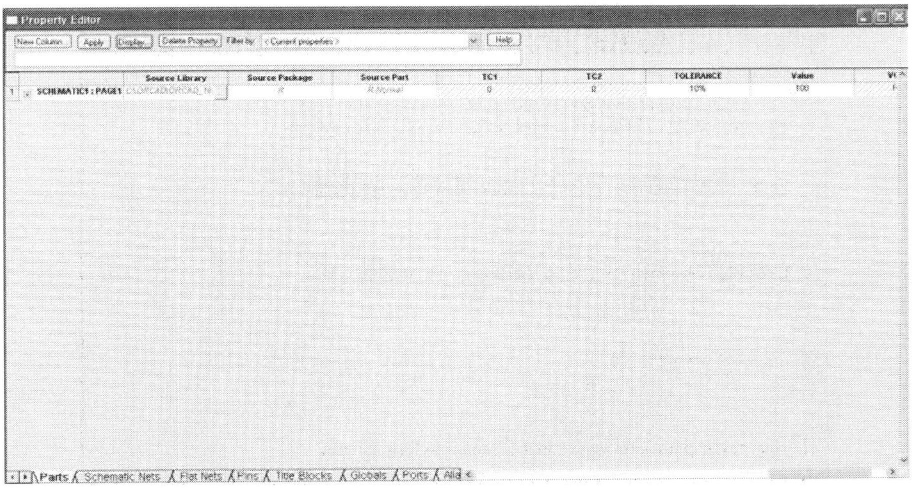

그림 7.17 저항 R2의 속성 창

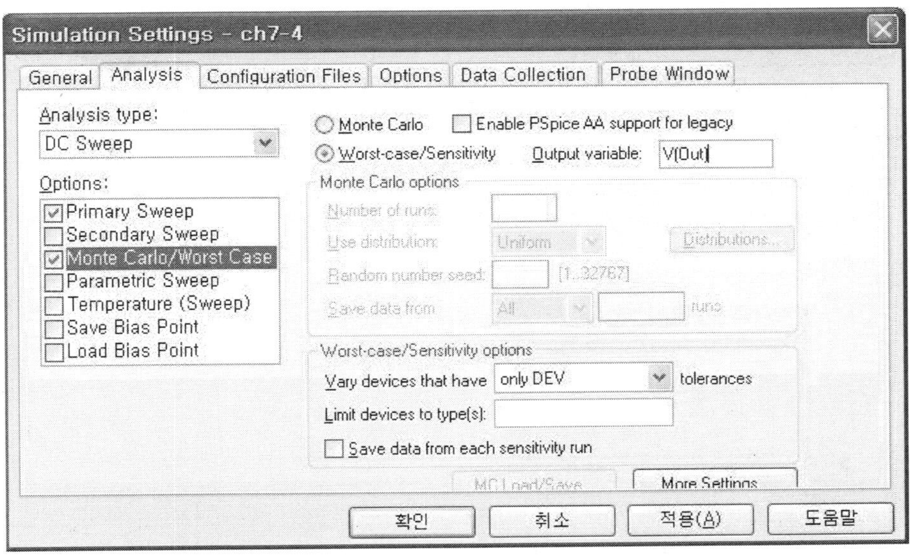

그림 7.18 예제 7-3의 Simulation Setting

그 결과는 그림 7.22에 나타나 있다. 이것은 저항 R2가 정해진 값 100[Ω]보다 10[%]가 작다면 출력 전압은 97.826[V]가 된다는 것이다. 그러므로 결론적으로 저항 R2가 공차 10[%]를 가질 경우 출력 전압은 97.826[V]에서 101.85[V]까지 변한다. 실제 회로 설계에서 이러한 공차 범위의 값이 허용하는 범주 안에 있는가를 고려하여야 한다.

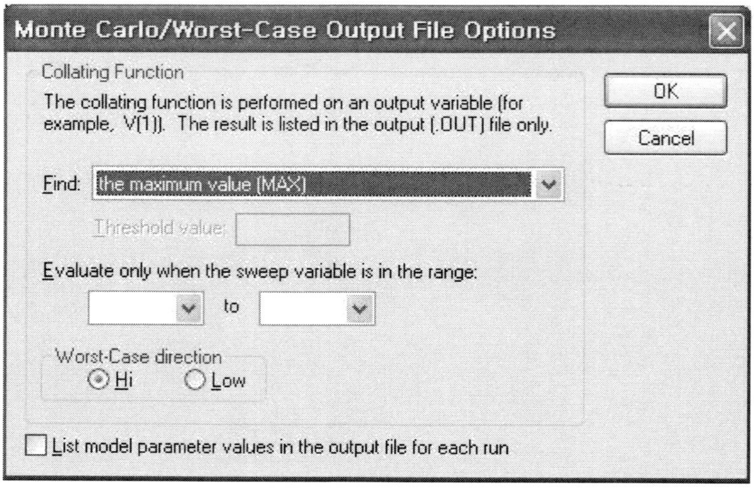

그림 7.19 worst-case analyses를 위한 변수 결정 1

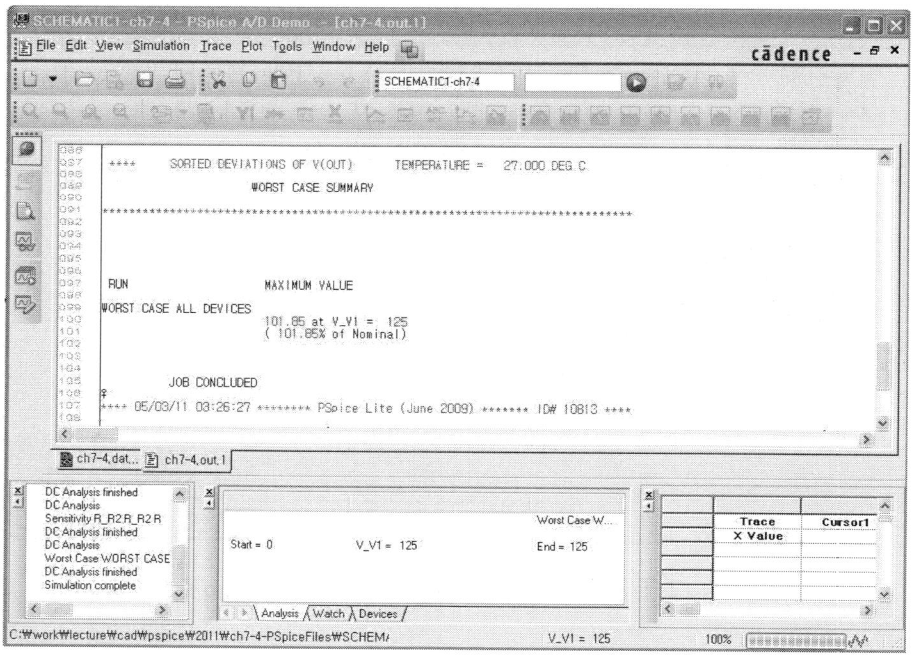

그림 7.20 the maximum worst-case analysis의 출력 파일

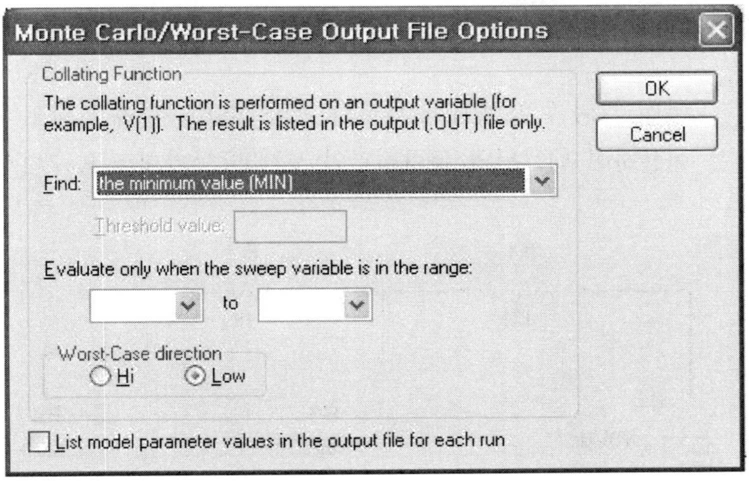

그림 7.21 worst-case analyses를 위한 변수 결정 2

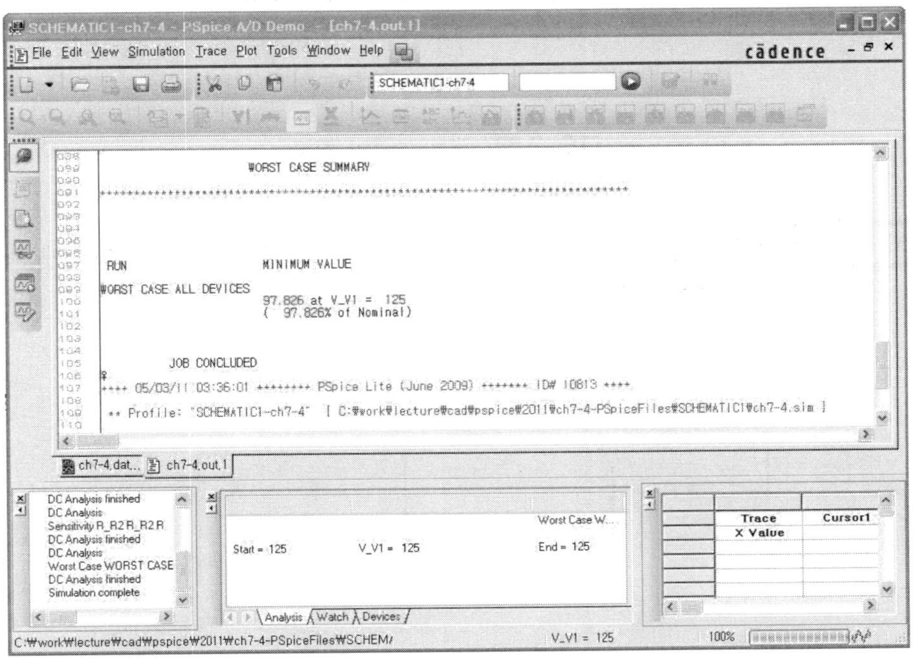

그림 7.22 the minimum worst-case analysis의 출력 파일

7.4 연습문제

문제 7-1 아래 그림 7.23에서 오른쪽의 저항 200을 제외한 나머지 회로에 대하여 PSpice를 이용하여 테브닌의 등가회로와 노턴의 등가회로를 구하시오.

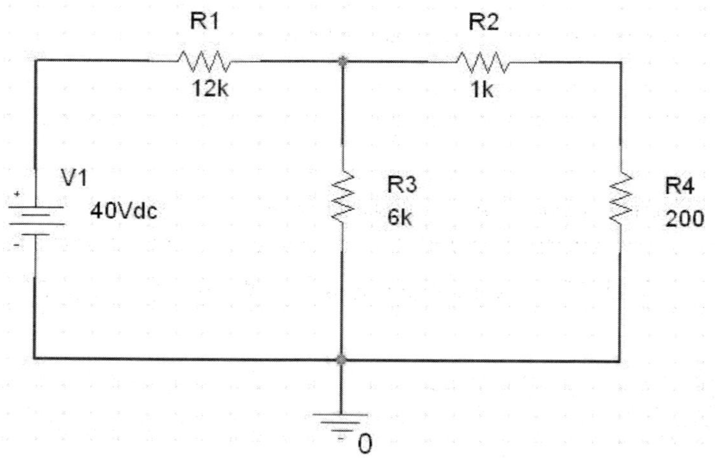

그림 7.23 문제 7-1의 회로

문제 7-2 아래 그림 7.24에서 왼쪽의 저항 6k 제외한 나머지 회로에 대하여 PSpice를 이용하여 테브닌의 등가회로와 노턴의 등가회로를 구하시오.

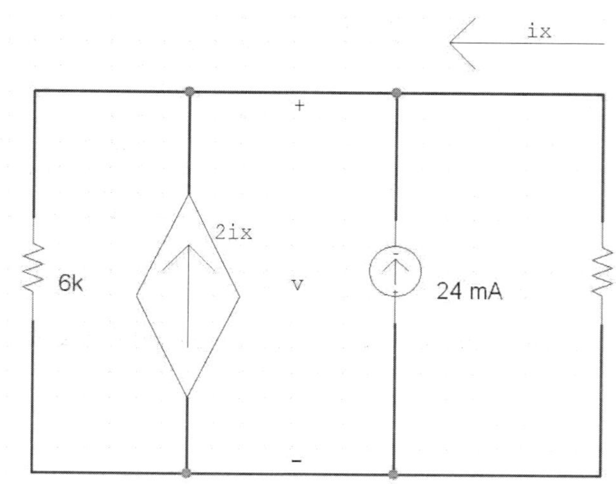

그림 7.24 문제 7-2의 회로

문제 7-3 아래 그림 7.25에서 제일 오른쪽의 저항 1k 제외한 나머지 회로에 대하여 PSpice를 이용하여 테브닌의 등가회로와 노턴의 등가회로를 구하시오.

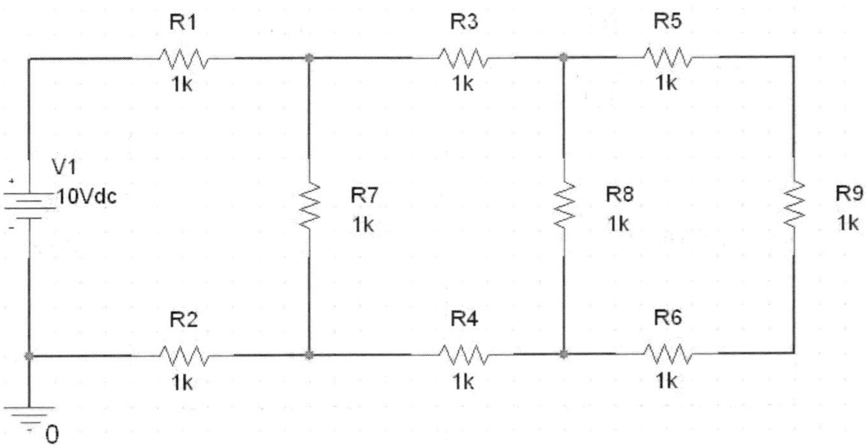

그림 7.25 문제 7-3의 회로

문제 7-4 아래 그림 7.26에서 저항 R3에 걸리는 전압에 대하여 PSpice를 이용하여 Sensitivity Analysis을 하시오.

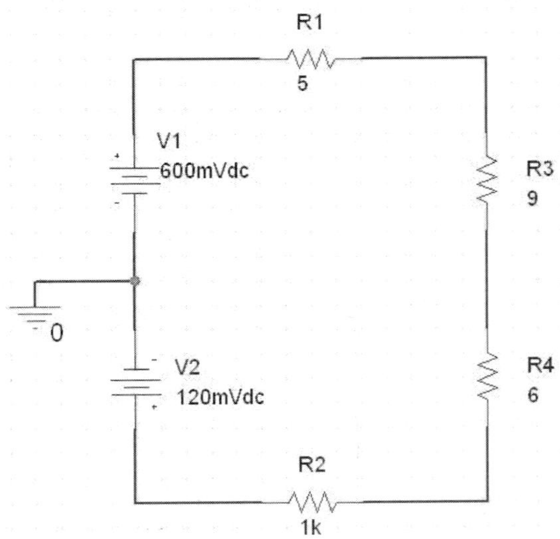

그림 7.26 문제 7-4의 회로

문제 7-5 아래 그림 7.27에서 저항 R4에 걸리는 전압에 대하여 PSpice를 이용하여 Sensitivity Analysis을 하시오.

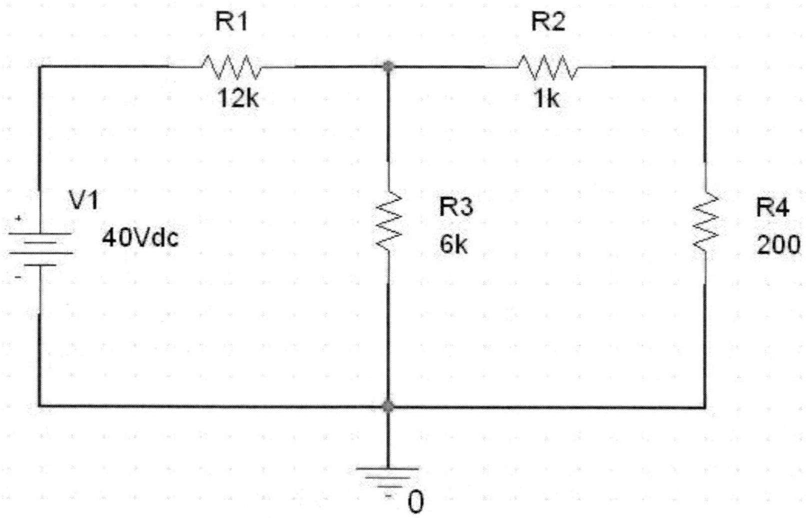

그림 7.27 문제 7-5의 회로

문제 7-6 아래 그림 7.28에서 오른쪽 6[Ω] 저항이 공차가 10[%]일 때 3[Ω] 저항에 흐르는 i1에 PSpice를 이용하여 대하여 공차 해석을 하시오.

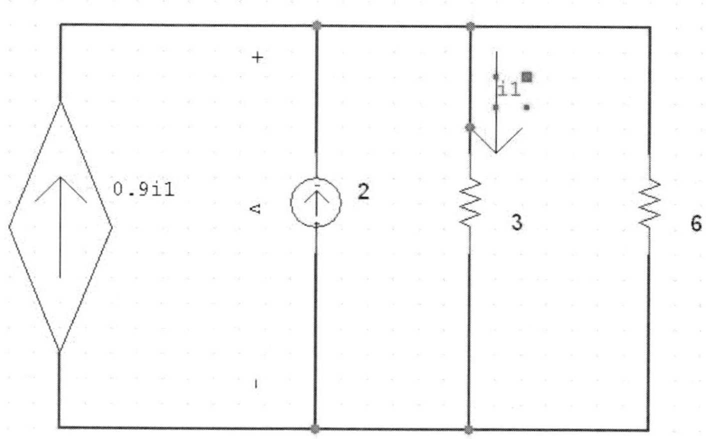

그림 7.28 문제 7-6의 회로

제 3 단원
PSpice 배우기

제 3 단원
PSpice 배우기

제 8 장

교류 정상상태 회로 해석

입력 신호원으로서 고정된 주파수를 갖는 정현파에 대한 회로 응답을 알아보는 PSpice 기능에 대하여 알아보고 자 한다. 이 고정 정현파 특성을 교류 정상 상태 응답이라 한다. 이 장에서는 정현파 전원의 가장 일반적인 형태인 damped sinusoidal voltage source에 대한 해석을 한 후 많이 사용하는 정현파 전원의 정상상태 회로 해석에 대하여 알아보고자 한다.

8.1 정현파 전원

정현파를 가장 일반적으로 표현하는 것은 단순하게 정현파를 표현하는 것이 아니라 정현파가 시간에 따라 크기가 변하고 그리고 정현파 신호가 입력되는 시간까지 고려한 파형 즉, damped sinusoidal voltage source 가 될 것이다. 이러한 파형을 일반적인 수식으로 표현한 것이 아래의 식 8.1과 식 8.2가 된다. 식 8.1과 식 8.2는 입력신호의 회로 시간영역 응답을 알아보기 위해 사용하는 damped sinusoidal voltage source를 나타내고 있다.

$$v_S = V_{offset} + V_{peak}\sin\Theta, \quad 0 \le t \le T_{delay} \qquad \text{식 8.1}$$

$$v_S = V_{offset} + V_{peak}\, e^{-\alpha(t - T_{delay})}\sin[2\pi f(t - T_{delay}) + \Theta],$$
$$T_{delay} \le t \le T_{stop} \qquad \text{식 8.2}$$

여기서
V_{offset} = 오프셋 전압[volts]
V_{peak} = 신호의 진폭[volts]
f = 신호의 주파수[Hz]
T_{delay} = 지연[second]
T_{stop} = 최대 회로 해석 시간[second]

α = damping factor [1/second]

Θ = 위상각[degree]

이다. T_{delay}와 α의 기본 값은 0이며, 주파수 f는 $1/T_{stop}$이 기본 값이다. 그림 8.1에는 damped sinusoidal voltage 파형을 보여 주고 있다. 임의의 시간 종속 전원을 나타낼 때, 주어진 문제에서 사용하기 전에 신호의 파형을 나타내 볼 필요가 있다. 가장 간단한 경우인 순수한 저항만 있는 전압 분배 회로에 이 파형을 인가할 경우를 살펴보도록 하자. 저항만 있는 회로에서 출력 파형은 입력 파형의 크기 변화만 있는 파형이 된다. 실험하고자 하는 회로의 유용한 크기를 정해야 한다. 한 예로서 아래의 식 8.3으로 표현된 damped sinusoidal voltage에 대하여 알아보도록 하자.

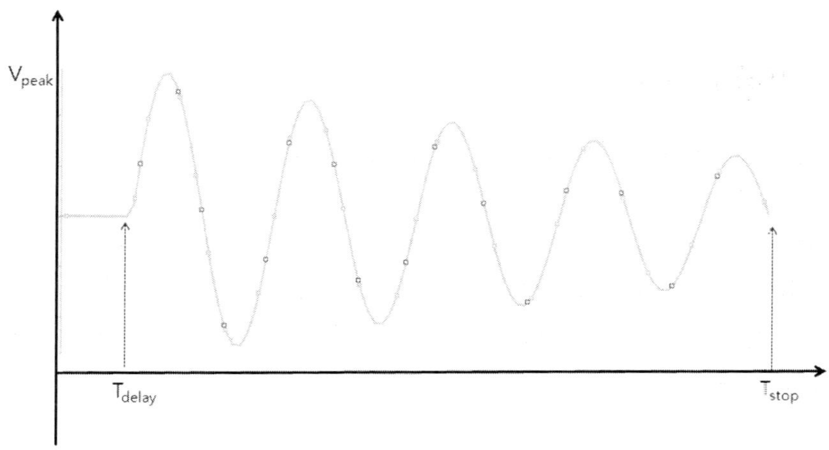

그림 8.1 damped sinusoidal voltage

예제 8-1

그림 8.2에 나타난 회로에 아래 식 8.3과 같은 신호가 입력으로 인가되었을 때 저항 R2 양단에 걸리는 전압의 파형을 구하시오.

$$v_s = 10 + 5e^{-0.1(t-1)}\sin[\pi(t-1)]\ V \qquad \text{식 8.3}$$

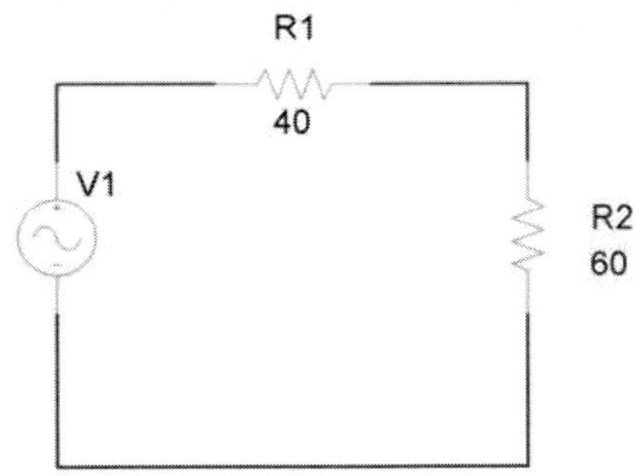

그림 8.2 전압 분배 회로

풀이

그림 8.2에 나타난 회로를 PSpice 상에 표현한 것이 그림 8.3에 나타나 있다. PSpice 상에 이와 같이 회로를 작성하기 위한 순서를 요약하면 다음과 같다.

① 초기 창에서 File/New/Project를 선택한다.

② 새로운 Project 대화창이 열리고 여기서 Name과 저장 위치 그리고 형태들을 정하고 ok를 선택한다.

③ Create PSpice Project 창이 열리면 ok를 선택한다.
(작은 창이 여러 번에 거쳐 열리면 확인을 선택하여 창을 닫는다.)

④ 작업할 Page가 열리고 작업 준비가 완료된다.

⑤ Place Part(P)를 선택하여 사용될 부품을 배치한다.
여기서 사용된 부품과 심벌은 다음과 같다.
R : R/ANALOG, V1 : VSIN/SOURCE, GND : 0/SOURCE

⑥ Place Wire(W)를 이용하여 선을 연결한다.

⑦ 수직 툴바의 Off-page Connector를 선택하여 이중 화살표로 표기한다.

⑧ 각 부품을 선택하여 속성 창에서 부품 값을 입력한다.

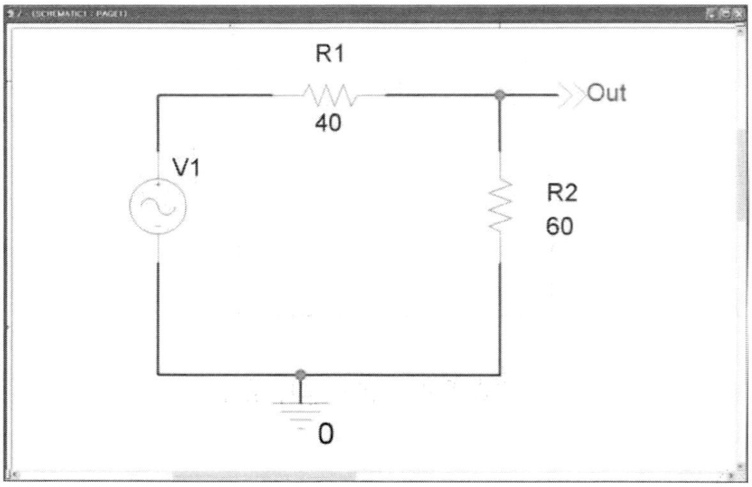

그림 8.3 PSpice 상의 그림 8.2의 회로

위 식 8.3에서는 V_{offset}=10[volts], V_{peak}=5[volts], f=0.5[Hz], T_{delay}=1[second], α=0.1 [1/second] 그리고 Θ=0[degree]이다. 그림 8.3에는 간단한 저항만 있는 전압 분배 회로를 나타내고 있으며, 이 회로에 식(8.3)의 파형을 입력 신호 v_s로 적용한다면 저항 R2 양단에 걸리는 전압인 출력 파형은 $0.6v_s$가 된다. damped sinusoidal voltage source의 부품 이름은 Vsin이고 source library에 있다. 이 부품을 page에 가져다 놓고 마우스로 부품을 선택한 뒤, 왼쪽 마우스 버튼을 누르면 팝업 창이 나타나고 그 팝업 창에서 Edit properties..을 선택하면 부품 속성창이 열리게 된다. 이 부품 속성 창에서 이 부품에 대한 V_{offset}, V_{peak}, f, T_{delay}, α 그리고 Θ 값을 그림 8.3과 같이 입력하여야 한다. 그림 8.3과 같은 속성 창에서 마우스로 맨 왼쪽 column을 선택하고 마우스 오른쪽 버튼을 누르면 나타나는 팝업 창에서 pivot을 선택하면 속성 창이 그림 9.4와 같이 변경이 된다.

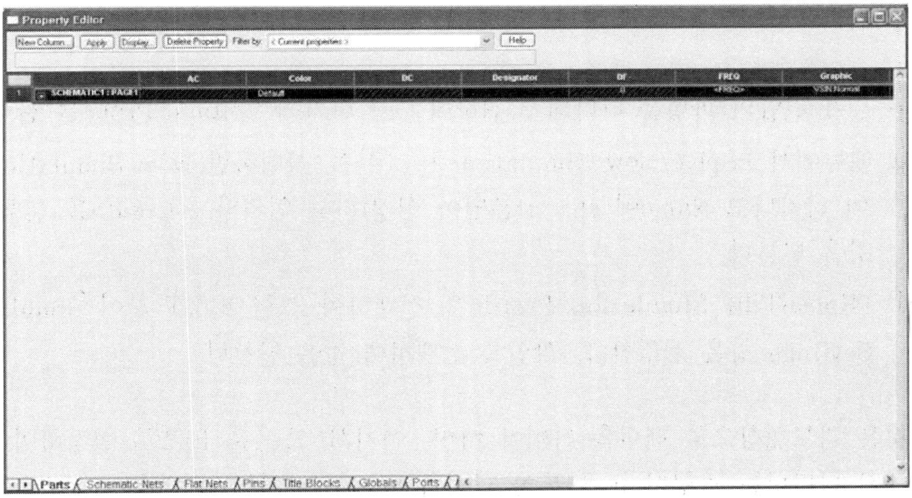

그림 8.4 Vsin의 속성 창

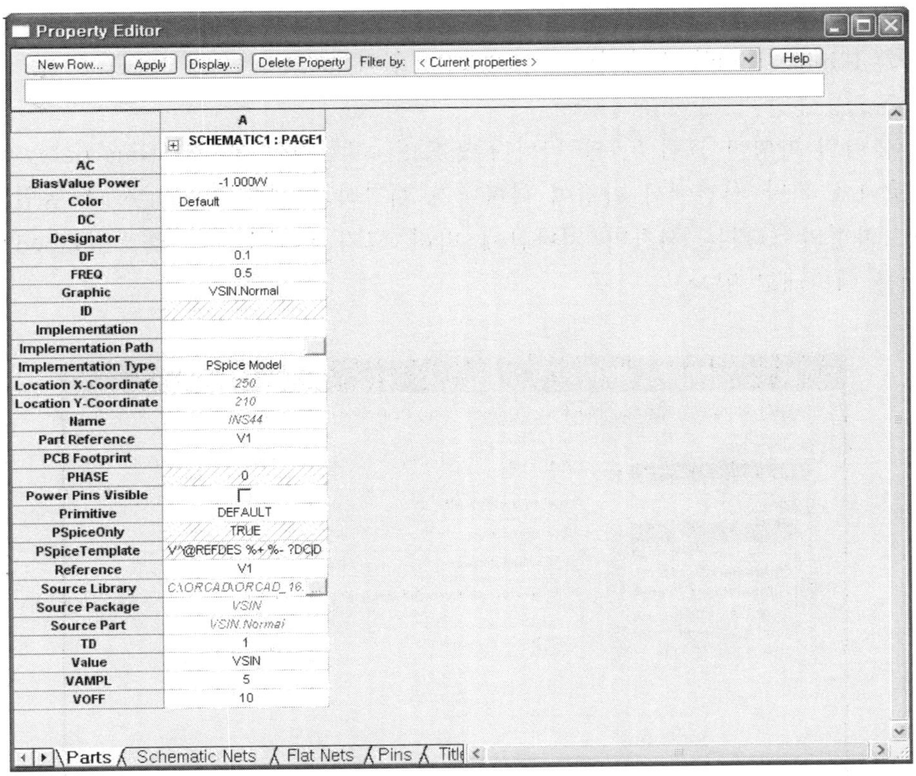

그림 8.5 Vsin의 속성 입력하기

그림 8.5와 같이 식 8.3에서 나타난 속성 값을 입력하고 창을 닫는다.

⑨ 출력 전압의 파형을 나타내기 위하여 Out 단자에 Voltage Probe를 붙인다.

⑩ 메뉴에서 PSpice/New Simulation Profile을 선택하면 New Simulation 창이 나타나고 Name에 ch8-1(본인이 설정)라고 입력하고 Create를 선택하여 창을 닫는다.

⑪ PSpice/Edit Simulation Profile을 선택하여 그림 8.6과 같이 Simulation Settings 창을 설정한다. 확인을 선택하여 창을 닫는다.

이것은 과도현상으로 해석을 하여야 하며, 여기서 T_{stop}을 10초로 설정하여 출력 파형에서 나타나는 파형이 10초 동안 나타나게 계산을 하는 것이다. T_{stop} 값을 너무 큰 값으로 설정하게 되면 출력 파형이 너무 많이 나타나 복잡하게 보이게 되므로 적절하게 설정하여야 한다.

⑫ PSpice/Run을 선택하여 Simulation 한다.

그 출력의 파형이 그림 8.7에 나타나 있으며, 그림에서 보듯이 time delay가 1초이므로 1초 지난 시점에서 파형이 나타나기 시작하고 전체 파형이 10초 동안 나타나며, 파형의 크기는 시간이 지나감에 따라 크기가 감소하는 즉, damped sine wave를 나타내고 있다.

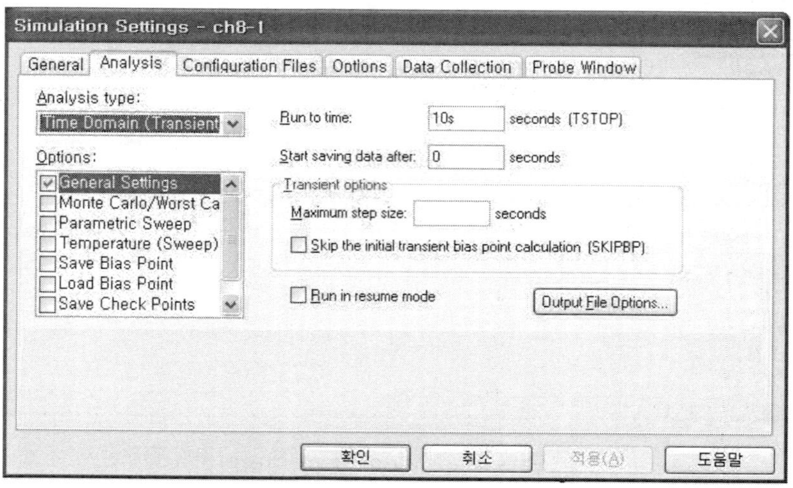

그림 8.6 Simulation Settings 창

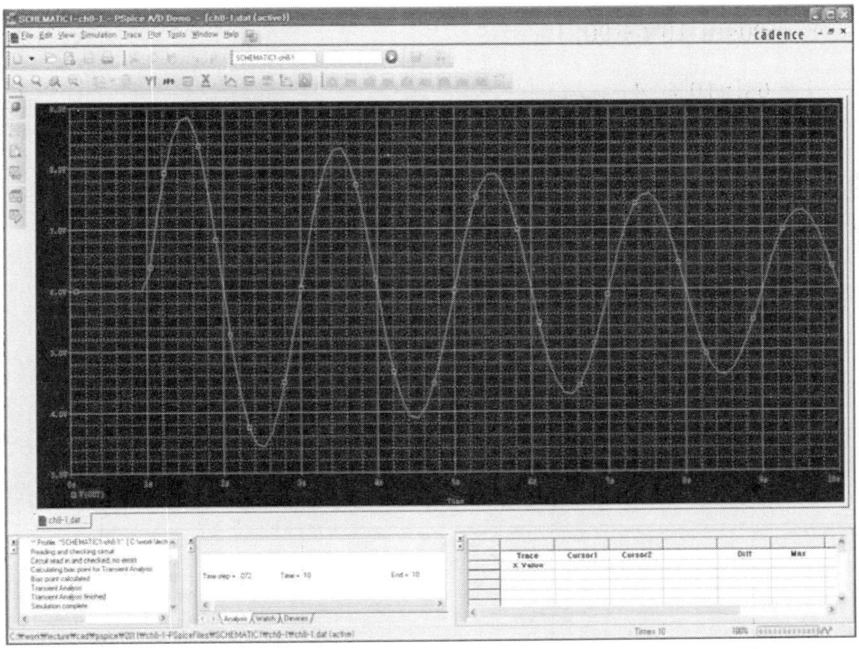

그림 8.7 V(Out) 출력 파형

8.2 정현파 정상상태 응답

앞 8.1 절에서는 일반적인 정현파 신호 전원에 대하여 시간영역 특성을 알아보는 방법에 대하여 논하였다. 그래서 과도현상 해석을 사용하였다. 이 절에서는 정현파 정상상태(ac 정상 상태 응답)를 알아보기 위해 해석을 하는 방법에 대하여 알아보고자 한다. 여기에서는 신호 전원을 Vsin이 아닌 Vac, Iac로 각각 나타나 있는 ac voltage 또는 ac current 전원을 사용한다. 이러한 전원은 한 주파수에 대하여 또는 주파수 범위에 걸쳐 출력 전압 또는 출력 전류를 계산하기 위하여 ac voltage 전원 또는 ac current 전원을 사용한 AC sweep 해석을 한다. 아래의 예제 8-2는 단일 주파수에서 정현파 정상상태 응답을 알기 위하여 ac voltage 전원을 사용한 AC sweep 해석을 보여 준다.

예제 8-2

그림 8.8에 나타난 회로도에서 정현파 전원이 아래 식(8.4)과 식(8.5)와 같이 나타날 때 PSpice를 이용하여 다음을 구하시오.

$$v_1 = 20\sin[10^5 t + 90]\ V \quad \text{(식 8.4)}$$

$$i_1 = 6\sin 10^5 t\ \ A \quad \text{(식 8.5)}$$

1) v_o와 i_o의 크기와 위상을 PSpice를 이용하여 구하시오.

2) 1)에서 구한 결과를 이론적으로 확인하시오.

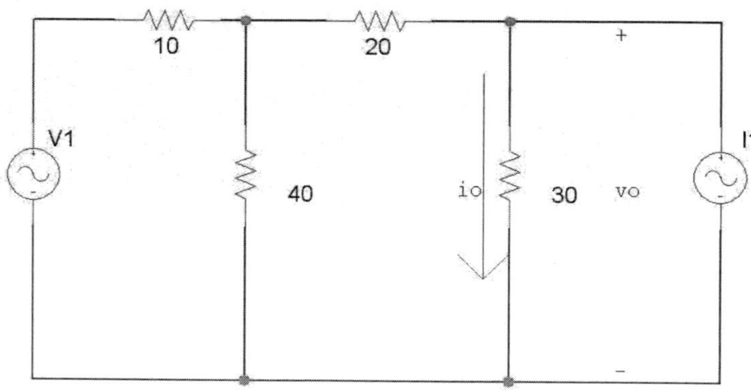

그림 8.8 예제 8-1의 회로도

풀이

1) 그림 8.8에 나타난 회로를 PSpice에 나타내면 그림 8.9과 같이 나타난다. PSpice 상에 이와 같이 회로를 작성하기 위한 순서를 요약하면 다음과 같다.

① 초기 창에서 File/New/Project를 선택한다.

② 새로운 Project 대화창이 열리고 여기서 Name과 저장 위치 그리고 형태들을 정하고 ok를 선택한다.

③ Create PSpice Project 창이 열리면 ok를 선택한다.
(작은 창이 여러 번에 거쳐 열리면 확인을 선택하여 창을 닫는다.)

④ 작업할 Page가 열리고 작업 준비가 완료된다.

⑤ Place Part(P)를 선택하여 사용될 부품을 배치한다.
여기서 사용된 부품과 심벌은 다음과 같다.
R : R/ANALOG, V1 : Vac/SOURCE,

I1 : Iac/SOURCE, GND : 0/SOURCE,

VPRINT : VPRINT2/SPECIAL, IPRINT : IPRINT/SPECIAL

⑥ Place Wire(W)를 이용하여 선을 연결한다.

⑦ 각 부품을 선택하여 속성 창에서 부품 값을 입력한다.

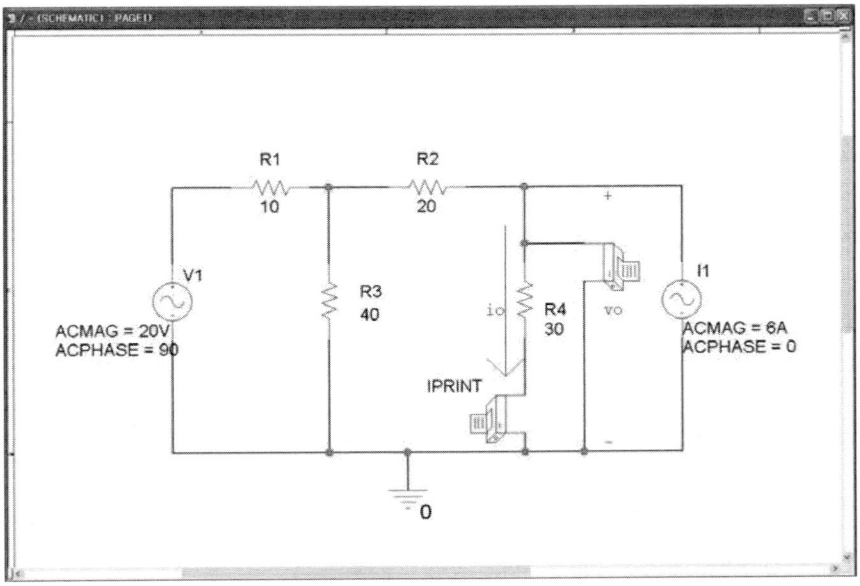

그림 8.9 PSpice에 나타난 예제 8-1의 회로도

ac 전원의 특성을 입력하기 위하여 각 전원의 속성 창을 열어 특성을 입력한다. ac 전압원에 대한 속성 창은 그림 8.10에 나타나 있으며, 그림에서 알 수 있듯이 위상이 90도이므로 이 파형은 여현 파를 나타내고 있다.

그림 8.11에는 ac 전류원에 대한 속성창이 나타나 있다. 그림 8.9에서 나타나 있는 printer들은 출력 파일에 시뮬레이션 결과를 프린트 되게 하기 위한 것이다. 원하는 출력 결과를 얻기 위해서 이들의 속성을 변경하여야 한다. ac 해석으로부터 출력을 얻기 위해서는 AC 칸에 "Y" 를 입력하고 극좌표 형식으로 출력 값을 얻기 위해서는 MAG와 PHASER 칸에 "Y" 를 입력하면 되고, 만일 직각좌표 형식으로 출력 값을 얻기를 원하면 REAL과 IMAG 칸에 "Y"를 입력하면 된다. 이들을 잘 보여 주는 VPRINT 속성 창이 그림 8.12에 나타나 있다. 그림에서는 출력 결과가 극좌표 형식과 직각 좌표 형식 두 가지 모두의 형태로 나타나게 설정되어 있다. 그림 8.13에는 IPRINT의 속성 창이 나타나있다.

다음으로 결정해야 할 사항이 해석의 형태이다.

⑧ 메뉴에서 PSpice/New Simulation Profile을 선택하면 New Simulation 창이 나타나고 Name에 ch8-2(본인이 설정)라고 입력하고 Create를 선택하여 창을 닫는다.

⑨ PSpice/Edit Simulation Profile을 선택하여 그림 8.14와 같이 Simulation Settings 창을 설정한다. 확인을 선택하여 창을 닫는다.

이 경우는 AC Sweep을 선택해야 하며, 이것을 위한 Simulation Settings 창이 그림 8.14에 나타나 있다. 이 그림에서 보듯이 시작 주파수, 끝 주파수 그리고 해석 주파수의 수 등을 입력하여야 한다. 이 경우에는 단일 주파수에서의 해석을 PSpice를 통하여 하고자 하는 것이므로 시작 주파수와 끝 주파수는 동일해야 하며, 해석 주파수의 수는 1이 되어야 한다. 이때 주파수의 단위는 hertz이다.

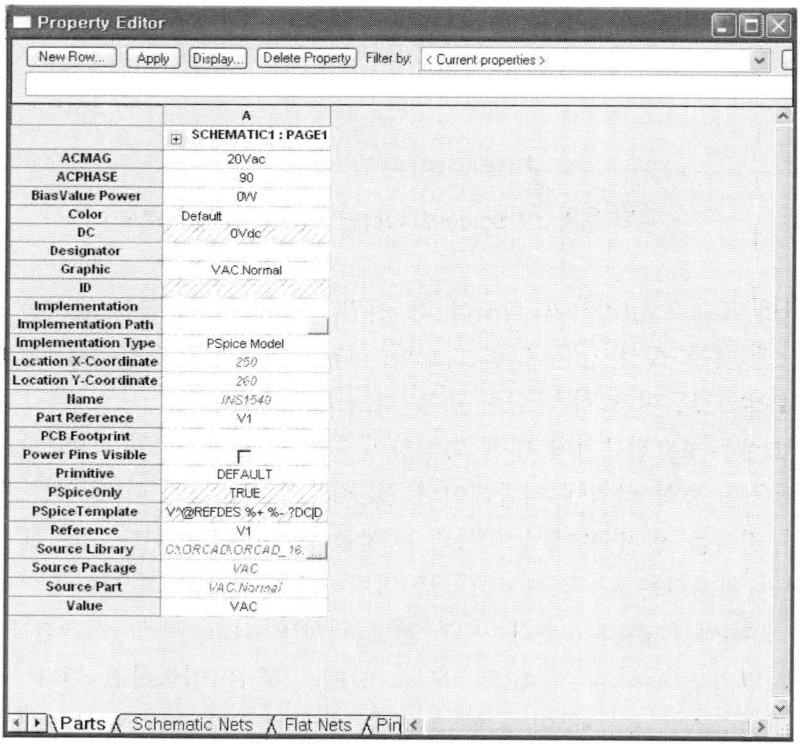

그림 8.10 V1 전원의 속성

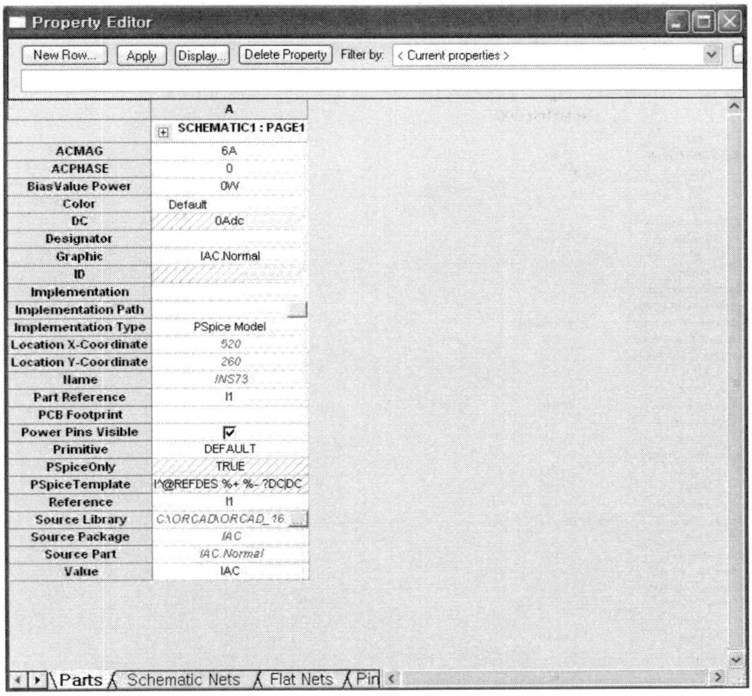

그림 8.11 I1 전원의 속성

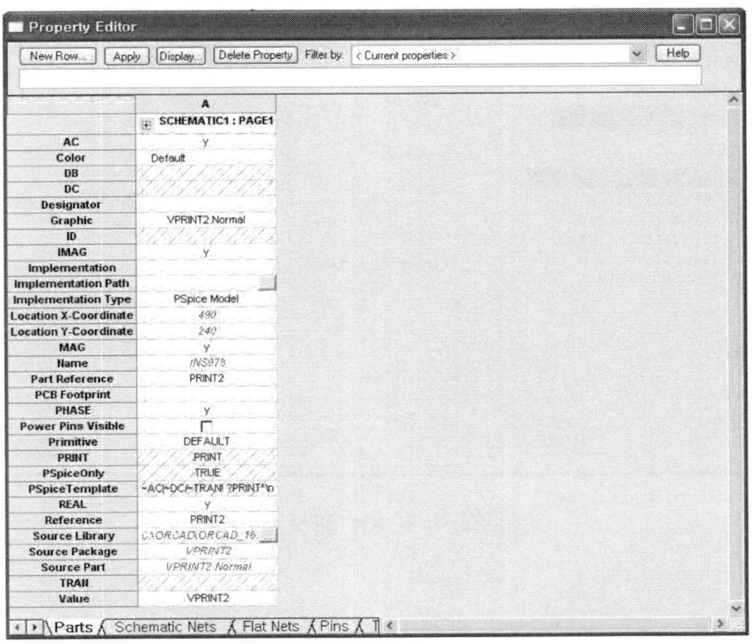

그림 8.12 VPRINT 속성 창

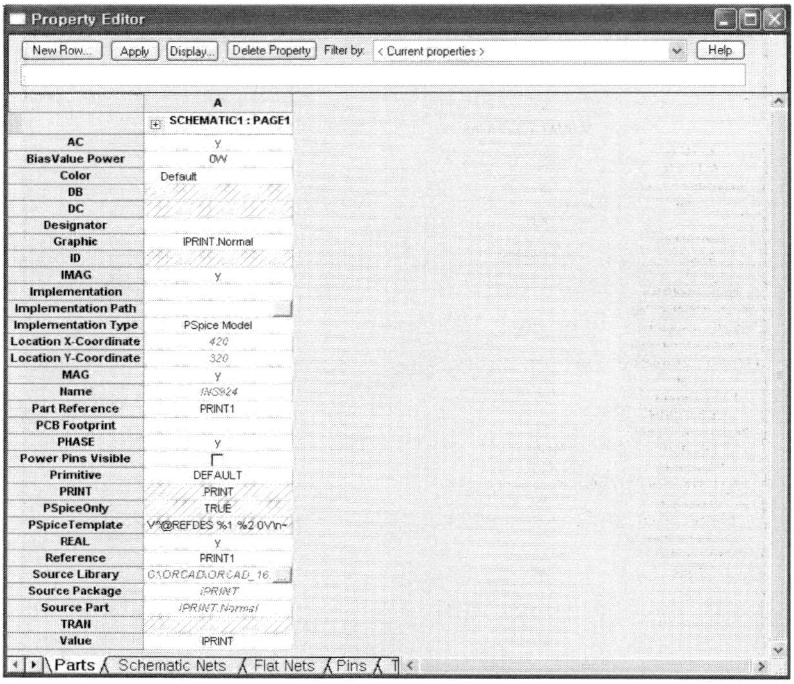

그림 8.13 IPRINT의 속성 창

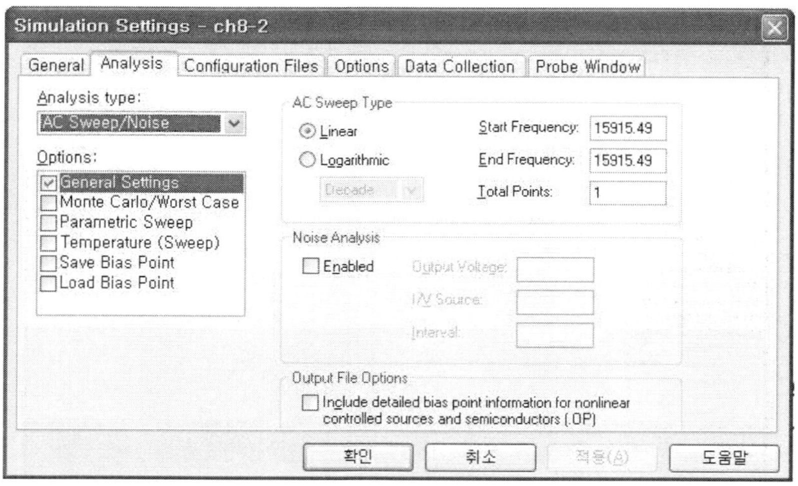

그림 8.14 I1 해석 설정

⑩ PSpice/Run을 선택하여 Simulation 한다.

PSpice를 이용한 적절한 해석 결과가 그림 8.15에 나타나 있으며, 그림에서 보듯이 결과는 다음과 같다.

$$I_o = 2.9\angle 174.6^o \text{ 또는 } I_o = -2.897 + j0.2759$$ 식 8.6

$$V_o = 87.29\angle 174.6^o \text{ 또는 } V_o = -86.89 + j8.2758$$ 식 8.7

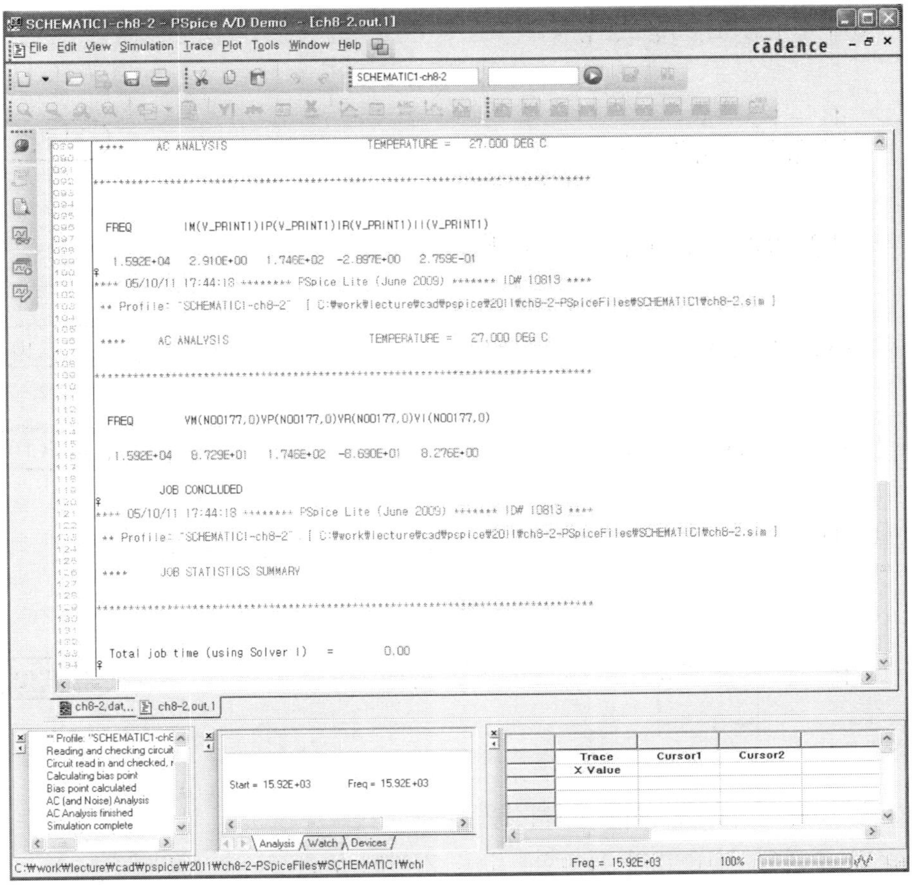

그림 8.15 회로 해석 결과

2) 이론적으로 해석하여 구하면 다음과 같다.

R1, R2, R3 저항이 연결된 지점 a 의 전압을 Va라 하고 R2, R4 그리고 I1이 연결된 지점 b의 전압을 Vb라 하고 각 노드 a와 b에서 KCL을 적용하여 방정식을 세우면 다음과 같이 된다.

노드 a에서의 KCL 적용 방정식

$$\frac{V_a - j20}{10} + \frac{V_a}{40} + \frac{V_a - V_b}{20} = 0$$ 식 8.8

노드 b에서의 KCL 적용 방정식

$$\frac{V_b - V_a}{20} + \frac{V_b}{30} = -6$$ 식 8.9

이 두 식을 정리하면 다음 식을 구할 수 있다.

$$7V_a - 2V_b = j80$$ 식 8.10

$$-3V_a + 5V_b = 3600$$ 식 8.11

위 두 식으로부터 행렬식을 이용하여 Vb를 구하면 다음과 같다.

$$V_b = \frac{\begin{vmatrix} 7 & -j80 \\ -3 & -3600 \end{vmatrix}}{\begin{vmatrix} 7 & -2 \\ -3 & 5 \end{vmatrix}} = -86.896 + j8.275$$ 식 8.12

여기서 Vb는 PSpcie를 이용한 해석을 통해 구한 결과인 식 8.7의 Vo와 수식 계산을 통한 결과인 식 8.12가 동일한 값을 가지게 됨을 알 수 있다.

예제 8-3

그림 8.16에 나타난 회로도에서 정현파 전원이 아래 식 8.13과 같이 나타날 때 PSpice를 이용하여 다음을 구하시오.

$$v_1 = 10\sin 2000\pi t\ V$$ (식 8.13)

1) R1 양단에 걸리는 출력 전압 v_o와 캐패시터 C1 양단에 걸리는 전압 v_c의 파형을 PSpice를 이용하여 구하시오.

2) 입력 전압과 출력 전압 그리고 커패시터 양단의 전압 사이의 관계를 파형을 관찰하여 설명하시오.

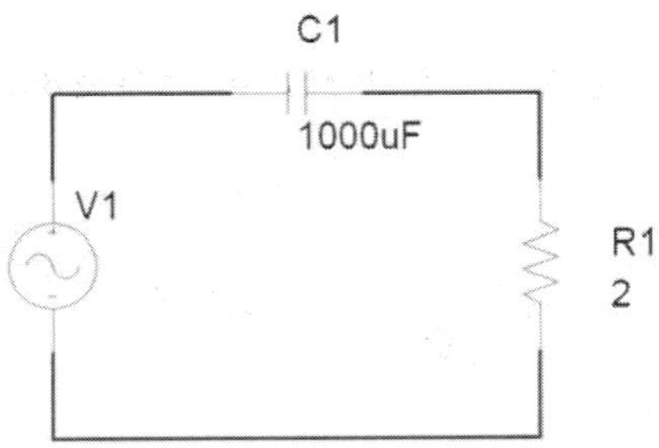

그림 8.16 예제 9-3의 회로도

풀이

그림 8.16에 나타나 있는 회로를 PSpice 상에 나타낸 그림이 그림 8.17에 나타나 있으며, PSpice 상에 이와 같이 회로를 작성하기 위한 순서를 요약하면 다음과 같다.

① 초기 창에서 File/New/Project를 선택한다.

② 새로운 Project 대화창이 열리고 여기서 Name 과 저장 위치 그리고 형태들을 정하고 ok를 선택한다.

③ Create PSpice Project 창이 열리면 ok를 선택한다.
(작은 창이 여러 번에 거쳐 열리면 확인을 선택하여 창을 닫는다.)

④ 작업할 Page가 열리고 작업 준비가 완료된다.

⑤ Place Part(P)를 선택하여 사용될 부품을 배치한다.
여기서 사용된 부품과 심벌은 다음과 같다.
R : R/ANALOG, C : C/ANALOG,
V1 : VSIN/SOURCE, GND : 0/SOURCE

⑥ Place Wire(W)를 이용하여 선을 연결한다.

⑦ 각 부품을 선택하여 속성 창에서 부품 값을 입력한다.

⑧ 출력 전압의 파형을 나타내기 위하여 Out 단자에 Voltage Probe를 붙인다.

이 그림에서는 입력 전압 신호의 파형을 나타내기 위해 파란색의 probe를 선택했고 출력 전압 신호 파형을 나타내기 위해서는 빨간색 probe를 선택하였다. 그리고 커패시터 양단에 걸리는 전압을 나타내기 위해서는 초록색 probe를 사용하였다.

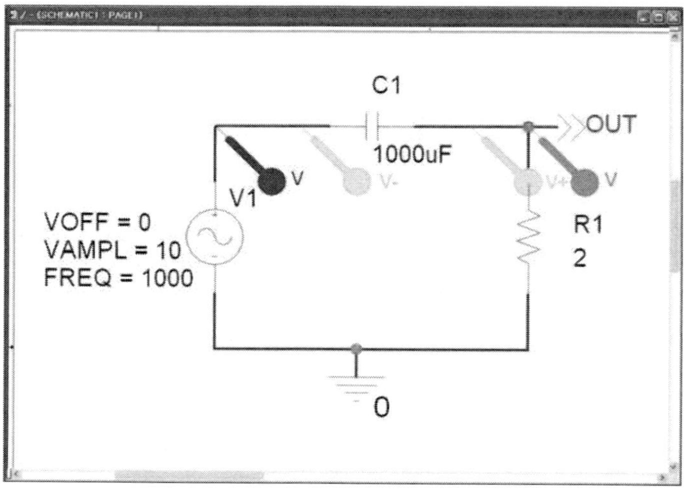

그림 8.17 PSpice 상의 회로도

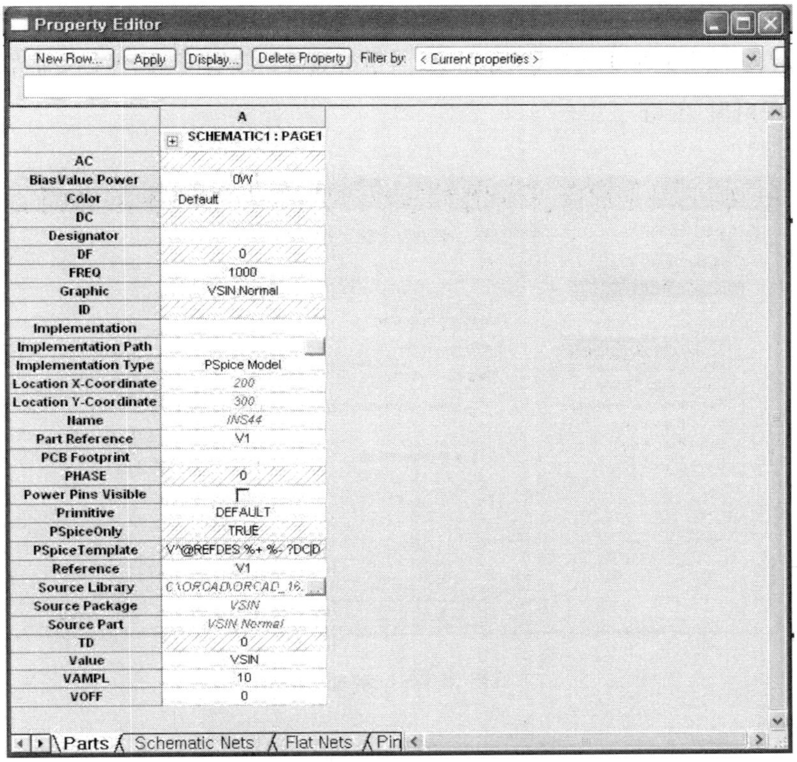

그림 8.18 입력 신호의 속성 창

입력 전압 신호를 설정하기 위해 Source Library에서 vsin을 사용하였으며, 그 부분에 대한 속성 창은 그림 8.18에 나타나 있다. 그림에서 보듯이 V_{offset}=0[volts], V_{peak}=10[volts], f=1000[Hz], T_{delay}=0 [second], α=0 [1/second] 그리고 Θ =0[degree] 이다.

다음으로 결정해야 할 사항이 해석의 형태이다.

⑨ 메뉴에서 PSpice/New Simulation Profile을 선택하면 New Simulation 창이 나타나고 Name 에 ch8-4(본인이 설정)라고 입력하고 Create를 선택하여 창을 닫는다.

⑩ PSpice/Edit Simulation Profile을 선택하여 그림 8.14와 같이 Simulation Settings 창을 설정한다. 확인을 선택하여 창을 닫는다.

⑪ PSpice/Run을 선택하여 Simulation 한다.

해석을 위한 조건을 위해 설정 창은 그림 8.19에 나타나 있으며, 여기에서는 과도현상 해석을 사용하며 T_{stop}=3mS로 설정하였다. 그림 8.20에는 해석한 결과의 파형들이 나타나 있다.

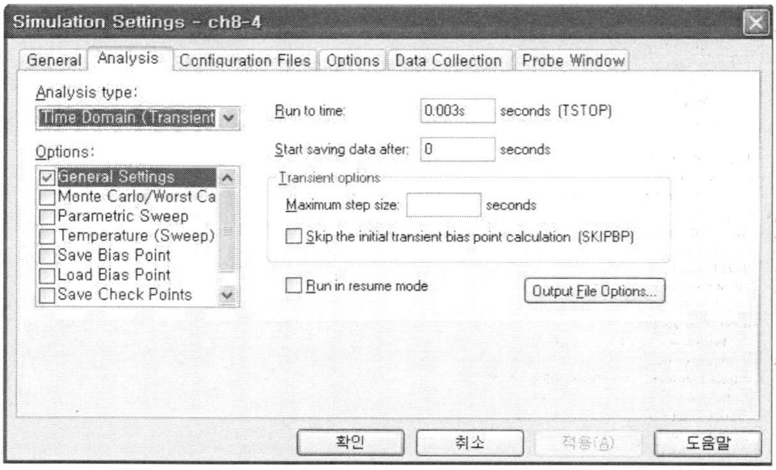

그림 8.19 해석 조건

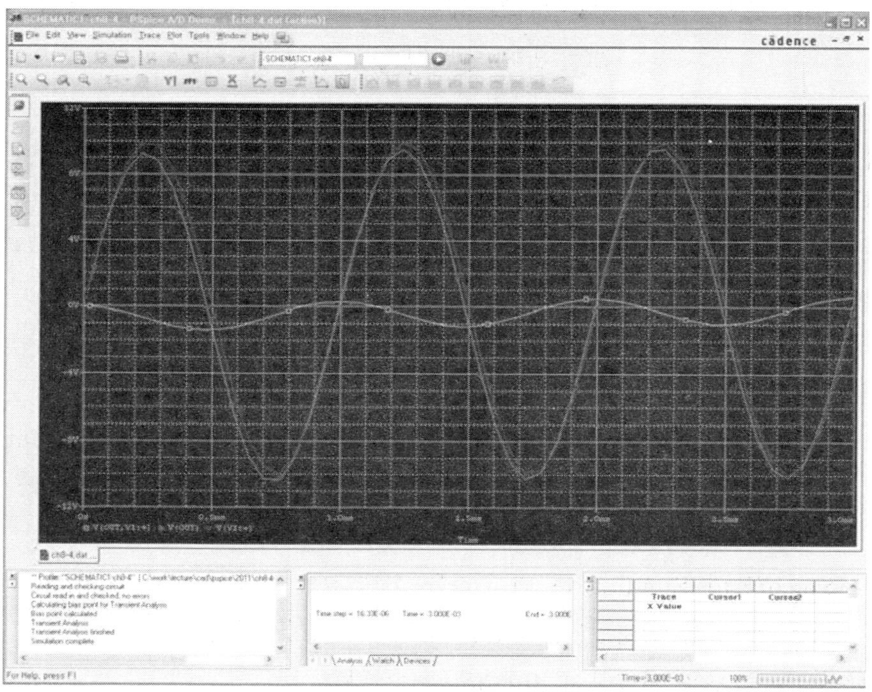

그림 8.20 출력 결과

8.3 연습문제

문제 8-1 아래 그림 8.21에 회로에서 V1=40sin3000t[V]일 때 PSpice를 이용하여 접지와 L1 양단에 걸리는 전압 v(t)와 i(t)를 구하시오.

이것을 그래프로 나타내시오.

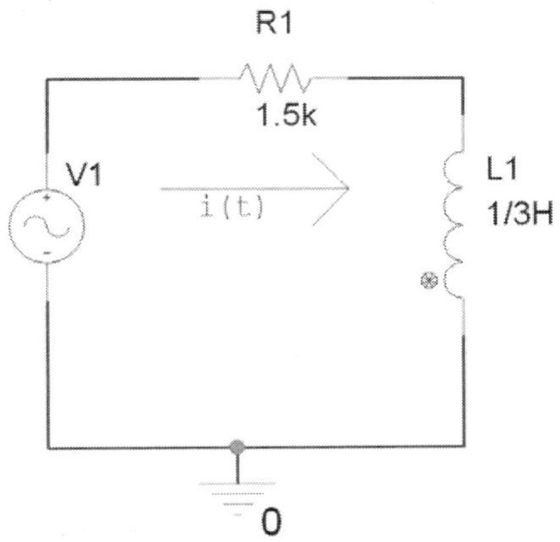

그림 8.21 문제 8-1의 회로

문제 8-2 아래 그림 8.22에 회로에서 VS=40sin3000t[V]일 때 PSpice를 이용하여 접지와 1/3[H] 인덕터 양단에 걸리는 전압 v(t)와 i(t)를 구하시오.

이것을 그래프로 나타내시오.

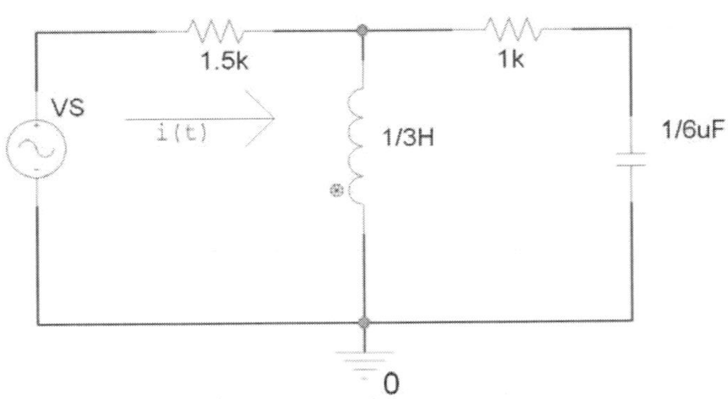

그림 8.22 문제 8-2의 회로

문제 8-3 아래 그림 8.23에 회로에서 VS=230sin120π t[V]일 때 PSpice를 이용하여 접지와 0.25[H] 인덕터 양단에 걸리는 전압 v(t)와 i(t)를 구하시오.
이것을 그래프로 나타내시오.

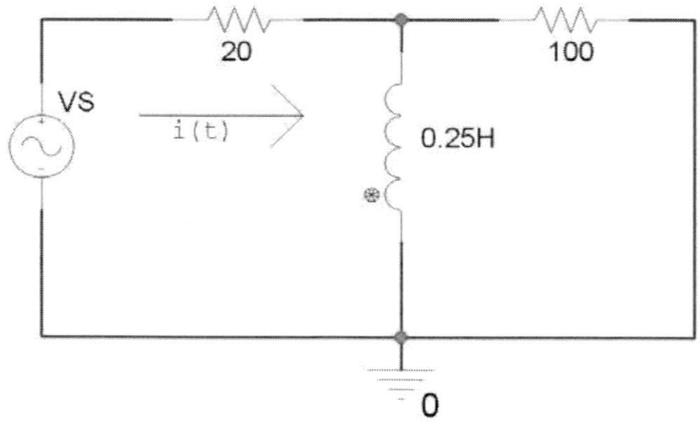

그림 8.23 문제 8-3의 회로

문제 8-4 아래 그림 8.24에 회로에서 VS=220sin120π t[V]일 때 PSpice를 이용하여 접지와 0.5[H] 인덕터 양단에 걸리는 전압 v(t)와 i(t)를 구하시오.
이것을 그래프로 나타내시오.

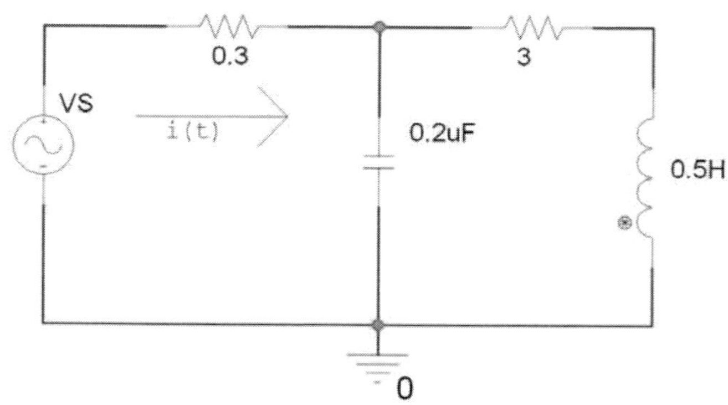

그림 8.24 문제 8-4의 회로

문제 8-5 아래 그림 8.25에 회로에서 VS1=220sin120π t[V]일 때 PSpice를 이용하여 접지와 0.5[H] 인덕터 양단에 걸리는 전압 v(t)와 i(t)를 구하시오.

이것을 그래프로 나타내시오.

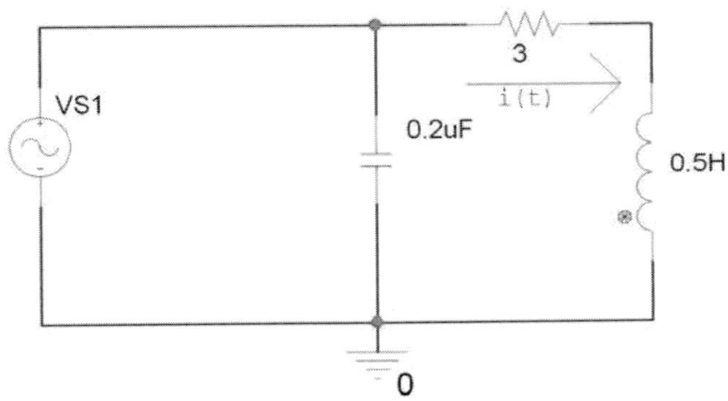

그림 8.25 문제 8-5의 회로

문제 8-6 아래 그림 8.26에 회로에서 VS2=10sin120π t[V]일 때 PSpice를 이용하여 접지와 1[mH] 인덕터 양단에 걸리는 전압 v(t)와 i(t)를 구하시오.

이것을 그래프로 나타내시오.

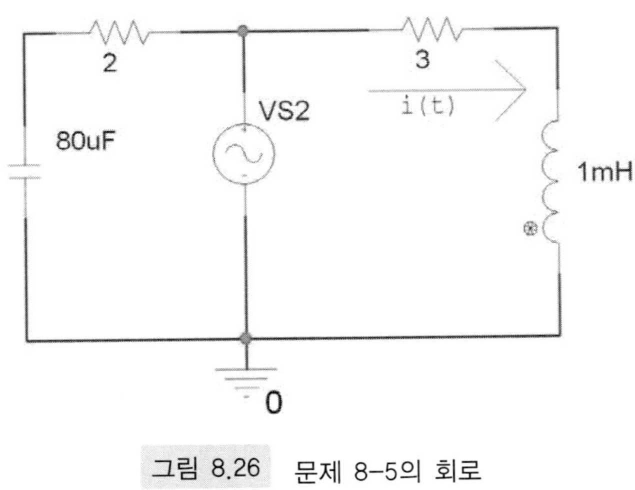

그림 8.26 문제 8-5의 회로

제 9 장

연산증폭기 해석

9.1 연산 증폭기

연산 증폭기(Operational Amplifier, OP AMP)란 원래 아날로그 연산의 시뮬레이션 회로에 사용할 수 있는 정도로 고성능인 증폭기를 말하는 것이지만 현재에는 오히려 고성능 범용 증폭기를 일반적으로 연산 증폭기라 부르고 있다. 시판되고 있는 연산 증폭기는 각각의 특성이 있지만 공통적인 중요한 특징을 요약하면 다음과 같다.

1) 차동 증폭 회로 구성으로 되어 있다. 즉, 비반전 및 반전 2개의 입력 단자를 가지고 있다.
2) 출력 단자는 1개뿐이다. 즉 차동 출력이 되어 있지 않다.
3) 증폭기 자신이 가지고 있는 증폭도는 대단히 커서 적어도 10^4배 이상이다.
4) 부궤환 회로에 사용하는 것을 전제로 하여 만들어 지므로 그것에 반하여 부정발진을 방지하기 때문에 위상 보정용 C/R 의 외부 접촉 단자를 설치하거나 내부 회로에 대책을 강구하고 있다.
5) 직류를 포함하는 신호를 증폭하는 회로에 대해서 무신호시의 출력전압을 정확히 0으로 하기 때문에 내부회로의 불균형에 의해서 발생하는 부정전압을 보정할 수 있도록 회로를 구성하는 것이 많다.
6) 증폭기에 대하여 일반적으로 요구되는 고입력 임피던스, 저출력 임피던스의 조건은 연산 증폭기의 경우 상당히 높은 정도로 만족할 수 있도록 만들어 지고 있다.

9.1.1 비반전 증폭기

그림 9.1에는 비반전 증폭기의 회로가 나타나 있으며, 그림에서 입력 전압과 같은 위상의 출력 전압을 얻을 수 있다. 입력 전압은 + 단자와 접지 사이에 가해지며, - 단자에는 출력 전압을 R1과 Rf로 분할한 전압이 네거티브 피드백 되는 회로로 구성되어 있다. + 단자에 가해진 입력 전압과 저항 R1 양단의 전압은 위상, 크

기가 모두 같게 나타나며, 입력 전압과 출력 전압 사이에는 다음과 같은 관계가 성립한다.

$$V_o = \frac{R_1}{R_1 + R_f} V_i \qquad \text{식 9.1}$$

$$A_V = \frac{V_o}{V_i} = 1 + \frac{R_f}{R_1} \qquad \text{식 9.2}$$

이러한 내용을 예제에서 PSpice를 통하여 확인하여 보자.

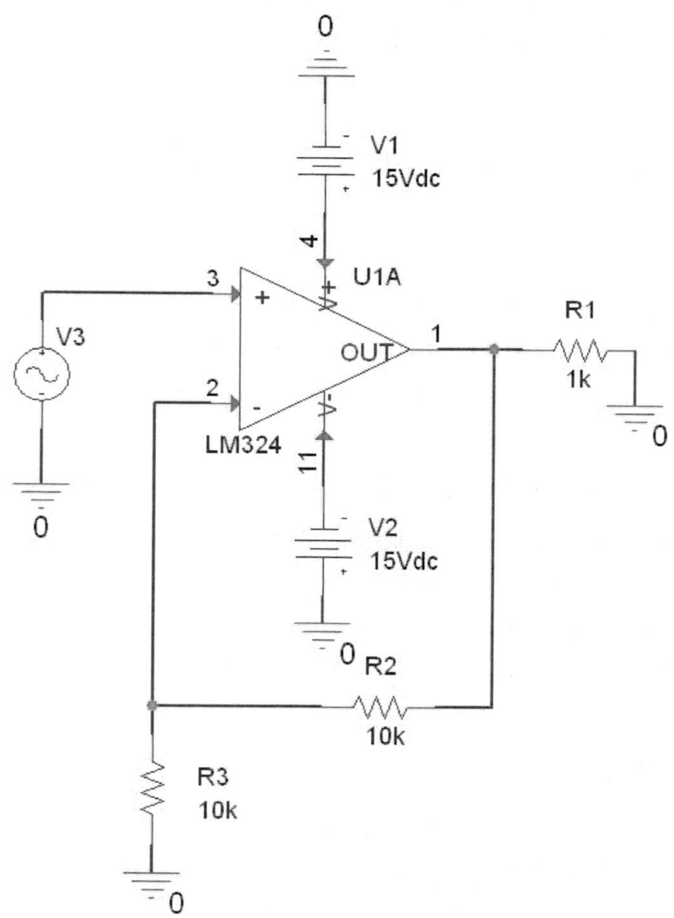

그림 9.1 비반전 증폭기

예제 9-1

그림 9.1의 비반전 증폭기에서 입력 전압 신호가 다음과 같을 때 출력 전압 신호를 구하고 전압 증폭도를 구하시오.

$$V_i = 5\sin 2000\pi t \qquad \text{(식 9.3)}$$

풀이

그림 9.2에는 그림 9.1을 PSpice상에 나타난 회로도이다. PSpice 상에 이와 같이 회로를 작성하기 위한 순서를 요약하면 다음과 같다,

① 초기 창에서 File/New/Project를 선택한다.

② 새로운 Project 대화창이 열리고 여기서 Name과 저장 위치 그리고 형태들을 정하고 ok를 선택한다.

③ Create PSpice Project 창이 열리면 ok를 선택한다.
(작은 창이 여러 번에 거쳐 열리면 확인을 선택하여 작은 창을 닫는다.)

④ 작업할 Page가 열리고 작업 준비가 완료된다.

⑤ Place Part(P)를 선택하여 사용될 부품을 배치한다.
여기서 사용된 부품과 심벌은 다음과 같다.
R : R/ANALOG, VDC : VDC/SOURCE, V3 : VSIN/SOURCE
LM324 : LM324/OPAMP, GND : 0/SOURCE

⑥ Place Wire(W)를 이용하여 선을 연결한다.

⑦ 각 부품을 선택하여 속성 창에서 부품 값을 입력한다.

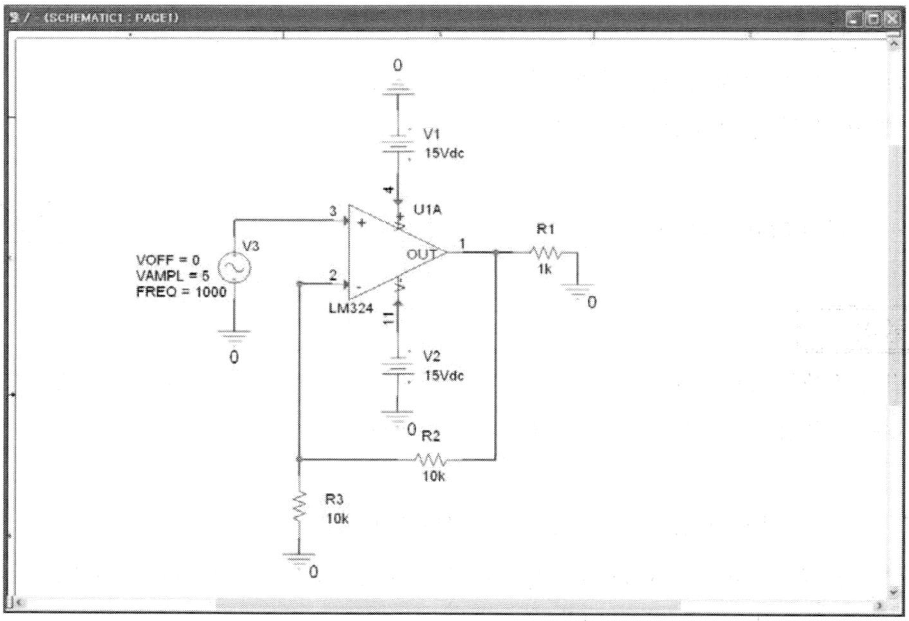

그림 9.2 PSpice 상의 회로도

여기에서 입력 신호원의 속성을 식 9.3과 같이 설정한 속성창이 그림 9.3에 나타나 있다.

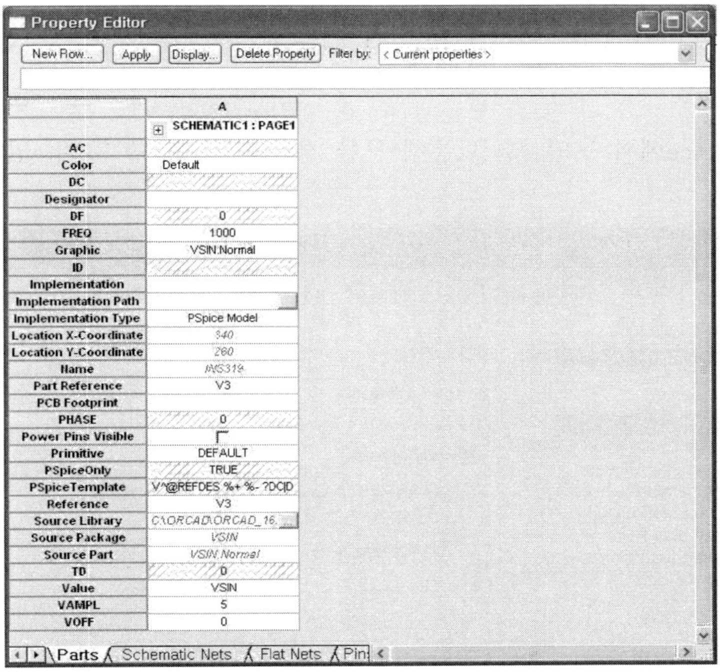

그림 9.3 입력 전압 전원의 속성창

이제는 모의실험을 위한 해석의 형태를 정하는 방법을 정하여야 한다.

⑧ 메뉴에서 PSpice/New Simulation Profile을 선택하면 New Simulation 창이 나타나고 Name에 opamp1(본인이 설정)라고 입력하고 Create를 선택하여 창을 닫는다.

⑨ 그림 9.4와 같은 Simulation Settings 창이 열린다. 그림과 같이 설정하고 창을 닫는다.

⑩ 메뉴에서 PSpice/Run을 선택하거나 툴바에서 Run PSpice를 선택하여 모의실험을 실행한다.

그림 9.4에는 이를 해석하기 위한 설정을 나타낸 것이고 그림 9.5에는 Probe를 이용하여 모의실험 한 결과를 나타내고 있다. 그림에서 빨간색 파형은 입력 파형이고 초록색 파형은 출력 파형이 된다. 그림에서 이들의 비를 보면 입력 파형 보다 출력 파형이 2배가 됨을 알 수 있다. 이론적으로 식 9.2로부터 이득을 다음과 같이 구할 수 있다.

$$A_V = \frac{V_o}{V_i} = 1 + \frac{R_f}{R_1} = 1 + \frac{10k}{10k} = 1 + 1 = 2 \qquad \text{식 9.4}$$

이것은 PSpice에서 모의실험을 통해 구한 결과와 일치함을 알 수 있다.

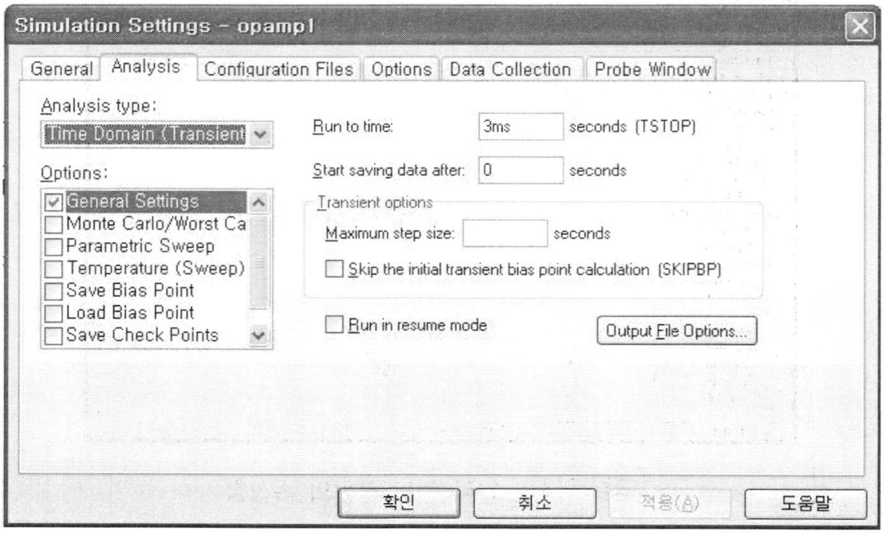

그림 9.4 해석을 위한 설정

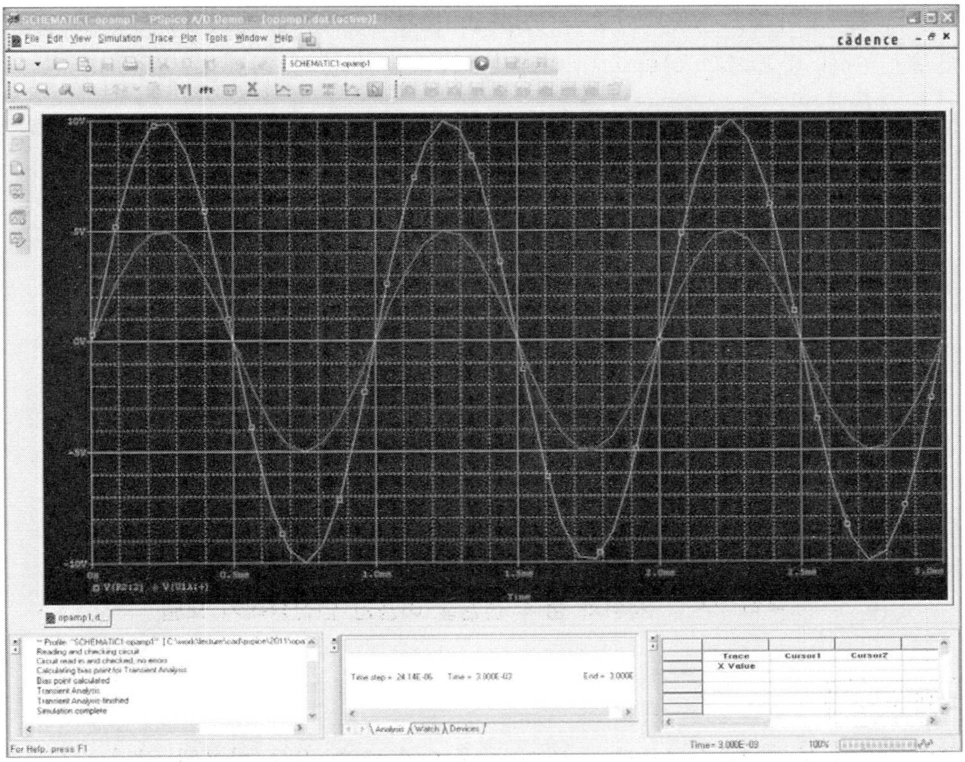

그림 9.5 모의실험 결과

9.2 저항과 종속 전원을 가진 연산 증폭기의 모델

PSpice는 회로도에서 연산 증폭기를 표현하기 위한 세 가지 선택 사항이 있다. 첫 번째는 저항과 종속전원을 가지고 연산 증폭기를 표현하는 것이다. 두 번째는 PSpice에서 미리 제공되는 연산 증폭기의 모델을 이용하는 것이다. 이러한 모델은 소자 라이브러리에서 얻을 수 있으며, 라이브러리 모델은 단순한 종속전원에 바탕을 둔 모델 보다 좀 더 정교하며, 실제 연산 증폭기의 특성을 잘 나타내기 위해 설계된 것이다. 마지막으로 세 번째는 원하는 특성을 나타내기 위해 존재하는 연산 증폭기의 모델을 변경하는 것이다. 이 변경된 모델은 다른 PSpice 회로 소자인 저항과 같이 사용될 수 있다. 회로도 내의 여러 번 반복해서 사용될 수 있고 아래 예제에서는 회로도에서 연산 증폭기를 사용하기 위한 세 가지의 각 선택 방법을 나타내고 있다.

그림 9.6에 연산 증폭기에 대한 간단한 등가회로가 나타나 있다. 예제 9.2는 연

산 증폭기를 포함하고 있는 회로를 PSpice 상에서 어떻게 해석하는가를 보여준다. 여기서는 연산 증폭기를 나타내기 위해 간단하게 된 등가 회로를 사용한다.

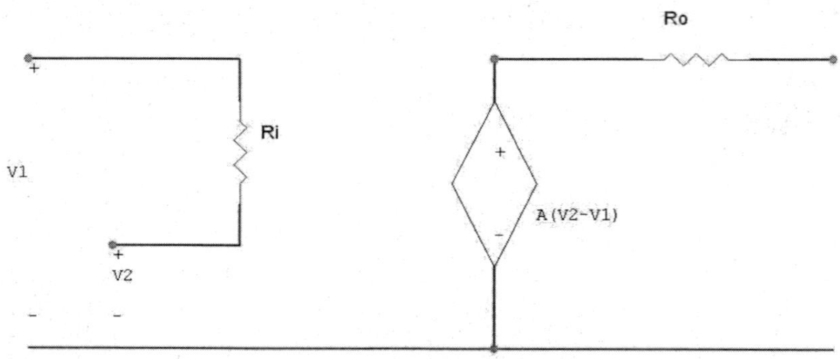

그림 9.6 저항과 종속 전원을 이용한 연산증폭기 모델

예제 9-2

그림 9.7에 보여 진 회로도에서 연산 증폭기의 변수 값은 다음과 같다.

Ri=200KΩ, A=10000 그리고 Ro=5kΩ

a) Vg=1 V(dc)일 때 PSpice를 이용하여 vi와 vo을 구하시오.

b) vi와 vo에 대한 이론적인 해석 결과와 PSpice를 이용해서 구한 해석 결과를 비교하시오.

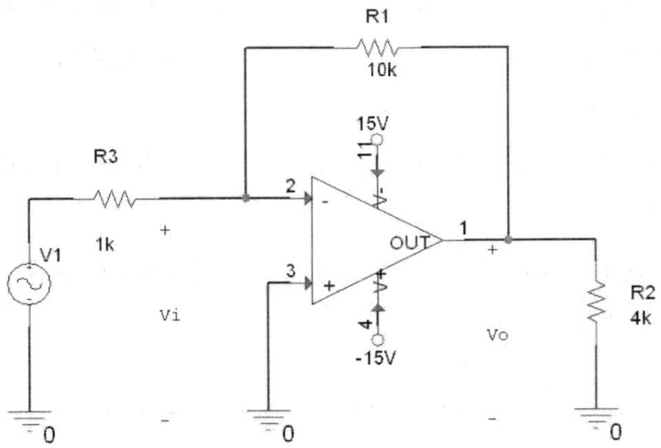

그림 9.7 예제 9.1의 회로도

풀이

a) 그림 9.7의 회로를 PSpice 상에서 해석하기 위하여 구현된 회로도가 그림 9.8에 나타나 있다. PSpice 상에 이와 같이 회로를 작성하기 위한 순서를 요약하면 다음과 같다.

① 초기 창에서 File/New/Project를 선택한다.

② 새로운 Project 대화창이 열리고 여기서 Name과 저장 위치 그리고 형태들을 정하고 ok를 선택한다.

③ Create PSpice Project 창이 열리면 ok를 선택한다.
(작은 창이 여러 번에 거쳐 열리면 확인을 선택하여 작은 창을 닫는다.)

④ 작업할 Page가 열리고 작업 준비가 완료된다.

⑤ Place Part(P)를 선택하여 사용될 부품을 배치한다.
여기서 사용된 부품과 심벌은 다음과 같다.
R : R/ANALOG, VDC : VDC/SOURCE, E :
GND : 0/SOURCE

⑥ Place Wire(W)를 이용하여 선을 연결한다.

⑦ 각 부품을 선택하여 속성 창에서 부품 값을 입력한다.

이제는 모의실험을 위한 해석의 형태를 정하는 방법을 정하여야 한다.

⑧ 메뉴에서 PSpice/New Simulation Profile을 선택하면 New Simulation 창이 나타나고 Name에 opamp3(본인이 설정)라고 입력하고 Create를 선택하여 창을 닫는다.

⑨ 그림 9.4와 같은 Simulation Settings 창이 열린다. 그림과 같이 설정하고 창을 닫는다.

⑩ 메뉴에서 PSpice/Run을 선택하거나 툴바에서 Run PSpice를 선택하여 모의실험을 실행한다.

여기서 그림 9.9에 보여진 것처럼 출력을 나타내는 출력 파일을 만드는 간단한 바이어스 포인트 해석을 사용한다. 그 결과는 그림 9.10에 나타나 있고 다음과 같다.

V(IN)=0.0027 V=vi
V(OUT)=-9.9697 V=vo

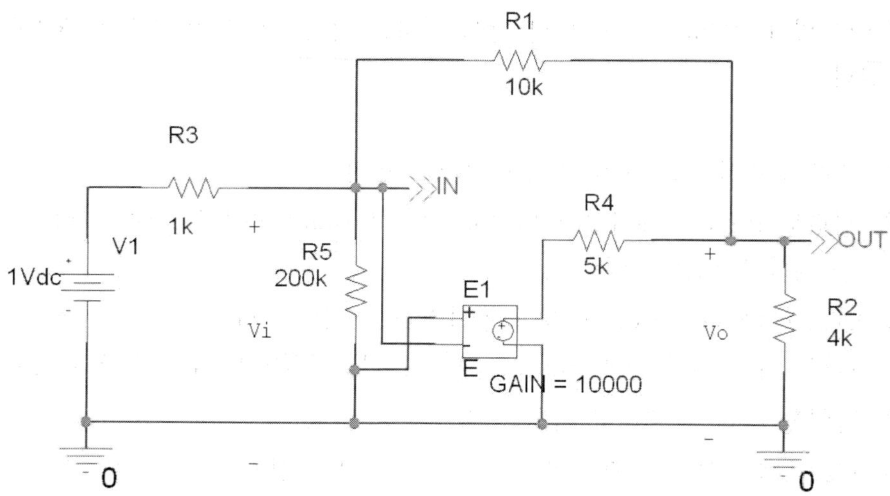

그림 9.8 그림 9.7의 회로도에 대한 PSpice 해석을 위한 도면

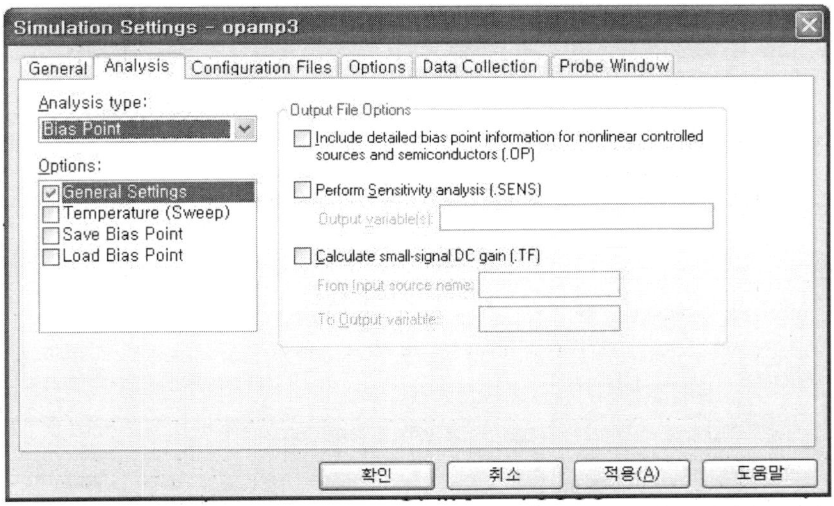

그림 9.9 그림 9.8의 회로 해석을 위한 설정

b) 이론적으로 해석을 하면 다음과 같다.

invert 단자와 noninvert 단자에서 KCL을 적용하여 방정식을 세우면 다음과 같다.

$$\frac{vi-1}{1000}+\frac{vi}{200000}+\frac{vi-vo}{10000}=0 \quad \text{식 9.5}$$

$$\frac{vo-vi}{10000}+\frac{vo+10000vi}{5000}+\frac{vo}{4000}=0 \quad \text{식 9.6}$$

이 방정식을 정리하여 vi 와 vo 를 구하면 다음과 같다.

vi=2.742 mV, vo=-9.97 V

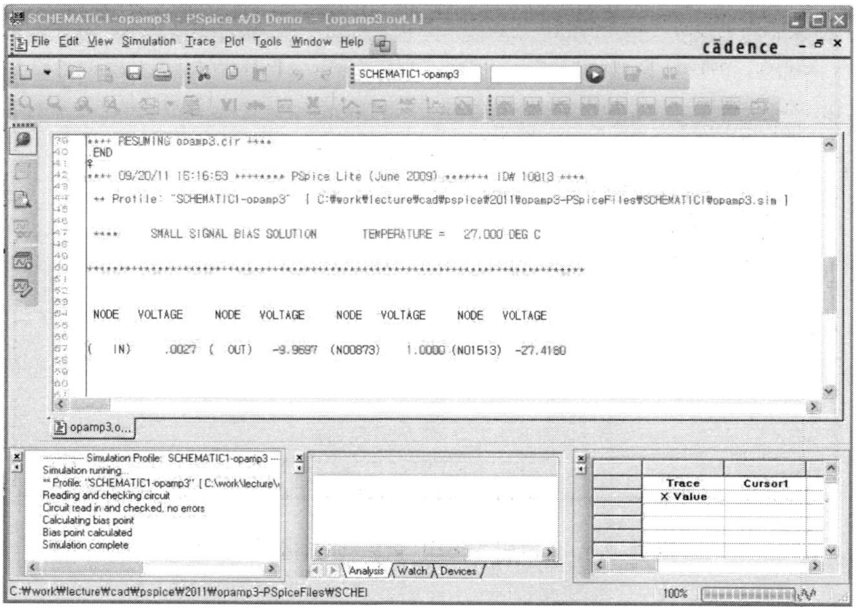

그림 9.10 그림 9.8에 나타나 있는 회로의 바이어스 포인트 해석을 통한 PSpice 출력 파일

그림 9.7에서 보여진 회로에서 연산 증폭기가 이상적이라고 가정한다면 위의 과정에서 Ri와 A는 매우 큰 값이 되고 Ro=0이 되게 하여 연산증폭기를 표현하면 된다. 이러한 경우에 대해 알아보기 위하여 그림 9.8에서 R2=200MΩ, A=10^8로 놓고 R4를 제거하면 된다. 이와 같이 연산 증폭기의 이상적인 연산 증폭기로 변경한 회로도가 그림 9.10에 나타나 있으며, 이러한 경우에 대하여 PSpice 상에서 모의 실험한 결과를 그림 9.11에 나타내었다. 모의 실험한 결과에서 vi와 vo의 값은 다음과 같다.

vi=V(IN)=10−9 V=0

vo=V(OUT)=−10.0 V

이러한 결과는 그림 9.7의 회로도에서 이론적 해석 결과와도 일치하게 된다. 즉, vi=0, vo=−10[V]이다.

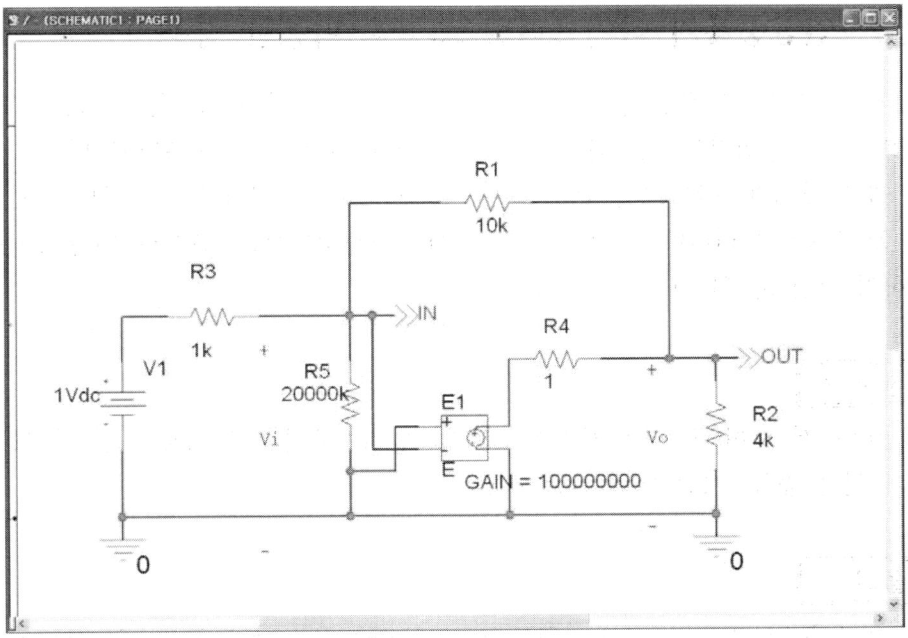

그림 9.11 그림 9.8의 회로에서 이상적인 연산증폭기로 근사화한 회로도

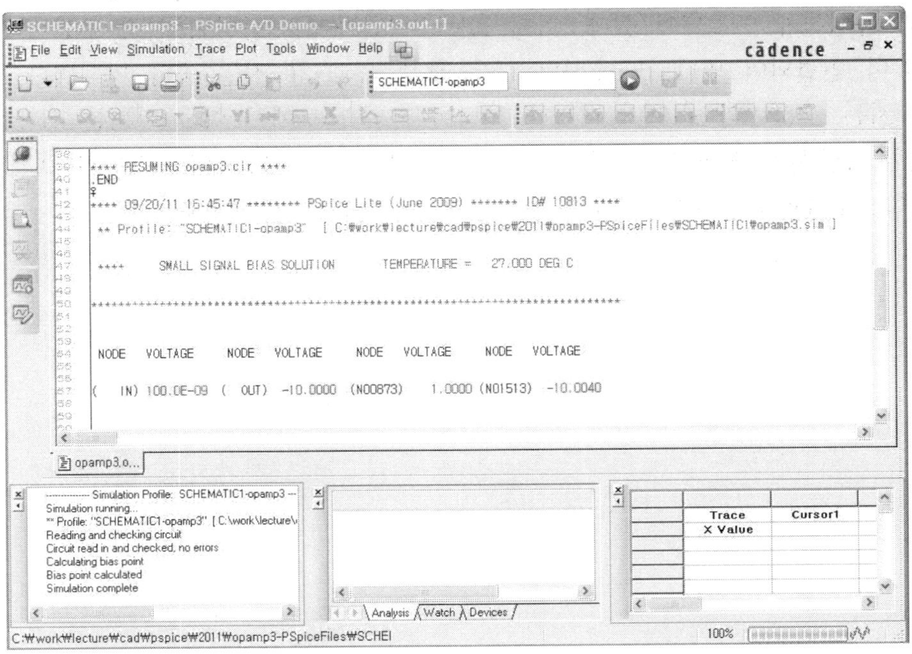

그림 9.12 이상적인 연산증폭기를 사용한 그림 9.7의 회로에 대한 PSpice 모의실험 결과 파일

9.3 연산증폭기 라이브러리 모델을 이용한 경우

PSpice의 가장 큰 장점 중에 하나는 매우 다양하고 많은 소자들에 대한 모델 라이브러리를 제공한다는 것이다. 모델 라이브러리에는 연산 증폭기에 대한 모델이 여러 개가 있으며, LM324과 같은 연산 증폭기도 여러 개의 모델이 있다. 이들 모델을 Eval 라이브러리에서 찾을 수 있으며 예제9.3에서는 LM324 연산 증폭기를 이용하여 그림 9.7의 회로도를 재구성 하였다.

예제 9-3

그림9.7에서 보여 진 회로 해석을 반복하라 여기에서는 PSpice 모델 라이브러리로부터 연산 증폭기 LM324을 사용하라

풀이

그림9.13은 LM324 연산증폭기의 PSpice 모델을 적용한 그림 9.7의 회로에 대한 회로도이다. 보는 것처럼 이 연산 증폭기 모델에는 5개의 다른 마디가 있다. 마디 2와 3은 각각 연산증폭기의 inverting 단자와 noninverting 단자에 해당하며 그림 9.7과 동일하게 연결되어 있다. 마디 1은 출력단자에 해당하며 이것 또한 그림9.2와 같이 연결되어 있다. 마디 4와 11은 각각 음과 양 전원 공급 마디이다. 그림 9.2에서는 −15[V]와 +15[V] 마디에 해당한다. 회로도에서 이들 마디는 실제로 직류전원 공급선에 연결되어야 한다. 이것을 하기 위해 VCC+ 와 VCC−라 표기한다. 마지막으로 1과 5번 마디는 어떤 다른 것과 연결되어지지 않는다.

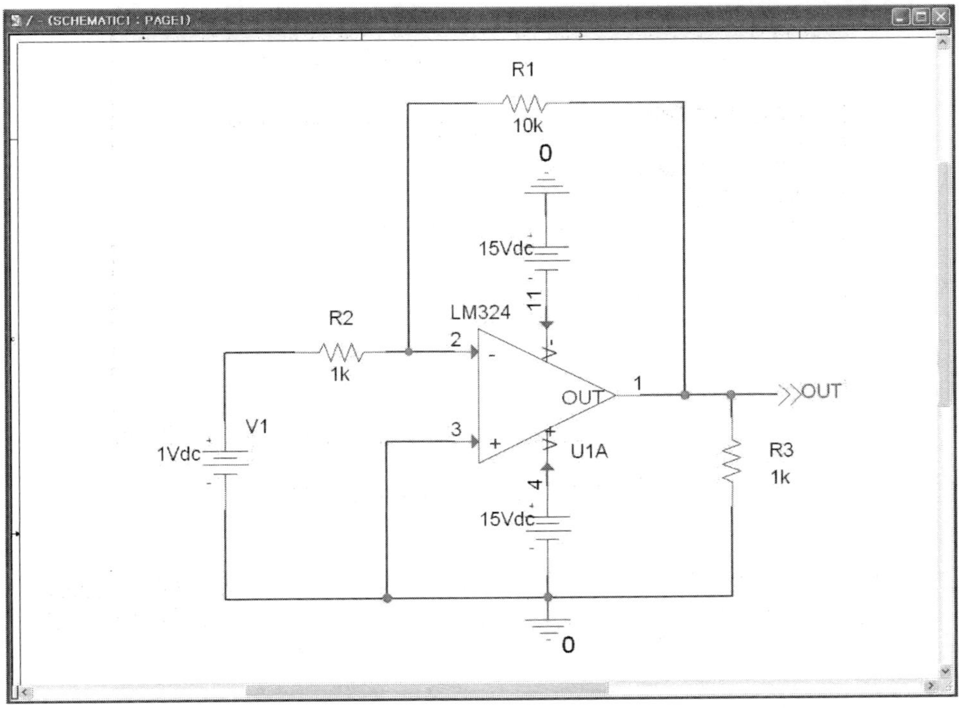

그림 9.13 LM324 연산증폭기의 PSpice 모델을 사용한 그림 9.7의 회로에 대한 회로도

1[V] 직류 입력에 대한 응답을 알기 위해서 간단히 바이어스 포인트 해석을 한다. 이것에 설정을 위한 창이 그림 9.14에 나타나 있으며, PSpice 출력 파일은 그림 9.15에 나타나 있다. 출력 전압이 −10.0[V]임을 알 수 있고 이것은 앞 절에서 한 해석 결과의 값과 근사한 값을 갖는다. 이것은 실제로 사용한 LM324 연산 증폭기의 PSpice 모델이 이상적인 연산 증폭기가 아닌 것을 알 수 있고 이상적인 연산 증폭기에 가까운 특성을 나타낸다는 것을 알 수 있다.

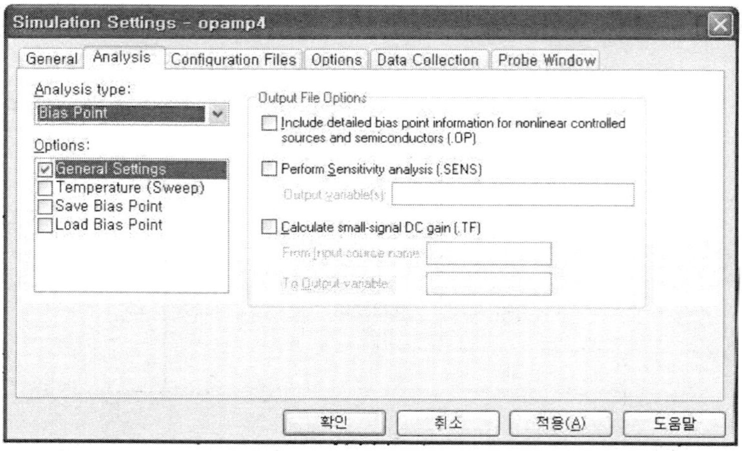

그림 9.14 회로 해석을 위한 설정

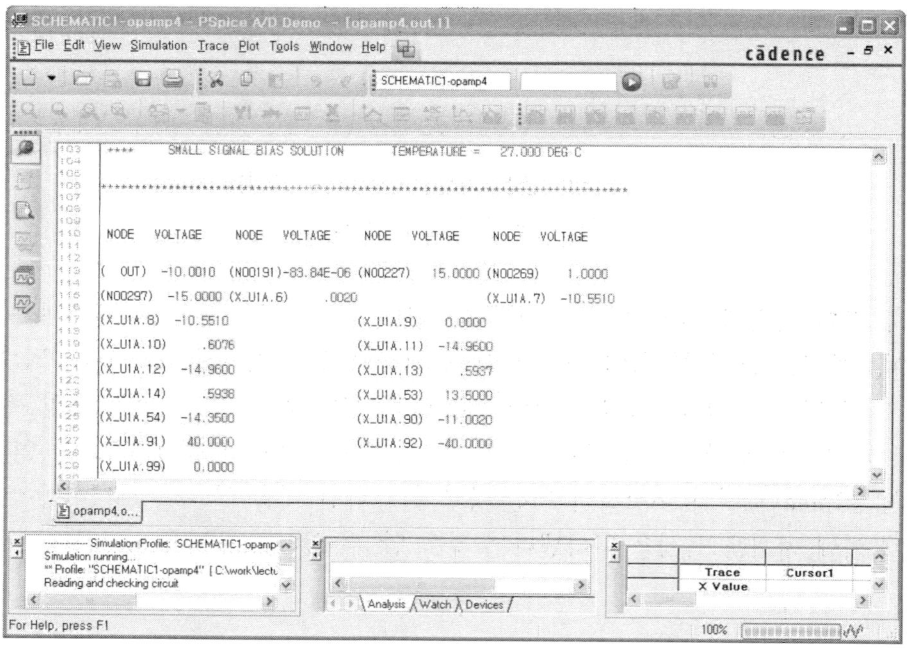

그림 9.15 그림9.7의 회로도에 대한 PSpice 바이어스 포인트 해석 결과 파일

9.4 연습문제

문제 9-1 그림 9.16에 나타나 있는 회로에서 입력 신호가 다음과 같을 때 출력 파형을 나타내고 입력 파형과 비교하시오.

$$v_{in} = 5\sin 2000\pi t$$

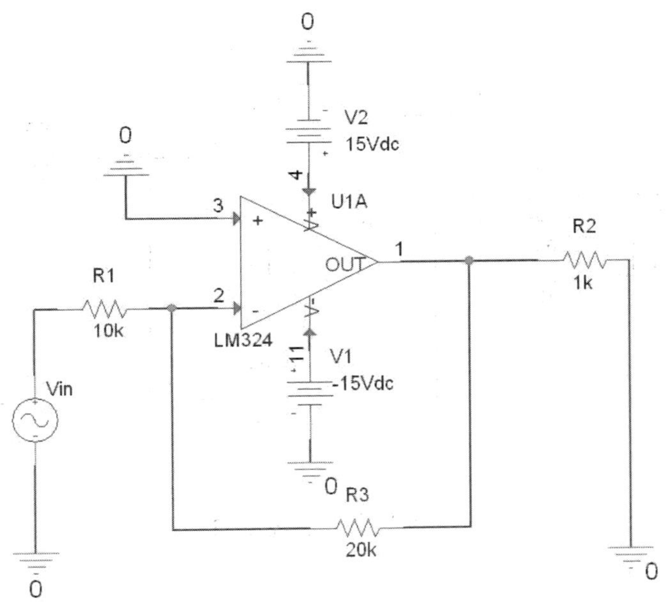

그림 9.16 문제 9-1

문제 9-2 그림 9.17에 나타나 있는 회로에서 입력 신호가 다음과 같을 때 출력 파형을 나타내고 입력 파형과 비교하시오.

$$v_{in} = 5\sin 2000\pi t$$

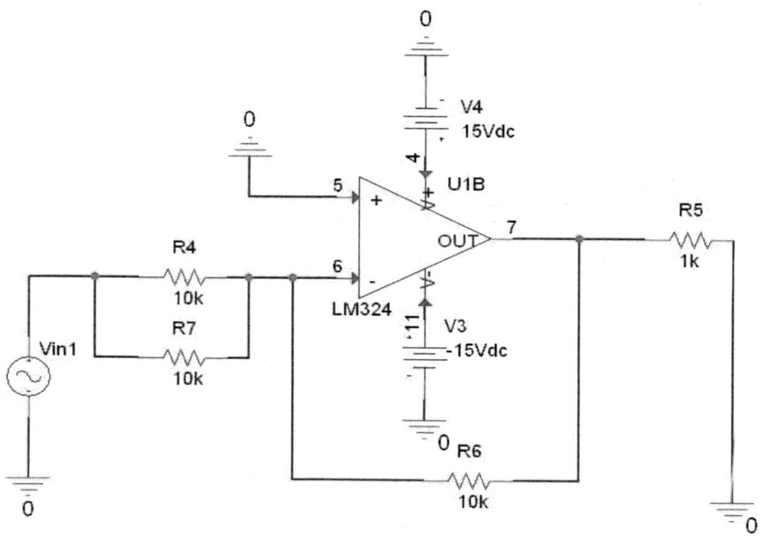

그림 9.17 문제 9-2

문제 9-3 그림 9.18에 나타나 있는 회로에서 입력 신호가 다음과 같을 때 출력 파형을 나타내고 입력 파형과 비교하시오.

$$v_{in} = 5\sin 2000\pi t$$

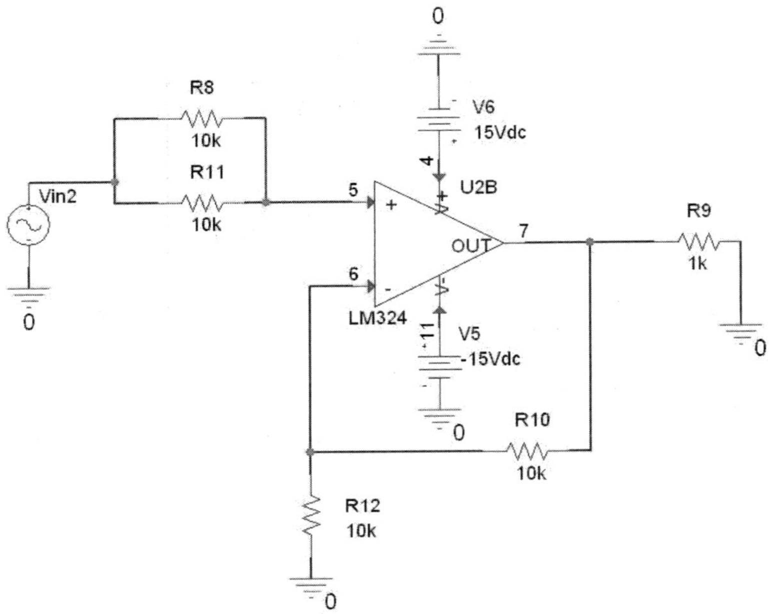

그림 9.18 문제 9-3

문제 9-4 그림 9.19에 나타나 있는 회로에서 입력 신호가 다음과 같을 때 출력 파형을 나타내고 입력 파형과 비교하시오.

$$v_1 = 10\sin 2000\pi t$$

$$v_2 = 15\sin 2000\pi t$$

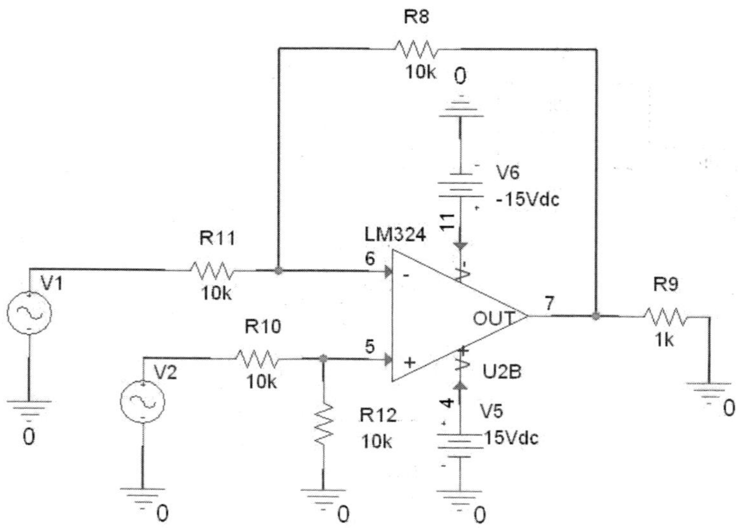

그림 9.19 문제 9-4

문제 9-5 그림 9.20에 나타나 있는 회로에서 입력 신호가 다음과 같을 때 출력 파형을 나타내고 입력 파형과 비교하시오.

$$v_{in} = 5\sin 2000\pi t$$

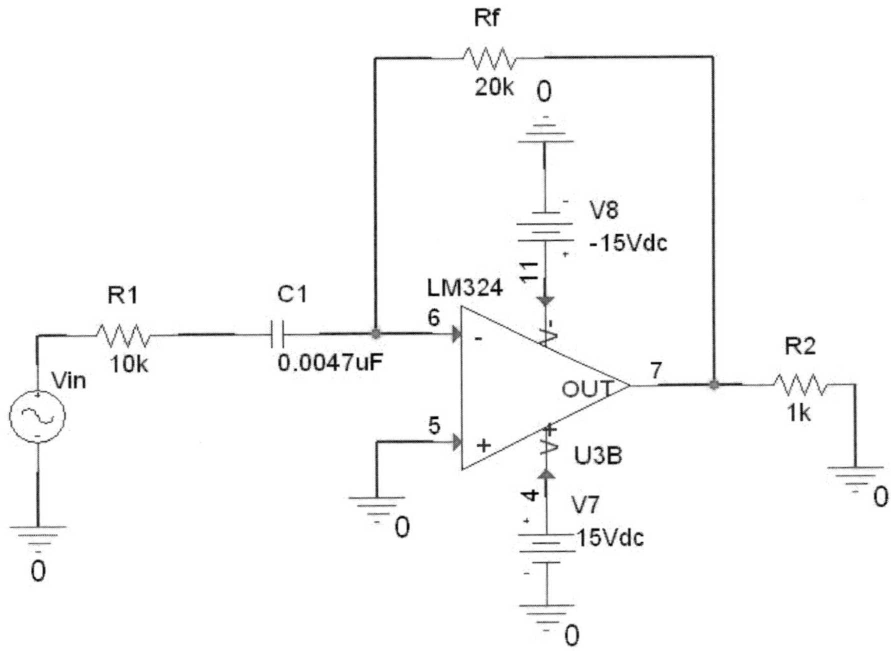

그림 9.20 문제 9-5

제 10 장 디지털 논리 회로 해석

10.1 기본 논리회로

여기에서는 PSpice를 이용하여 디지털 논리회로를 시뮬레이션 방법에 대하여 예제를 통하여 알아보고자 한다.

예제 10-1

AND gate 논리회로의 진리표를 PSpice를 이용하여 알아보자.

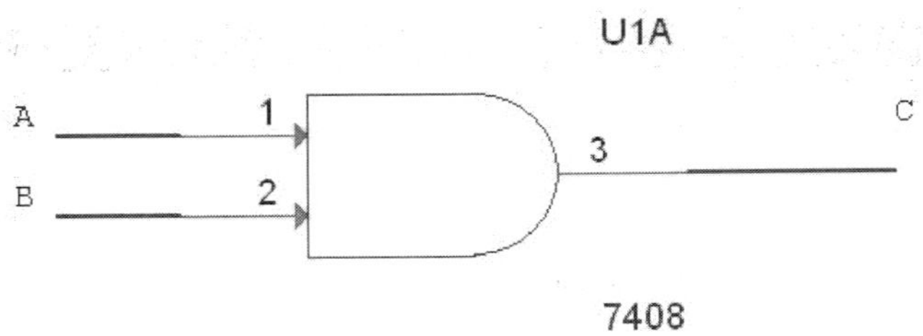

그림 10.1 AND gate 논리회로

풀이

그림 10.1에는 본 장에서 알아보고자 하는 디지털 논리회로의 회로도가 나타나 있다. 여기에는 7408 AND gate의 특성을 알아보는 회로이다. 그림 10.1의 회로를 PSpice상에 나타난 것이 그림 10.2에 있다. 이것을 하기 위해서는 다음과 같은 순서로 회로도를 완성하면 된다.

1) 부품 7408 배치하기

① Tool Bar 혹은 Place Part를 선택한다.

② Place Part 에서 add library를 실행한 후 Eval.olb를 등록한다.

③ Eval.olb를 선택하여 대화상자에 7408을 입력한다.

④ 선택된 부품 7408을 도면 적당한 곳에 위치하게 한다.

2) 디지털 입력 배치하기

① Place Part를 선택한다.

② Place Part에서 SOURCSTM library를 선택한다.

③ Digstim1을 선택하여 도면에 적당한 곳에 배치한다.(DSTM1)

④ 다시 Digstim1을 선택하여 도면에 적당한 곳에 배치한다.(DSTM2)
(Digstim1은 1비트 디지털 입력, Digstim2는 2비트 디지털 입력 그리고 Digstim4 는 4비트 디지털 입력을 나타낸다.)

이제 회로에 선을 연결하고 Off-Page Connector를 연결하면 아래 그림 10.2와 같은 회로가 완성이 된다.

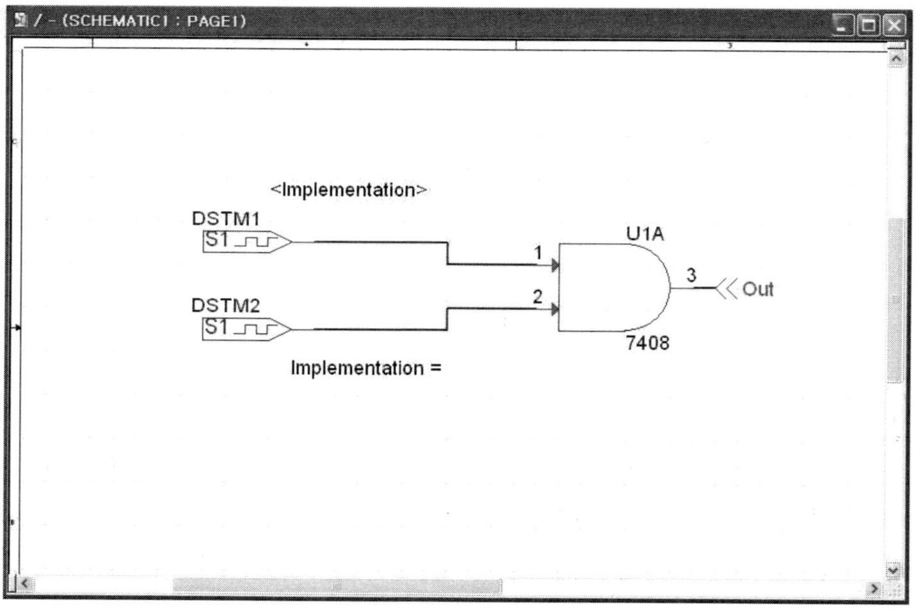

그림 10.2 AND gate 논리회로

이제 회로 해석을 위한 파라매터 설정을 하여야 한다.

3) 디지털 입력 Digstim1 설정

① Digstim1을 마우스로 클릭하여 선택한 후 마우스의 오른쪽을 클릭하면 팝업 창이 나타나고 그 창에서 Edit PSpice Stimulus를 선택한다.

② 그림 10.3과 같은 Stimulus Edit 윈도우와 New Stimulus 창이 나타난다.

③ 그림 10.4와 같이 New Stimulus 창에 Digital 항목의 clock을 선택한 후 Name 부분에 input1을 입력하고 ok 버튼을 누른다.
(Stimulus 기능은 입력할 파형을 화면을 통해 미리 생성하여 입력하는 기능으로 데모 버전으로는 아날로그 신호 중 정현파와 디지털 신호 중 clock만 생성할 수 있다.)

④ Clock Attribute 창이 나타나면 그림 10.5와 같이 Periode and on time을 선택한 후
Period[sec] : 20[ms]
On time[sec] : 10[ms]
Initial value : 0
Time delay[sec] : 0을 입력한 후 ok 버튼을 누른다.

그림 10.3 Stimulus Edit 윈도우와 New Stimulus 창

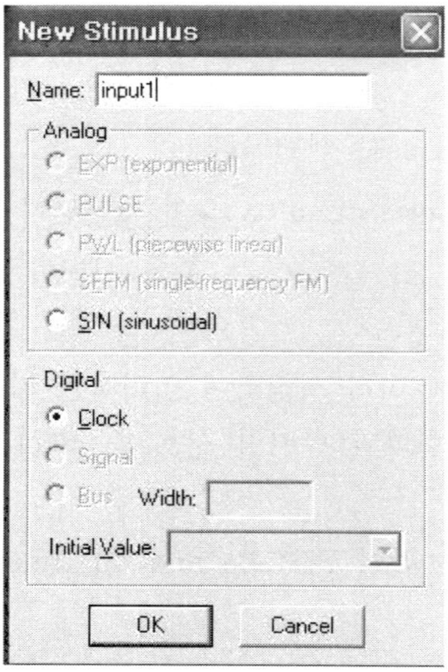

그림 10.4 New Stimulus 창

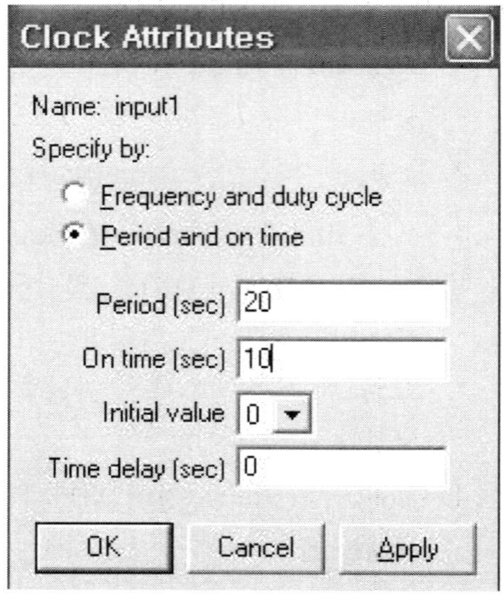

그림 10.5 Clock Attribute 창

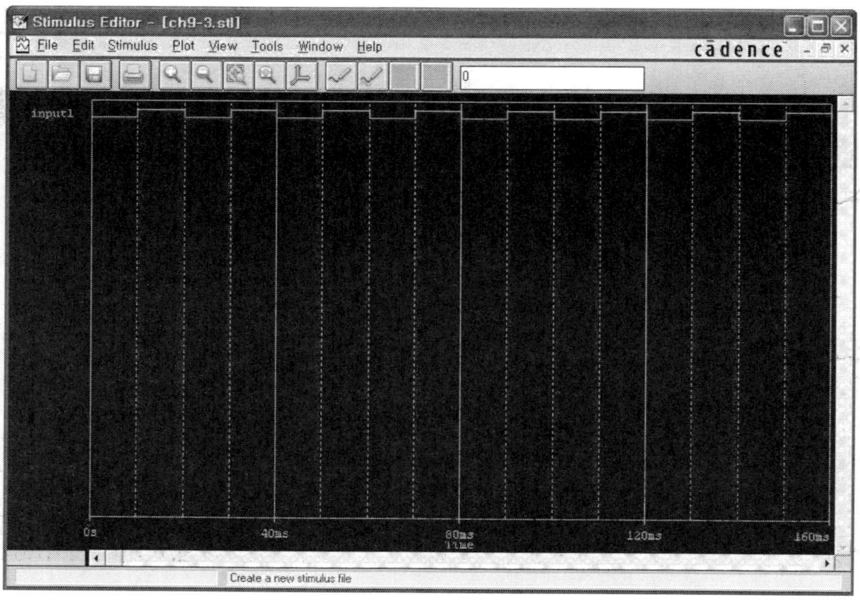

그림 10.6 Digstim1의 input1의 파형

⑤ Stimulus Edit 윈도우에는 그림 10.6과 같이 input1의 파형이 나타난다.

⑥ Stimulus Edit 윈도우에서 Stimulus/New 를 선택하면 New Stimulus 창이 다시 나타난다.

⑦ 그림 10.7과 같이 New Stimulus 창에 Digital 항목의 clock을 선택한 후 Name 부분에 input2을 입력하고 ok 버튼을 누른다.

⑧ Clock Attribute 창이 나타나면 그림 10.8와 같이 Periode and on time을 선택한 후

Period[sec] : 40[ms]

On time[sec] : 20[ms]

Initial value : 0

Time delay[sec] : 0을 입력한 후 ok 버튼을 누른다.

⑨ Stimulus Edit 윈도우에는 그림 10.9과 같이 input1의 파형과 input2의 파형이 함께 나타난다.

⑩ Stimulus Edit 윈도우의 메뉴 중 File/Save as를 실행하여 Project Name과 동일한 디렉터리에 동일한 이름으로 저장한다.

⑪ 회로도로 다시 돌아와서 도면상에 DSTM1과 DSTM2 부품의 Implementation=을 클릭하여 파형 명을 각각 input1과 input2로 입력한다.

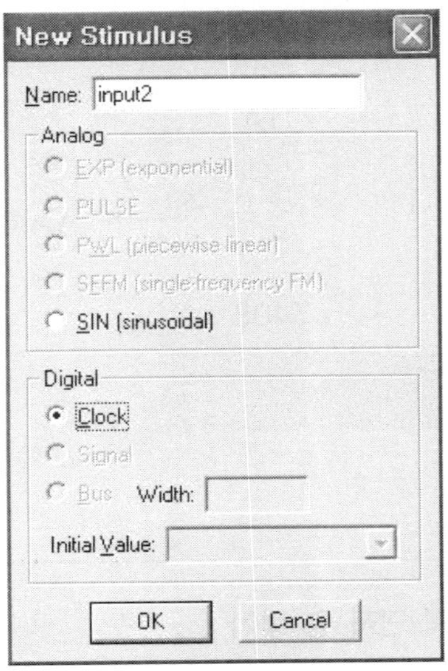

그림 10.7 New Stimulus 창

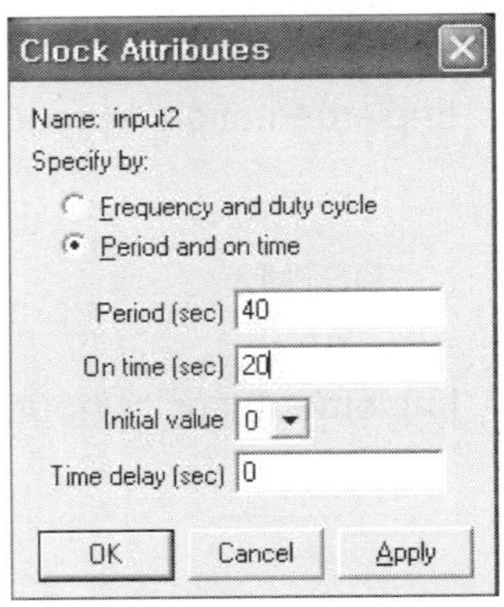

그림 10.8 Clock Attribute 창

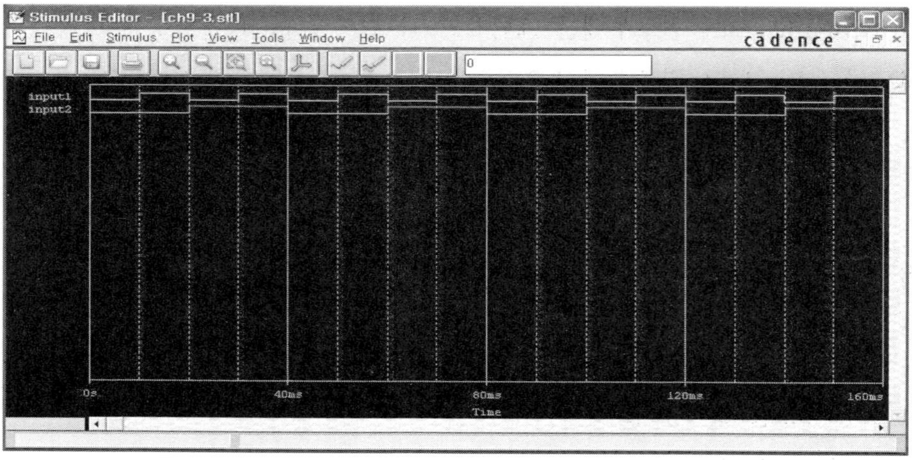

그림 10.9 DSTM1의 input1 파형과 DSTM2의 input2의 파형

⑫ 그림 10.10과 같이 출력 단을 Off-Page Connector를 이용하여 Out로 지정한다.

⑬ Place Net Alias를 이용하여 그림 10.10과 같이 노드의 노드 명을 부여한다.

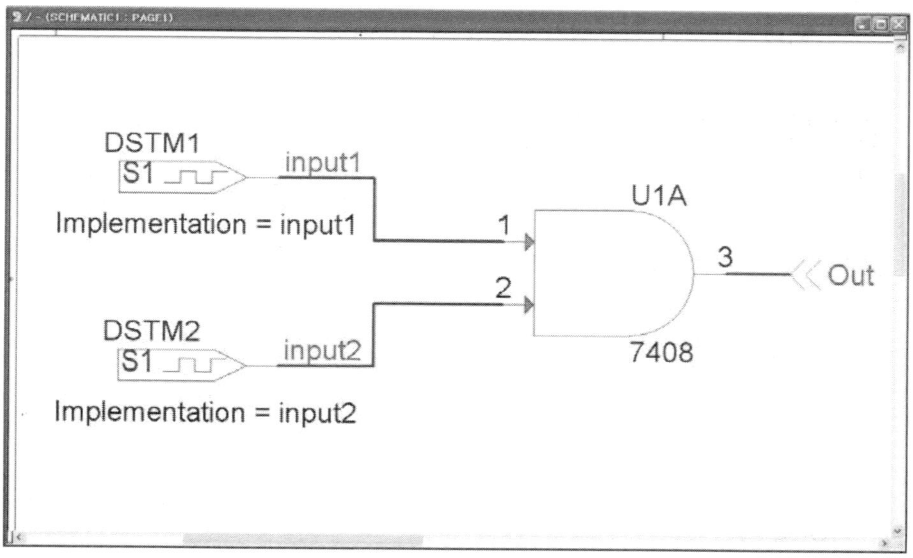

그림 10.10 노드 명과 출력 단자 명 넣기

디지털 회로인 경우에는 아날로그 해석에서와 같이 여러 형태의 해석은 없고 과도 해석을 하는 것이 일반적이다.

4) 시뮬레이션 조건 설정하기

① PSpice/New Simulation Profile을 선택한 후, Analysis Setup 대화 상자가 화면에 나타나면 그림 10.11과 같이 Transient 해석을 선택한다.

② Transient를 클릭한 후 다음과 같이 Run to time=40[ms]를 입력한다. Maximum step 값을 1[ms] 정도 입력한다. 시뮬레이션 시간이 오래 걸리므로 입력신호의 주파수에 따라 적절히 조절한다. 현재 예제로 사용한 회로의 입력 최소주기는 20[ms]이므로 Maximum step을 1[ms]로 해도 해석에는 별 무리가 없다. Final Time은 입력 신호에 대한 정의가 40[ms]까지이므로 이 값을 입력한다.

③ ok를 클릭한다.

④ Stimulation Settings의 대화상자에서 확인 버튼을 클릭한다.

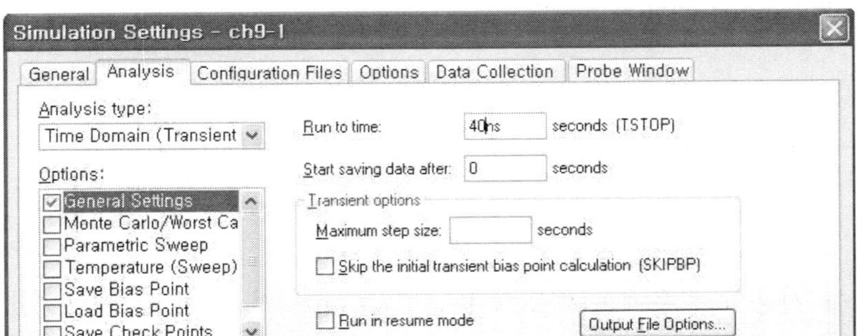

그림 10.11 Stimulation Settings

5) Marker 설정하기

Marker는 파형을 그릴 때 상당히 편리한 기능이다.

① PSpice/Marker/Voltage Level을 선택한다.

② 선택한 Marker를 가지고 2개의 입력신호와 출력신호가 연결된 노드에 그림 10.12와 같이 배치한다.

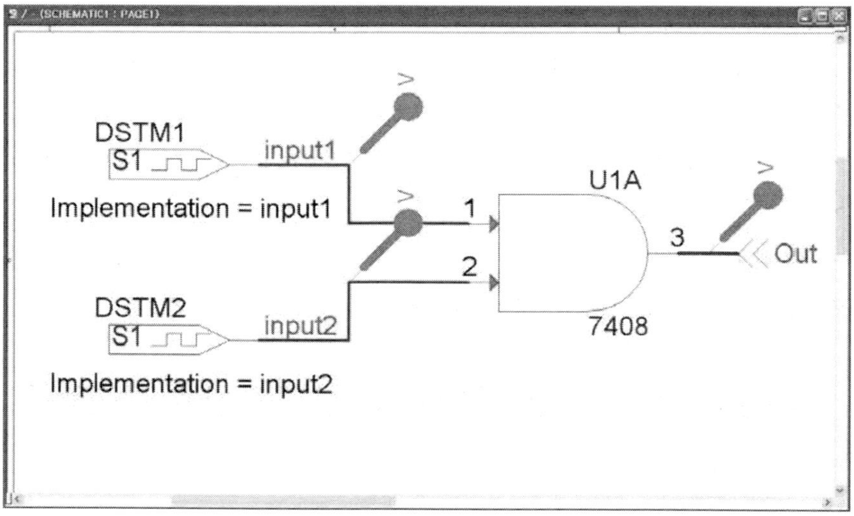

그림 10.12 Marker

Marker를 사용할 경우에는 반드시 Probe Setup에서 Marker를 사용한다는 항목을 선택하여야 한다.

③ PSpice/Edit Simulation Profile을 선택한다. 그림 10.13과 같이 Probe window의 여러 항목 중에서 Show 박스내의 All markers on open schematics를 선택한다.

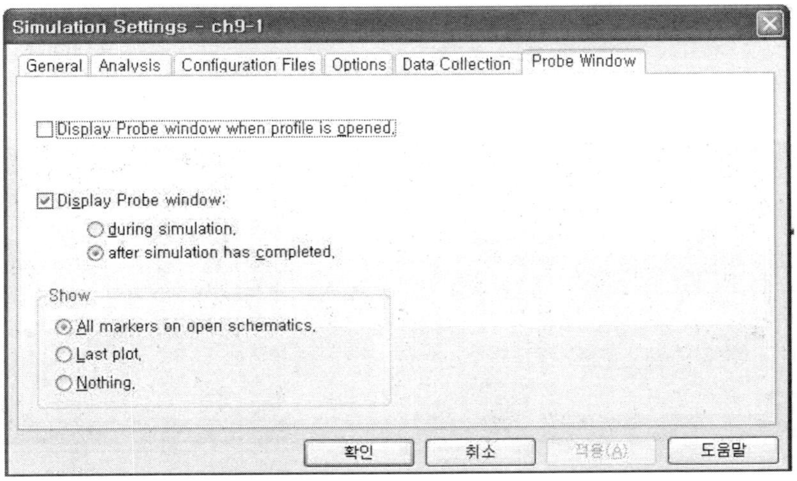

그림 10.13 Marker 설정

6) PSpice/Run을 선택하여 시뮬레이션을 실행시킨다.

아래 그림 10.13과 같이 시뮬레이션결과를 볼 수 있다. 결과에서 볼 수 있듯이 이 회로의 진리표는 다음과 같다.

표 10.1 그림 9.1 회로의 진리표

Input 1	Input 2	Out
L	L	L
H	L	L
L	H	L
H	H	H

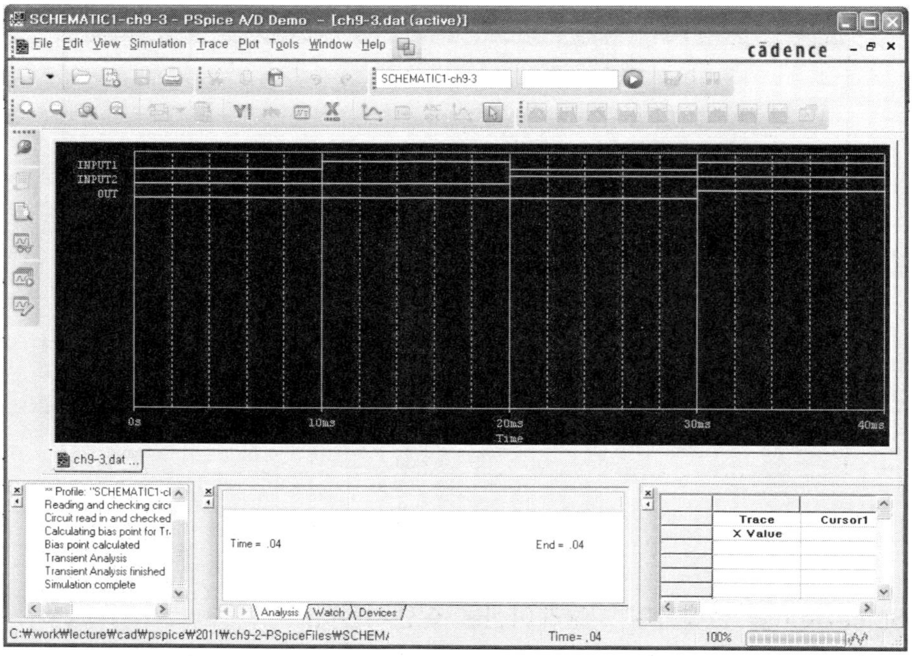

그림 10.14 시뮬레이션 결과

10.2 디지털 논리 회로의 예

여기에서는 PSpice를 이용하여 디지털 논리회로를 시뮬레이션 방법의 예를 보고자 한다.

예제 10-2

Exclusive OR 논리회로의 진리표를 PSpice를 이용하여 알아보자.

$$C = A\overline{B} + \overline{A}B \quad \text{식 10.1}$$

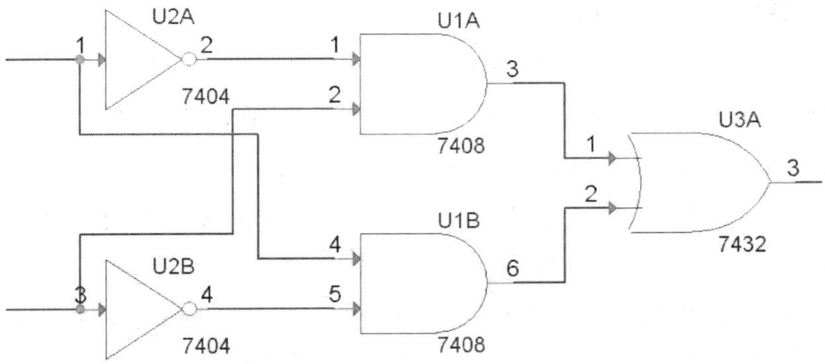

그림 10.15 Exclusive OR 논리회로

풀이

위의 대수식 10.1로 나타나는 그림 10.15의 Exclusive OR 논리회로의 특성을 PSpice를 통하여 알아보고자 한다. 그림 10.16에는 그림 10.15의 Exclusive OR 논리회로를 PSpice 상에 나타낸 것이다. 앞의 예제에서와 같이 회로가 완성이 되면 디지털 입력 Digstim1 설정을 하여야 하며 그 과정은 다음과 같다.

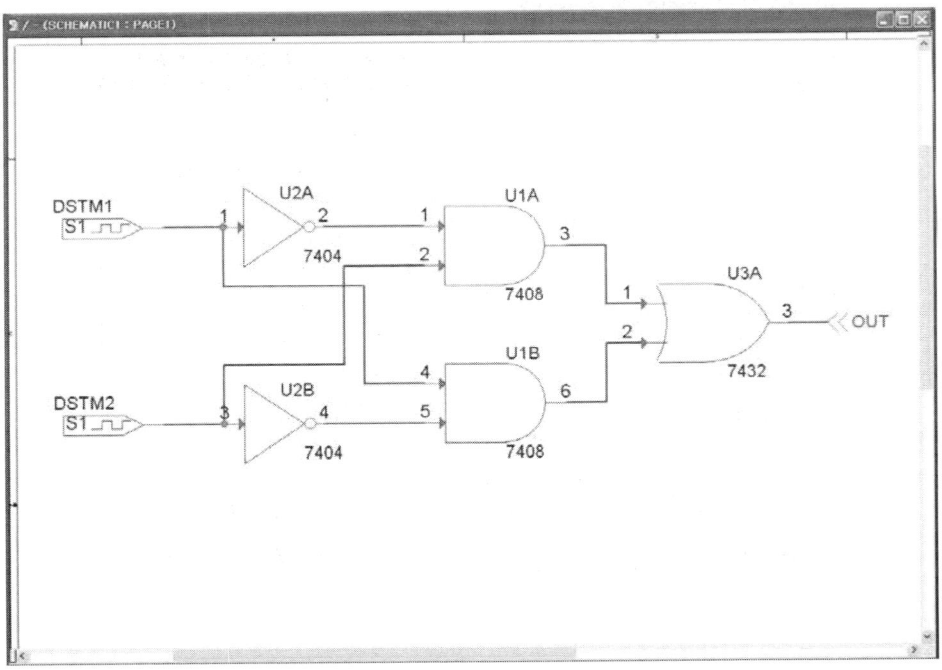

그림 10.16 PSpice 상의 Exclusive 논리회로

1) 디지털 입력 Digstim1 설정

① Digstim1을 마우스로 클릭하여 선택한 후 마우스의 오른쪽을 클릭하면 팝업 창이 나타나고 그 창에서 Edit PSpice Stimulus를 선택한다.

② Stimulus Edit 윈도우와 New Stimulus 창이 나타난다.

③ 그림 10.17와 같이 New Stimulus 창에 Digital 항목의 clock을 선택한 후 Name 부분에 A를 입력하고 ok 버튼을 누른다.
(Stimulus 기능은 입력할 파형을 화면을 통해 미리 생성하여 입력하는 기능으로 데모 버전으로는 아날로그 신호 중 정현파와 디지털 신호 중 clock만 생성할 수 있다.)

④ Clock Attribute 창이 나타나면 그림 10.18 과 같이 Period and on time을 선택한 후
Periode[sec] : 0.4[ums]
On time[sec] : 0.2[ums]
Initial value : 0
Time delay[sec] : 0을 입력한 후 ok 버튼을 누른다.

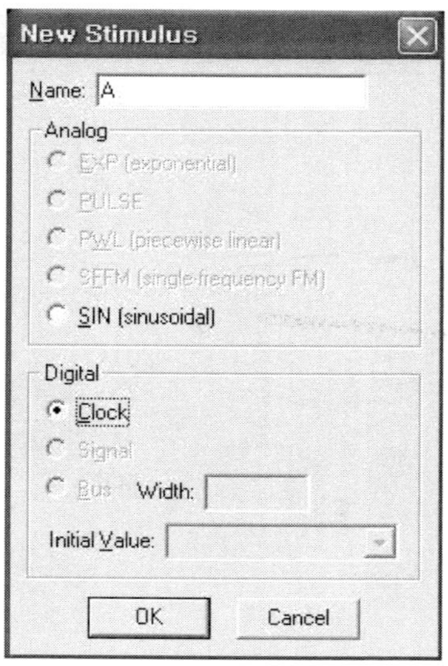

그림 10.17 New Stimulus 창

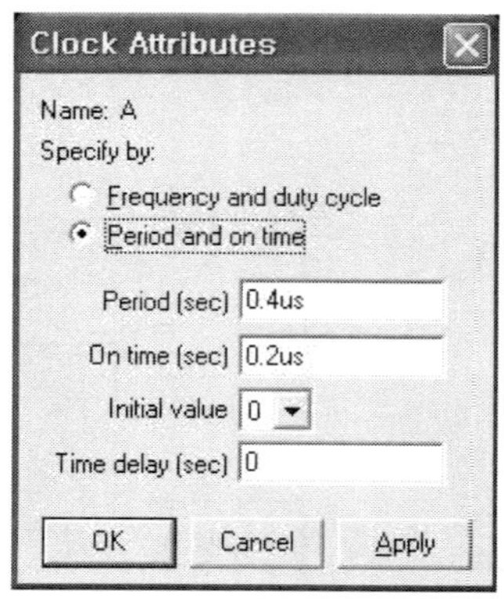

그림 10.18 Clock Attribute 창

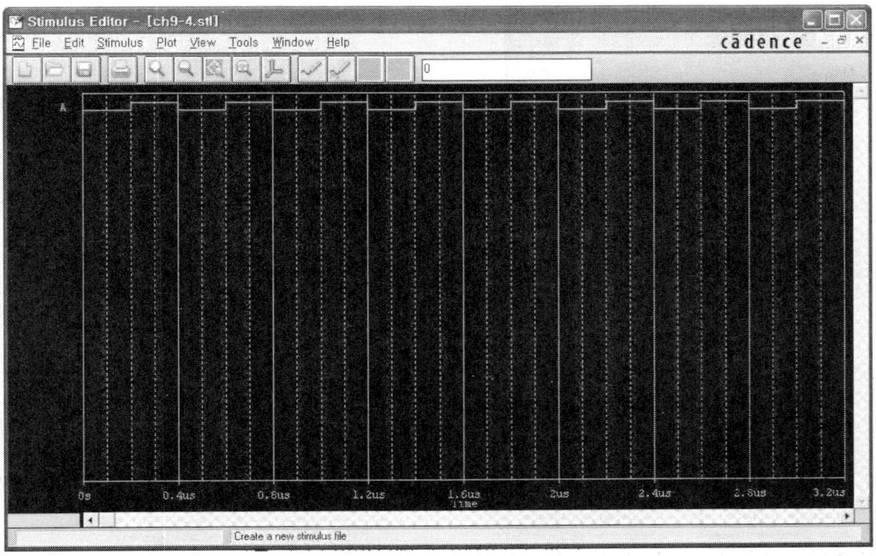

그림 10.19 Digstim1의 A의 파형

⑤ Stimulus Edit 윈도우에는 그림 10.19와 같이 A의 파형이 나타난다.

⑥ Stimulus Edit 윈도우에서 Stimulus/New 를 선택하면 New Stimulus 창이 다시 나타난다.

⑦ 그림 10.20과 같이 New Stimulus 창에 Digital 항목의 clock을 선택한 후 Name 부분에 B를 입력하고 ok 버튼을 누른다.

⑧ Clock Attribute 창이 나타나면 그림 10.21과 같이 Period and on time을 선택한 후

Period[sec] : 0.8[us]

On time[sec] : 0.4[us]

Initial value : 0

Time delay[sec] : 0을 입력한 후 ok 버튼을 누른다.

⑨ Stimulus Edit 윈도우에는 그림 10.22와 같이 A의 파형과 B의 파형 함께 나타난다.

⑩ Stimulus Edit 윈도우의 메뉴 중 File/Save as를 실행하여 Project Name과 동일한 디렉터리에 동일한 이름으로 저장한다.

⑪ 회로도로 다시 돌아와서 도면상에 DSTM1과 DSTM2 부품의 Implementation=을 클릭하여 파형명을 각각 A와 B로 입력한다.

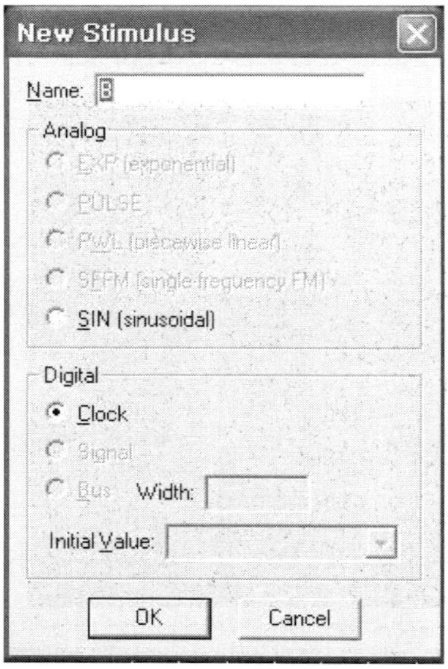

그림 10.20 New Stimulus 창

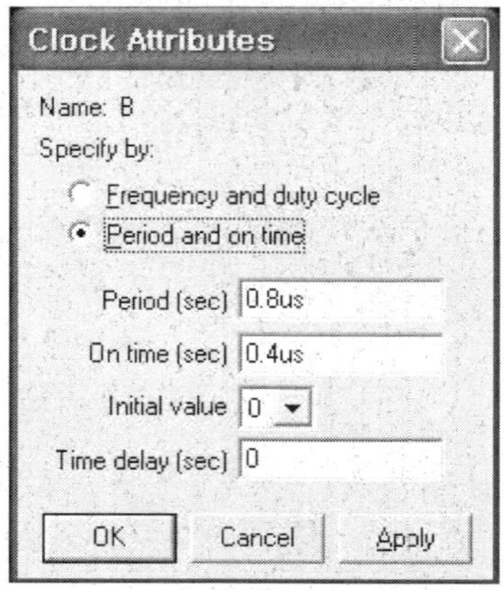

그림 10.21 Clock Attribute 창

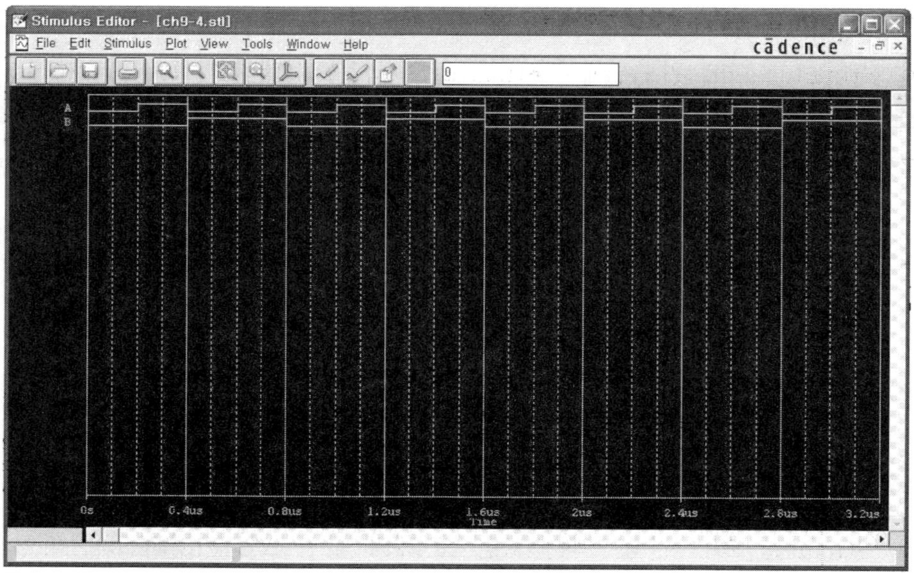

그림 10.22 DSTM1의 A 파형과 DSTM2의 B의 파형

2) 시뮬레이션 조건 설정하기

① PSpice/New Simulation Profile을 선택한 후, Analysis Setup 대화 상자가 화면에 나타나면 Transient 해석을 선택한다.

② Transient를 클릭한 후 다음과 같이 Run to time=1[us]를 입력한다.

③ ok를 클릭한다.

④ Stimulation Settings의 대화상자에서 확인 버튼을 클릭한다.

3) PSpice/Run을 선택하여 시뮬레이션을 실행시킨다.

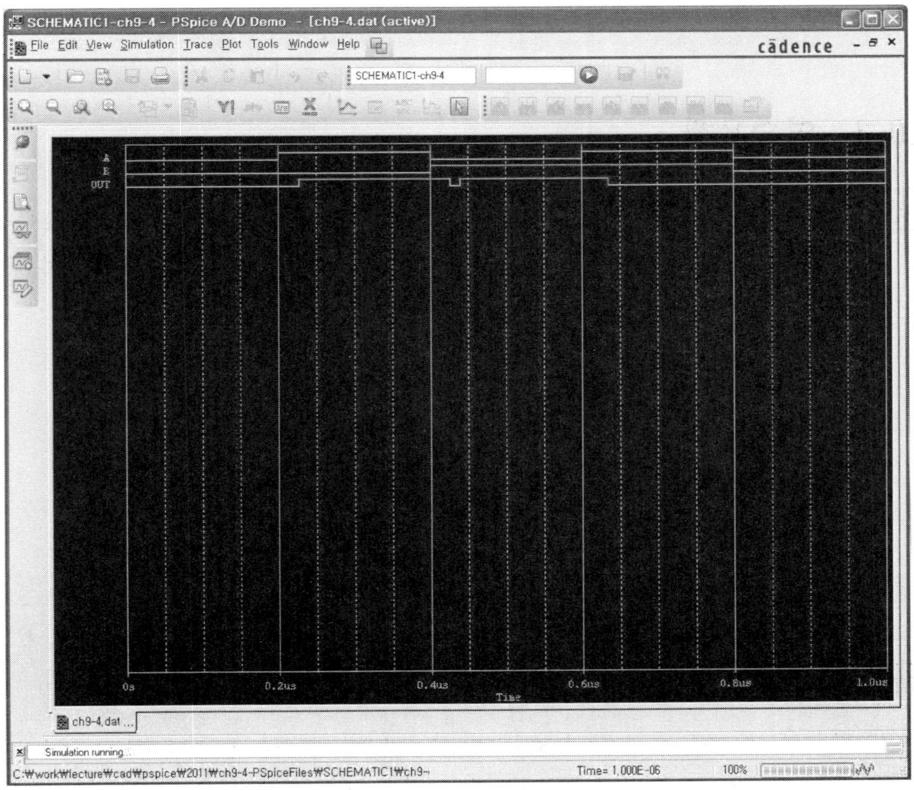

그림 10.23 시뮬레이션 결과

아래 그림 10.23과 같이 시뮬레이션결과를 볼 수 있다. 결과에서 볼 수 있듯이 이 회로의 진리표는 다음 표 10.2와 같다.

그림 10.2 그림 10.2 회로의 진리표

A	B	Out
L	L	L
H	L	H
L	H	H
H	H	L

10.3 연습문제

문제 10-1 아래 그림 10.24에 나타난 NAND gate의 진리표를 PSpice를 사용하여 확인하시오.(디지털 입력 Digstim1 설정은 본문의 예제 10.1과 동일하게 설정하시오.)

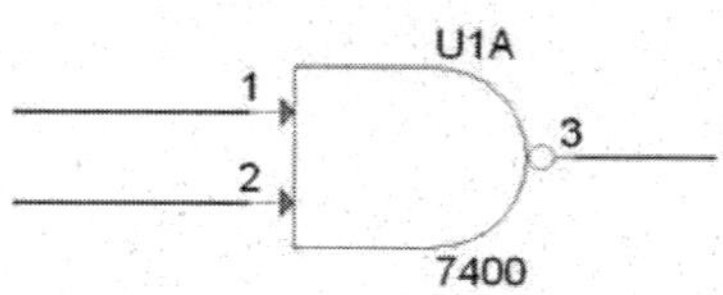

그림 10.24 Exclusive OR 논리회로

문제 10-2 아래 그림 10.25에 나타난 NOT gate의 진리표를 PSpice를 사용하여 확인 하시오.(Final Time을 1[us]까지 20[ns]의 간격으로 Transient 해석을 하며, 입력신호는 0.2[us] 간격으로 1과 0을 반복하여 인가하시오.)

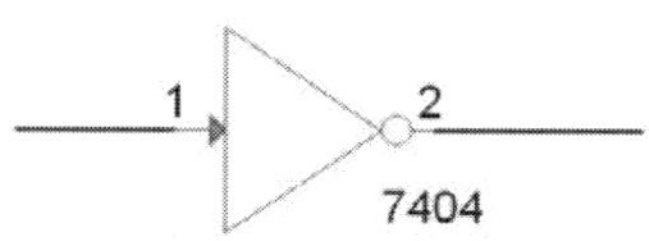

그림 10.25 NOT gate 논리회로

문제 10-3 아래 그림 10.26에 나타난 OR gate의 진리표를 PSpice를 사용하여 확인하시오.(Final Time을 1[us]까지 20[ns]의 간격으로 Transient 해석을 하며, 입력신호는 0.2[us] 간격으로 1과 0을 반복하여 인가하시오.)

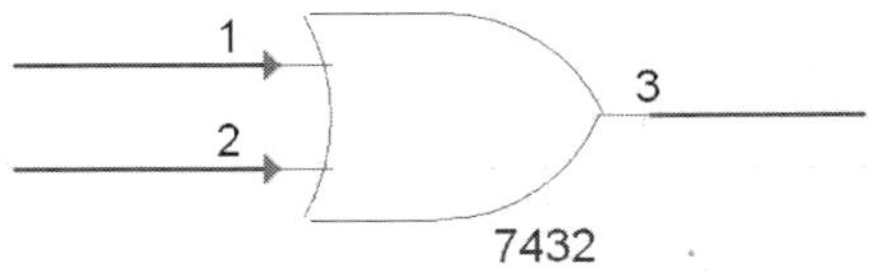

그림 10.26 OR gate 논리회로

문제 10-4 아래 그림 10.27에 나타난 논리회로의 진리표를 PSpice를 사용하여 확인하시오.(Final Time을 1[us]까지 20[ns]의 간격으로 Transient 해석을 하며, 입력신호는 0.2[us] 간격으로 0011, 0010, 1100,1011 순으로 각각 입력하시오.)

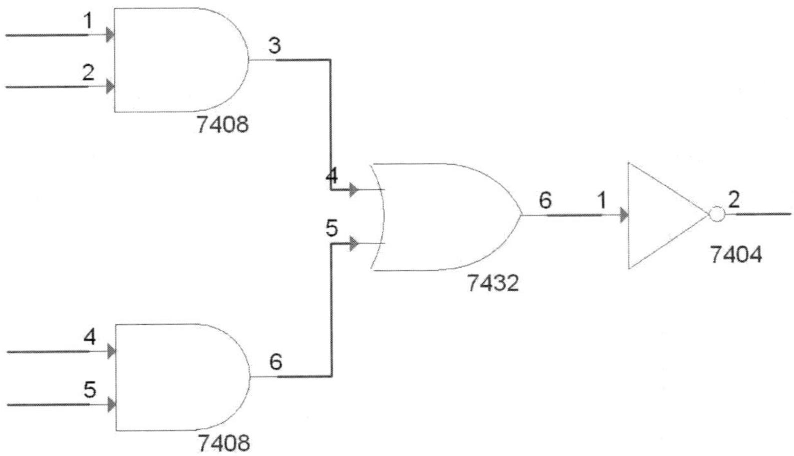

그림 10.27 문제 10-4 논리회로

문제 10-5 아래 그림 10.28에 나타난 회로의 진리표를 PSpice를 사용하여 확인하시오.(Final Time을 1[us]까지 20[ns]의 간격으로 Transient 해석을 하며, 입력 신호는 0.2[us] 간격으로 0011, 0010, 1100,1011 순으로 각각 입력하시오.)

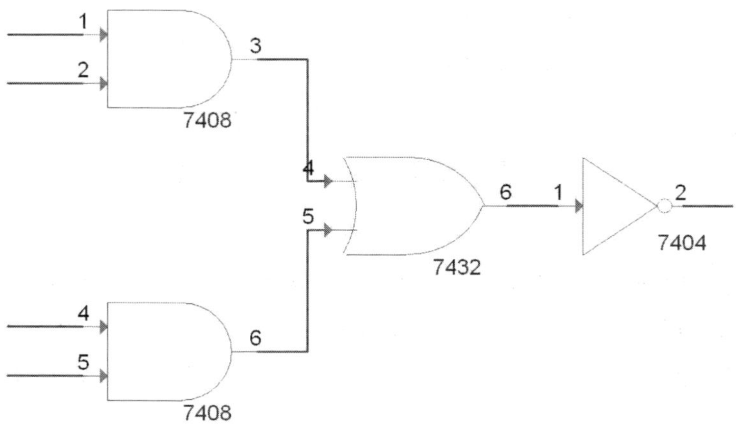

그림 10.28 문제 10-5 논리회로

문제 10-6 아래 그림 10.29에 나타난 논리회로의 진리표를 PSpice를 사용하여 확인 하시오.(Final Time을 1[us] 까지 20[ns] 의 간격으로 Transient 해석을 하며, 입력신호는 0.2[us] 간격으로 0011, 0010, 1100,1011 순으로 입력하시오.)

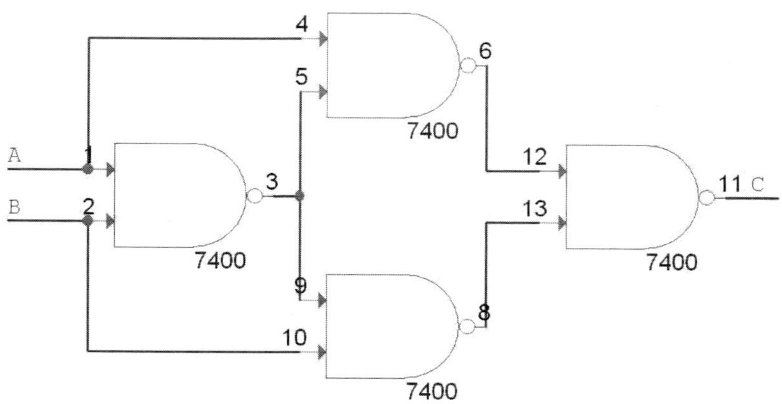

그림 10.29 문제 10-6 논리회로

제 11 장

과도응답 해석

회로의 응답이 하나의 상태에서 다른 상태로 변해가는 과정 중에 일어나는 현상을 과도 응답(Transient Response)이라 하며, 다른 상태로 변한 상태를 정상 상태 응답(Stead State Response)라고 한다. 이 장에서는 과도 응답에 대한 해석을 PSpice를 통하여 하고자 한다. 과도 응답은 주로 인덕터와 커패시터가 있는 회로에서 발생이 되므로 인덕터와 커패시터의 특성에 대하여 고찰할 필요가 있다. 인덕터와 커패시터의 모델은 저항과 비슷한 경우이며, 인덕터와 커패시터의 가장 중요한 특성은 인덕턴스와 커패시턴스다. 인덕터은 초기 전류를 가지는 경우이고, 이러한 초기 전류는 속성 창에서 정할 수 있다. 커패시터는 초기 전압을 가지는 경우이고, 초기 전압은 속성 창에서 지정할 수 있다.

11.1 과도해석

시간에 따른 회로의 응답을 알아보기 위해서 과도 해석을 사용하게 된다. Simulation Settings 창에서 시간응답(과도해석)을 선택함으로 PSpice가 회로의 시간응답을 시뮬레이션 할 수 있게 한다. 이 경우에는 시뮬레이션 하는 시간의 길이를 정하여야 하며, 시뮬레이션 한 결과를 저장하는 시간도 정해 주어야 한다. 시뮬레이션 시간은 회로의 시정수에 따라 변하게 되며, 회로의 사전 해석이 필요하게 된다. 회로의 정상상태의 결과값만을 원하지 않는다면 시작시간은 항상 0이다. 회로도에서 인덕터와 커패시터의 초기값을 결정하기 위하여 속성 창을 사용하게 되면, 회로의 초기 과도 해석을 하지 않는다는 선택을 하여야 한다.

두 가지 다른 방법으로 과도 해석의 결과를 알아 볼 수 있다. 첫째는 시간응답에 대한 Simulation Settings 창에서 출력 파일 옵션 버튼을 선택함으로 출력 파일에 과도 해석의 결과를 출력하게 하는 방법이다. 이것은 프린트 할 때 사용하기 위한 시간 증가분을 정하기 위한 새로운 창을 열기도 한다. 두 번째 방법은 시간에 따른 전압과 전류의 그래프를 나타내는 프로그램을 사용하는 방법이다.

11.2 고유응답

회로의 고유응답을 알기 위해서 먼저, 인덕터의 초기 전류 그리고 커패시터의 초기 전압을 알아야 한다. 이러한 값을 알 때, 과도 해석에 대한 부품 특성을 정할 수 있고 회로를 구성할 수 있다. 예제 11-1 에는 PSpice를 이용하여 RLC 회로의 고유응답을 어떻게 알 수 있는가를 보여 준다. PSpice를 통하여 구한 이 결과가 타당한가를 알기 위해서 예제에서는 미리 해석적 해를 구해 본다.

예제 11-1

1) damping 형태, peak value of vc 그리고 발진 주파수에 대하여 그림 11.1의 회로에 대한 고유응답을 해석하시오.

2) PSpice를 이용하여 회로의 고유응답을 구하시오. 시간에 따른 전압 Vc의 그래프를 그리는 프로그램을 사용하시오 그리고 전압의 첨두값을 알기 위해 Probe cursor를 사용하시오.

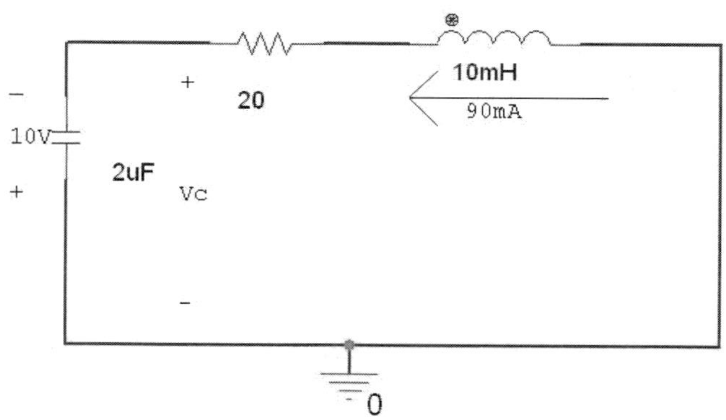

그림 11.1 예제11-1의 회로도

풀이

1) 그림 11.1의 회로에서 $\alpha = \frac{R}{2L} = 1000$, $\alpha^2 = 10^6$ 그리고 $w_o^2 = \frac{1}{LC} = 50 \times 10^6$ 이다. 따라서 이 회로는 underdamping이다. 특성방정식의 근은 $s_1 = -1000 + j7000\ rad/s$ 그리고 $s_2 = -1000 - j7000\ rad/s$ 이다. 그러므로 vc에 대한 해는 다음 식과 같다.

$$v_c = (B_1\cos7000t + B_2\cos7000t)e^{-1000t}$$

초기 조건으로부터

$$v_c(0) = -10$$

$$\frac{dv_c(0)}{dt} = 45000 \quad V/S$$

B1과 B2에 대하여 풀면 다음과 같은 해를 구하게 된다.

$$v_c = (-10\cos7000t + 5\cos7000t)e^{-1000t} \quad V, \quad t \geq 0$$

이 해로부터 vc의 첨두값은 7.7[V]이고 그것은 t=362.29[us]에 발생되며, damped 주파수는 7000[rad/s]이고 damped period는 897.60[us]이다.

2) 그림 11.1의 회로를 PSpice 상에 나타낸 것이 그림 11.2이다. 이것을 하기 위한 과정은 다음과 같다.

① 초기창에서 File/New/Project를 선택한다.
② 새로운 Project 대화창이 열리고 여기서 Name과 저장위치 그리고 형태들을 정하고 ok를 선택한다.
③ Create PSpice Project 창이 열리면 ok를 선택한다.
(작은 창이 여러 번에 거쳐 열리면 확인을 선택하여 창을 닫는다.)
④ 작업할 Page가 열리고 작업 준비가 완료된다.
⑤ Place Part(P)를 선택하여 사용될 부품을 배치한다.
여기서 사용된 부품과 심벌은 다음과 같다.
R : R/ANALOG, C : C/ANALOG,
L : L/ANALOG, GND : 0/SOURCE
⑥ Place Wire(W)를 이용하여 선을 연결한다.
⑦ 각 부품을 선택하여 속성 창에서 부품값을 입력한다.

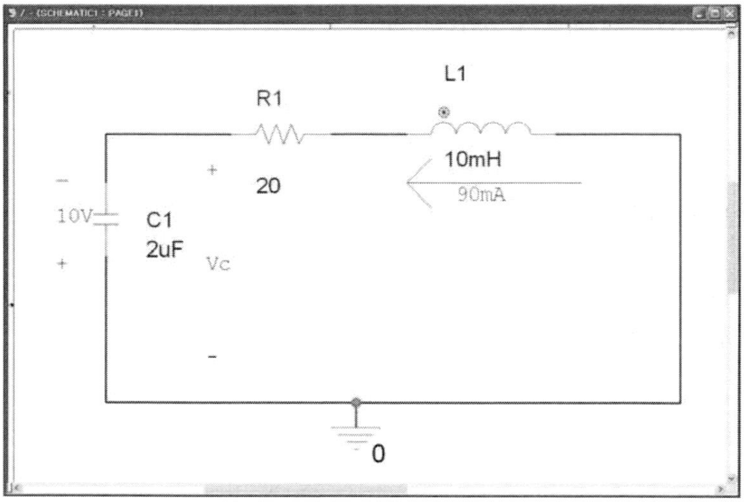

그림 11.2 예제11-1의 회로도

커패시터에 대해서는 초기 전압 값을 정하기 위하여 인덕터에 대해서는 초기 전류 값을 정하기 위하여 커패시터와 인덕터 모두에 대하여 속성 창을 사용하였다. 올바른 방향 부호를 정하기 위해 각 부품을 사용함에 있어 주의가 필요하며, 그림 11.3과 11.4에 나타나 있는 것과 같이 설정하면 된다.

⑧ 마우스로 커패시터를 선택한 후 마우스 오른쪽 버튼을 누르면 팝업 창이 나타나고 이 창에서 Edit Properties를 선택하면 그림 11.3과 같은 속성 창이 나타난다.

⑨ 속성 창에서 IC라는 항에 초기 전압 값 10[V]를 입력하고, 창을 닫는다.

⑩ 마우스로 인덕터를 선택한 후 마우스 오른쪽 버튼을 누르면 팝업 창이 나타나고 이 창에서 Edit Properties를 선택하면 그림 11.4와 같은 속성 창이 나타난다.

⑪ 속성 창에서 IC라는 항에 초기 전류값 -90[mA]를 입력하고, 창을 닫는다. 이때 -는 방향이 반대 방향임으로 해서 붙인 것이다.

이제는 모의실험을 위한 해석의 형태를 정하는 방법에 대하여 알아보고자 한다.

⑫ 메뉴에서 PSpice/New Simulation Profile을 선택하면 New Simulation 창

이 나타나고 Name에 transient1(본인이 설정)라고 입력하고 Create를 선택하여 창을 닫는다.

⑬ 그림 11.5와 같은 Simulation Settings 창이 열린다. 그림과 같이 설정하고 창을 닫는다.

⑭ 메뉴에서 PSpice/Run을 선택하거나 툴바에서 Run PSpice를 선택하여 모의 실험을 실행하면 그림 11.6과 같이 결과가 나타난다.(이 그래프가 나타나기 위해서는 커패시터와 저항 사이 노드에 전압 Probe를 놓은 후에 한다.)

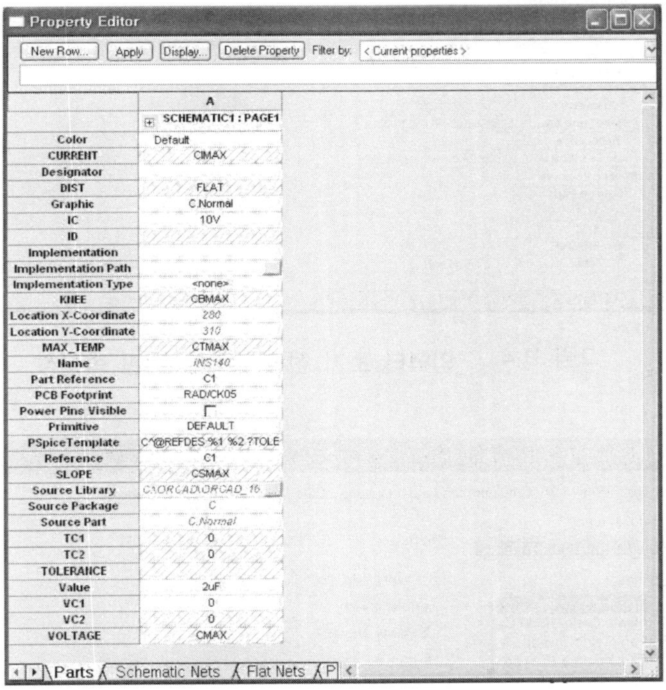

그림 11.3 커패시터 초기 전압 설정을 위한 속성창

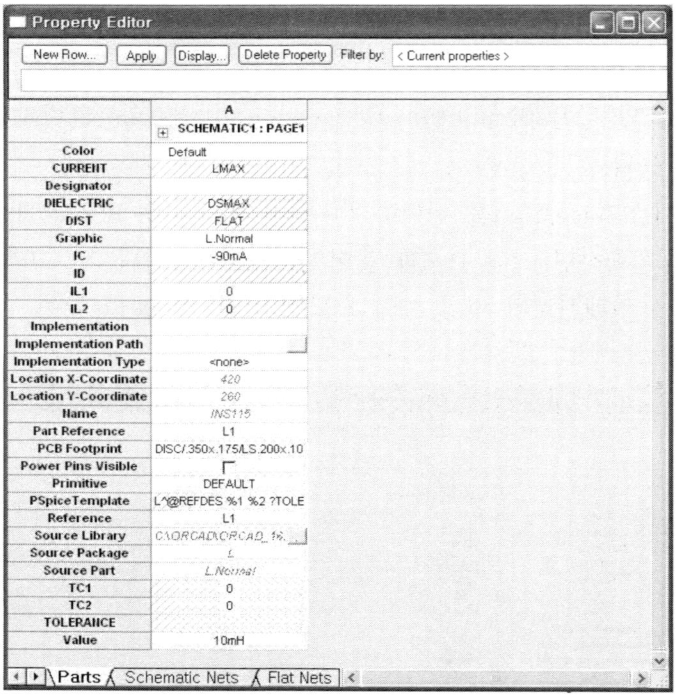

그림 11.4 인덕터 초기 전류 설정을 위한 속성창

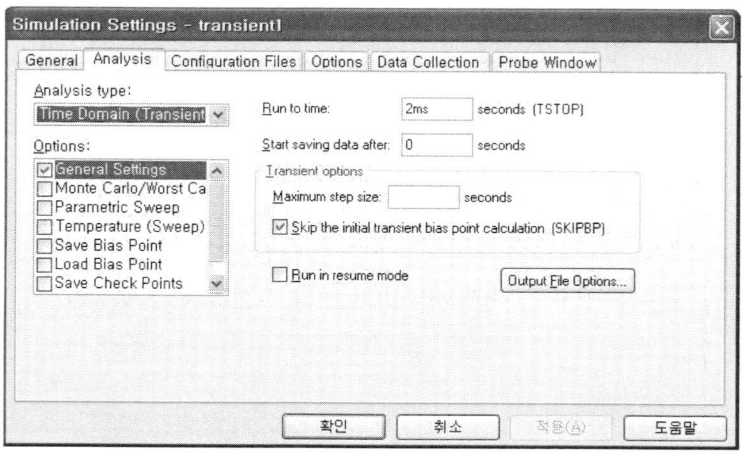

그림 11.5 모의실험을 위한 설정

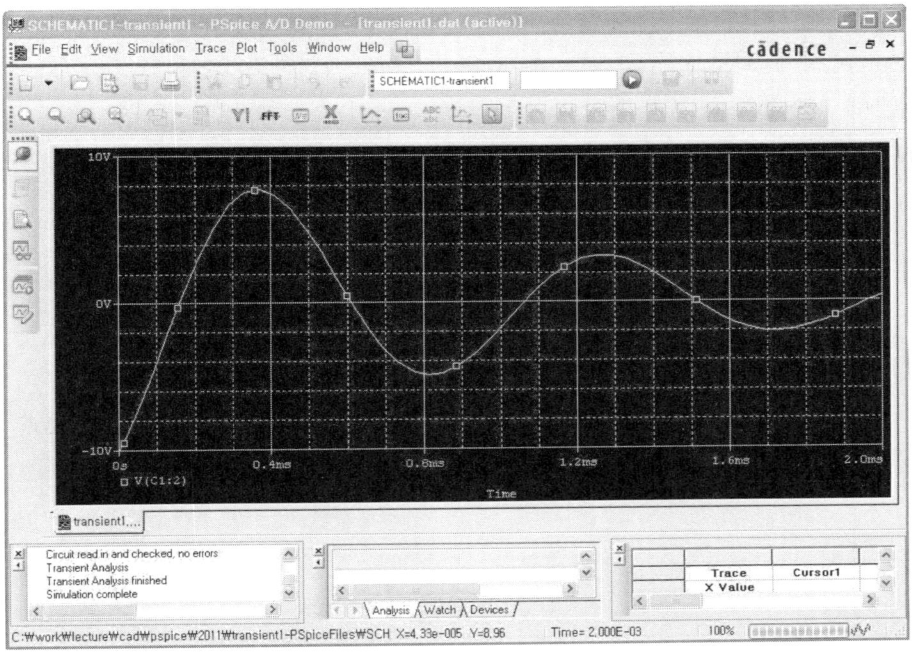

그림 11.6 예제11-1의 모의실험 결과

11.3 계단 함수 응답

회로의 계단 함수 응답을 구하는 가장 쉬운 방법은 계단의 변화가 일어나는 지점에서의 직류원을 삽입하는 것이다. 이것은 예제 11-2에 나타나 있다. PSpice에서 스위치를 모델링하는 여러 방법 중에서 두 가지를 보이고자 한다. 첫 번째는 특별히 만들어진 전압 전원을 만드는 것이고, 두 번째는 실제 스위치를 모델링한 소자를 삽입하는 것이다. 예제 11-3과 예제 11-4에서 이러한 두 개의 스위치 모델을 사용하게 된다. 계단 함수 응답을 모델링하기 위해서 직류 전원을 삽입하는 것을 나타내고자 한다. 예제 11-1(그림 11.7)에서 사용한 회로를 이용하여 예제 11-2의 문제를 구성하였다.

예제 11-2

a) 그림 11.7에 보여진 회로의 스위치를 t=0인 순간에 닫으면 그 순간에 10[mH] 인덕터에서 초기 전류는 90[mA]이고 커패시터 양단의 전압은 10[V]이다. 그림 11.7는 이러한 초기 상태에 대한 기준을 보여 주고 있다. 계단 함수 응답의 초

기 해석을 하고 Vc의 최대값을 계산 그리고 그때의 시간을 구하시오.

b) PSpice 상에 회로도를 구성한 후 과도 현상을 해석하고 0에서 3000[uS] 사이의 시간에 대한 Vc를 그려라.

c) 초기 해석을 가지고 PSpice 해와 비교하시오.

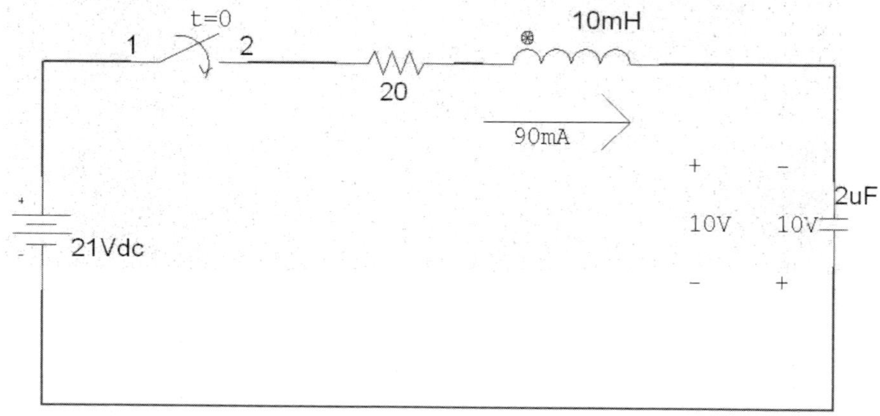

그림 11.7 예제 11.2의 회로

풀이

a) 예제 11.1의 해로부터 응답이 underdamped 된 것을 이미 알 수 있다. 더욱이 $S_1 = -1000 + j7000\,rad/s$, $S_2 = -1000 - j7000\,rad/s$ 그리고 damped period는 897.60[uS]임을 알 수 있다. Vc에 대한 계단 함수 응답의 해는 아래 식과 같은 형태가 된다.

$$V_c = V_f + (B_1^{'}\cos 7000t + B_2^{'}\sin 7000t)e^{-1000t}$$

Vc와 dVc/dt의 초기값은 예제 11.1과 같다. 최종값은 21[V]. 그러므로 $B_1^{'} = -31\ V$ 그리고 $B_2^{'} = 2\,V$ 이다. 그래서

$$V_c = 21 - (31\cos 7000t - 2\sin 7000t)e^{-1000t}\ V \quad t \geq 0$$

Vc의 최대값은 419.32초에서 41.22[V]이다.

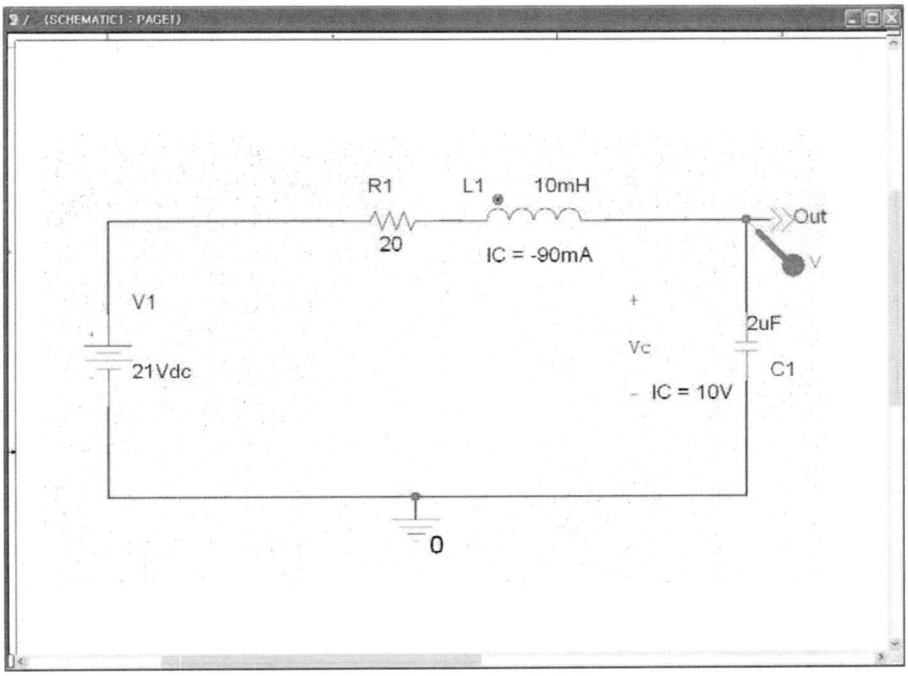

그림 11.8 그림 11.5의 회로에 대한 PSpice 회로도

b) PSpice 회로도는 그림 11.8에 나타나 있으며 그림 11.9은 Probe를 사용하여 만들어진 과도 응답 해석의 결과에 대한 파형이다. 여기에서 두 개의 Cursor를 사용하였다. 좌우 화살 키를 사용하면서 shift 키를 누르는 것으로 두 번째 Cursor를 이용하면 이 Cursor는 Probe plot에서 최대 Vc 값과 Td를 읽을 수 있다.

c) PSpice 해석의 출력은 다음과 같다.

Vc(max)=41.361[V] @436.78[uS]

Td=1335.6-436.78=898.837[uS]

Vf=21[V]

이러한 결과는 사전 해석의 결과와 일치한다.

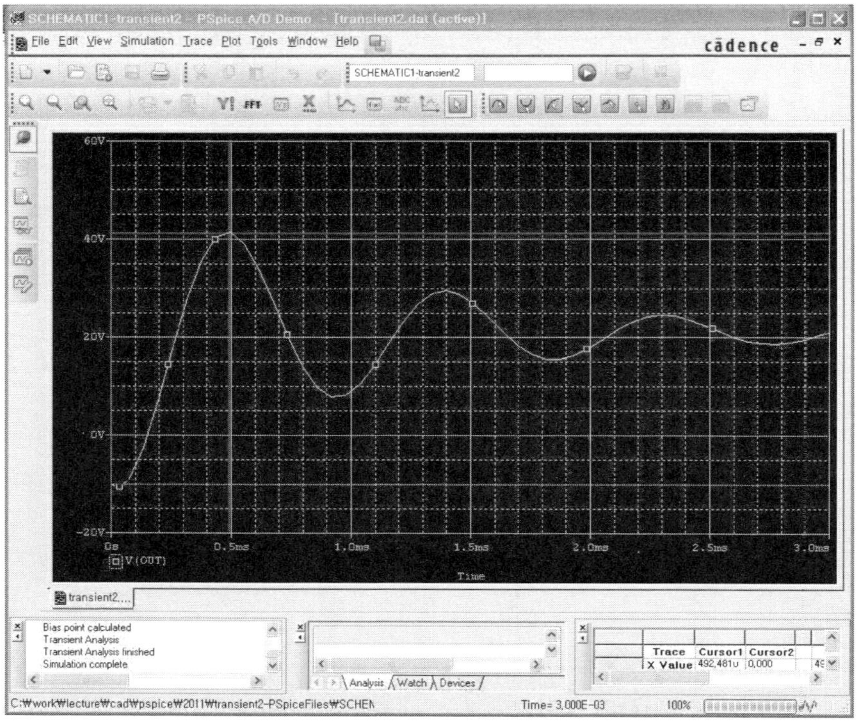

그림 11.9 그림 11.7 회로도에서 과도 해석의 결과

11.4 구간 선형 전원

구간 선형 시간 종속원은 일련의 이산 시간에서 단일 값 함수를 정의 할 수 있다. PSpice는 끝 점 사이의 선형 선 연결을 사용하여 시간의 중간 값에서 전원의 값을 결정한다. 함수가 단일 값을 가진다는 것은 f(t)의 표현에 사용된 시간의 값이 연속적으로 증가되어야 한다. 이러한 형태의 전원 중에서 하나가 스위치에 대한 모델이다. 예제 11-3은 과도 해석 문제에서 일어나는 스위치에 대한 모델로 구간 선형 전원의 사용을 나타내고 있다.

예제 11-3

그림 11.10에 보여진 회로는 오래 동안 동작하고 있다가 t=0인 순간에 80[V] 전원이 20[V]로 변하였다. PSpice를 이용하여 구간 선형 전원을 이용하여 회로도를 구성하고 해석의 결과를 시간에 대해 Vo(t)를 그려라.

풀이

전압이 80[V]에서 20[V]로 떨어지는 것을 모의 실험하기 위해서 80[V] 직류 전원과 직렬로 반대 극성을 갖는 구간 선형 전압 전원을 삽입한다. 아주 짧은 시간 구간 동안 0[V]에서 60[V]로 변하는 구산 계단 전원인 것이다. 회로가 새로운 정상 상태에 도달하기에 충분한 긴 시간동안 60[V]의 지속 구간을 갖게 한다. 전원이 60[V]에 얼마나 빨리 도달하게 하는가 그리고 얼마동안 60[V]에 남아있게 할 것인가를 결정하여야 한다. 그림 11.10에 보여진 회로의 시정수는 40[mS]임을 확인할 수 있고 40[mS]/1000 즉 40[uS]의 구간 선형 전압 전원의 rise time을 선택한다. 60[V] 전원의 유지 시간은 40[mS]보다 길어야만 한다. 그래서 임의적으로 10배 시정수 즉 400[mS]를 선택한다. 구간 선형 전압 전원은 그림 11.11에 파형이 보여져 있다.

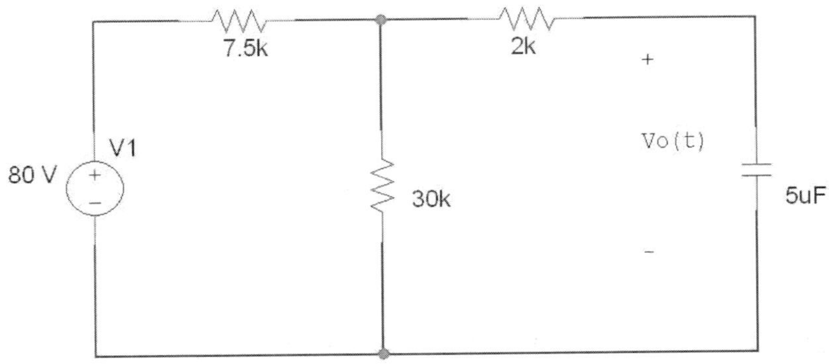

그림 11.10 예제 11.3의 회로

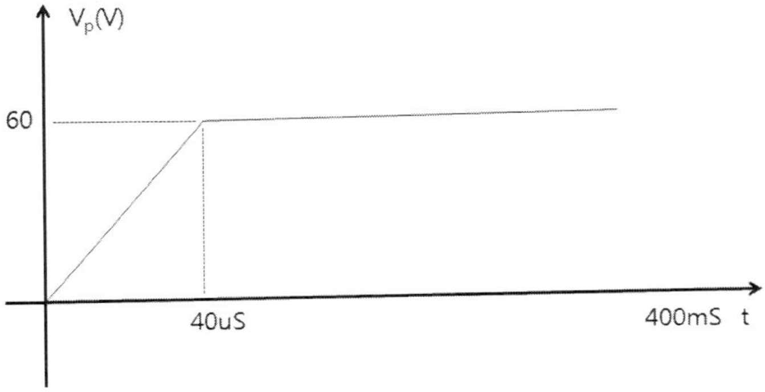

그림 11.11 구간 선형 전압 전원의 파형

그림 11.12는 그림 11.10에 보여진 회로에 대한 회로도이다. 이 소자에 대하여 속성 편집 창에서 적절한 항목에 시간과 전압 값을 입력함으로써 구간 선형 전압 전원의 특성을 규정할 수 있다. 전압 전원의 값이 t=0인 순간에 0[V]이므로 T1과 V1 항목은 모두 0으로 하고 전압 전원의 값이 t=40[uS]에서 60[V]이므로 T2과 V2 항목은 40[uS]와 60[V]로 한다. 마지막으로 t=40[uS] 이후에는 전압 전원이 60[V]를 유지하므로 T3과 V3 항목은 각각 40[mS]와 60[V]로 한다. 그래서 T3의 값은 T2보다 큰 시간인 이상 임의적으로 선택하여도 된다. 그림 11.13에는 회로도에 대한 구간 선형 전압 전원에 대한 속성 편집 창을 보여 주고 있다. 이와 같은 경우의 과도현상 해석 문제는 사전에 제한된 초기 조건이 없기 때문에 PSpice가 자동적으로 초기 조건을 계산하기 위해 사용한다.

Simulation Setting dialog에서 SKIPBP 박스를 선택하지 않는다. t=40[mS]와 T=80[mS]에서 Cursor가 출력 전압을 나타내고 있는 그림 11.14에서 다음과 같은 결과를 얻을 수 있다.

t[mS]	Vo(t)
0	64
40	33.654
80	22.498

t=∞으로 접근함에 따라 Vo(t)가 16[V]에 가까워지는 것을 볼 수 있다.

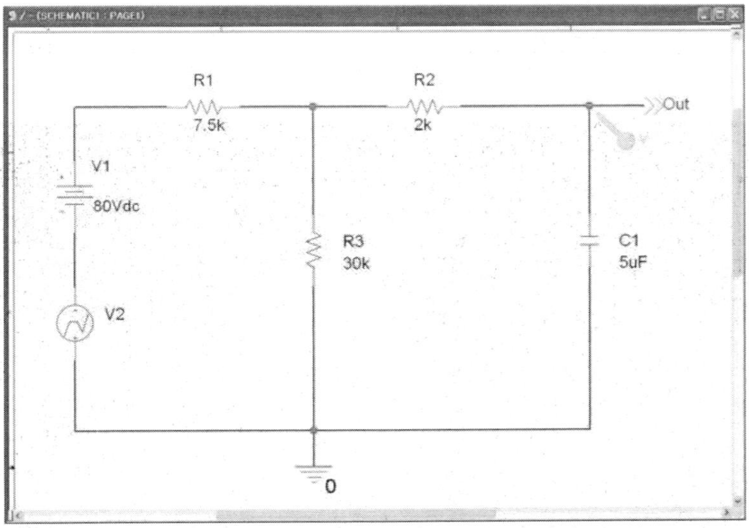

그림 11.12 그림 11.10 회로의 PSpice 상의 회로도

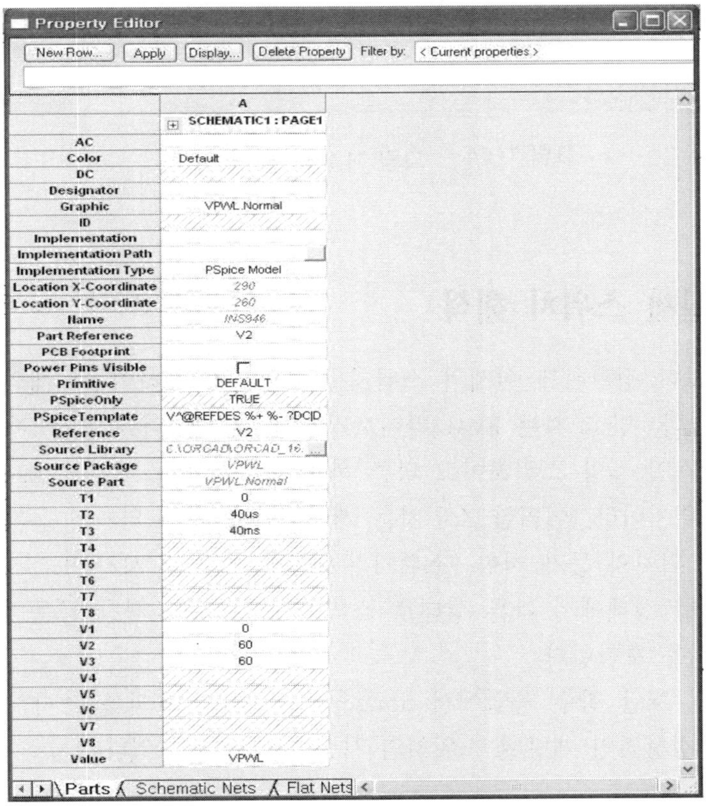

그림 11.13 구간 선형 전압 전원의 속성창

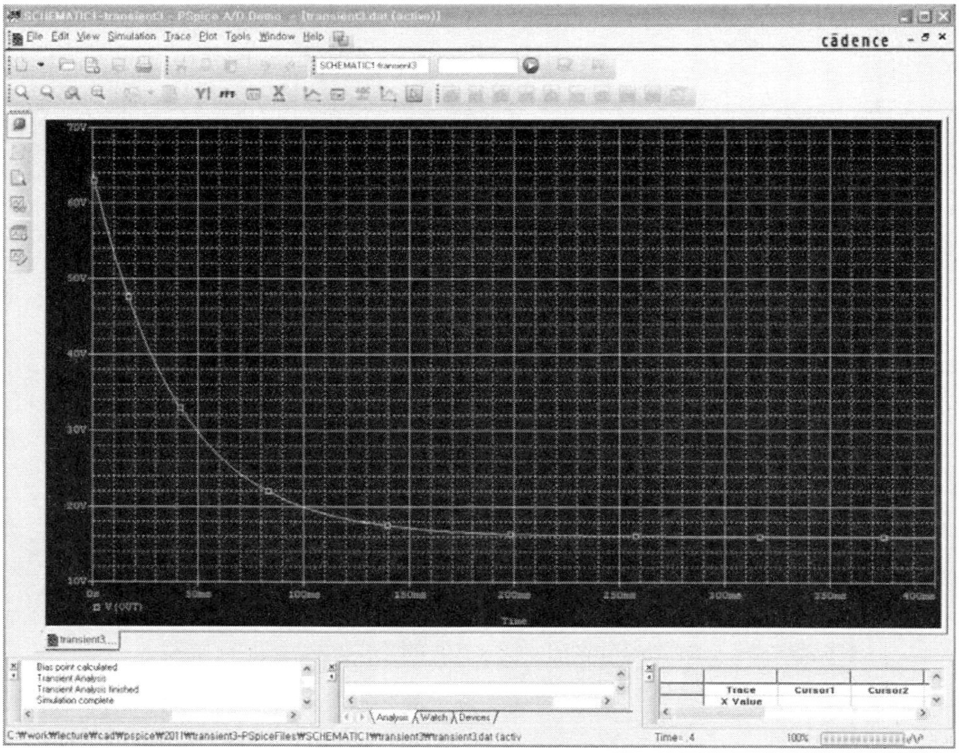

그림 11.14 그림 11.12의 해석 결과

11.5 실제 스위치 해석

PSpice는 보다 정확하게 실제의 스위치를 표현하기 위하여 두 개의 특별한 회로 소자를 제공한다. 양 소자는 Eval 라이브러리에 있고 하나는 부품 이름 Sw_tOpen을 갖는 정상적인 개방 스위치이고 다른 하나는 부품 이름 Sw_tClose를 갖는 정상적인 단락 스위치이다. 이러한 스위치는 개방되었을 때 스위치의 등가 저항과 단락되었을 때 스위치의 등가 저항, 스위치가 개방되었을 때 시간 또는 단락되었을 때 시간 그리고 한 상태에서 다른 상태로 스위칭 하는 전이 시간 등을 포함하는 실제 스위치의 속성을 포함한다.

RLC 회로의 계단 함수 응답에서 nonzero 스위치의 효과를 조사하기 위하여 예제 11-4에서 정상적인 개방된 스위치의 사용을 나타내고 있다.

예제 11-4 그림 11.7에서 보여진 회로를 모델하기 위하여 PSpice를 사용하라. 전압 전원은 예제 11-1에서 사용된 것과 동일하고 과도 해석을 규정하는 것에 있어 동일한 값을 사용하라. 스위치가 ON 상태에 있을 때 저항은 10[Ω]으로 하고 시간에 대한 Vc를 그려라. 예제 10.1에서의 결과와 비교하라.

풀이 그림 11.7에 있는 회로를 PSpice 상에 그린 회로도가 그림 11.15에 나타나 있다.

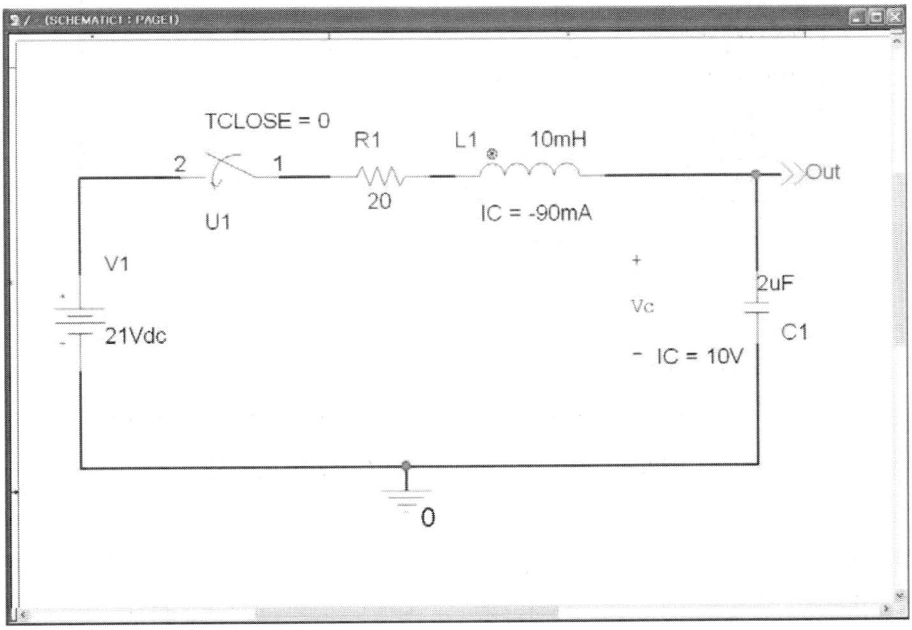

그림 11.15 그림 11.7 회로를 PSpice 상에 그린 회로도

스위치가 단락 되었을 때 스위치의 속성 값을 정하면 그때 저항은 10[Ω]이다. 속성이 변경된 스위치의 속성창이 그림 11.16에 나타나 있다.

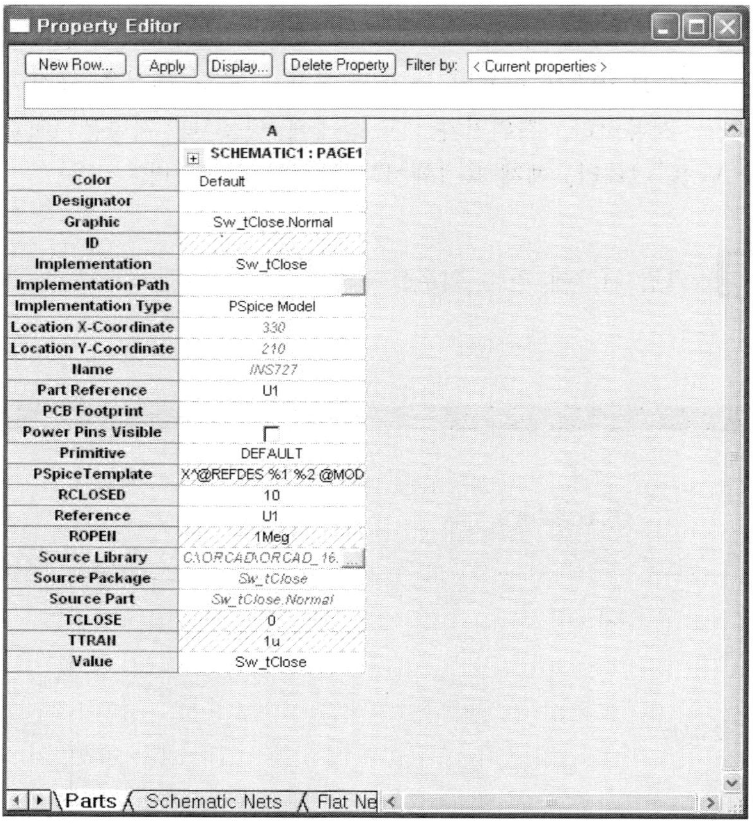

그림 11.16 개방된 스위치에 대한 속성창

속성 창에서 스위치의 다른 속성들이 규정되어 있는 것을 볼 수 있고 속성 창에서 IC 항목을 선택하여 display 버튼을 클릭하면 인덕터와 커패시터에 대한 초기 조건을 표시한다. 그림 11.17은 시간 t에 대한 Vc의 그림을 보여 준다. 예제 11.1과 비교하면Vc(max)와 Td에 대한 값은 이 예제에서는 다르게 나타난다. 추가적인 저항이 스위치 모델에 들어가 있기 때문이다.

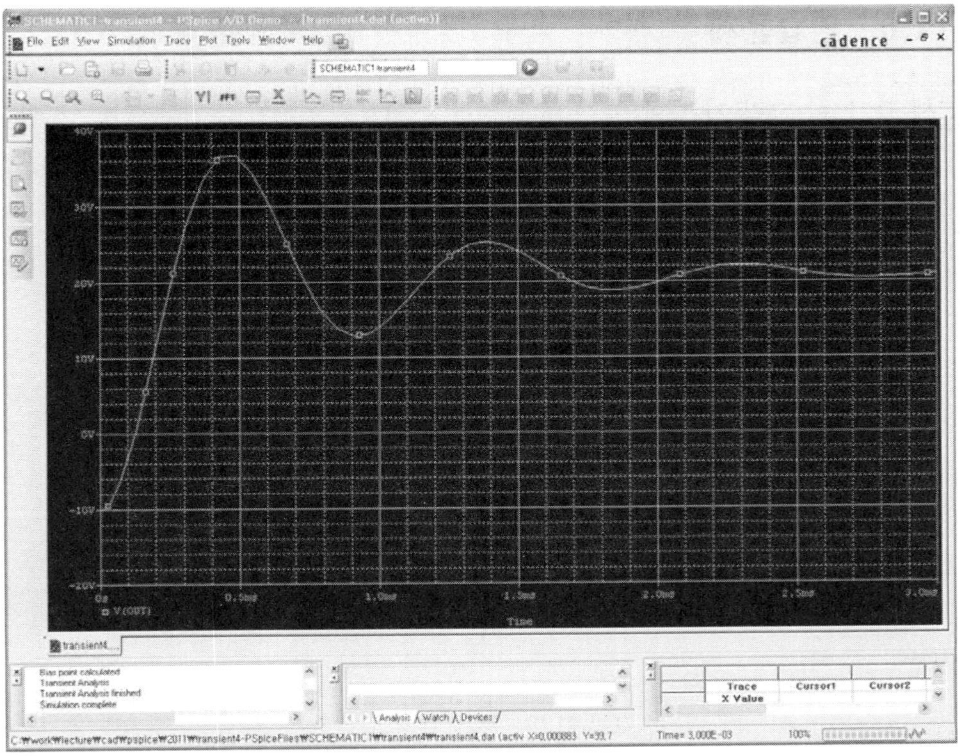

그림 11.17 그림 11.15에서 커패시터의 전압에 대한 plot

11.6 연습문제

문제 11-1 그림 11.18에 보여진 회로의 스위치를 t=0인 순간에 전압 전원 VS가 직류 전압 10[V]가 인가되고 그 순간에 1/3[H] 인덕터에서 접지로 흐르는 초기 전류는 50[mA]이고 커패시터 양단의 전압은 1[V]이다. 과도 해석을 이용하여 전류 i(t)를 구하시오.

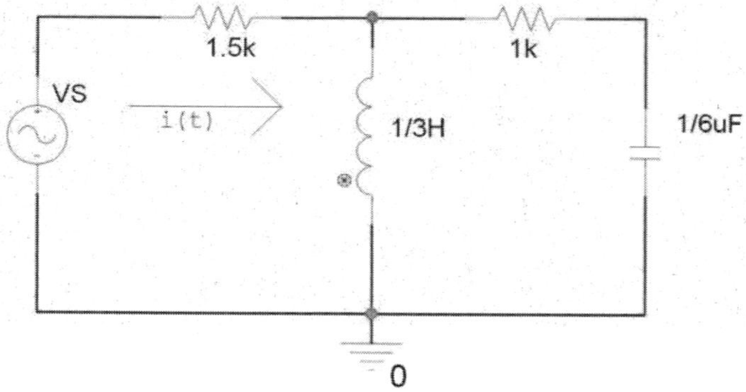

그림 11.18 문제 11-1의 회로

문제 11-2 그림 11.19에 보여진 회로는 오래 동안 동작하고 있다가 t=0인 순간에 40[V] 전원이 10[V]로 변하였다. PSpice를 이용하여 구간 선형 전원을 이용하여 회로도를 구성하고 해석의 결과를 시간에 대해 i(t)를 그려라.

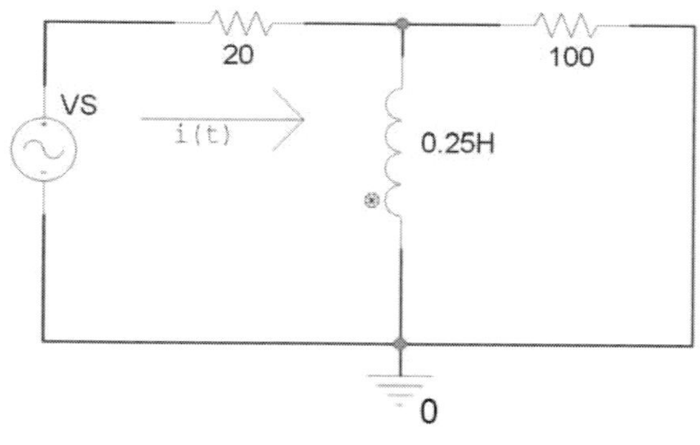

그림 11.19 문제 11-2의 회로

문제 11-3 그림 11.20에 보여진 회로에서 t=0인 순간에 전압 전원 VS가 직류 전압 10[V]가 인가되고 그 순간에 1[mH] 인덕터에서 접지로 흐르는 초기 전류는 20[mA]이고 커패시터 양단의 전압은 0.5[V]이다. 과도 해석을 이용하여 전류 i(t)를 구하시오.

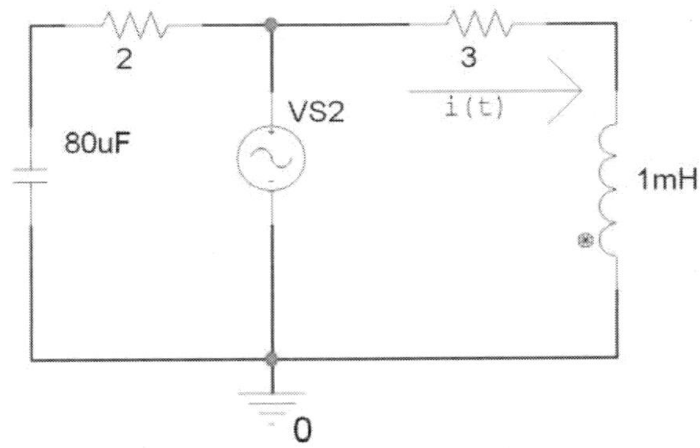

그림 11.20 문제 11-3의 회로

문제 11-4 그림 11.21에 보여진 회로는 오랫동안 동작하고 있다가 t=0인 순간에 100[V] 전원이 10[V]로 변하였다. PSpice를 이용하여 구간 선형 전원을 이용하여 회로도를 구성하고 해석의 결과를 시간에 대해 i(t)를 그려라.

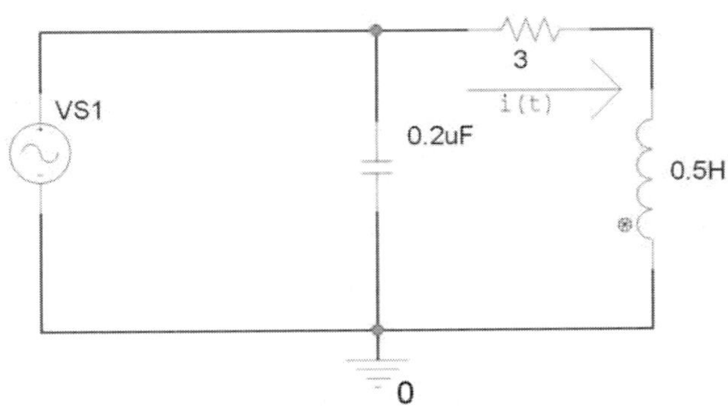

그림 11.21 문제 11-4의 회로

문제 11-5 그림 11.22에 보여진 회로에서 t=0인 순간에 전압 전원 VS가 직류 전압 10[V]가 인가되고 그 순간에 1/3H 인덕터에서 접지로 흐르는 초기 전류는 10[mA]이고 커패시터 양단의 전압은 0.1[V]이다. 과도 해석을 이용하여 전류 i(t)를 구하시오.

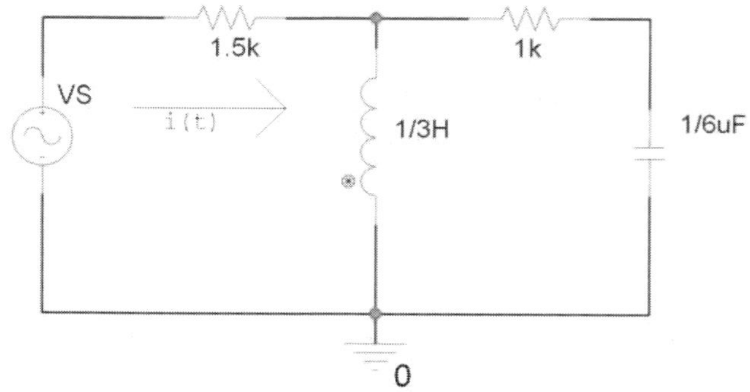

그림 11.22 문제 11-5의 회로

문제 11-6 그림 11.23에 보여진 회로는 오랫동안 동작하고 있다가 t=0인 순간에 50[V] 전원이 30[V]로 변하였다. PSpice를 이용하여 구간 선형 전원을 이용하여 회로도를 구성하고 해석의 결과를 시간에 대해 i(t)를 그려라.

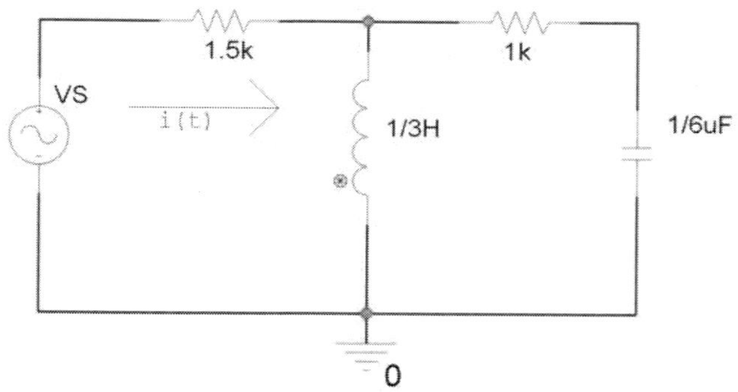

그림 11.23 문제 11-6의 회로

제 12 장

Parametric 해석과 Measurements

PSpice에서 회로 소자의 값으로 global parameter를 사용할 수 있다. global parameter의 값을 변경할 때마다, 그 효과가 회로 소자의 값을 변하게 한다. CAD 프로그램에서 이러한 기능은 매우 유용하며, 회로의 특성에서 회로 소자 값 변경의 효과를 알 수 있게 한다. 소자 값을 변경함에 따라 회로의 특성이 어떻게 변하는지를 그래픽 적으로 볼 수도 있다. 이러한 기능을 Parametric 해석이라 한다. Parametric 해석은 회로내의 소자 값을 변경하면서 회로 특성이 어떻게 변화하는가를 살펴보는 해석을 말하고 Measurements는 Parametric 해석을 실행한 후 특성 평가의 편의를 위해 PSpice에서 제공하는 측정함수를 말한다.

12.1 Parametric 해석

예제 12-1에서는 각 회로 해석에서 주어진 소자 값에서 여러 다른 값을 가지게 될 때 나타나는 효과를 어떻게 PSpice가 해석하는지를 보여 준다.

예제 12-1

그림 12.1에 나타나 있는 회로에서 저항 R2 의 값을 20[Ω]에서 100[Ω]까지 20[Ω] 간격으로 변화하게 하기 위해 global parameter를 사용하라. 그리고 R2의 각각 저항 값에 대해 시간에 대하여 Vo의 값을 그래프로 나타내어라. 이때 V1은 다음과 같다.

$$V1 = 10e^{-0.1(t-0.01)}\sin[200\pi(t-0.01)] \quad \text{(식 12.1)}$$

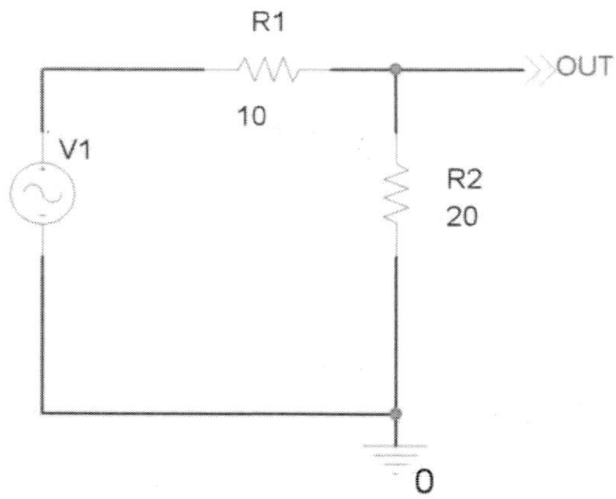

그림 12.1 예제 12-1의 회로도

풀이 그림 12.1의 회로도를 PSpice상에 나타낸 것이 그림 12.2와 같다. PSpice 상에 이와 같이 회로를 작성하기 위한 순서를 요약하면 다음과 같다.

① 초기 창에서 File/New/Project를 선택한다.

② 새로운 Project 대화창이 열리고 여기서 Name과 저장 위치 그리고 형태들을 정하고 ok를 선택한다.

③ Create PSpice Project 창이 열리면 ok를 선택한다.
(작은 창이 여러 번에 거쳐 열리면 확인을 선택하여 작은 창을 닫는다.)

④ 작업할 Page가 열리고 작업 준비가 완료된다.

⑤ Place Part(P)를 선택하여 사용될 부품을 배치한다.
여기서 사용된 부품과 심벌은 다음과 같다.
R : R/ANALOG, V1 : VSIN/SOURCE, GND : 0/SOURCE

⑥ Place Wire(W)를 이용하여 선을 연결한다.

⑦ 수직 툴바의 Off-page Connector를 선택하여 이중 화살표로 표기한다.

⑧ 각 부품을 선택하여 속성 창에서 부품 값을 입력한다.

⑨ 출력 전압의 파형을 나타내기 위하여 Out 단자에 Voltage Probe를 붙인다.

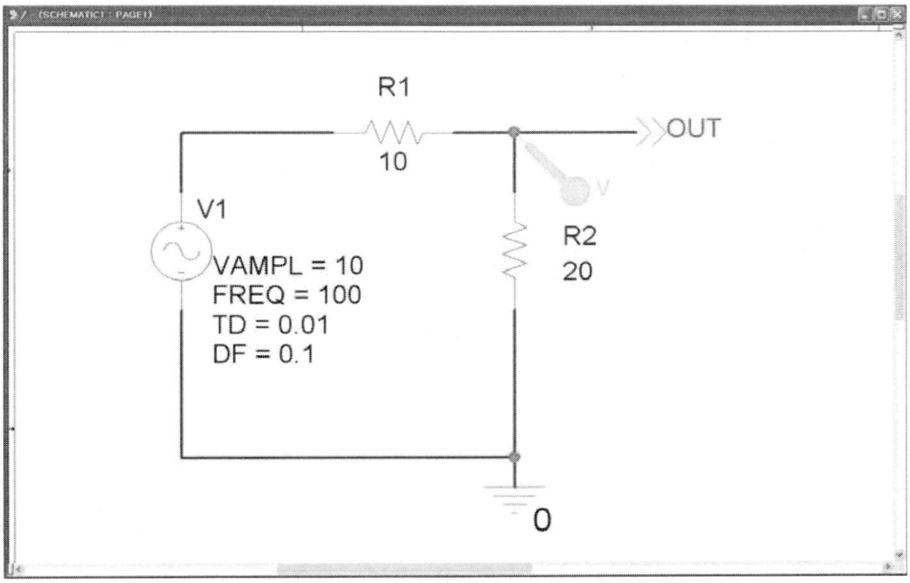

그림 12.2 PSpice 상의 예제 12-1의 회로도

이제는 모의실험을 위한 해석의 형태를 정하는 방법을 정하여야 한다.

⑩ 메뉴에서 PSpice/New Simulation Profile을 선택하면 New Simulation 창이 나타나고 Name에 ch12-1(본인이 설정)라고 입력하고 Create를 선택하여 창을 닫는다.

⑪ 그림 12.3과 같은 Simulation Settings 창이 열린다. 그림과 같이 설정하고 창을 닫는다.

⑫ 메뉴에서 PSpice/Run을 선택하거나 툴바에서 Run PSpice를 선택하여 모의실험을 실행한다.

그림 12.4과 같이 결과가 나타난다.

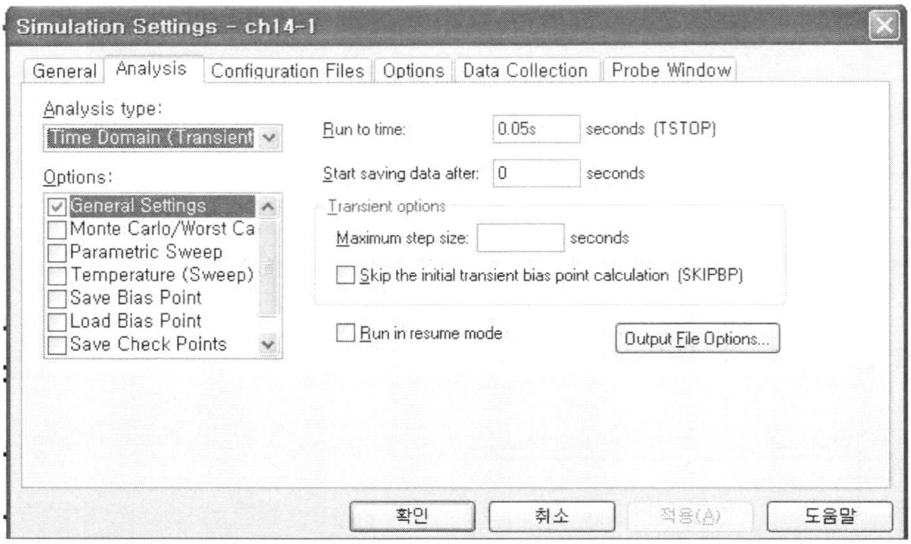

그림 12.3 예제 12-1의 Simulation Settings

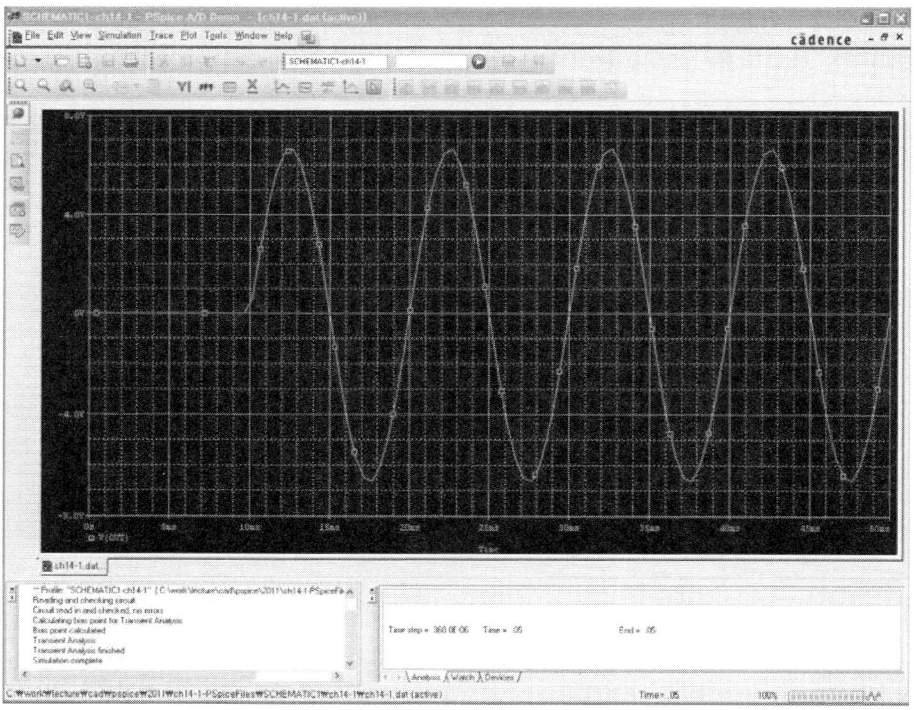

그림 12.4 예제 12-1의 출력 파형

여기에서 global parameter를 사용하여 저항 R2의 값을 20[Ω]에서 100[Ω]까지 20[Ω] 간격으로 변화하게 하기 위해 다음과 같은 과정을 하여 그림 12.5와 같이 회로도를 변경하여야 한다.

⑬ 마우스로 R2의 저항 값 20을 두 번 클릭하여 Display Properties 창이 열리고 이 창에서 값 20 대신 {RESISTANCE}으로 변경하고 ok를 클릭하여 창을 닫는다.

⑭ Place parts(P)를 선택하여 SPECIAL LIBRARY에서 PARAM를 도면에 배치한다.

⑮ PARAMETER의 속성 창을 열어 NEW ROW를 선택하여 그림 12.6과 같은 창을 연다.

⑯ Add New Row 창에서 그림 12.6에 보여진 것과 같이 입력하고 ok를 선택, 창을 닫는다.

PARAMETER의 속성 창이 그림 12.7과 같이 변경되어 나타난다.

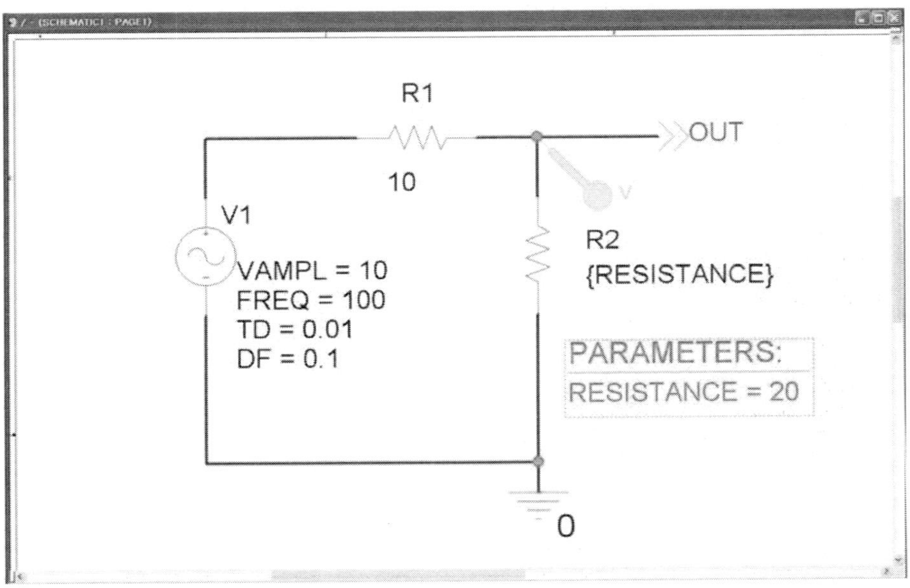

그림 12.5 global parameter를 이용한 그림 12.2의 변경

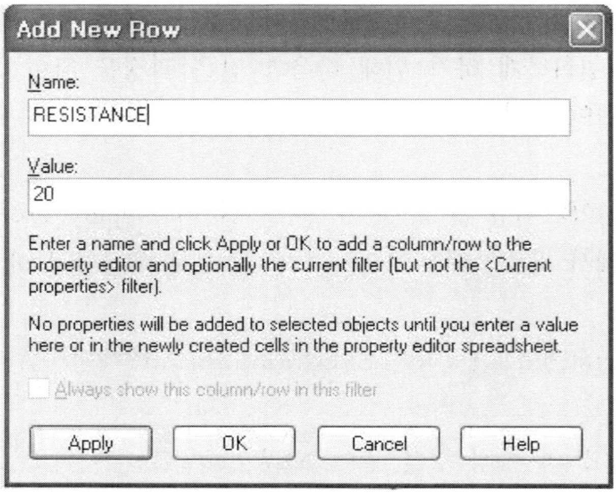

그림 12.6 global parameter 입력창

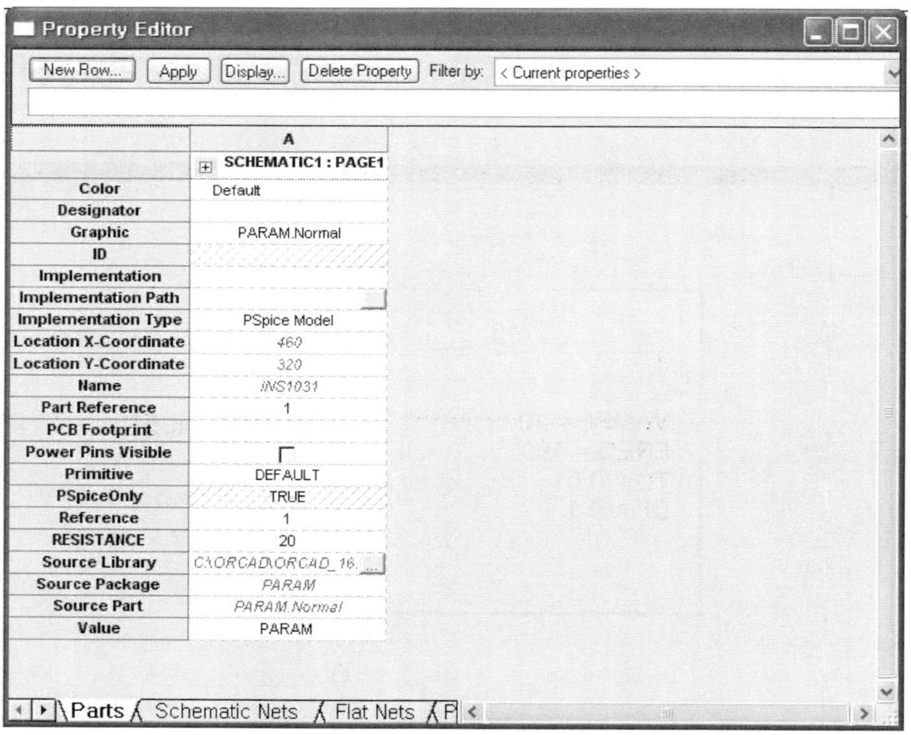

그림 12.7 global parameter의 속성 창

⑰ PSpice/Edit Simulation Profile을 선택하여 그림 12.8과 같이 Simulation Settings 창을 설정한다. 확인을 선택하여 창을 닫는다.

⑱ PSpice/Run을 선택하여 Simulation한다.

그 결과는 그림 12.9에 나타나 있다. 그림에서 보듯이 R2의 저항 값이 증가함에 따라 출력 파형이 값이 증가함을 나타내고 있다.

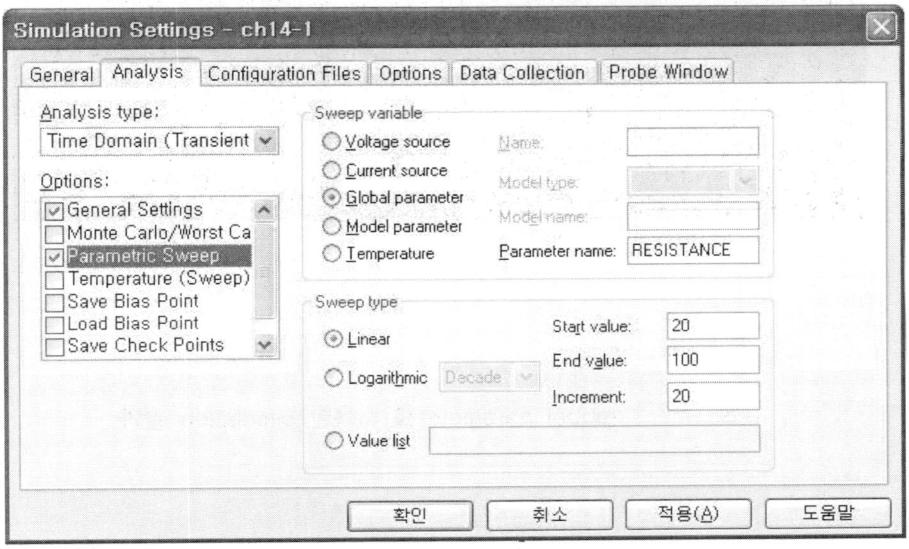

그림 12.8 global parameter 이용을 위한 Simulation Settings 창

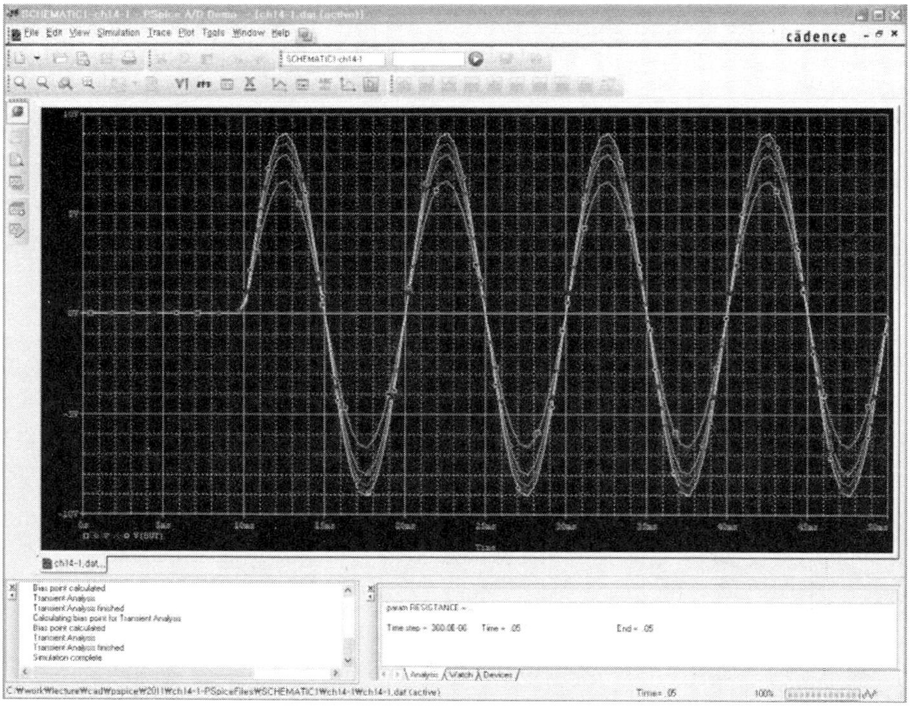

그림 12.9 global parameter를 사용한 Simulation 결과

12.2 Measurement 사용

Parameter 해석을 한 뒤 이 해석결과 분석을 더 용이하게 하기 위해 Measurement를 사용한다. Measurement를 사용하는 순서는 다음과 같다.

⑲ 앞에서 한 결과 그래프에서 즉, PSpice/Run을 실행한 후 결과창에서 Trace/Performance Analysis를 선택한 후 그림 12.10과 같이 Performance Analysis 화면이 나타나면 OK 버튼을 선택한다.

⑲ Performance Analysis 창이 닫치고 시뮬레이션 결과 창이 그림 12.11과 같이 나타난다. 여기에서 Trace/Add Trace를 선택한다. 그림 12.12와 같이 창이 열리게 된다.

⑳ 그림 12.12와 같은 창에서 Function에서 MAX(1)을 선택하고 Simulation Output Variables에서 I(R2)를 선택한다. 그리고 OK를 선택하여 창을 닫는다.

그림 12.13과 같은 결과 창이 나타나고 그림에서 보듯이 회로의 R2 저항 값이 변할 때 R2에 흐르는 전류의 값이 위의 그래프에 나타나 있어 결과를 한 눈에 쉽게 볼 수 있게 되었다. 이와 같은 기능을 Measurement 기능이라 한다.

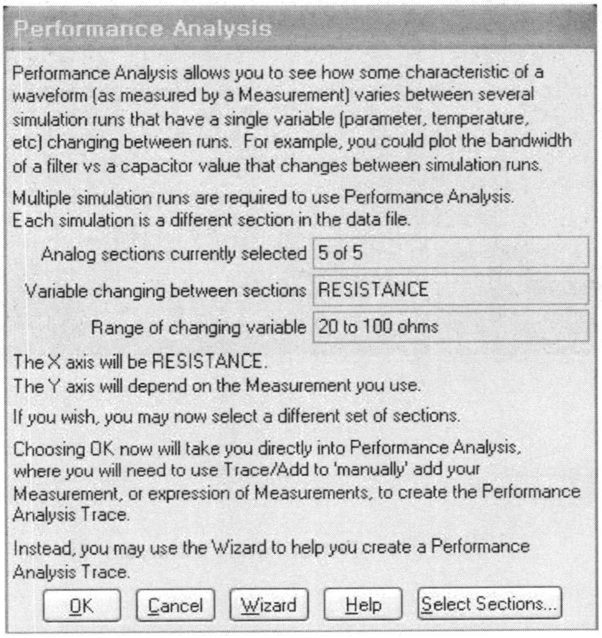

그림 12.10 Performance Analysis 창

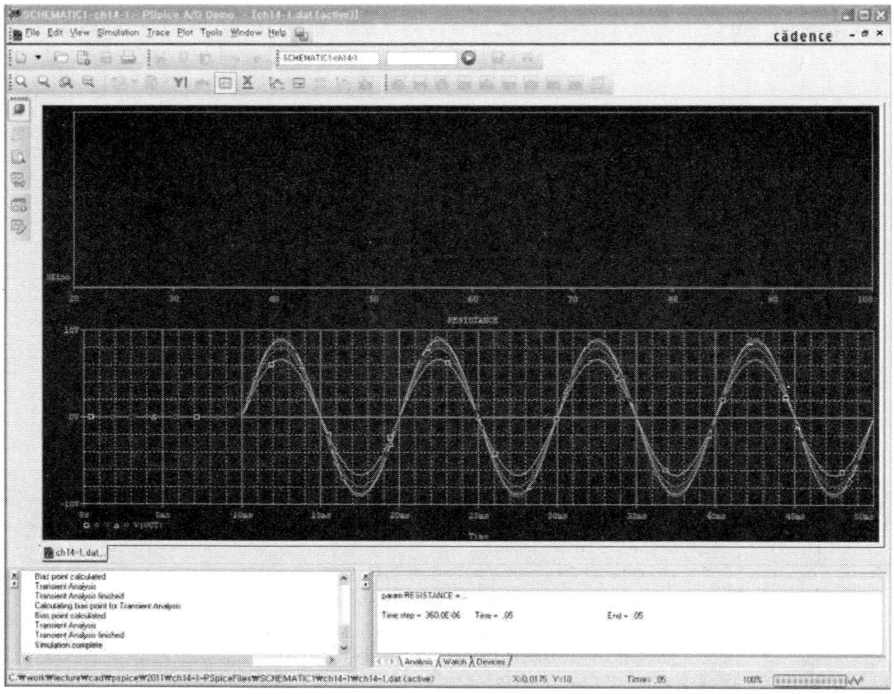

그림 12.11 Performance Analysis 창

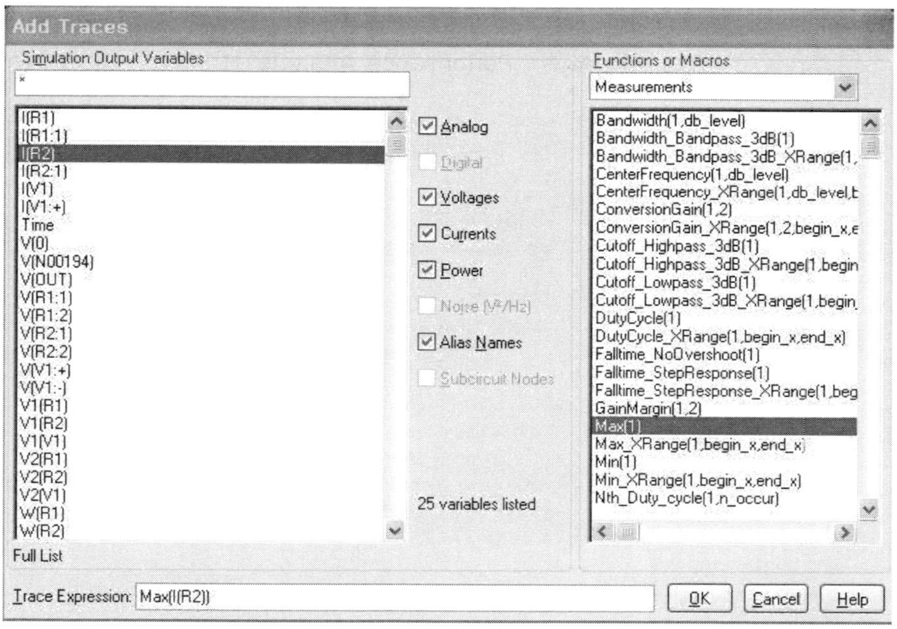

그림 12.12 Add Traces 창

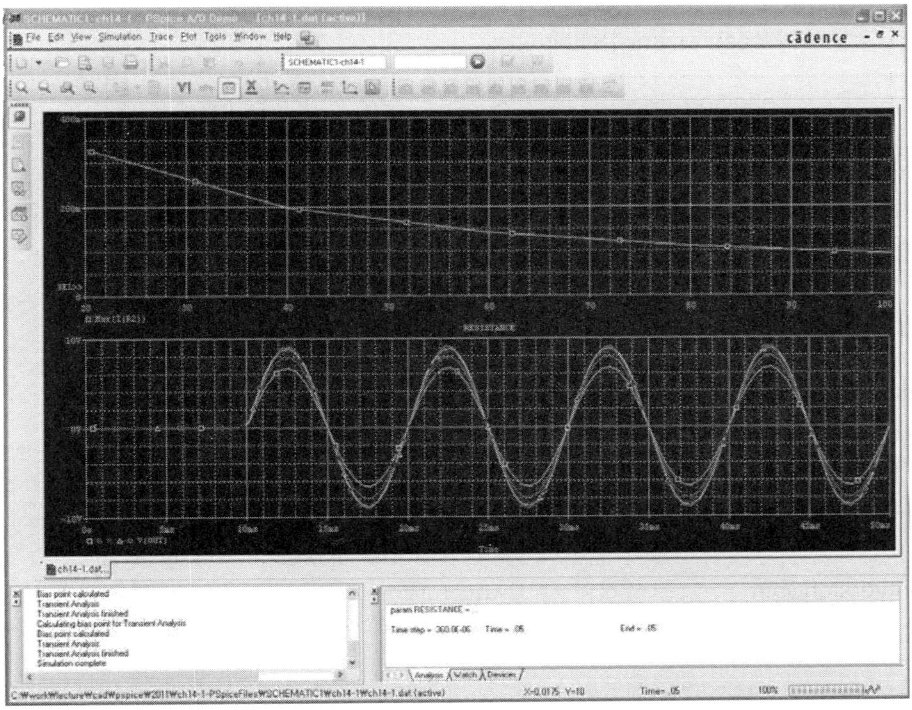

그림 12.13 Measurement 기능을 사용한 결과 창

앞의 그림 12.12에 나타나 있는 Measurements를 간단하게 요약하면 표 12.1과 같다.

표 12.1-1 Measurement Definitions

Definition	Finds the ...
Bandwidth	Bandwidth of a waveform (you choose dB level)
Bandwidth_Bandpass_3dB	Bandwidth (3dB level) of a waveform
Bandwidth_Bandpass_3dB_XRange	Bandwidth (3dB level) of a waveform over a specfield X-range
CenterFrequency	Center frequency (dB level) of a waveform
CenterFrequency_XRange	Center frequency (dB level) of a waveform over a specfield X-range
ConfversionGain	Ratio of the maximum value of the first waveform to the maximum value of the second waveform
ConfversionGain_XRange	Ratio of the maximum value of the first waveform to the maximum value of the second waveform over a specfield X-range
Cutoff_Highpass_3dB	High pass bandwidth (for the given dB level)
Cutoff_Highpass_3dB_XRange	High pass bandwidth (for the given dB level)
Cutoff_Lowpass_3dB	Low pass bandwidth (for the given dB level)
Cutoff_Lowpass_3dB_XRange	Low pass bandwidth (for the given dB level) over a specfield range
DutyCycle	Duty cycle of the furst pulse/period
DutyCycle_XRange	Duty cycle of the furst pulse/period over a range
Falltime_NoOvershoot	Falltime with no overshoot
Falltime_StepResponse	Falltime of a negative-going step response curve
Falltime_StepResponse_XRange	Falltime of a negative-going step response curve over a specfield X-range

표 12.1-2 Measurement Definitions

Definition	Finds the ...
GainMargin	Gain (dB level) at the first 180-degree out-of-phase mark
Max	Maximum value of the waveform
Max_XRange	Maximum value of the waveform within the specified
Min	Minimum value of the waveform
Min_XRange	Minimum value of the waveform within the specified
NthPeak	Value of the waveform at its nth peak
Overshoot	Overshoot of a step response curve
Overshoot_XRange	Overshoot of a step response curve over a specfield X-range
Peak	Value of the waveform at its nth peak
Period	Period of a time domain signal
Period_XRange	Period of a time domain signal over a specfield X-range
PhaseMargin	Phase margin
PowerDissipation_mW	Total power dissipation in milli-watts during the final poriod of time (can be used to calculte total power dissipation, if the first waveform is the integral of V(load)
Pulsewidth	Width of the first pulse
Pulsewidth_XRange	Width of the first pulse at a specfield X-range
Q_Bandpass	Calculates Q (center frequency / bandwidth) of a bandpass response at the specified dB point
Q_Bandpass_XRange	Calculates Q (center frequency / bandwidth) of a bandpass response at the specified dB point and a specfield X-range
Risetime_NoOvershoot	Risetime of a step response curve with no overshoot

표 12.1-3 Measurement Definitions

Definition	Finds the ...
Risetime_StepResponse	Risetime of a step response curve
Risetime_StepResponse_XRange	Risetime of a step response curve at a specfield X-range
SettlingTime	Time from 〈begin_x〉 to the time it takes a step response the settle within a specified band
SettlingTime_XRange	Time from 〈begin_x〉 to the time it takes a step response th settle within a specified band and within a specified range
SlewRate_Fall	Slew rate of a negative-going step response curve
SlewRate_Fall_XRange	Slew rate of a negative-going step response curve over an X-range
SlewRate_Rise	Slew rate of a positive-going step response curve
SlewRate_Rise_XRange	Slew rate of a positive-going step response curve over an X-range
Swing_XRange	Difference between the maximum and minimum values of the waveform within the specified range
XatNthY	Value of X corresponding to the nth occurrence of the given Y_value, for the specified waveform
XatNthY_NegativeSlope	Value of X corresponding to the nth negative slope crossing of the given Y_value, for the specified waveform
XatNthY	Value of X corresponding to the nth occurrence of the waveform crossing the given percentage of its full Y-axis range; specifically, nth occurrence of Y=Ymin+(Ymax=Ymin)*Y_pct/100
XatNthY	Value of X corresponding to the nth positive slope crossing of the given Y-value, for the specified waveform

표 12.1-4 Measurement Definitions

Definition	Finds the ...
YatFirstX	Value of the waveform at the begginning of the X_value range
YatLastX	Value of the waveform at the end of X_vlaue range
YatX	Value of the waveform at the given X-value
YatX_PercentXRange	Value of the waveform at the given percentage of the X-axis range
ZeroCross	X-value where thr Y-value first crosses zero
ZeroCross_XRange	X-value where thr Y-value first crosses zero at the specified range

12.3 연습문제

문제 12-1 그림 12.14에 회로에서 $V1 = 5e^{-0.1(t-0.01)}\sin[2000\pi(t-0.01)]$[V]일 때 PSpice를 이용하여 L1 양단에 걸리는 전압 v(t)를 그래프로 나타내고 저항 R1의 값을 1.5[kΩ]에서 8.5[kΩ]까지 1[kΩ] 간격으로 변화하게 하기 위해 global parameter를 사용하여 전압 v(t)를 그래프로 나타내시오.

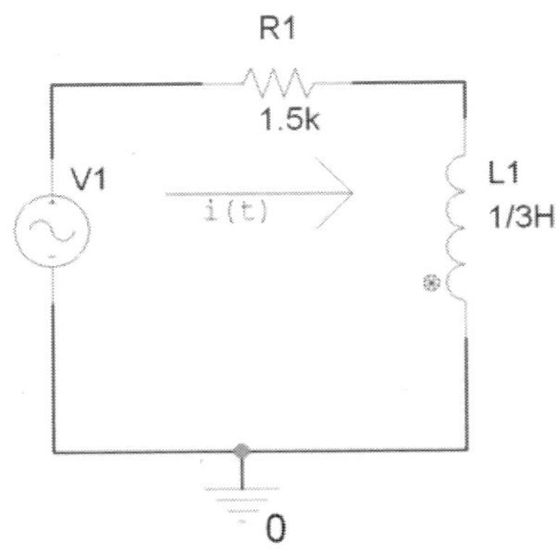

그림 12.14 문제 12-1의 회로

문제 12-2 그림 12.15에 회로에서 $VS = 10e^{-0.2(t-0.02)}\sin[2000\pi(t-0.02)]$[V] 일 때 PSpice를 이용하여 1/3[H] 인덕터 양단에 걸리는 전압 v(t)를 그래프로 나타내고 1[k] 저항 R2의 값을 1[kΩ]에서 10[kΩ]까지 1[kΩ] 간격으로 변화하게 하기 위해 global parameter를 사용하여 전압 v(t)를 그래프로 나타내시오.

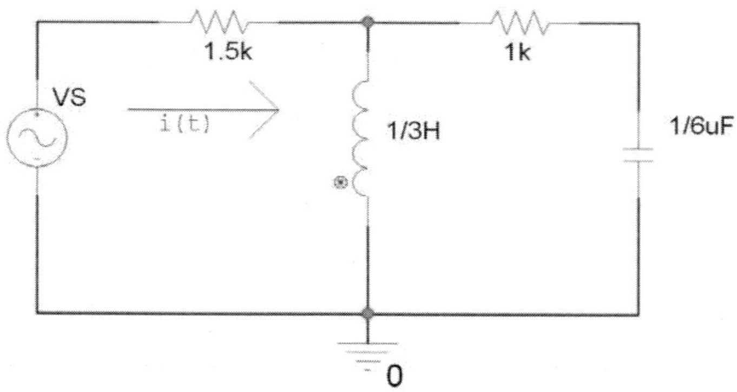

그림 12.15 문제 12-2의 회로

문제 12-3 그림 12.16에 회로에서 $VS = 2e^{-0.3(t-0.03)}\sin[3000\pi(t-0.03)]$[V]일 때 PSpice를 이용하여 0.25[H] 인덕터 양단에 걸리는 전압 v(t)를 그래프로 나타내고 100[Ω] 저항 R2의 값을 100[Ω]에서 1[kΩ]까지 100[Ω] 간격으로 변화하게 하기 위해 global parameter를 사용하여 전압 v(t)를 그래프로 나타내시오.

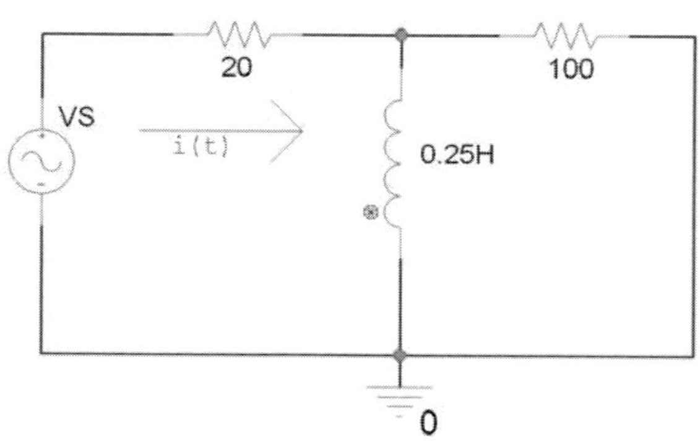

그림 12.16 문제 12-3의 회로

문제 12-4 그림 12.17에 회로에서 $VS = 2e^{-0.3(t-0.03)}\sin[3000\pi(t-0.03)]$ [V]일 때 PSpice를 이용하여 0.5[H] 인덕터 양단에 걸리는 전압 v(t)를 그래프로 나타내고 3[Ω] 저항 R2의 값을 3[Ω]에서 30[kΩ]까지 10[Ω] 간격으로 변화하게 하기 위해 global parameter를 사용하여 전압 v(t)를 그래프로 나타내시오.

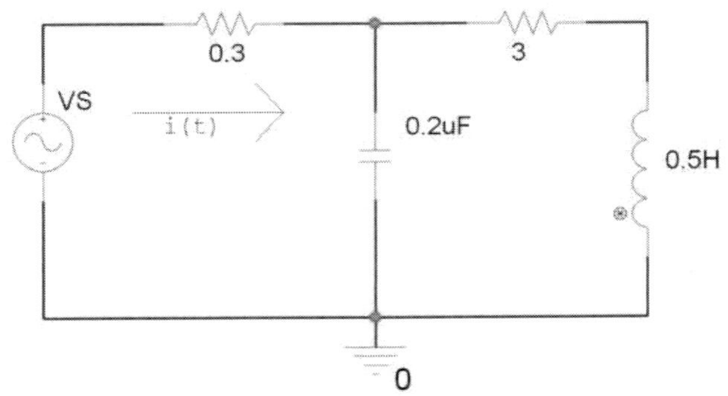

그림 12.17 문제 12-4의 회로

문제 12-5 그림 12.18에 회로에서 $VS1 = 5e^{-0.4(t-0.04)}\sin[3000\pi(t-0.04)]$ [V] 일 때 PSpice를 이용하여 0.5[H] 인덕터 양단에 걸리는 전압 v(t)를 그래프로 나타내고 3[Ω] 저항 R1의 값을 30[Ω]에서 330[Ω]까지 30[Ω] 간격으로 변화하게 하기 위해 global parameter를 사용하여 전압 v(t)를 그래프로 나타내시오.

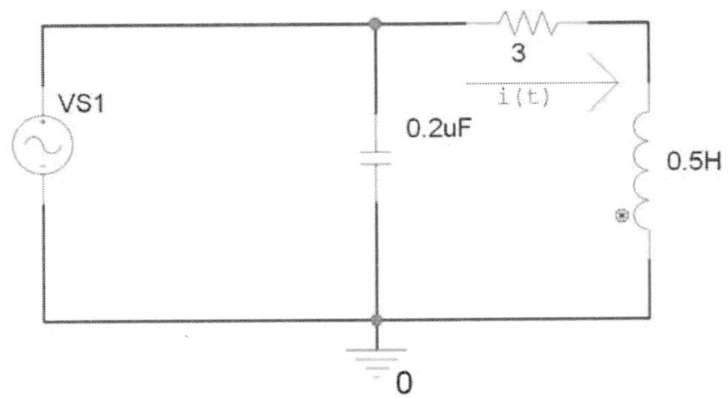

그림 12.18 문제 12-5의 회로

문제 12-6 그림 12.19 회로에서 $VS2 = 10e^{-0.5(t-0.05)}\sin[3000\pi(t-0.05)]$[V]일 때 PSpice를 이용하여 1[mH] 인덕터 양단에 걸리는 전압 v(t)를 그래프로 나타내고 3[Ω] 저항 R2의 값을 30[Ω]에서 330[Ω]까지 30[Ω] 간격으로 변화하게 하기 위해 global parameter를 사용하여 전압 v(t)를 그래프로 나타내시오.

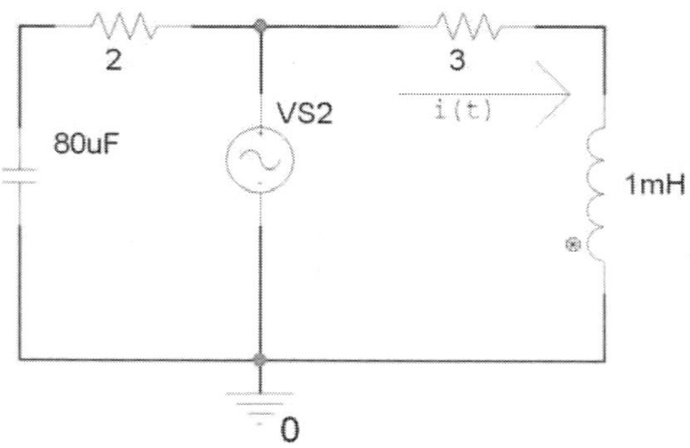

그림 12.19 문제 12-6의 회로

제 4 단원
PSpice 응용하기

제 4 단원

PSpice 응용하기

제 13 장

주파수 응답 해석

이 장에서는 입력신호의 주파수 변화에 따른 회로의 특성이 어떻게 변하는 가를 PSpice에서 알아보고 자 한다. 이러한 특성을 회로의 주파수 응답이라 한다. 또한, 주파수 응답을 나타낼 때 많이 사용하는 BODE Plot에 대하여 알아보고, 주파수 응답 회로의 예로 여파기 설계에 PSpice를 활용하는 방법에 대하여 알아본다.

13.1 주파수 변화 범위와 횟수 정하기

회로의 주파수 응답을 얻기 위해 앞 절 정현파 정상상태 해석에서 소개된 AC Sweep 해석을 사용하게 된다. 주파수 변화 범위를 Linear 또는 Logarithmic으로 정한다. 만일 Logarithmic으로 정한다면 decade 또는 octave를 정하여야 한다. decade는 주파수가 10씩 변하는 것이고 octave는 주파수가 2씩 변하는 것이다. 주파수의 변화 범위의 형태를 선택할 때, 계산할 주파수의 수를 선택해야 한다. 앞에서 했던 것처럼 시작 주파수와 끝나는 주파수를 정해야만 한다. 선형 변화를 선택하면 주파수 증가분은 다음 식 13.1과 같이 계산된다.

$$\Delta f = \frac{F_{STOP} - F_{START}}{NP - 1} \qquad \text{식 13.1}$$

여기서 NP는 계산할 주파수의 수를 나타낸다. 예를 들어 계산해 보면 다음과 같다.

선형 변화를 선택한다면, 시작 주파수가 100[Hz] 끝나는 주파수가 1100[Hz]이고 계산할 주파수의 수는 101이라고 하면 주파수 증가분은 다음 식 13.2와 같다.

$$\Delta f = \frac{1100 - 100}{101 - 1} = 10\,Hz \qquad \text{식 13.2}$$

만일 decade 변화를 선택하면, 주어진 decade에서 주파수는 다음 식 13.3과 같다.

$$f_k = FSD \cdot 10^{k/ND} \qquad \text{식 13.3}$$

여기서 FSD는 decade 시작에서의 주파수를 나타내고 ND는 decade 당 나타내는 점의 수를 의미한다. 그리고 k는 1부터 ND까지의 범위에서의 정수이다. 예를 들면, ND=20, FSTART=50 그리고 FSTOP=5000이라면, 50과 500 사이 decade에서 주파수들은 다음 식 13.4와 같다.

$$f_k = (50)10^{k/20} \qquad \text{식 13.4}$$

여기서 k=1, 2, 3, …, 20. 그래서 각 k의 값에 대한 주파수는 다음과 같이 나타난다.

$$f_1 = (50)10^{1/20} = 56.10\,Hz$$
$$f_2 = (50)10^{2/20} = 62.95\,Hz$$
$$\vdots$$

만일 octave 변화를 선택하면, 주어진 octave에서 주파수는 다음 식 13.5와 같다.

$$f_k = FSO \cdot 2^{k/NO} \qquad \text{식 13.5}$$

여기서 FSO는 octave 시작에서의 주파수를 나타내고 NO는 octave 당 나타내는 점의 수를 의미한다. 그리고 k는 1부터 NO까지의 범위에서의 정수이다. 예를 들면, NO=10, FSTART=400 그리고 FSTOP=3200 이라면, 400과 800 사이 octave에서 주파수들은 다음 식 13.6과 같다.

$$f_k = (400)2^{k/10} \qquad \text{식 13.6}$$

여기서 k=1, 2, 3, …, 10. 그래서 각 k의 값에 대한 주파수는 다음과 같이 나타난다.

$$f_1 = (400)2^{1/10} = 428.71\,Hz$$

$$f_2 = (400)2^{2/10} = 459.48\,Hz$$

.

.

.

13.2 주파수 응답 출력

우리는 종종 AC Sweep 해석의 결과를 그래프로 나타내어 보기를 원하게 된다. 또한 printer parts를 이용하여 해석의 결과를 출력 파일에 기록하기도 한다. 프린터에서 적절한 선택한 값으로 Y 를 대신하면 직각 좌표계, 극 좌표계에 전압, 전류의 변수를 정할 수 있다. 예제 13-1에는 병렬 RLC 회로의 주파수 응답을 PSpice를 이용하여 어떻게 하는가를 보여 준다.

예제 13-1

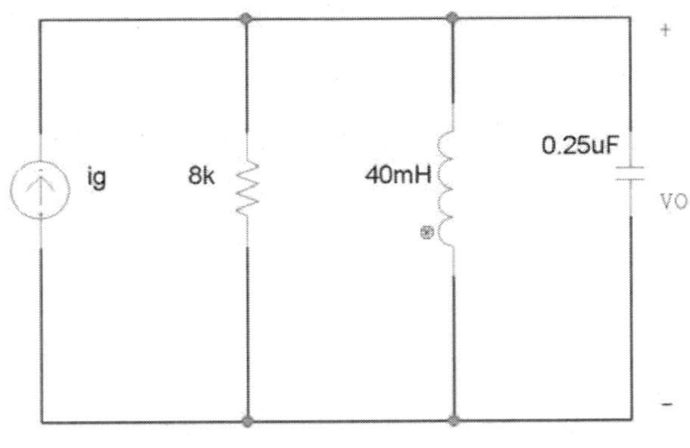

그림 13.1 예제 13.1의 회로도

a) 그림 13.1에 보여진 회로에서 전류 전원이 50coswt [mA]일 때 선형 주파수 표현으로 주파수 1000에서 2000[Hz]까지 10[Hz]씩 증가하면서 주파수 응답을 PSpice의 Probe를 이용하여 그래프로 나타내어라.

b) a)에서 구한 그래프로부터 회로의 공진 주파수, 대역폭 그리고 양호도를 구하시오.

c) 해석적인 방법으로 구한 회로의 공진 주파수, 대역폭 그리고 양호도와 결과를 비교해 보시오.

풀이

a) 그림 13.1의 회로도를 PSpice 상에 나타낸 것이 그림 13.2에 나타나 있다. PSpice 상에 이와 같이 회로를 작성하기 위한 순서를 요약하면 다음과 같다.

① 초기 창에서 File/New/Project를 선택한다.

② 새로운 Project 대화창이 열리고 여기서 Name과 저장 위치 그리고 형태들을 정하고 ok를 선택한다.

③ Create PSpice Project 창이 열리면 ok를 선택한다.
(작은 창이 여러 번에 거쳐 열리면 확인을 선택하여 작은 창을 닫는다.)

④ 작업할 Page가 열리고 작업 준비가 완료된다.

⑤ Place Part(P)를 선택하여 사용될 부품을 배치한다.
여기서 사용된 부품과 심벌은 다음과 같다.
R : R/ANALOG, C : C/ANALOG, L : L/ANALOG,
I1 : IAC/SOURCE, GND : 0/SOURCE

⑥ Place Wire(W)를 이용하여 선을 연결한다.

⑦ 수직 툴바의 Off-page Connector를 선택하여 이중 화살표로 표기한다.

⑧ 각 부품을 선택하여 속성 창에서 부품 값을 입력한다.

⑨ 출력 전압의 파형을 나타내기 위하여 Out 단자에 Voltage Probe를 붙인다.

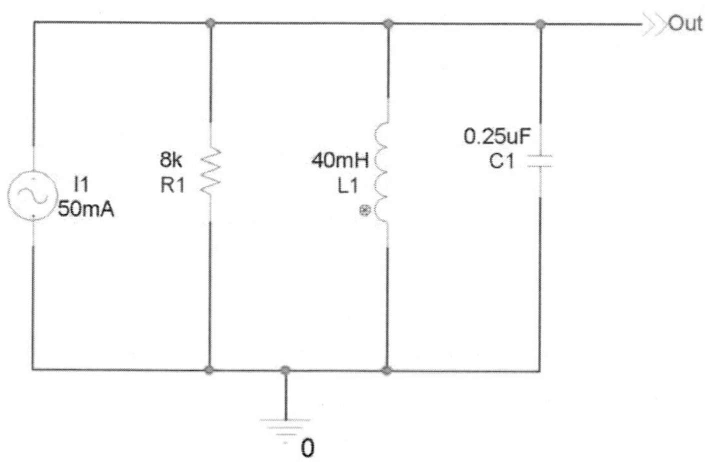

그림 13.2 PSpice 상의 회로도

이제는 모의실험을 위한 해석의 형태를 정하는 방법을 정하여야 한다.

⑩ 메뉴에서 PSpice/New Simulation Profile을 선택하면 New Simulation 창이 나타나고 Name에 ch12-1(본인이 설정)라고 입력하고 Create를 선택하여 창을 닫는다.

⑪ 그림 13.3과 같은 Simulation Settings 창이 열린다. 그림과 같이 설정하고 창을 닫는다.

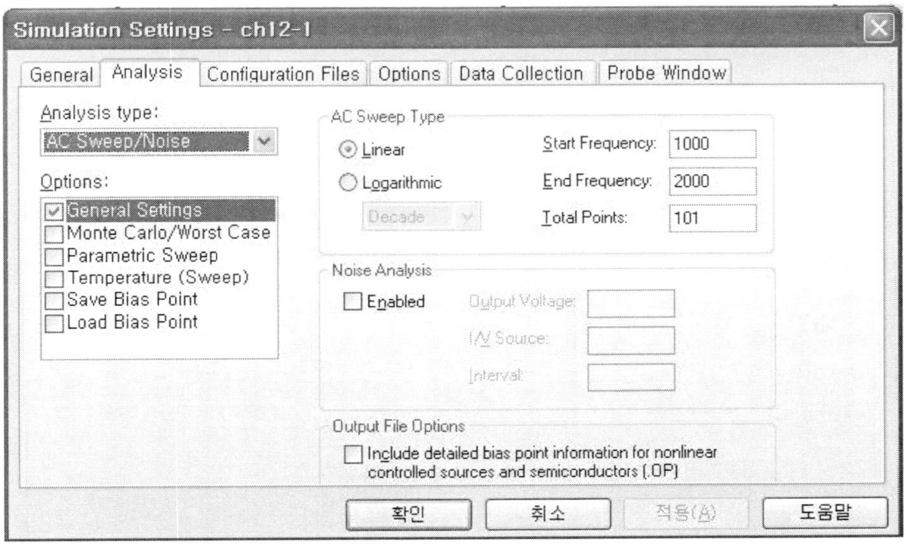

그림 13.3 예제 13.1의 Simulation Settings

⑫ 메뉴에서 PSpice/Run을 선택하거나 툴바에서 Run PSpice를 선택하여 모의실험을 실행한다.

⑬ X 축의 SCALE이 다른 경우에는 출력 창에서 Plot/Axis settings를 선택하면 Axis settings 창이 나타난다. 여기에서 그림 13.4와 같이 설정을 하고 창을 닫는다.

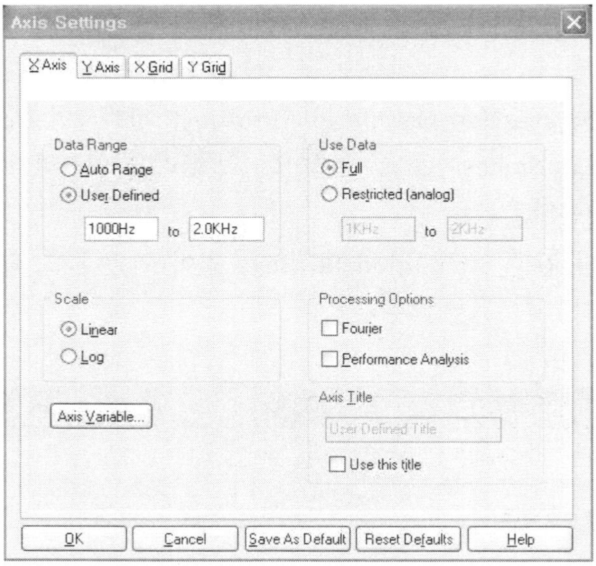

그림 13.4 X축 설정

⑭ 최대값일 때의 주파수를 알기 위하여 출력 창 메뉴에서 Trace/Curser/Display를 선택하고 최고점에 마우스를 클릭하면 그림 13.5와 같이 결과가 나타난다.

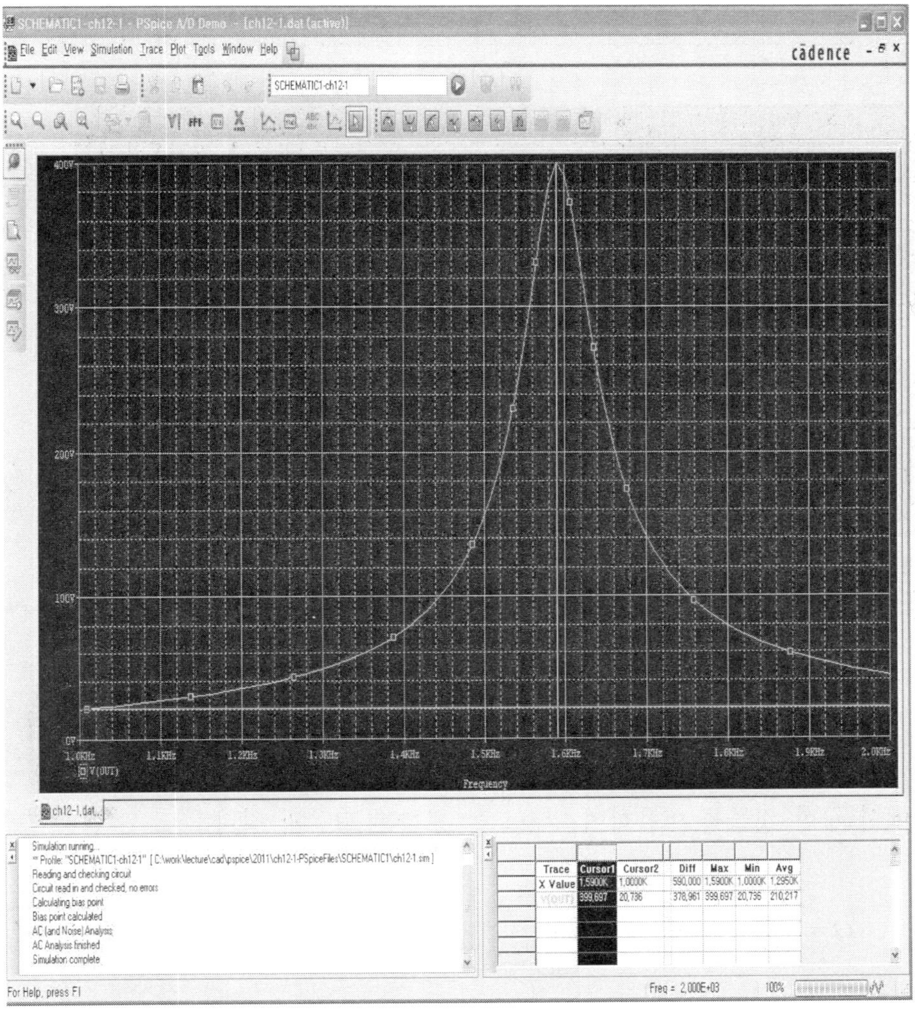

그림 13.5　회로의 공진 주파수

b) 그림 13.5에는 주파수에 대한 전압의 출력 그래프를 나타내고 있다. 그림 13.5에서 보여진 것처럼 x 축은 선형 스케일로 주어져 있으며, Probe Cusor를 이용하였다. 그림 13.5에서 보듯이 400[V] 피크 전압 값에서 1590[Hz]의 주파수를 나타내고 있다. 그러므로 공진 주파수는 1590[Hz]가 된다.

대역폭을 알기 위해서 전압 값이 $400/\sqrt{2} = 282.84$[V]인 두 지점의 주파수를 알아내기 위하여 cursor를 사용한 것이 그림 13.6에 나타나 있다. 가장 가까운 점이 282.67[V]이므로 이 점에서 두 주파수는 다음과 같다. 1552.26과 1631.84이고 이들의 차이는 1631.9−1552.2=79.763[Hz]가 된다. 대략적으로 80[Hz]이다.

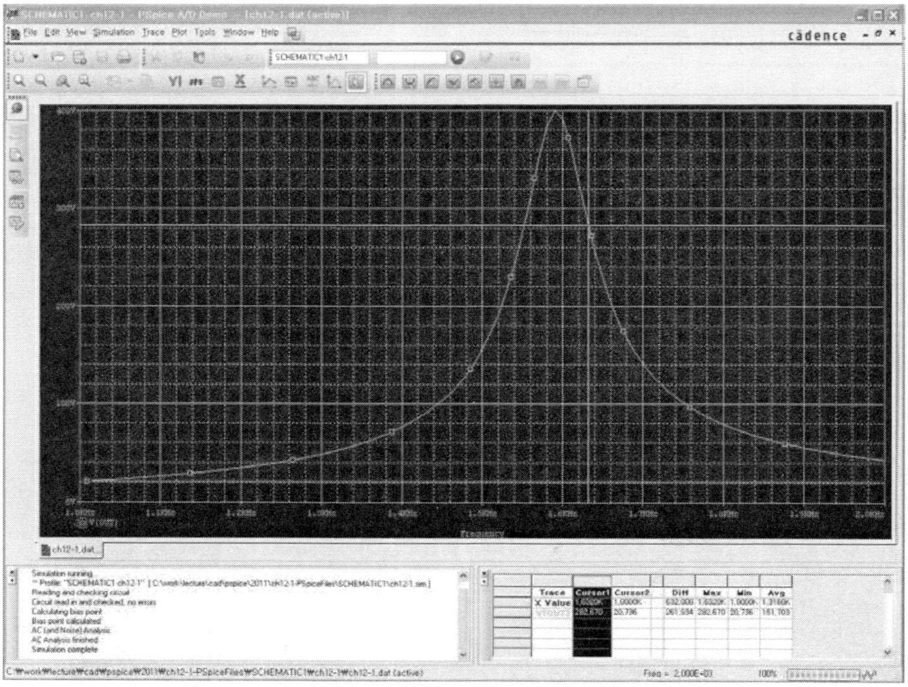

그림 13.6 회로의 대역폭

앞에서 구한 것들을 이용하여 양호도를 구하면 다음과 같다.

$$Q = \frac{f_o}{BW} = \frac{1590}{80} = 19.88 \qquad \text{식 13.7}$$

c) 그러므로 PSpice를 이용하여 구한 결과는 다음과 같다.

$$f_o = 1590.55\,Hz$$

$$f_1 = 1552.26\,Hz$$

$$f_2 = 1631.84\,Hz$$

$$BW = f_2 - f_1 = 79.58\,Hz$$

$$Q = \frac{f_o}{BW} = 19.88$$

다음과 같이 해석결과와 PSpice 해석 결과의 비교를 요약해 볼 수 있다.

표 13.1

	회로 해석	PSpice
f0	1591.55	1590
f1	1552.26	1552.2
f2	1621.84	1631.9
β	79.58	79.763
Q	20.00	19.88

필요하다면 시작 주파수, 끝 주파수 그리고 더 큰 해석하고자 하는 수의 다른 값을 가지고 PSpice를 이용하여 다시 해석하면 공진 주파수 주변에서 더 정확한 해석을 얻을 수 있다. 예제 13-2에서 그림 13.1에 보여진 회로에서 커패시터의 값을 변화시키기 위하여 global parameter를 사용한다. Probe를 이용하여 회로의 주파수 응답 특성에서 이러한 변화의 효과를 볼 수 있다.

예제 13-2

0.05[uF]씩 증가하여 0.15[uF]에서 0.35[uF]까지 커패시터 값이 변하기 위해 예제 13-1의 PSpice 회로도를 변경하라. 그리고 Probe를 사용하여 커패시터의 모든 값에 대하여 주파수 응답 특성을 타나내어라. 커패시터 값의 변화의 효과에 대하여 논하라.

풀이

0.05[uF]씩 증가하여 0.15[uF]에서 0.35[uF]까지 커패시터 값이 변하는 것에 대해 해석하기 위하여 global parameter를 갖게 변경된 회로가 그림 13.7에 나타나 있고 이것을 하기 위한 과정을 요약하면 다음과 같다.

⑮ 마우스로 C1의 저항 값 0.25[uF]를 두 번 클릭하여 Display Properties 창

이 열리고 이 창에서 값 0.25[uF] 대신 {VCAP}으로 변경하고 ok를 클릭하여 창을 닫는다.

⑯ Place parts(P)를 선택하여 SPECIAL LIBRARY에서 PARAM를 도면에 배치한다.

⑰ PARAMETER의 속성 창을 열어 NEW ROW를 선택하여 그림 13.7과 같은 창을 연다.

⑱ Add New Row 창에서 그림 13.7에 보여진 것과 같이 입력하고 ok를 선택 창을 닫는다.

⑲ 속성 창이 그림 13.8과 같이 됨을 알 수 있고, 이 속성 창을 닫는다.

⑳ PSpice/Edit Simulation Profile을 선택하여 그림 13.9과 같이 Simulation Settings 창을 설정한다. 확인을 선택하여 창을 닫는다.

㉑ PSpice/Run을 선택하여 Simulation 한다.

여러 가지 방법으로 해석 규격을 편집할 수 있다. 첫 번째 커패시터 값의 범위로부터 만들어질 수 있는 넓은 주파수 대역을 나타내기 위해 500[Hz]에서 시작하여 3500[Hz]에서 끝나게 ac sweep을 변경하였다. 두 번째 0.05[uF]씩 변하여 0.15[uF]에서 0.35[uF]까지 global parameter VCAP을 변하게 하기 위하여 PARAMETER SWEEP을 추가 하였다. 모의실험 결과가 그림 13.10에 나타나 있다.

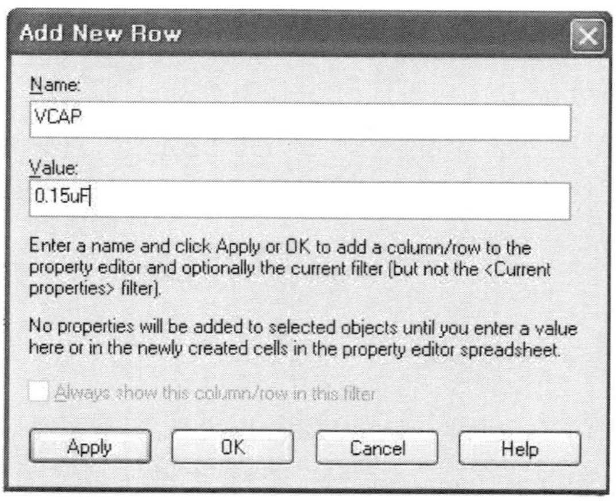

그림 13.7 global parameter VCAP 추가

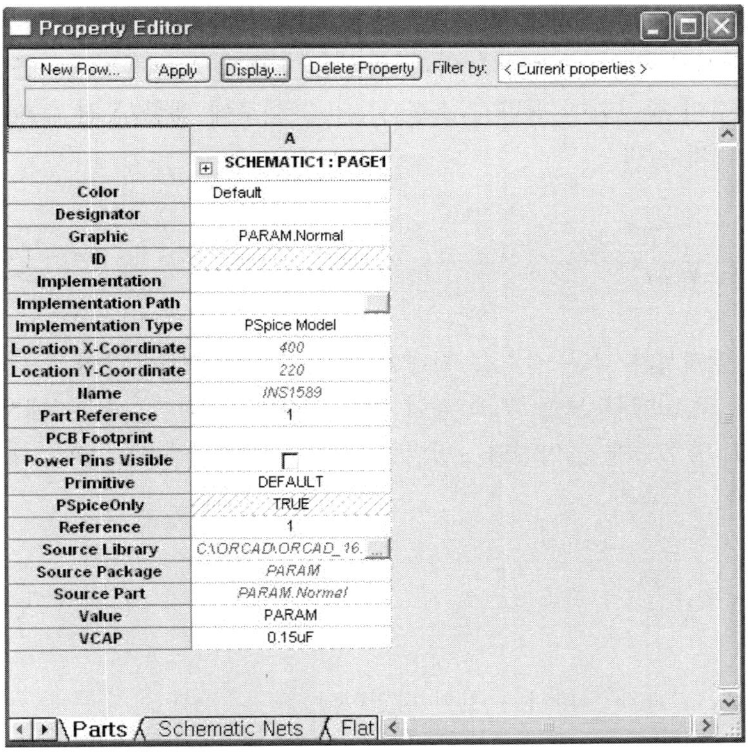

그림 13.8 global parameter VCAP 속성창

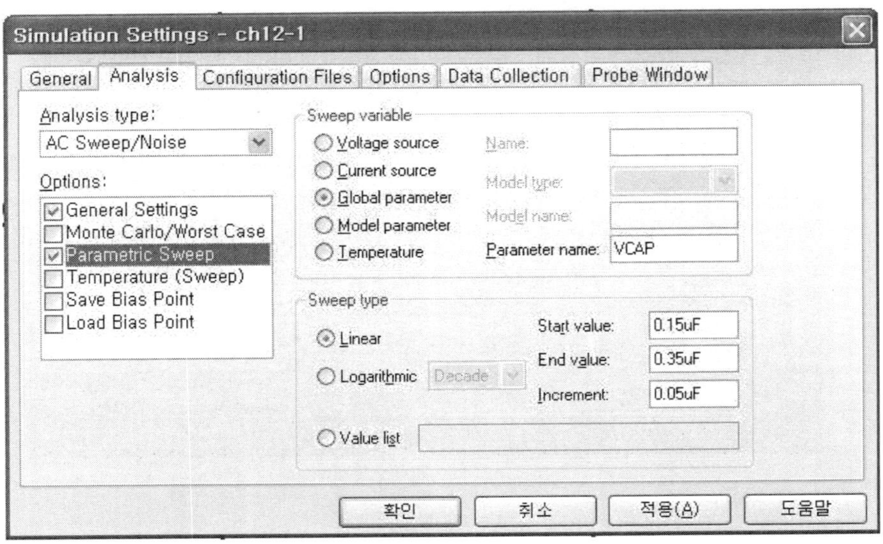

그림 13.9 Simulation Settings

그림 13.10은 Probe 출력이다. 가장 작은 값을 갖는 커패시터는 가장 오른쪽 곡선이고, 커패시터 값이 증가함에 따라 곡선은 왼쪽으로 이동한다. 공진 주파수는 커패시터의 값이 증가함에 따라 감소한다. RLC 회로에 대한 공진 주파수를 구하는 식은 식 13.18과 같다.

$$w_r = \sqrt{\frac{1}{LC}} \qquad \text{(식 13.18)}$$

그러므로 앞에서와 같은 결과를 기대할 수 있다. 커패시터 값이 증가하므로 공진 곡선은 그림 13.10에서 보는 것과 같이 더욱 가파르게 된다. 즉, 커패시터 값이 증가함에 따라 양호도가 높아진다. 병렬 RLC 회로에서 양호도 Q에 대한 식은 식 13.19와 같다.

$$Q = R\sqrt{\frac{C}{L}} \qquad \text{(식 13.19)}$$

그러므로 위의 결과가 나타나는 것이 당연하다.

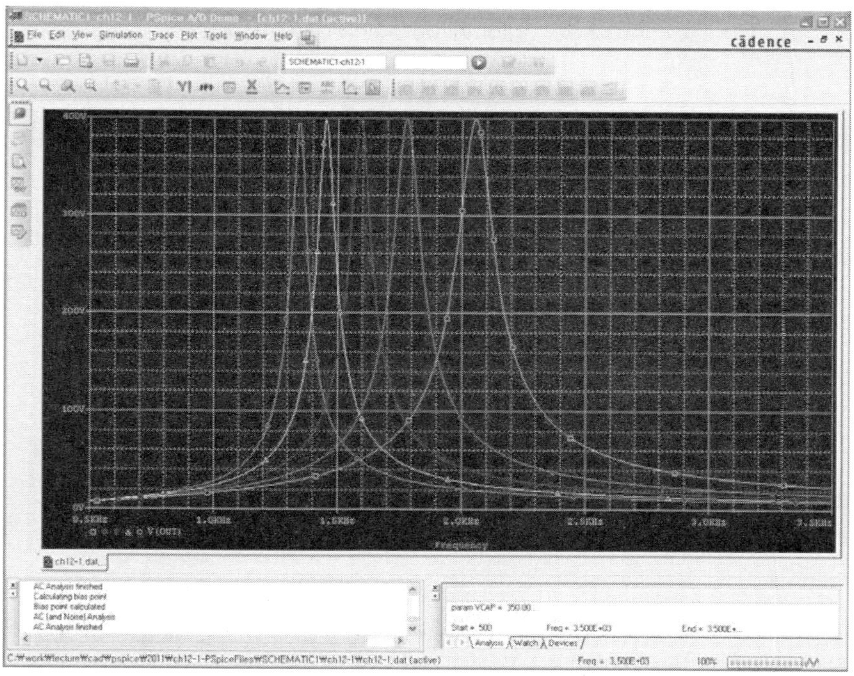

그림 13.10 커패시터 값 변화에 따른 회로 공진 응답

13.3 BODE Plots

앞 절에서 PSpice의 Probe를 이용하여 주파수 응답을 만들어 내는 방법에 대하여 나타내었다. 주파수 응답 데이터로부터 전압 전류 PRINT parts는 여러 가지 다른 형태로 출력 전압 전류를 나타낼 수 있다. 즉 실수와 헛수, 크기와 위상각 그리고 dB 크기와 위상각 등이다. Probe를 이용하여 동일한 형태로 주파수 응답 데이터를 나타낼 수 있다. 앞 절에서 선형 주파수에 대하여 선형 전압 크기로 나타내었다. 다른 형태로 변경할 수 있다. 즉, Log 주파수에 대하여 dB 전압 크기 그리고 Log 주파수에 대해 위상각 이러한 형태는 Bode plots을 만들기 위해 사용되는 형태이다. 예제 13-3은 Probe를 이용한 Bode plots과 Log 주파수에 대한 dB 전압 크기 그리고 Log 주파수에 대한 위상 각 plots을 비교한다.

예제 13-3

3개의 다른 저항값 5, 50 그리고 500[Ω]에 대하여 그림 13.11에 보여진 회로의 주파수 응답을 구하기 위해 PSpice 상의 회로도와 해석을 하시오. Probe를 사용하여 Log 주파수에 대하여 출력 전압 dB 크기와 출력 전압 위상각의 그래프를 그리시오.

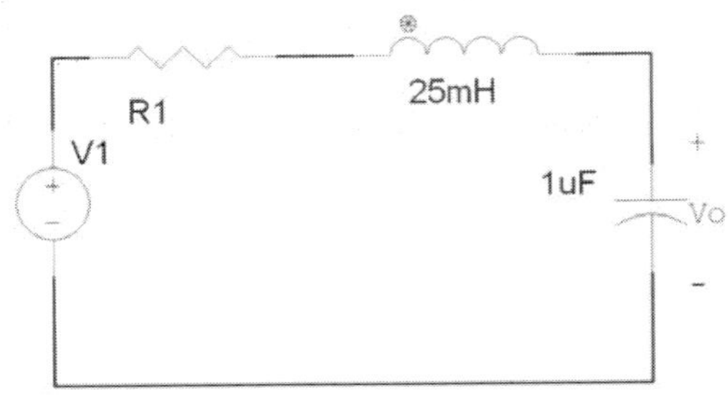

그림 13.11 예제 13.11의 회로도

풀이

3개의 다른 저항 값에 대해 회로를 세 번 해석하기 위하여 {RVAL}으로 저항을 사용한다. 회로도에 global parameter parts를 추가하고 저항의 값이 되는 RVAL 속성을 추가한다. Bode plots을 하기 위해 전원 전압의 크기는 1 그리고 그것의 위상각은 0°로 한다. 이러한 과정을 거친 PSpice 상의 회로도는 그림 13.12에 나타나 있다. PSpice 상에 이와 같이 회로를 작성하기 위한 순서를 요약하면 다음과 같다.

① 초기 창에서 File/New/Project를 선택한다.

② 새로운 Project 대화창이 열리고 여기서 Name과 저장 위치 그리고 형태들을 정하고 ok를 선택한다.

③ Create PSpice Project 창이 열리면 ok를 선택한다.
(작은 창이 여러 번에 거쳐 열리면 확인을 선택하여 작은 창을 닫는다.)

④ 작업할 Page가 열리고 작업 준비가 완료된다.

⑤ Place Part(P)를 선택하여 사용될 부품을 배치한다.
여기서 사용된 부품과 심벌은 다음과 같다.
R : R/ANALOG, C : C/ANALOG, L : L/ANALOG,
V1 : VSRC/SOURCE, GND : 0/SOURCE

⑥ Place Wire(W)를 이용하여 선을 연결한다.

⑦ 수직 툴바의 Off-page Connector를 선택하여 이중 화살표로 표기한다.

⑧ 각 부품을 선택하여 속성 창에서 부품 값을 입력한다.

⑨ 출력 전압의 크기(DB)와 위상(P)를 PSpic A/D 윈도우에 나타내기 위해서는 메뉴에 PSpice/Markers/Advance의 db magnitude of voltage와 phase of voltage Probe를 Out 단자에 붙인다.

⑩ 마우스로 R1의 저항 값 5[Ω]을 두 번 클릭하여 Display Properties 창이 열리고 이 창에서 값 5[Ω] 대신 {VR}으로 변경하고 ok를 클릭하여 창을 닫는다.

⑪ Place parts(P)를 선택하여 SPECIAL LIBRARY에서 PARAM를 도면에 배치한다.

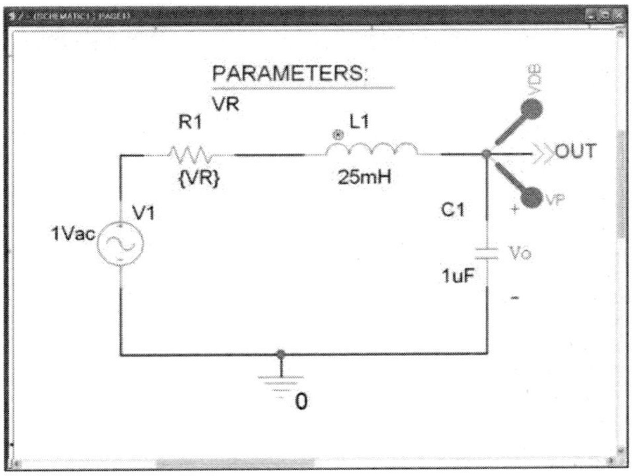

그림 13.12 그림 13.8에 대한 PSpice 상의 회로도

⑫ PARAMETER의 속성 창을 열어 NEW ROW를 선택하여 그림 13.13과 같은 창을 연다.

⑬ Add New Row 창에서 그림 13.13에 보여진 것과 같이 입력하고 ok를 선택 창을 닫는다.

⑭ 속성 창이 그림 13.14과 같이 됨을 알 수 있고, 이 속성 창을 닫는다.

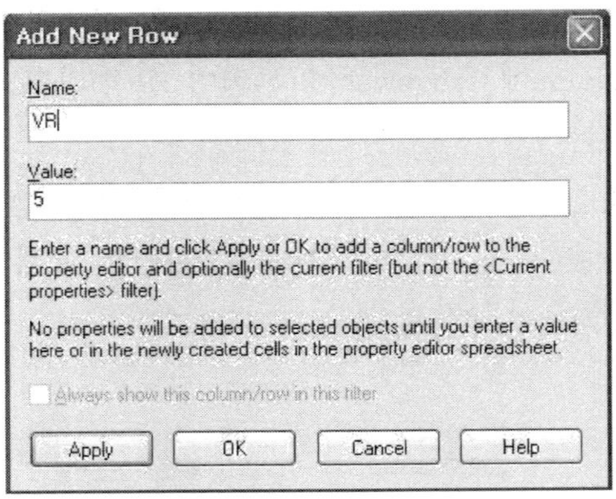

그림 13.13 global parameter VR 추가

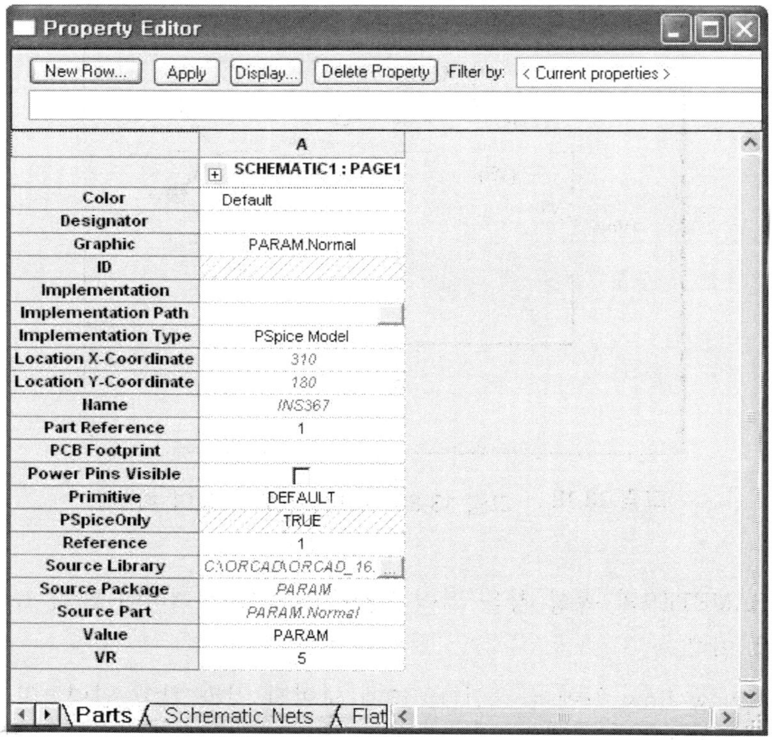

그림 13.14 global parameter VR 속성창

⑮ 메뉴에서 PSpice/New Simulation Profile을 선택하면 New Simulation 창이 나타나고 Name에 freqsweep2(본인이 설정)라고 입력하고 Create를 선택하여 창을 닫는다.

⑯ PSpice/Edit Simulation Profile을 선택하여 그림 13.15와 그림 13.16과 같이 Simulation Settings 창을 설정한다. 확인을 선택하여 창을 닫는다.

⑰ PSpice/Run을 선택하여 Simulation 한다.

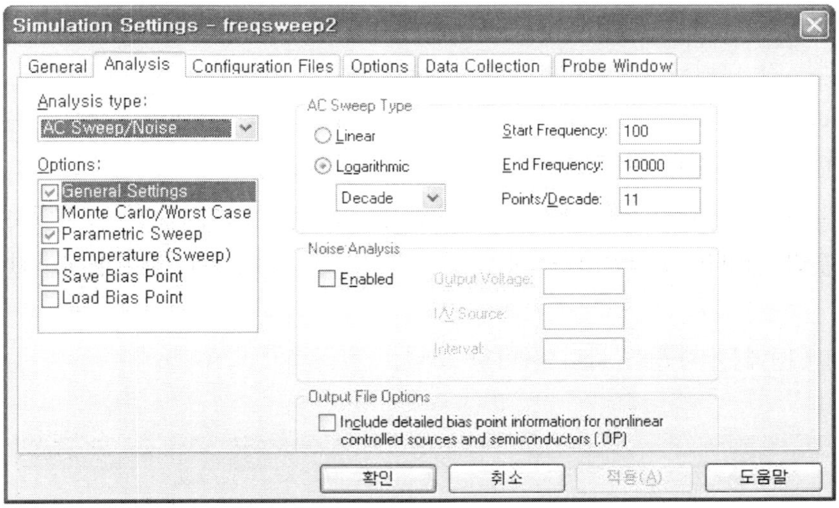

그림 13.15 Simulation Settings I

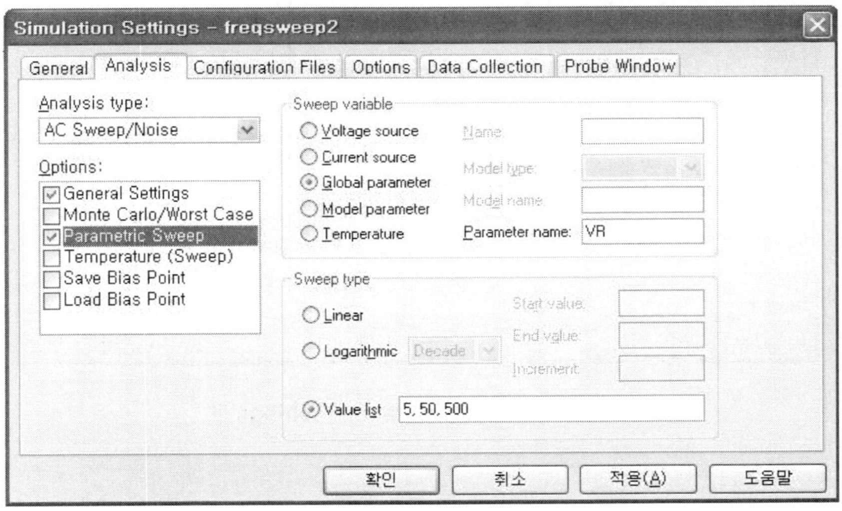

그림 13.16 Simulation Settings II

출력 창이 나타나면 하나의 그래프에 V(OUT)의 크기와 위상이 함께 나타나 있다. 이것을 두 개의 그래프에 하나는 크기 또 다른 하나에는 위상을 나타내기 위해서는 그래프를 추가하여야 한다. 이것을 하기 위해서는 다음과 같은 과정을 거쳐야 한다.

⑱ 출력 창에서 Plot/Add Plot to Window를 선택하면 출력 창에 두 개의 그래프가 나타난다.

⑲ 나타난 그래프에서 Trace를 넣기 위해서 출력 창 메뉴에서 Trace/Add Traces를 선택하면 Add Traces 창이 나타난다.

⑳ 출력 전압의 크기를 나타내기 위해서는 그림 13.17 과 같이 선택하면 되고 출력 전압의 위상을 나타내기 위해서는 그림 13.18과 같이 선택하면 된다.

그림 13.19에는 최종 결과가 나타나 있다.

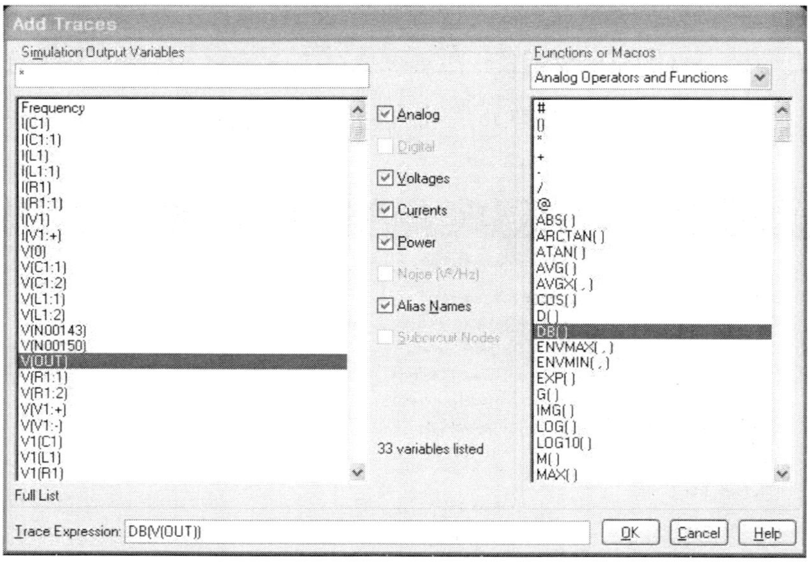

그림 13.17 Simulation Settings II

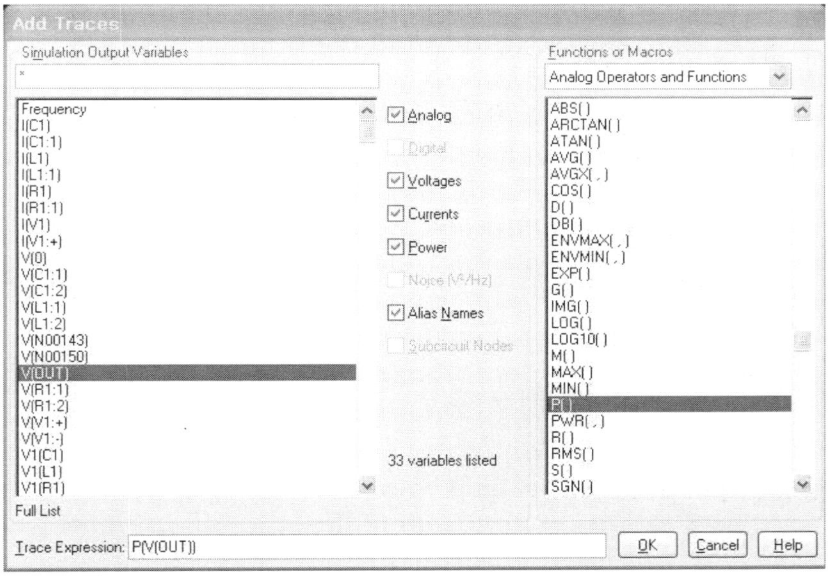

그림 13.18 Simulation Settings II

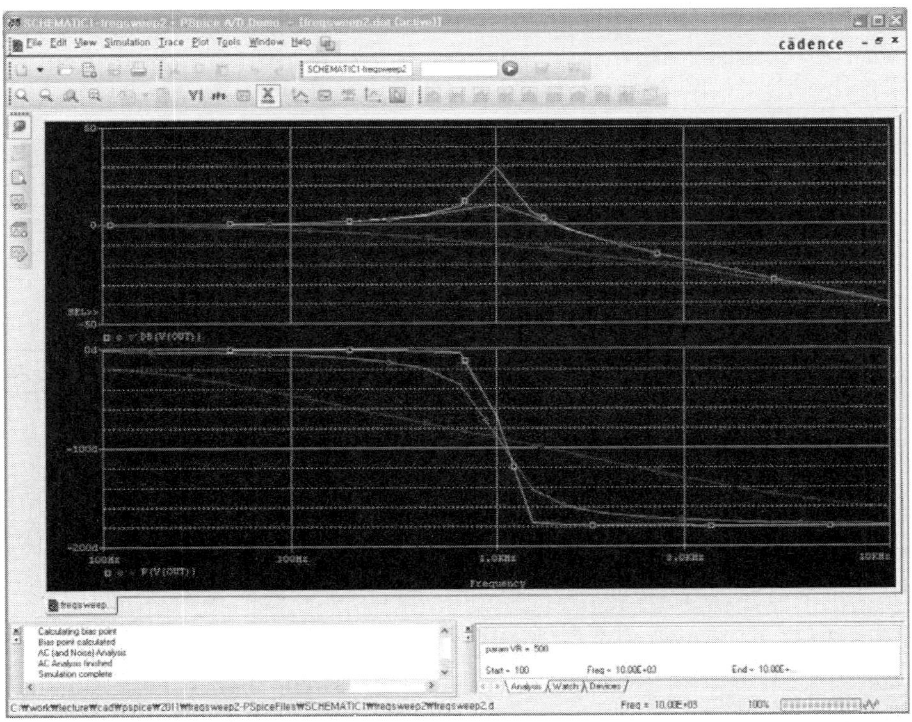

그림 13.19 모의실험 결과

AC Sweep 해석을 규정하기 위해 사용되는 값을 만들어 내기 위해 회로의 사전 해석을 할 필요가 있다. 관심 주파수 대역 즉, 중심 주파수를 포함하는 주파수 대역은 두 개의 주파수 시작 주파수와 끝 주파수의 중간에 있다. 직렬 회로에서 중심 주파수와 대역폭은 다음과 같이 주어진다.

$$w_O = \sqrt{\frac{1}{LC}} \quad \text{식 13.20}$$

$$\beta = \frac{R}{L} \quad \text{식 13.21}$$

그림 13.8에 주어진 회로에서는 중심 주파수는 식 13.22과 같다.

$$w_O = \sqrt{\frac{1}{(25\times10^{-3})(1\times10^{-6})}} = 6324.56\,rad/\sec \quad \text{식 13.22}$$

$$\approx 1000\,Hz$$

대역폭은 다음 식 13.23과 식 13.24와 같다.

$$\beta_{narrow} = \frac{5}{25\times10^{-3}} = 200\ rad/\sec \quad \text{식 13.23}$$

$$\approx 32\,Hz$$

$$\beta_{wide} = \frac{500}{25\times10^{-3}} = 20000\ rad/\sec \quad \text{식 13.24}$$

$$\approx 3.2\ kHz$$

그러므로 100[Hz]를 시작 주파수, 10[kHz]를 끝 주파수로 정한다. 이것은 Log 주파수에서 중간에 중심 주파수가 위치하고 넓은 대역 회로 응답에 대한 충분한 공간을 제공한다. ac sweep 대화창에 이러한 값을 입력하고 3개의 저항값 각각에 대하여 ac 정상 상태 해석을 하기 위한 parameter sweep box를 확인하라. 저항 값의 범위를 정하는 대신 값의 list를 만든다. 이것을 하기 위해 parameter sweep 대화창에 list 버튼을 클릭하라 그리고 값을 입력하고 이들을 comma와 space로 분리하라. 해석을 완성하기 전에 Probe를 넣고 화면에 두 개의 그래프를 그리기 위해 메뉴 시스템을 사용하라. 위의 그래프에서 dB로 나타나 있는 커패시터 양단의 전압의 크기인 Out 노드에서 전압 크기의 그래프를 추가한다. 주파수 축은 ac sweep 해석은 decade로 주파수를 규정하였기에 이미 Log 스케일이다. 아래의 그래프에서 커패시터 양단 전압의 위상각인 Out 노드에서 전압 위상각의 그래프를 추가한다. 이 회로의 전달 함수는 식 13.25와 같다.

$$H(s) = \frac{\frac{1}{LC}}{S^2 + (\frac{R}{L})S + \frac{1}{LC}} \qquad \text{식 13.25}$$

그러므로 두 개의 POLE이 있고 ZERO는 없다. R 값이 변함에 따라 POLE의 값은 다음 표 13.2와 같이 변한다.

표 13.2

R	First pole	Second pole
5	−100+j6323.76	−100−j6323.76
50	−1000+j6245.00	−1000−j6245.00
500	−2254.03	−17745.97

작은 두 개의 R 값은 R=5[Ω]에 대해 0.0158 그리고 R=50[Ω]에 대해 0.158의 damping 계수를 갖는 복소 pole을 갖는다. 그림 13.19은 3가지 경우에 대한 Bode plot이다. 위 그래프는 [dB]로 나타난 크기 그래프이며, 이것은 낮은 주파수에 대하여 각 경우에 있어 0[dB]에서 시작하고 높은 주파수에서는 −40[dB/decade]의 기울기를 갖는다. 위의 [dB] 곡선이 50[Ω]에 대한 것이고 아래 곡선이 500[Ω]에 대한 것이다. 예측 한 것처럼 [dB] 곡선은 복소 plot과 low damping 계수를 갖는 경우에 대해 1000[Hz] 부근에 첨두치를 갖게 된다. 그림 13.19에서 아래 그래프는 위상 plot이다. 각 곡선은 낮은 주파수에서 00 그리고 높은 주파수에서 −1800를 나타낸다. 모든 곡선은 1000[Hz] 부근의 중심 주파수에서 −900를 지나게 된다. 가파른 곡선은 복소 pole과 낮은 damping 계수에 해당한다.

13.4 Filter 설계

이 절에서의 PSpice를 이용하여 회로의 주파수 응답 해석에 대한 필터 설계에 대한 예제를 다루어 보기로 한다. PSpice는 연산 증폭기를 이용한 능동 필터 설계에 도움이 되게 사용할 수 있다. 예제 13.4는 높은 선택도를 갖는 대역 통과 여파기의 특성을 나타내는 것을 PSpice 와 Probe를 통하여 확인 할 수 있다.

예제 13-4

그림 13.11에 나타나 있는 회로는 고 선택도 능동 대역 통과 여파기이다. 중심 주파수 10[kHz], 양호도 10 그리고 통과 대역 이득 3에 맞게 선택된 1[nF] 커패시터, LM324 증폭기, 저항 3개를 사용한다. 3개의 주파수 응답 규격을 만족하는 여파기를 만들기 위해 계산된 저항 값을 확인하기 위하여 Probe를 사용하라.

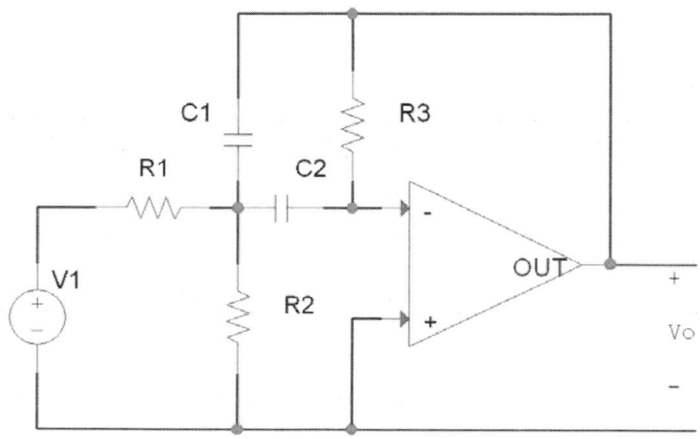

그림 13.20 예제 13.4의 고 양호도 능동 대역 통과 여파기

풀이

저항을 결정하는 식은 다음과 같다.

$$R_1 = \frac{Q}{K} = \frac{10}{3} = 3.333$$

$$R_2 = \frac{Q}{(2Q^2 - K)} = \frac{10}{197}$$

$$R_3 = 2Q = 20$$

스케링 계수는 다음과 같다.

$$k_f = 2\pi(w_o) = 20000\pi$$

$$k_m = \frac{1}{(Ck_f)} = \frac{10^9}{k_f}$$

스케링을 한 후 저항 값은 다음과 같다.

$$R_1 = 53.1\,k\Omega$$

$$R_2 = 808\,\Omega$$

$$R_3 = 318.3k\Omega$$

이 설계에 대한 PSpice 회로도는 그림 13.12에 나타나 있다. PSpice 상에 이와 같이 회로를 작성하기 위한 순서를 요약하면 다음과 같다.

① 초기 창에서 File/New/Project를 선택한다.
② 새로운 Project 대화창이 열리고 여기서 Name과 저장 위치 그리고 형태들을 정하고 ok를 선택한다.
③ Create PSpice Project 창이 열리면 ok를 선택한다.
(작은 창이 여러 번에 거쳐 열리면 확인을 선택하여 작은 창을 닫는다.)
④ 작업할 Page가 열리고 작업 준비가 완료된다.

⑤ Place Part(P)를 선택하여 사용될 부품을 배치한다.
여기서 사용된 부품과 심벌은 다음과 같다.
R : R/ANALOG, C : C/ANALOG, OPAMP : LM324/EVAL,
V1 : VAC/SOURCE, VDC : VDC/SOURCE, GND : 0/SOURCE

⑥ Place Wire(W)를 이용하여 선을 연결한다.

⑦ 수직 툴바의 Off-page Connector를 선택하여 이중 화살표로 표기한다.

⑧ 각 부품을 선택하여 속성 창에서 부품 값을 입력한다.

⑨ 출력 전압의 파형을 나타내기 위하여 Out 단자에 Voltage Probe를 붙인다.

⑩ 메뉴에서 PSpice/New Simulation Profile을 선택하면 New Simulation 창이 나타나고 Name에 freqsweep3(본인이 설정)라고 입력하고 Create를 선택하여 창을 닫는다.

⑪ PSpice/Edit Simulation Profile을 선택하여 그림 13.22와 같이 Simulation Settings 창을 설정한다. 확인을 선택하여 창을 닫는다.

⑫ PSpice/Run을 선택하여 Simulation 한다.

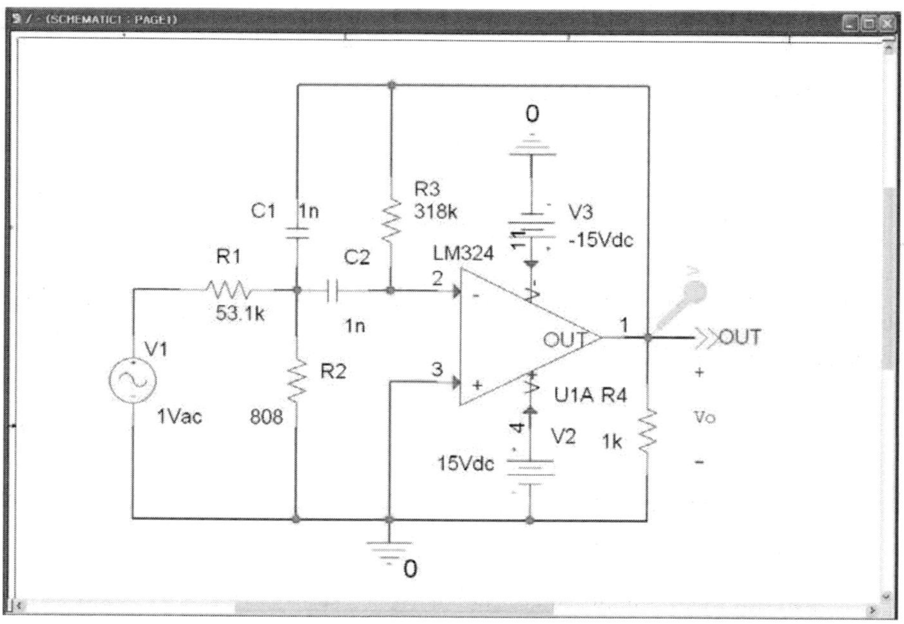

그림 13.21 고 양호도 여파기의 PSpice 상의 회로도

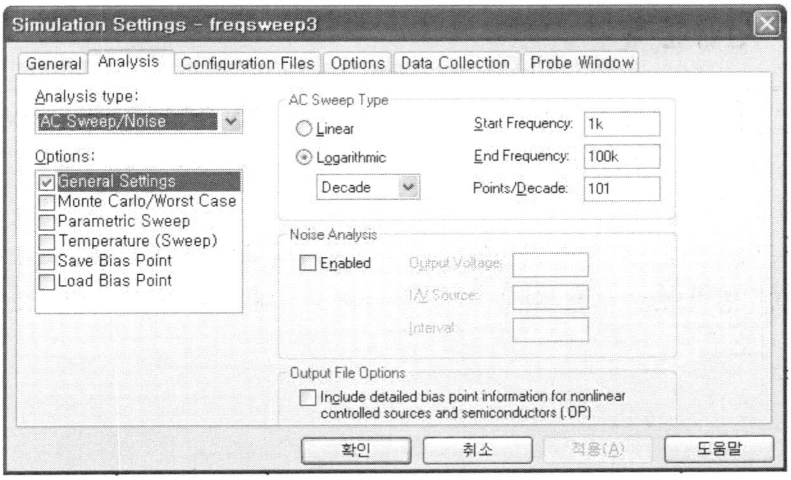

그림 13.22 고 양호도 여파기의 Simulation Settings 창

⑬ 출력 창의 메뉴에서 Trace/Curse/Display를 선택하여 curse가 그래프에 나타나면 최고치의 1/ $\sqrt{2}$ 에 해당하는 2.63[V] 지점에 클릭한다.

cursor를 이용하여 10000/10=1000[Hz]의 대역폭을 확인할 수 있다. 중심 주파수 그리고 통과 대역의 이득 등이 만족됨을 알 수 있다.

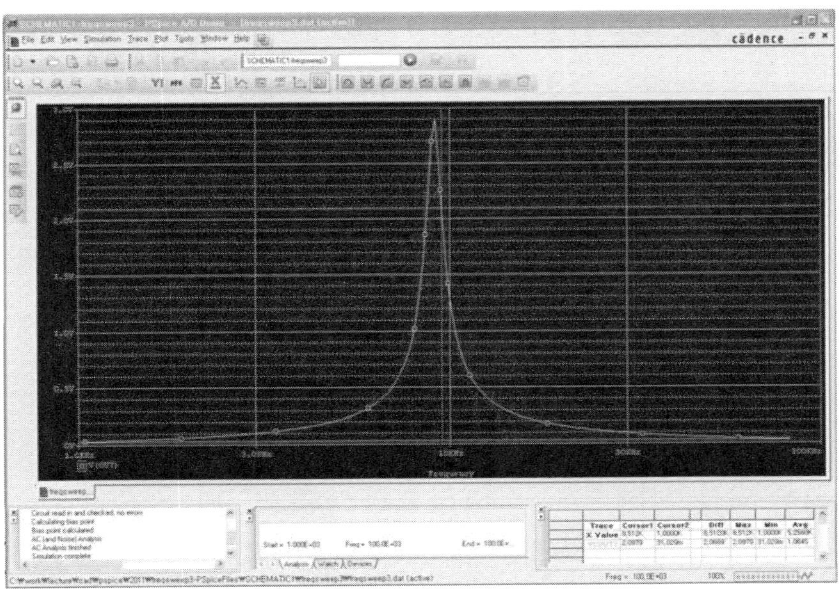

그림 13.23 예제 13.4의 주파수 응답 특성

13.5 연습문제

문제 13-1 a) 그림 13.24에 보여진 회로에서 전압 전원이 50coswt[V]일 때 선형 주파수 표현으로 주파수 응답을 PSpice의 Probe를 이용하여 그래프로 나타내어라.(여기서 R1=500 이다.)

b) a)에서 구한 그래프로부터 회로의 공진 주파수, 대역폭 그리고 양호도를 구하시오.

c) 해석적인 방법으로 구한 회로의 공진 주파수, 대역폭 그리고 양호도와 결과를 비교해 보시오.

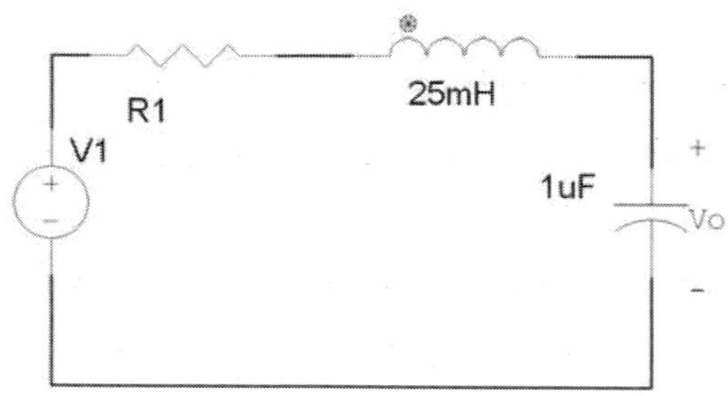

그림 13.24 문제 13-1

문제 13-2 a) 그림 13.25에 보여진 회로에서 전압 전원 VS2가 2sinwt[V]일 때 선형 주파수 표현으로 주파수 응답을 PSpice의 Probe를 이용하여 그래프로 나타내어라.

b) a)에서 구한 그래프로부터 회로의 공진 주파수, 대역폭 그리고 양호도를 구하시오.

c) 해석적인 방법으로 구한 회로의 공진 주파수, 대역폭 그리고 양호도와 결과를 비교해 보시오.

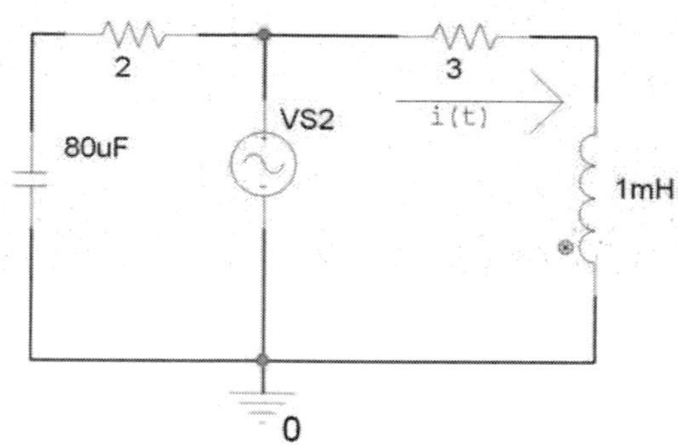

그림 13.25 문제 13-2

문제 13-3 a) 그림 13.26에 보여진 회로에서 전압 전원 VS1이 5sinwt[V]일 때 선형 주파수 표현으로 주파수 응답을 PSpice의 Probe를 이용하여 그래프로 나타내어라.

b) a)에서 구한 그래프로부터 회로의 공진 주파수, 대역폭 그리고 양호도를 구하시오.

c) 해석적인 방법으로 구한 회로의 공진 주파수, 대역폭 그리고 양호도와 결과를 비교해 보시오.

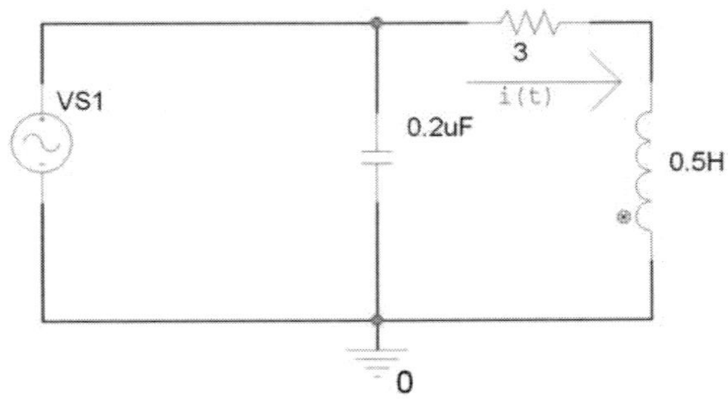

그림 13.26 문제 13-3

제 14 장

Fourier Series 해석

PSpice를 이용하면 주기 파형의 주파수 스펙트럼 특성을 알기 위한 많은 정보를 얻을 수 있다. 이 장에서는 주기 파형에 대한 PSpice 사용에 대하여 간단하게 알아본다. 즉 다시 말해서 주기 파형에 대하여 Fourier Analysis를 PSpice를 이용하여 어떻게 수행하는가를 알아보고자 한다.

14.1 Pulsed Sources

주기 펄스 전압 전원에 대한 PSpice 모델은 다음과 같은 용어들을 사용하여 정의할 수 있다.

V1= 초기 값
V2= 펄스 값
Td= 지연시간
Tr= 상승시간
Tf= 하강시간
PW= 펄스폭
T= 주기

이러한 파라매터는 펄스 신호원에 대한 적절하게 정할 수 있으며, 아래 그림 14.1에 나타나 있는 것과 같다.

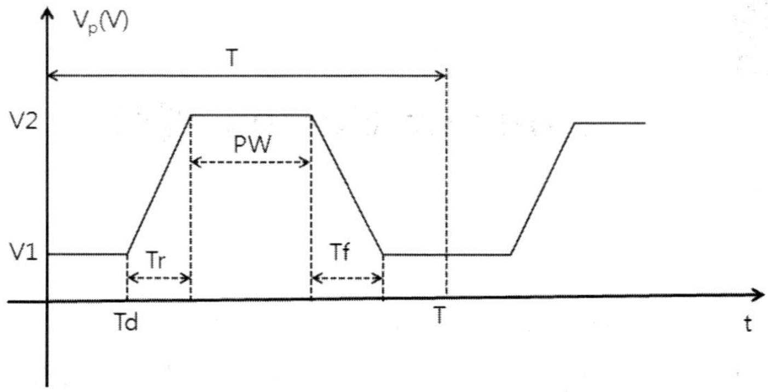

그림 14.1 주기 펄스 파형

14.2 Fourier 해석

Fourier Series 계수를 계산할 필요가 있는 Fourier 해석을 하기 위해서는 앞에서 언급한 과도현상 해석의 내용이 필요하다. 즉, Fourier 해석은 과도현상 해석에서 선택적으로 실행될 수 있다. 이것을 알기 위하여 예제 14.1이 주어져 있다. 예제에서 Hertz로 나타나는 주기 신호의 기본 주파수가 주어져야 하며, 이 기본 주파수는 seconds로 나타나는 신호 주기의 역수가 된다. 계산되어질 Fourier Coefficients 의 변수가 정의 되어야 한다. 이러한 변수는 전압이나 전류가 된다. 또한 계산되어질 고조파의 개수를 결정하여야 한다.

과도현상 해석을 실행하면 Probe를 사용해야 하고 Fourier Coefficients를 출력파일에 나타내든 아니든 Fourier 변환 계수를 나타내어야 한다. 주파수 해상도는 과도현상 해석의 시간에 비례하게 되며, 좀 더 정확한 Fourier 변환하고자 하면 과도현상 해석의 시간을 더 길게 하여야 한다. 예제 14.1에서는 펄스 전압 전원을 나타내는 예이며, PSpice의 Fourier series Coefficients의 계산과 Probe의 Fourier 변환 계수를 계산하는 예이다.

예제 14-1

그림 14.2에 나타나 있는 펄스 파형이 그림 14.3에 나타나 있는 RC 회로에 인가될 경우. C의 값이 1[uF]과 10[uF]일 때 출력 파형의 주파수 성분을 알기 위하여 입력 파형의 Fourier Series 해석을 하시오. PSpice 해석을 하고 그래픽 적으로 주파수 스펙트럼을 나타내기 위하여 Probe로 Fourier 변환 모드를 사용하시오.

풀이

그림 14.2에 나타나 있는 펄스 전압 신호에 대하여 Fourier series 성분을 계산하기 위하여 이 파형의 두 가지 대칭 특성을 알아야 한다.

기 대칭과 반파 대칭 특성이다. 이러한 대칭 특성은 Fourier series Coefficients 에 대한 아래와 같은 여러 가지 특성을 알려준다.

① 직류성분이 없다는 것

① Fourier series Coefficients 에서 여현파 계수에 해당하는 an 계수가 모든 n 에 대하여 값이 0이라는 것

① Fourier series Coefficients에서 정현파 계수에 해당하는 bn 계수 중에서 n이 짝수에 해당하는 계수가 0이 된다.

① 위와 같은 an과 bn의 특성으로 인하여 Fourier series Coefficients를 크기와 위상으로 나타내면 다음과 같이 나타난다.

$$A_n = b_n \qquad \text{(식 14.1a)}$$

$$\theta_n = -90 \qquad \text{(식 14.1b)}$$

위 식에서 짝수 고조파에 대해서는 크기와 위상 모두가 0이 된다. 파형의 대칭성으로 인하여 계수에 대한 형태를 아래와 같이 간단화할 수 있다.

$$b_n = \frac{4}{T}\int_0^{T/2} f(t)\sin kw_0 t dt = \frac{80}{2k\pi} = \frac{40}{k\pi}, \text{ 모든 홀수 n에 대하여} \qquad \text{(식 14.2)}$$

그러므로 그림 14.3의 회로에 입력으로 들어가는 파형은 아래의 무한한 급수 형태로 나타낼 수 있다.

$$v_g = \frac{40}{\pi} sinw_0 t + \frac{40}{3\pi} sin3w_0 t + \frac{40}{5\pi} sin5w_0 t + ----- \qquad \text{(식 14.3)}$$

그림 14.3에 나타난 회로는 선형 회로이므로 중첩의 정리가 성립한다. 펄스 파형에 대한 회로의 응답을 구하기 위해서 독립적으로 각 항에 대한 응답을 구한 후 이

들의 응답을 합치면 전체 응답이 된다. 회로의 페이져 해석으로부터 출력의 페이져 전압은 다음과 같이 나타난다.

$$V_{ok} = \frac{V_{gk}}{1 + jkw_0RC} \qquad \text{식 14.4}$$

크기와 위상으로 표현하면 다음과 같다

$$V_{ok} = \frac{\frac{40}{k\pi}\angle 0^o}{\sqrt{(kw_0RC)^2 + 1^2}\angle \arctan kw_0RC} \qquad \text{식 14.5}$$

표 14.1에서 첫 세 개의 홀수 하모닉 주파수에 대하여 C=1[uF]와 C=10[uF]를 갖는 각각의 회로에 대한 커패시터 양단의 전압의 크기와 위상각을 가지고 입력 puled 파형의 크기와 위상각과 비교한다. 작은 커패시턴스를 갖는 회로에 대해서 입력과 출력 사이에 크기의 변화는 없다. 큰 커패시턴스를 갖는 회로에 대해서는 모든 하모닉 주파수 입력에 대해서 보다 출력에서 크기가 훨씬 작다. Probe를 이용하여 이 차이를 조사해 볼 수 있다.

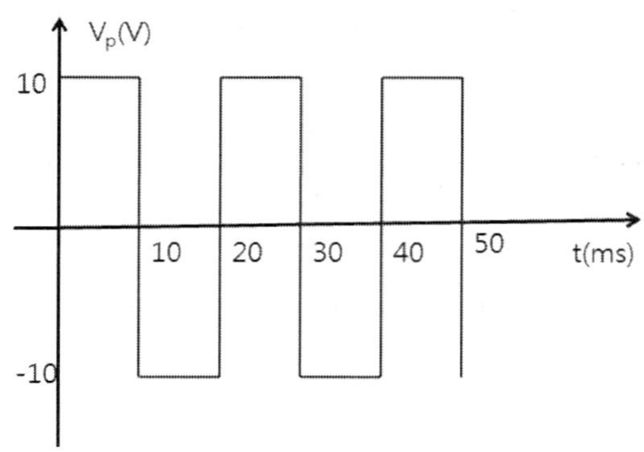

그림 14.2 예제 14.1의 입력 신호

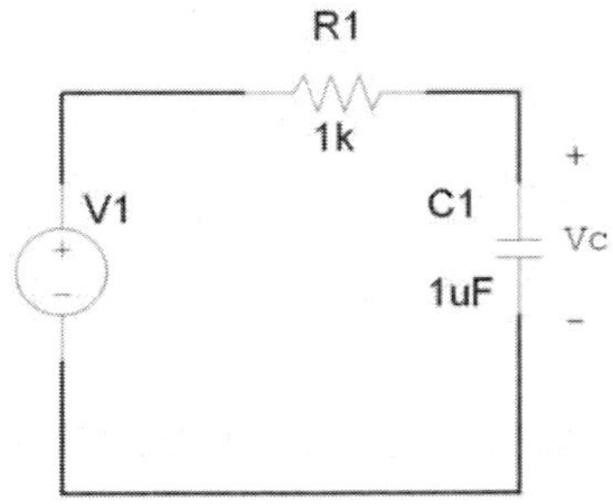

그림 14.3 예제 14.1의 회로

표 14.1

Harmonic	Vg	V°	
		C=1 uF	C=10 uF
First	12.7∠0°	12.1∠−17.4°	3.9∠−72.3°
Third	4.2∠0°	3.1∠−43.3°	0.4∠−83.9°
Fifth	2.5∠0°	1.4∠−57.5°	0.2∠−86.4°

입력과 작은 커패시터 값을 갖는 그림 14.3에 보여진 회로에 대한 PSpice 도면이 그림 14.4에 나타나 있다. PSpice 상에 이와 같이 회로를 작성하기 위한 순서를 요약하면 다음과 같다,

① 초기 창에서 File/New/Project를 선택한다.

② 새로운 Project 대화창이 열리고 여기서 Name과 저장 위치 그리고 형태들을 정하고 ok를 선택한다.

③ Create PSpice Project 창이 열리면 ok를 선택한다.
(작은 창이 여러 번에 거쳐 열리면 확인을 선택하여 작은 창을 닫는다.)

④ 작업할 Page가 열리고 작업 준비가 완료된다.

⑤ Place Part(P)를 선택하여 사용될 부품을 배치한다.
여기서 사용된 부품과 심벌은 다음과 같다.
R : R/ANALOG, C : C/ANALOG,
V1 : VPULSE/SOURCE, GND : 0/SOURCE

⑥ Place Wire(W)를 이용하여 선을 연결한다.

⑦ 수직 툴바의 Off-page Connector를 선택하여 이중 화살표로 표기한다.

⑧ 각 부품을 선택하여 속성 창에서 부품 값을 입력한다.

⑨ 출력 전압의 파형을 나타내기 위하여 Out 단자에 Voltage Probe를 붙인다.

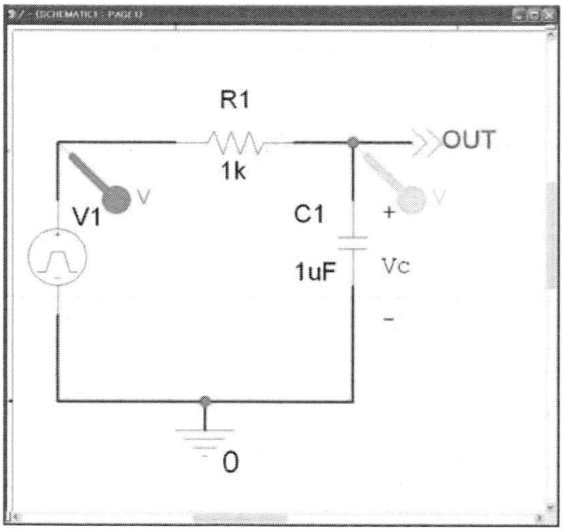

그림 14.4 C=1uF인 그림 14.3의 회로에 대한 PSpice 회로도

⑩ 마우스로 VPULSE를 선택하여 두 번 클릭 또는 오른쪽 마우스 버튼을 클릭하여 Edit properties를 선택하면 속성 창이 열린다. 그림 14.5에 보여진 것처럼 설정하고 창을 닫는다.

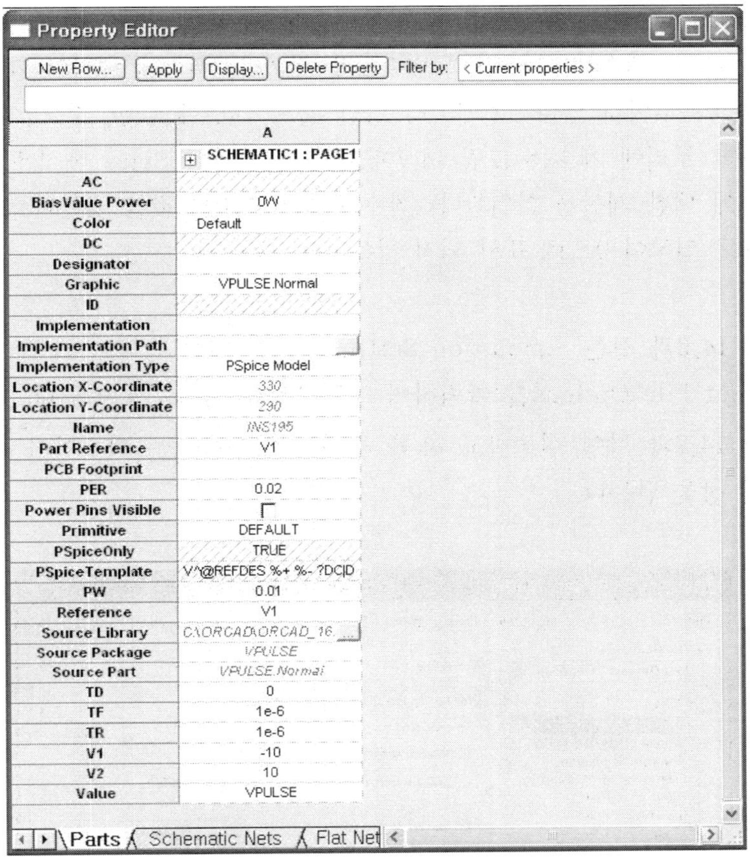

그림 14.5 pulsed 전압 전원의 속성 창

이제는 모의실험을 위한 해석의 형태를 정하는 방법을 정하여야 한다.

⑪ 메뉴에서 PSpice/New Simulation Profile을 선택하면 New Simulation 창이 나타나고 Name에 fourier1(본인이 설정)라고 입력하고 Create를 선택하여 창을 닫는다.

다음은 과도 해석을 위한 변수를 정하는 것이다. TSTOP에 대한 값은 C=1[uF]일 때 1[ms]이고 C=10[uF]일 때 10[ms]인 회로의 RC 시정수 해석에 의해 정해진다. 그래서 큰 C 값에 대한 고유 응답의 6배의 시정수 값에 해당하는 TSTOP을 60[ms]로 정한다. 이것은 정상 상태 파형에 대하여 푸리에 시리즈 계수를 계산하게 되는 것을 포함하는 것이다. 과도 해석 대화창에서 output file option 버튼을 클릭하므로

PSpice가 푸리에 계수를 계산하고 저장하게 된다. 푸리에 해석 수행을 확인하고 기본 주파수, 하모닉 개수 그리고 출력 변수들을 정한다. 푸리에 해석의 환성된 대화창은 그림 14.6에 주어져 있다. 커패시터 양단 출력 전압에 대한 첫 번째 다섯 개의 하모닉에 대한 푸리에 계수는 그림 14.7에 주어져 있다. PSpice 해석은 첫 세 개의 홀수 하모닉에 대한 계산을 확인한다. 짝수 하모닉은 0의 값을 갖는다. 디지털 계산기의 특성으로 인하여 0으로 표시 되지 않는다.

⑫ 그림 14.6과 같은 Simulation Settings 창이 열린다. 그림과 같이 설정하고 Output File Options를 클릭하여 그림 14.7과 같은 창을 연다.

⑬ 그림 14.7과 같이 설정하고 ok를 클릭하여 창을 닫는다. 다시 확인을 선택하여 창을 닫는다.

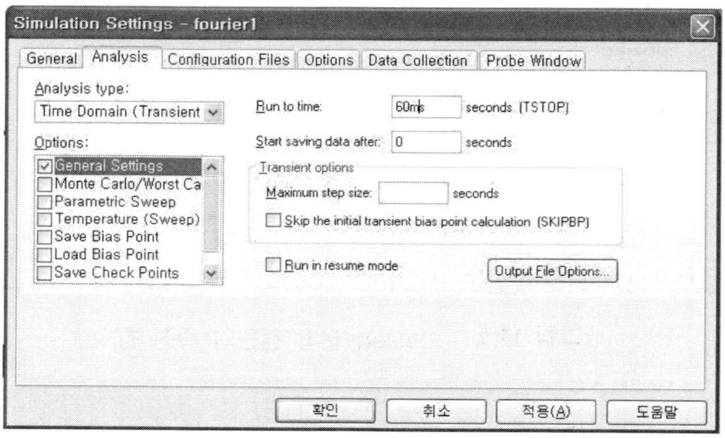

그림 14.6 과도현상의 푸리에 해석 대화 창

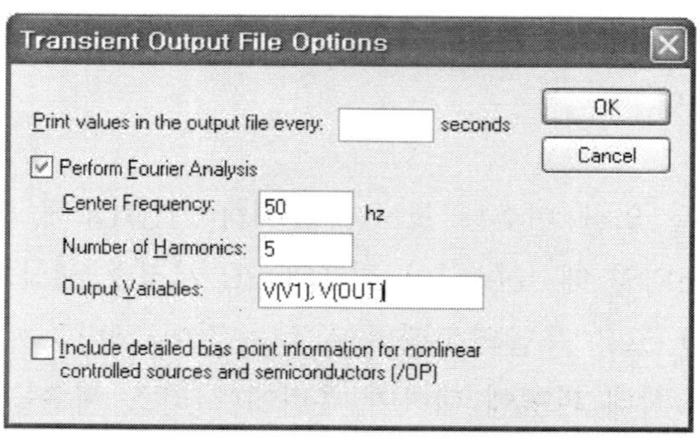

그림 14.7 과도현상 출력파일 옵션 창

⑭ 메뉴에서 PSpice/Run을 선택하거나 툴바에서 Run PSpice를 선택하여 모의 실험을 실행한다.

그림 14.8에 보여진 probe에 의해 만들어진 입력 pulsed 파형과 출력 커패시터 전압 파형에 대한 시간 응답 파형인 그림 14.8을 비교하면 입력과 출력 전압의 푸리에 계수가 매우 작은 것은 놀라운 일이 아니다.

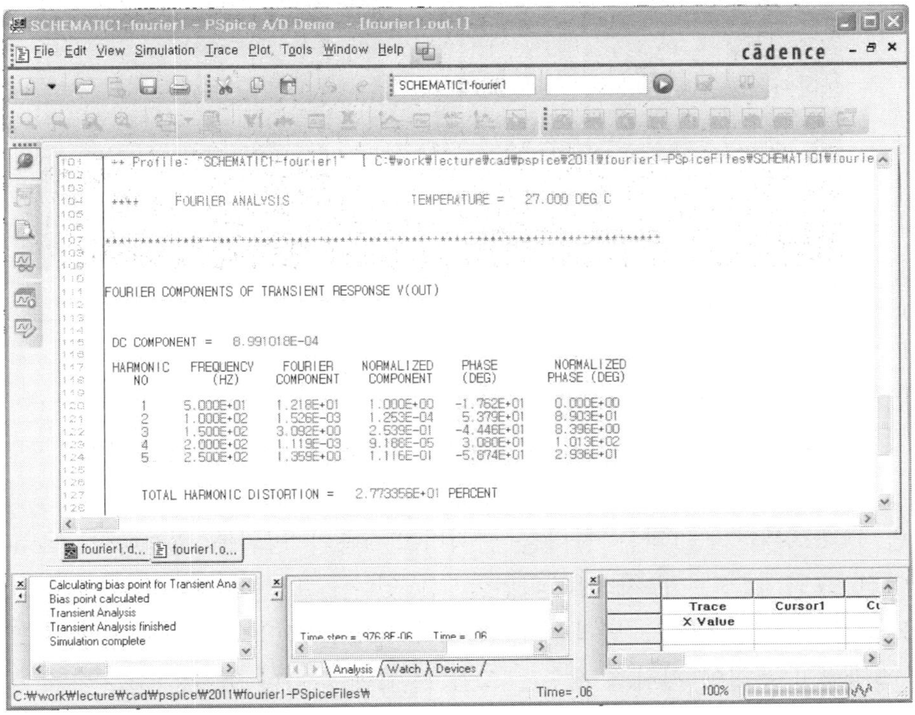

그림 14.8 그림 14.4의 회로에 대한 첫 다섯 개의 하모닉에 대한 출력

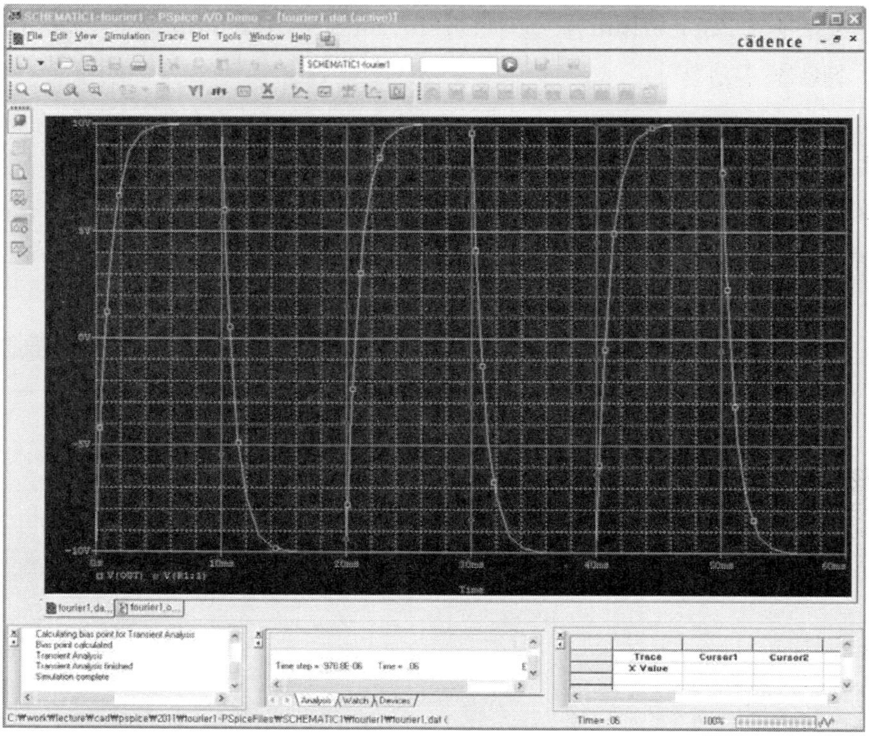

그림 14.9 작은 C 값을 갖는 RC 회로의 Probe 시간 응답 파형

그림 14.8로부터 FFT라는 툴바를 클릭하고 x축의 범위를 변경하여 Probe에서 만들어진 그림 14.9는 유사성을 확인할 수 있다. 그림 14.4에서 커패시터 값을 10[uF]로 변경하고 해석을 반복한다. 커패시터 양단 전압의 첫 다섯 개 하모닉에 대한 결과적인 푸리에 시리즈 계수는 그림 14.11에 나타나 있다.

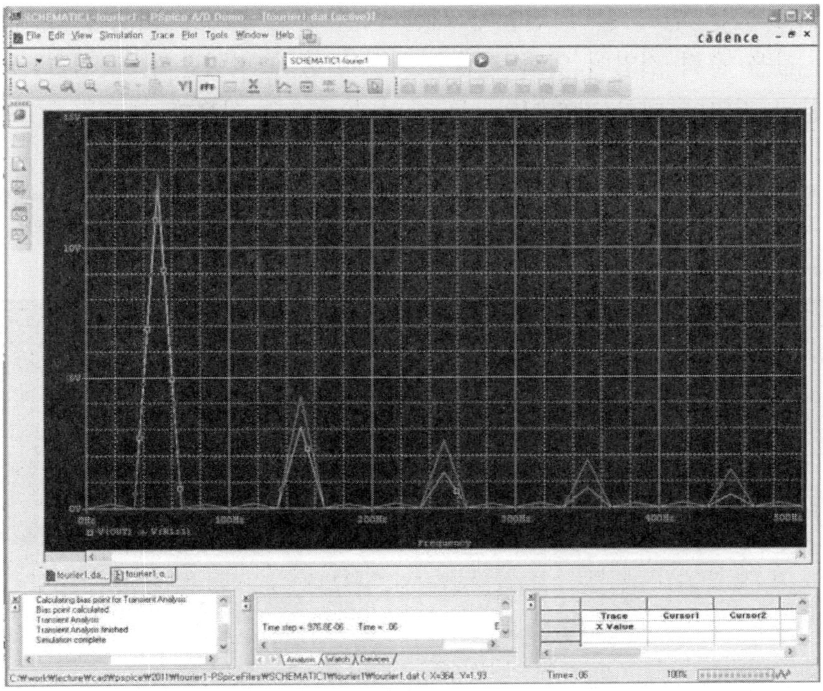

그림 14.10 그림 14.8의 푸리에 변환 파형

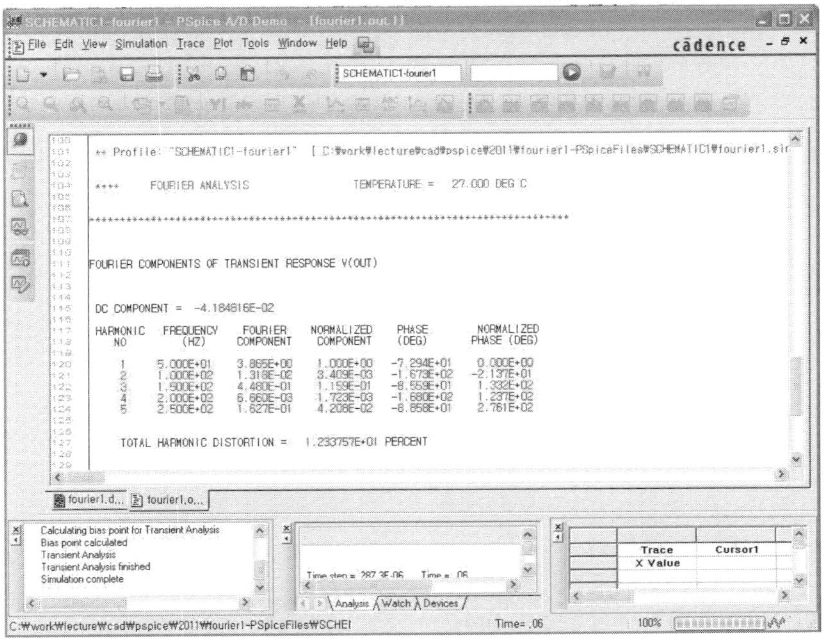

그림 14.11 C=10uF 일 때 그림 14.3의 회로에 대한 결과

그림 14.12에는 입력 출력 전압에 대한 시간 응답 Probe 파형을 보여 주며 큰 커패시터 값을 출력 전압이 입력 전압을 따르지 않게 막아준다. 그림 14.13에는 푸리에 변환된 전압에 대한 파형이며, 두 파형의 주파수 성분이 다름을 알 수 있다.

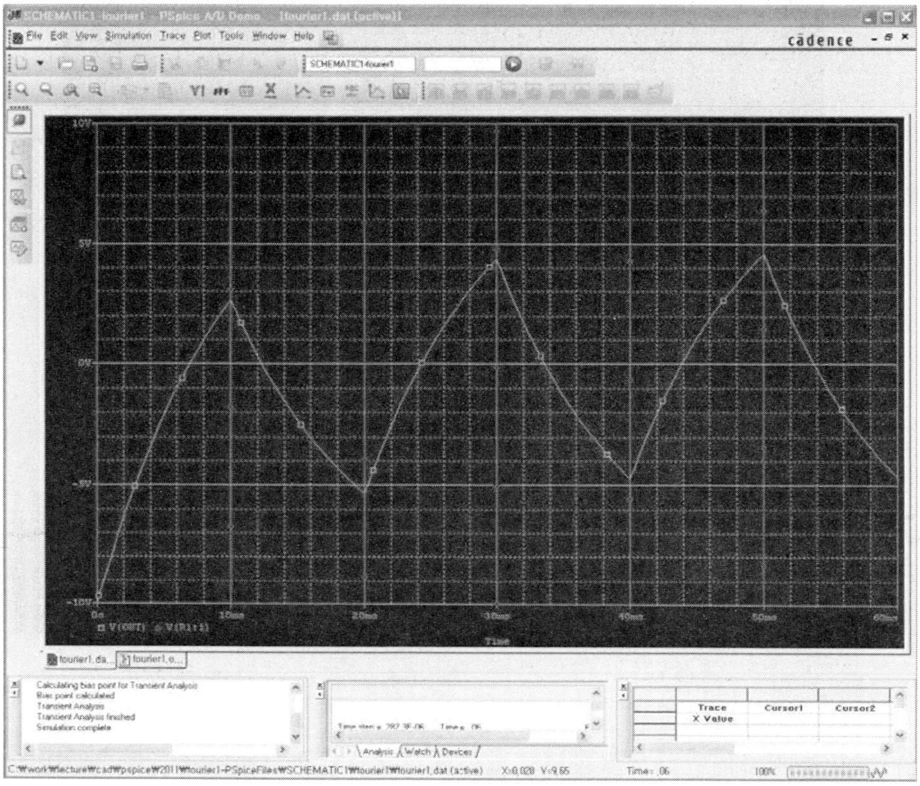

그림 14.12 큰 C 값을 갖는 RC 회로에 대한 시간 응답 파형

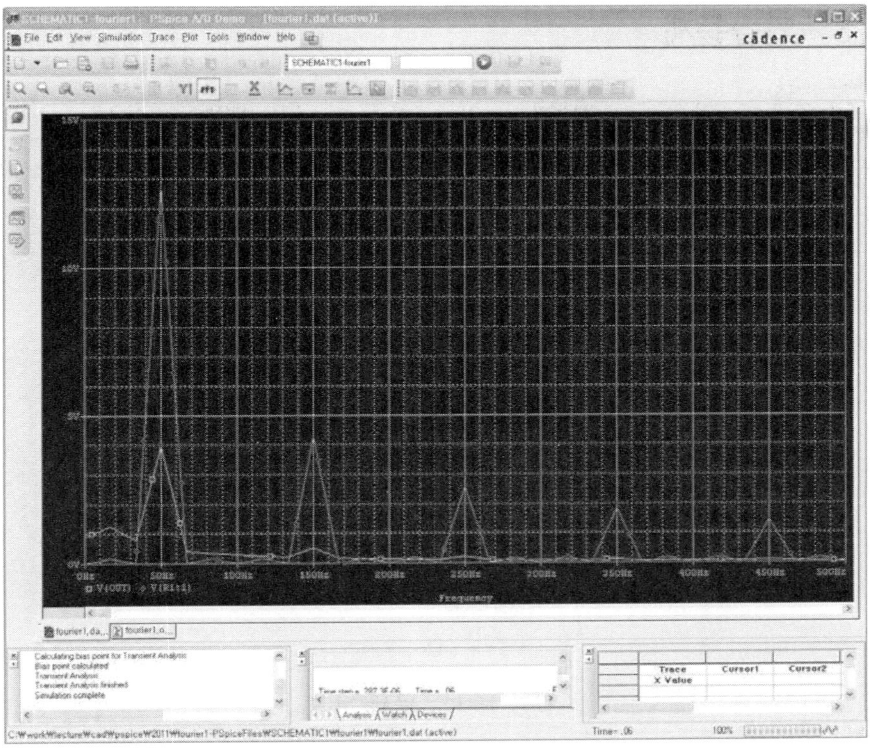

그림 14.13 그림 14.11에 대한 푸리에 변환 파형

14.3 연습문제

문제 14-1 그림 14.2에 나타나 있는 펄스 파형을 그림 14.14에 나타나 있는 회로에 인가하고 Fourier Series 해석을 하여 출력 파형의 주파수 성분을 알아내고 그래픽적으로 주파수 스펙트럼을 나타내시오.

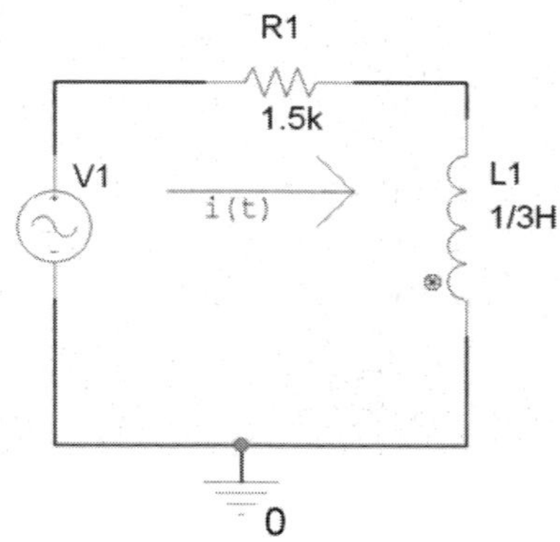

그림 14.14 문제 14-1

문제 14-2 그림 14.2에 나타나 있는 펄스 파형을 그림 14.15에 나타나 있는 회로에 인가하고 Fourier Series 해석을 하여 출력 파형의 주파수 성분을 알아내고 그래픽적으로 주파수 스펙트럼을 나타내시오.

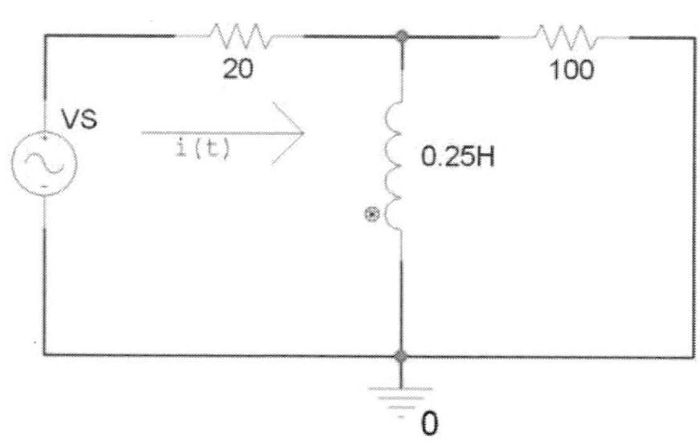

그림 14.15 문제 14-2

문제 14-3 그림 14.2에 나타나 있는 펄스 파형을 그림 14.16에 나타나 있는 회로에 인가하고 Fourier Series 해석을 하여 출력 파형의 주파수 성분을 알아내고 그래픽적으로 주파수 스펙트럼을 나타내시오.

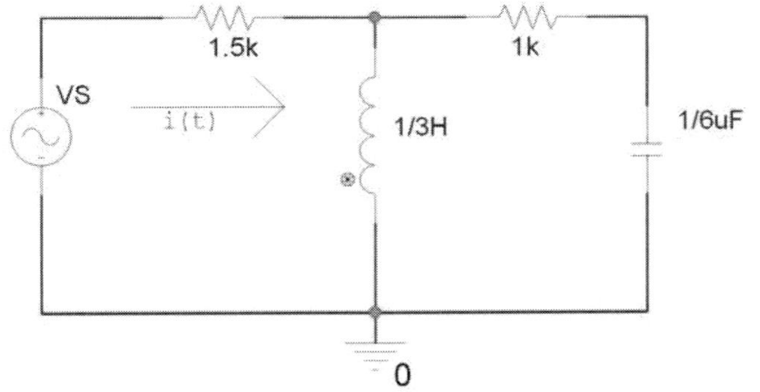

그림 14.16 문제 14-3

문제 14-4 그림 14.2에 나타나 있는 펄스 파형을 그림 14.17에 나타나 있는 회로에 인가하고 Fourier Series 해석을 하여 출력 파형의 주파수 성분을 알아내고 그래픽적으로 주파수 스펙트럼을 나타내시오.

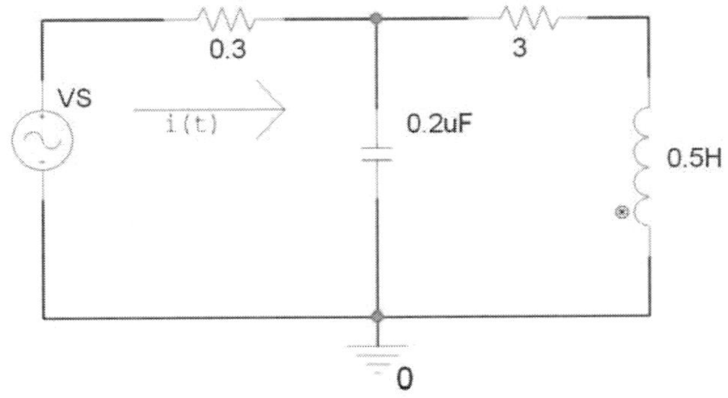

그림 14.17 문제 14-4

문제 14-5 그림 14.2에 나타나 있는 펄스 파형을 그림 14.18에 나타나 있는 회로에 인가하고 Fourier Series 해석을 하여 출력 파형의 주파수 성분을 알아내고 그래픽적으로 주파수 스펙트럼을 나타내시오.

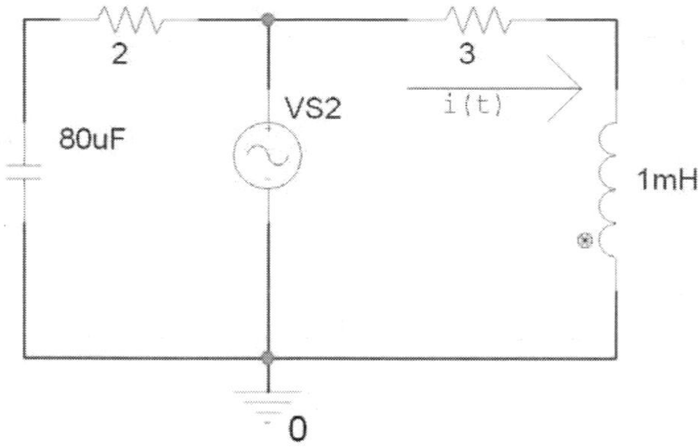

그림 14.18 문제 14-5

제 15 장

Monte-Carlo/Worst-Case 해석

15.1 Monte-Carlo 해석

Monte-Carlo 해석은 허용범위 안에 있는 모든 소자의 변수 값을 랜덤(Random)하게 변화시켜서 회로의 응답을 구하는 해석이다. 해석한 결과를 통해 소자 파라미터 변동에 따른 특성 변화에 대한 통계적인 데이터를 구할 수 있고, 이를 통하여 설계된 회로가 실제 현장에서 동작할 때 일어날 수 있는 특성 변화를 미리 예측할 수 있는 해석이다.

이 해석을 다음의 전압 분배 회로인 예제를 통하여 알아보고자 한다.

예제 15-1

그림 15.1에 나타나 있는 회로에 대하여 Monte-Carlo 해석을 하시오.

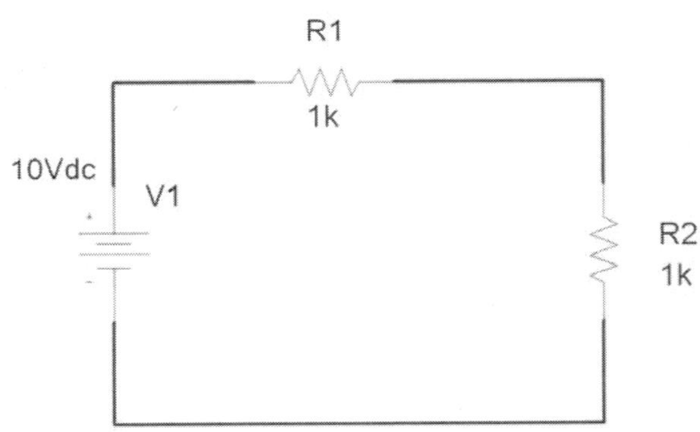

그림 15.1 예제 15-1의 회로

풀이 예제의 회로를 PSpice상에 나타낸 것이 그림 15.2에 있으며, PSpice상에 이와 같이 회로를 작성하기 위한 순서를 요약하면 다음과 같다.

① 초기 창에서 File/New/Project를 선택한다.

② 새로운 Project 대화창이 열리고 여기서 Name과 저장 위치 그리고 형태들을 정하고 ok를 선택한다.

③ Create PSpice Project 창이 열리면 ok를 선택한다.
(작은 창이 여러 번에 거쳐 열리면 확인을 선택하여 작은 창을 닫는다.)

④ 작업할 Page가 열리고 작업 준비가 완료된다.

⑤ Place Part(P)를 선택하여 사용될 부품을 배치한다.
여기서 사용된 부품과 심벌은 다음과 같다.
R : Rbreak/Breakout.olb, VDC : VDC/SOURCE.olb,
GND : 0/SOURCE.olb

⑥ Place Wire(W)를 이용하여 선을 연결한다.

⑦ 수직 툴바의 Off-page Connector를 선택하여 이중 화살표로 표기한다.

⑧ 각 부품을 선택하여 속성 창에서 부품 값을 입력한다.

⑨ 툴바에서 Voltage/Level Marker를 선택하여 OUT 단자에 붙인다.

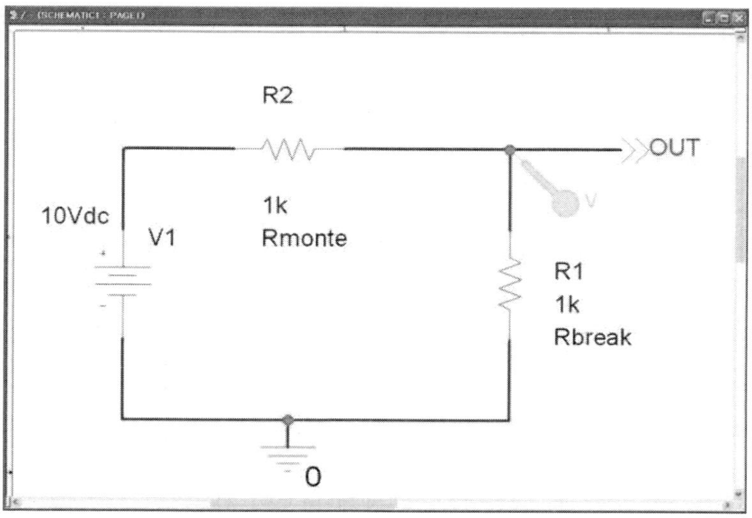

그림 15.2 그림 15.1의 PSpice 상에 회로도

이제 회로 해석을 위한 조건을 설정을 하여야 한다.

⑩ 메뉴에서 PSpice/New Simulation Profile을 선택하면 New Simulation 창이 나타나고 Name에 monte1(본인이 설정)라고 입력하고 Create를 선택하여 창을 닫는다.

⑪ 그림 15.3와 같은 Simulation Settings 창이 열린다. 그림과 같이 설정하고 Options에서 Monte Carlo/Worst Case 를 선택한다.

⑫ 그림 15.4와 같은 Simulation Settings 창에서 그림과 같이 설정하고 확인을 클릭하여 창을 닫는다.

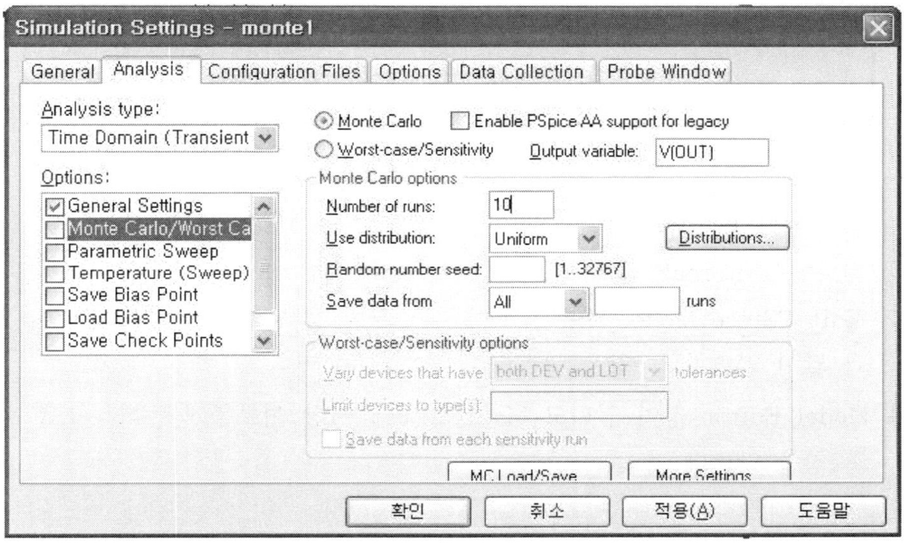

그림 15.3 Simulation Settings 창 I

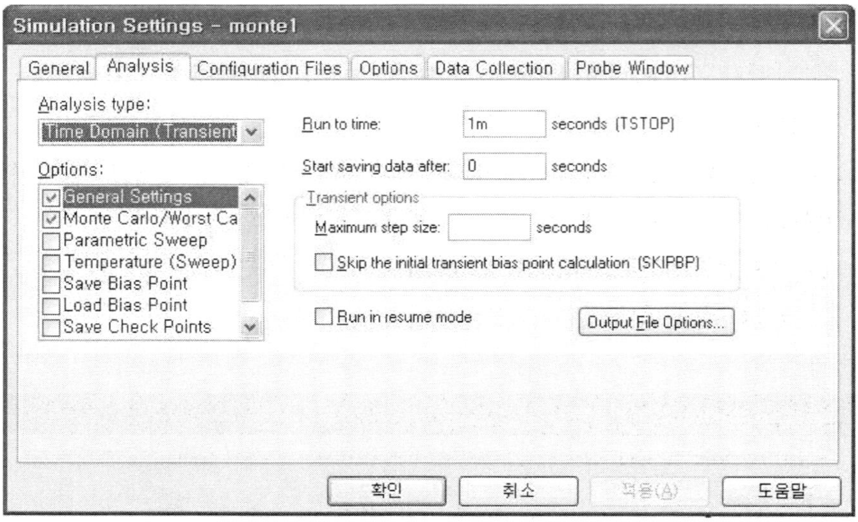

그림 15.4 Simulation Settings 창 II

⑬ 회로에서 Rbreak 소자를 마우스로 선택한 뒤 오른쪽 마우스 버튼을 눌러 Edit PSpice Model 메뉴를 선택하면 그림 15.5와 같은 창이 열린다. 그림과 같이 입력한다. 창을 닫는다.

⑭ Model Editor 창이 열리고 Monte1.lib에 저장 여부를 묻는다. ok를 선택하고 창을 닫는다.

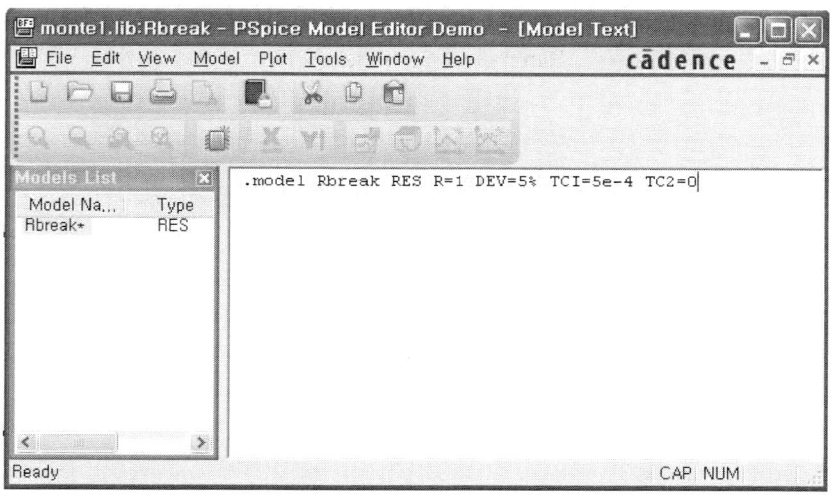

그림 15.5 Model 창

회로에 있는 또 다른 소자인 Rmonte를 설정하는 방법은 다음과 같다.

⑮ 마우스로 Rbreak를 선택하여 뒤 오른쪽 마우스 버튼을 눌러 Edit PSpice Model 메뉴를 선택하면 그림 15.5와 같은 창이 열린다.

⑯ 메뉴에서 Model/Copy From... 선택하면 그림 15.6과 같은 창이 열린다.

⑰ 그림 15.6과 같이 입력하고 From Model의 Rbreak를 클릭한 다음 ok 버튼을 클릭하여 창을 닫는다. Model Editor 창도 닫는다.

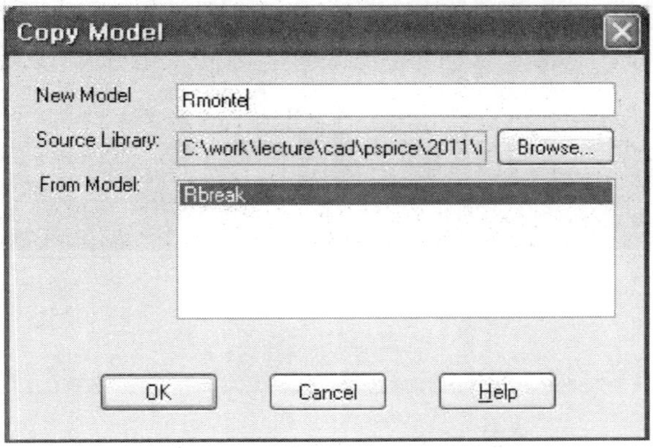

그림 15.6 Copy Model 창

⑱ 메뉴에서 PSpice/Run을 선택하거나 툴바에서 Run PSpice를 선택하여 모의실험을 실행한다. 그림 15.7과 같이 실행한 결과가 나타난다.

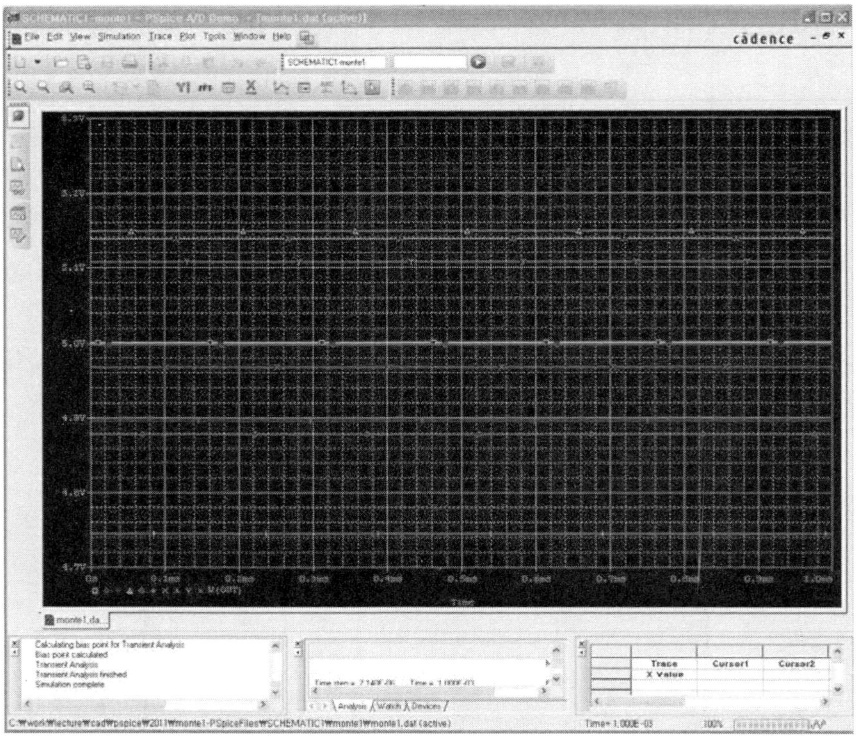

그림 15.7 Monte-Carlo 해석 창

이제는 Monte-Carlo 해석한 결과를 통계적으로 살펴보고자 한다.

⑲ 출력 창의 메뉴에서 Trace/Performance Analysis...를 하면 그림 15.8과 같은 창이 열리고 여기에서 Wizard를 선택하여 그림 15.9와 같은 창이 열린다.

⑳ 그림 15.9에서 Next를 선택하면 그림 15.10이 열린다.

V(OUT) 노드의 전압 값을 측정해 보기 위해 Max 함수를 이용하여 분석한다.

㉑ 그림 15.10에서와 같이 설정하고 Next를 선택하면 그림 15.11과 같은 창이 열린다.

㉒ 그림 15.11과 같이 입력하고 Next를 선택하여 그림 15.12와 같은 창이 열리게 한다.

㉓ 그림 15.12에서 Next를 선택하면 그림 15.13과 같은 결과 창이 나타난다.

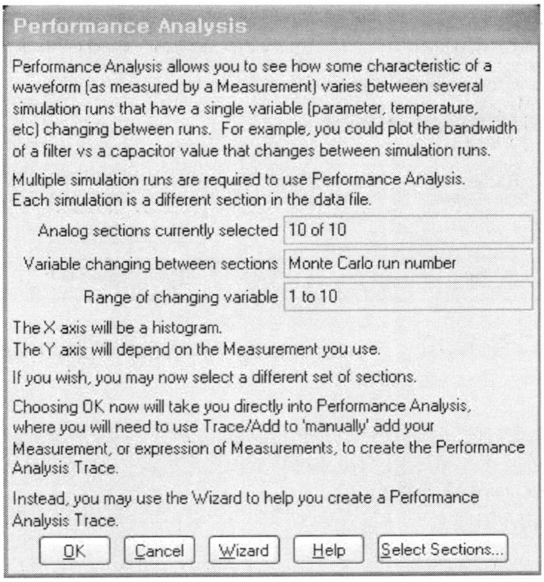

그림 15.8 Performance Analysis 창

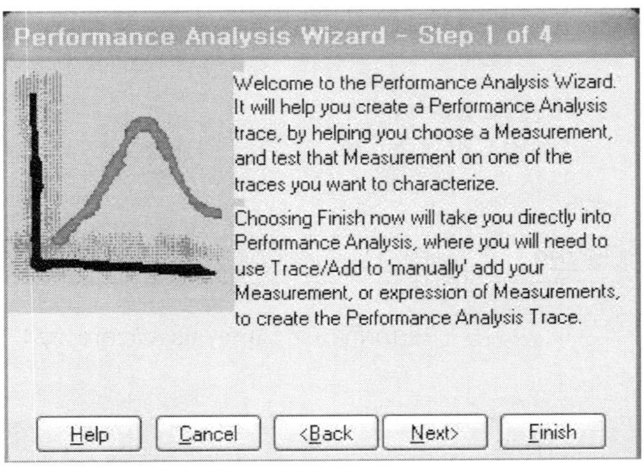

그림 15.9 Performance Analysis Wizard 1/4

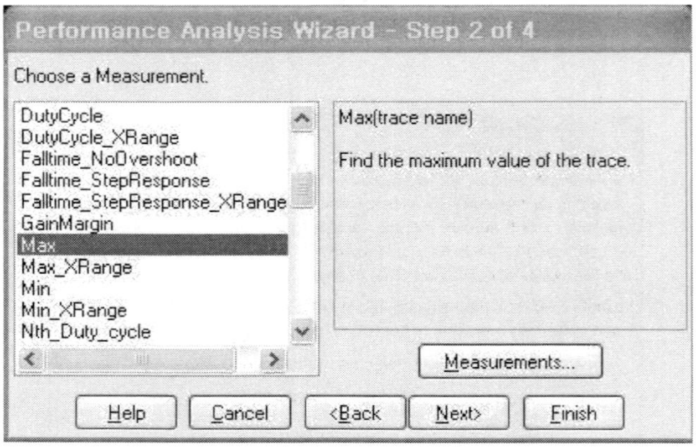

그림 15.10 Performance Analysis Wizard 2/4

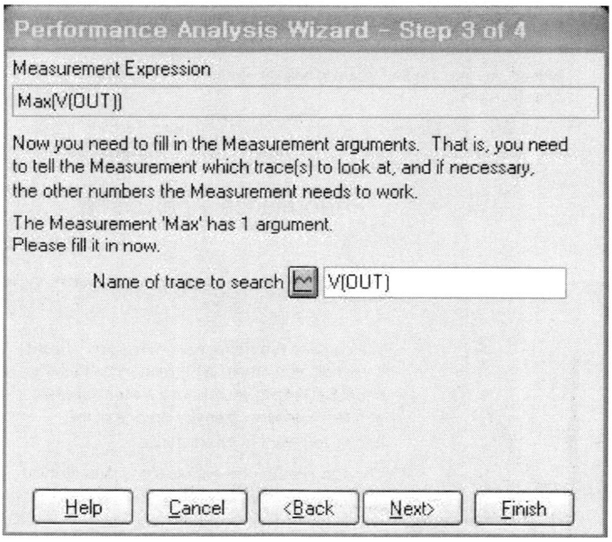

그림 15.11 Performance Analysis Wizard 3/4

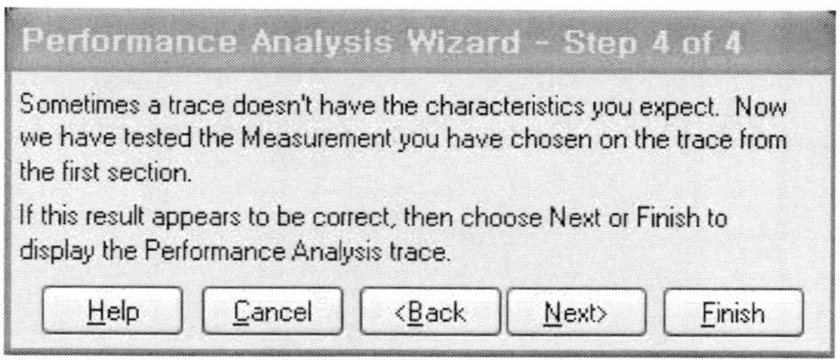

그림 15.12 Performance Analysis Wizard 4/4

그림 15.13에는 Rbreak 소자의 Tolerance를 이용한 Monte-Carlo 해석을 수행한 결과이다. 위의 그래프는 통계치를 나타내는 것이며, 아래 그래프는 그림 15.7과 같은 결과다. 이들 그래프 사이에 나타나 있는 것은 샘플 수, 편차, 중간 값, 평균 값, 최대 값, 최소 값 등의 정보가 있다.

n samples : 실행 횟수	sigma : 편차	median : 중간 값
n divisions : 막대그래프 수	minimum : 최소값	90th %ile : 90%일 때의 값
mean : 평균 값	10th %ile : 10%일 때의 값	maximum : 최대 값

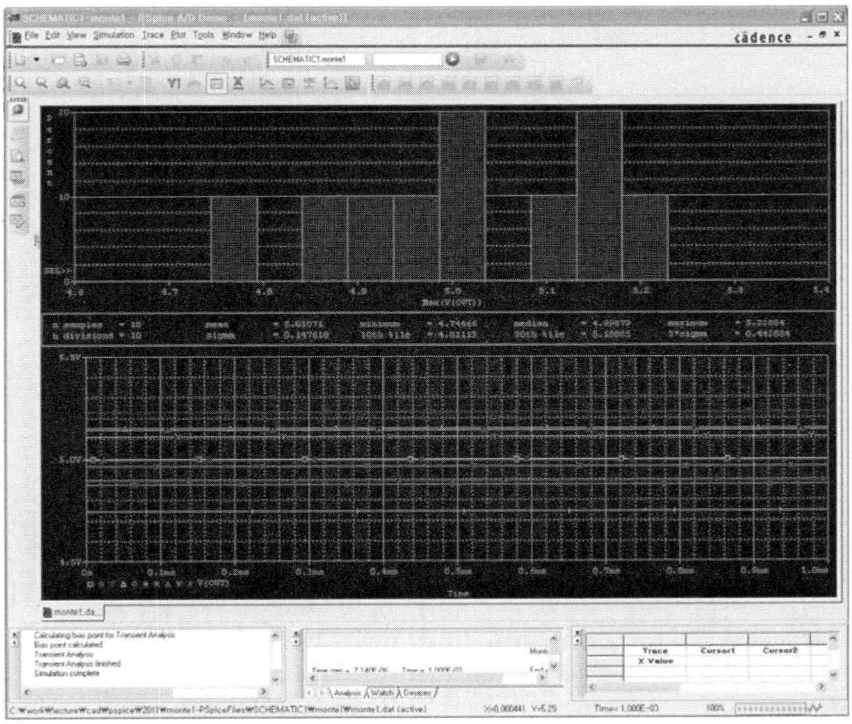

그림 15.13 Monte-Carlo 해석을 수행한 결과

15.2 Worst-Case 해석

모든 구성 요소의 변수 값의 상태가 동시에 최악이 되었을 때에도 회로가 정상적으로 기능을 발휘할 수 있도록 설계하여 신뢰도가 매우 높은 설계를 할 수 있도록 하는 해석이다.

15.3 Tolerance

모든 구성 요소의 변수 값의 상태가 동시에 최악이 되었을 때에도 회로가 정상적으로 기능을 발휘할 수 있도록 설계하여 신뢰도가 매우 높은 설계를 할 수 있도록 하는 해석이다.

1) DEV

Device Tolerance로 독립적으로 변할 수 있는 한계를 의미한다. 예를 들어 저항 R1와 R2의 저항 값이 1[k]이고 모두 모델 RES를 사용한다고 가정하고 현재 R=1, DEV=2[%]라면 R=1은 scaling factor를 DEV=2[%]는 R1과 R2가 독립적으로 변할 수 있는 한계를 의미한다. 따라서 최대 R1=0.98[k], R2=1.2[k]까지 변할 수 있다. 만일 온도가 상승하여 저항 값이 1[k]에서 1.2[k]로 상승했다면 R1=1.176[k], R2=1.225[k]까지 변동이 허용됨을 의미한다.

2) LOT Tolerance

회로내의 소자가 다음번 수행 시에 변화할 수 있는 허용한계를 의미한다. 예를 들어 R=1 DEV=2[%], LOT=10[%]와 같다면 매 실행시마다 LOT=10[%]에 의해 저항이 10[%]씩 같은 값으로 변동한 다음 DEV=2[%]에 의해 다시 각각 2[%]씩 변동할 수 있음을 의미한다. 따라서 최대 12[%]까지 변동이 허용된다.

15.4 연습문제

문제 15-1 그림 15.14에 나타나 있는 회로에 대하여 Monte-Carlo 해석을 하시오.

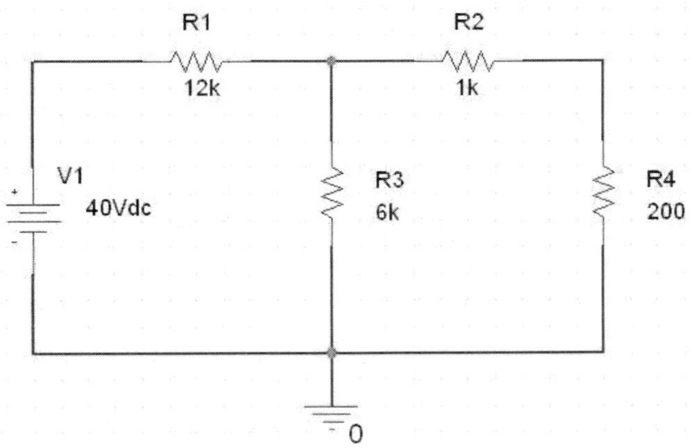

그림 15.14 문제 15-1

문제 15-2 그림 15.15에 나타나 있는 회로에 대하여 Monte-Carlo 해석을 하시오.

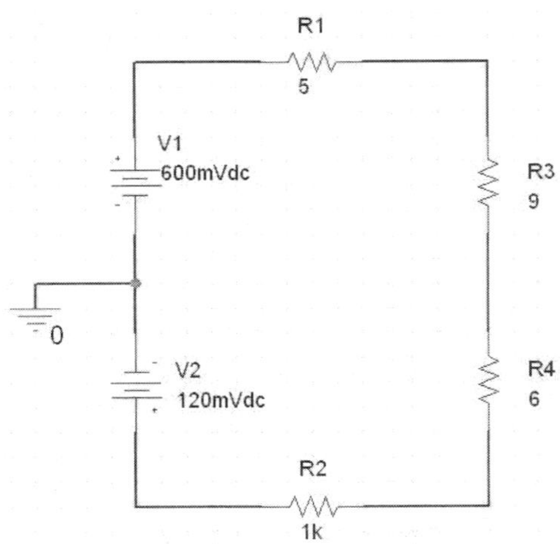

그림 15.15 문제 15-2

문제 15-3 그림 15.16에 나타나 있는 회로에 대하여 Monte-Carlo 해석을 하시오.

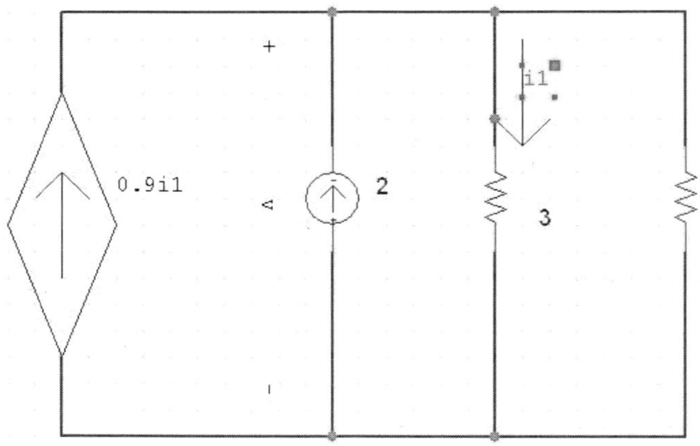

그림 15.16 문제 15-3

문제 15-4 그림 15.17에 나타나 있는 회로에 대하여 Monte-Carlo 해석을 하시오.

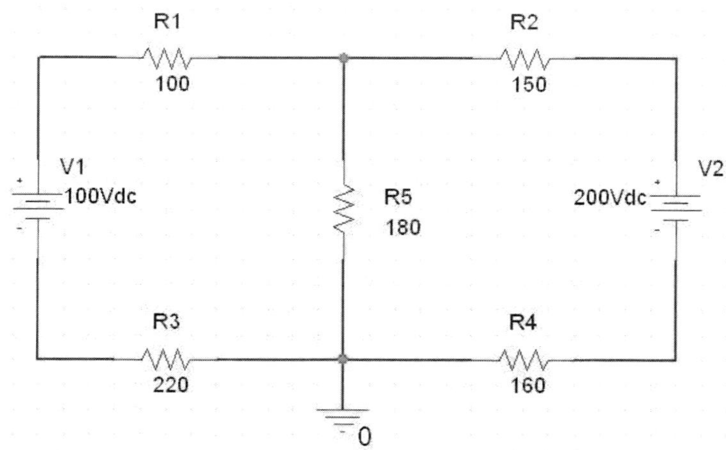

그림 15.17 문제 15-4

문제 15-5 그림 15.18에 나타나 있는 회로에 대하여 Monte-Carlo 해석을 하시오.

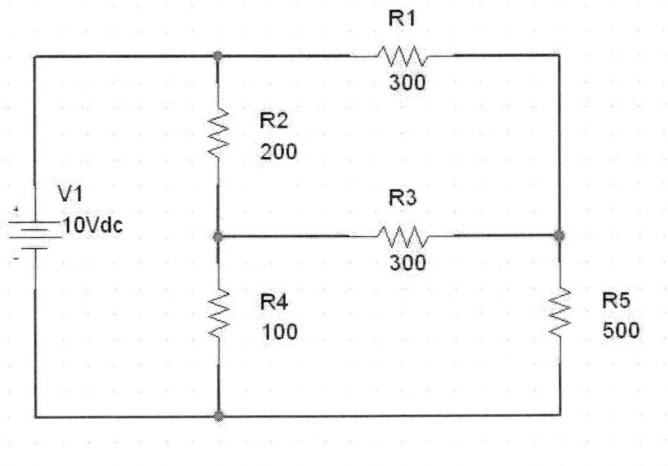

그림 15.18 문제 15-5

제 16 장

ABM 활용

16.1 ABM(Analog Behavioral Modeling)

ABM 라이브러리는 전자 소자 혹은 전자 시스템의 동작 상태를 전달함수나 혹은 Look-up Table 등을 통하여 기술할 수 있는 기능을 가지고 있는 소자이다. 임의의 회로를 실제 전기적인 소자를 이용하여 설계하지 않고도 동작 상태를 수학적인 표현으로 기술하여 검증할 수 있다.

16.2 ABM 모델 종류

1) 기본 소자

기본 소자는 산술적 계산을 할 수 있는 ABM 소자이고 입출력 전압의 기준점은 아날로그 접지 단자이다.

표 16.1 ABM 기본 소자

소자 이름	소자 심벌	기능 표현식	출력값	입력 개수	출력 개수
CONT		Output =Constant	실수 값	0	1
SUM	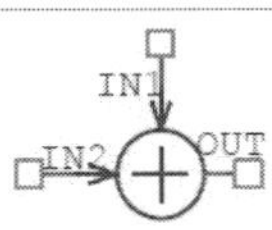	Output =Input+Input	두 입력의 합	2	1
MULT	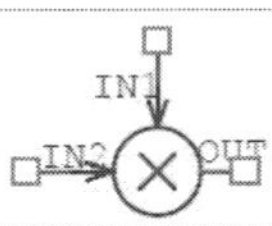	Output =Input*Input	두 입력의 곱	2	1
GAIN	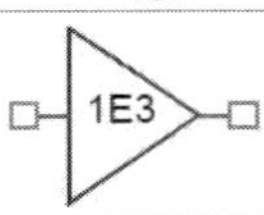	Output =Gain*Input	입력의 증폭 값	1	1
DIFF	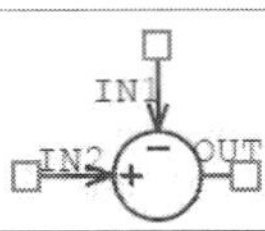	Output =Input−Input	두 입력의 차	2	1

2) Limiters

출력 전압의 크기를 최저값, 최고값으로 제한하는 기능을 갖는 소자들이다. 입력, 출력 단자의 기준은 아날로그 접지 단자이다.

표 16.2 Limiters

소자 이름	소자 심벌	기능	정의해야 할 변수			입력 개수	출력 개수
			LO	HI	Gain		
LIMIT	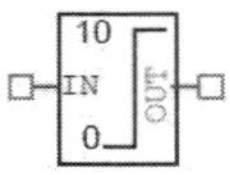	출력 전압의 크기를 최저값(LO), 최고값(H)으로 제하는 기능을 갖고 있다. 출력전압의 크기가 최저, 최고값 사이에 있을 경우 입력전압에 일대 일 대응한다.	○	○		1	1
GLIMIT	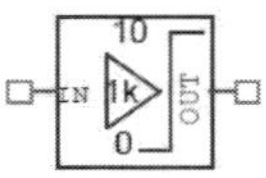	증폭기능을 갖고 있는 LIMIT이다. 출력전압은 LIMIT 기능과 동일하되 입력 전압을 증폭하는 기능을 갖고 있다.	○	○	○	1	1
SOFTLIM	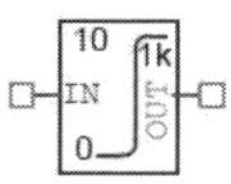	LIMIT와 같은 기능을 갖고 있되 출력전압은 입력전압의 tanh 값으로 계산된다.	○	○		1	1

3) 수학적인 연산자

입력전압을 다른 형태의 전압신호로 변환하기 위하여 사용할 수 있는 소자이다. 삼각함수 값에 해당되는 소자를 이용할 경우 주어진 입력값은 rad/sec로 인식된다.

표 16.3 수학적인 연산자

소자 이름	소자 심벌	기능 표현식	출력값	입력 개수	출력 개수
ABS	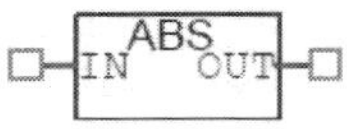	Output $=\|Input\|$	입력의 절대값	1	1
LOG		Output $=\log_e(Input)$	입력의 자연대수 값	1	1
LOG10		Output $=\log_{10}(Input)$	입력의 상용대수 값	1	1
EXP	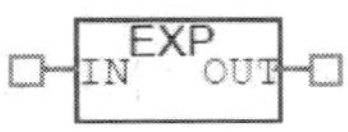	Output $=e^{Input}$	입력의 지수값	1	1
SQRT	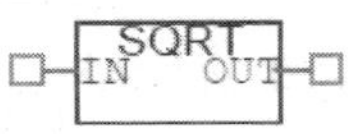	Output $=\sqrt{Input}$	입력의 제곱근 값	1	1
PWR		Output $=\|Input\|^{Expression}$	입력의 절대값의 X 제곱값	1	1
PWRS		Output $=(Input)^{Expression}$	입력의 X 제곱값	1	1
SIN	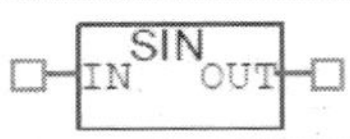	Output $=\sin(Input)$	입력의 sine 값	1	1
COS	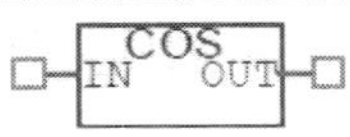	Output $=\cos(Input)$	입력의 cosine 값	1	1
TAN	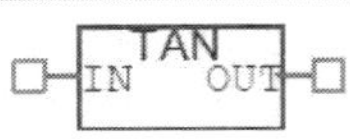	Output $=\tan(Input)$	입력의 tagent 값	1	1
ARCTAN	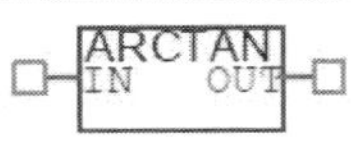	Output $=\tan^{-1}(Input)$	입력의 arctagent 값	1	1
ATAN	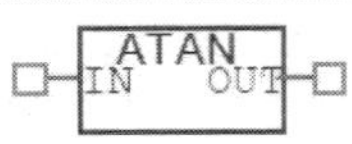	Output $=\tan^{-1}(Input)$	입력의 arctagent 값	1	1

4) 미분기 및 적분기

입력 신호를 미분/적분할 수 있는 소자이다. IC 값은 초기 전압값을 의미한다.

표 16.4 미분기 및 적분기

소자 이름	소자 심벌	기능 표현식	변수		입력 개수	출력 개수
			Gain	초기값		
DIFFER	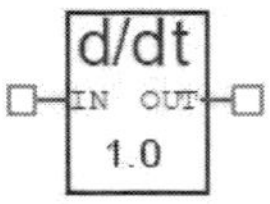	Output $= Gain = \dfrac{d(Input)}{dt}$	○		1	1
INTEG	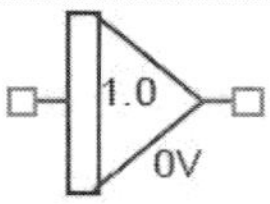	Output $= Gain = + \int (Input)dt + IC$	○	○	1	1

5) 필터(Filters)

필터를 설계하기 위하여 사용되는 필터 함수는 여러 종류가 있지만, ABM에서 사용되는 기본 필터구조는 Chebyshev 형태이다. Chebyshev 필터 함수는 통과대역에서 맥동이 나타나는 것이 특징이며 차단주파수는 맥동 폭을 빠져나가는 주파수가 된다. 이는 Butterworth 형태의 필터 함수에서 차단주파수를 최대이득에서 -3dB 감쇄되는 주파수로 정의 되는 것과 다르다.

표 16.5 필터

소자 이름	소자 심벌	기능	정의해야 할 변수							
			Ripple	FP	FS	STOP	F0	F1	F2	F3
LOPASS	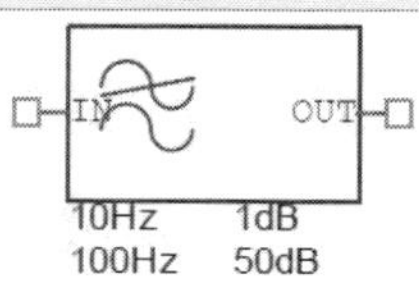	저역 통과필터	○	○	○	○				
HIPASS	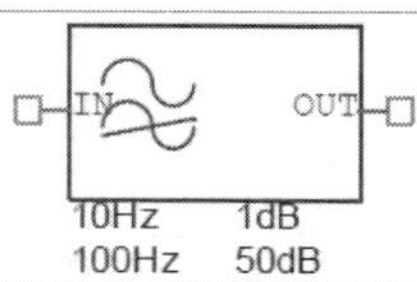	고역 통과필터	○	○	○	○				
BANDPASS	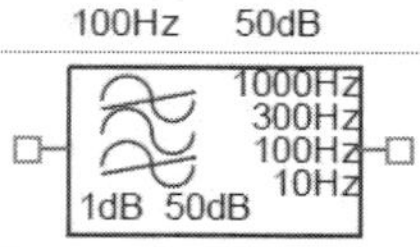	대역 통과필터	○			○	○	○	○	○
BANDREJ	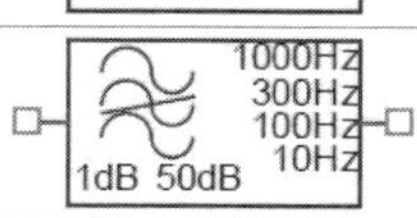	대역 저지필터	○			○	○	○	○	○

표 16.6 여파기 변수 설명

소자 심벌	변수	의미
LOPASS	RIPPLE	통과대역에서의 맥동크기의 dB 값
	FP	통과대역이 끝나는 차단주파수를 Hz 단위로 표현
	FS	통과대역에서 특정주파수를 의미하며 Hz 단위로 표현
	STOP	FS 주파수에서 최소의 감쇄크기를 dB 값으로 표현
HIPASS	FS	통과금지대역에서 특정주파수를 Hz 단위로 표현
	STOP	FS 주파수에서 최소의 감쇄크기를 dB 값으로 표현
	FP	통과대역이 시작되는 차단주파수를 Hz로 표현
	RIPPLE	통과대역에서의 맥동크기의 dB 값
BANDPASS	F0	통과금지대역에서 저역의 특정주파수를 Hz로 표현
	F1	통과대역이 시작되는 저역 차단주파수를 Hz로 표현
	F2	통과대역이 끝나는 고역 차단 주파수를 Hz로 표현
	RIPPLE	통과대역에서의 맥동크기의 dB 값 dB 값
	F3	통과금지대역에서 고역의 특정주파수를 의미하며 Hz로 표현
	STOP	F0 및 F3 주파수에서 최소 감쇄크기를 dB 값으로 표현
BANDREJECT	RIPPLE	저역, 고역통과대역에서의 맥동크기의 dB 값 표현
	F0	저역 통과대역이 끝나는 차단주파수를 의미하며 Hz로 표현
	F1	통과금지대역에서 특정주파수를 의미하며 Hz로 표현
	STOP	F1 및 F2 주파수에서 최소 감쇄 크기를 dB로 표현
	F2	통과금지대역에서 특정주파수를 의미하며 Hz로 표현
	F3	고역 통과대역이 시작하는 주파수를 의미하며 Hz로 표현

6) S-영역에서의 전달함수

선형시스템의 입·출력 관계는 S-영역에서 전달함수 H(S)로 표현 가능하며, 수식은 아래와 같다.

$$H(S) = \frac{V_o(s)}{V_i(s)}$$

여기서 Vi(s) 및 Vo(s)는 전압 혹은 전류 중 각기 한 개의 변수를 의미한다.

표 16.7 S-영역에서의 전달함수

소자 이름	소자 심벌	기능	정의해야 할 변수
LAPLACE	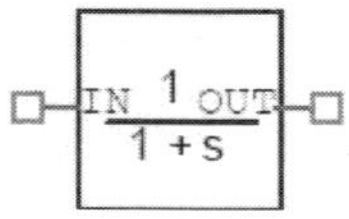	S-영역에서의 전달함수	분자항(NUM) 분모함(DENOM)

7) Table 형태의 데이터

표 16.8 Table 형태의 데이터

소자 이름	소자 심벌	기능	정의해야 할 변수
TABLE	 IN OUT 0V 0V 1V 1V 2V 4V 3V 9V 4V 16V	입력전압에 대한 출력전압의 관계를 Table화 시킬 수 있는 기능을 가진 소자이다. 입력과 출력의 관계를 최대 5개까지 정의할 수 있으며, 정의되지 않은 입·출력 전압관계는 두 값 사이를 선형적으로 계산하여 값을 결정하게 된다. 입력전압이 5번째 열에 정의된 값보다 큰 값일 경우 출력 값은 출력에 정의된 입력전압 이하의 전압이 인가될 경우 출력전압은 제1열에서 정의된 출력전압에 포화된다. 이 소자는 DC SWEEP, TRANSIENT 해석에서 사용이 가능하며, AC SWEEP에서는 사용할 수 없다.	ROW1... ROW5
FTABLE	 freq dB deg 0Hz 0 0 10Hz -3 -30 20Hz -6 -90 30Hz -10 -120 40Hz -15 -150	주파수 성분에 따른 출력신호의 크기 및 위상을 정의할 수 있다. 정의되지 않는 주파수 선분에 대한 크기 및 위상 값은 정의된 두 성분 값을 이용하여 선형적으로 계산하여 출력 값을 결정한다. 이 소자는 AC SWEEP에 사용할 수 있는 소자이다.	ROW1... ROW5

8) 기능표현 소자

입·출력 전압 혹은 전류관계를 수학적인 표현을 통하여 관계식을 정립할 수 있는 소자이다.

표 16.9 기능표현 소자

소자 이름	소자 심벌	기능 설명	출력 형태
ABM		출력 값은 3.14159265	전압
ABM1	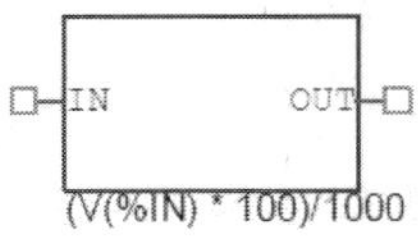	$Output = \dfrac{Input*100}{1000}$	전압
ABM2	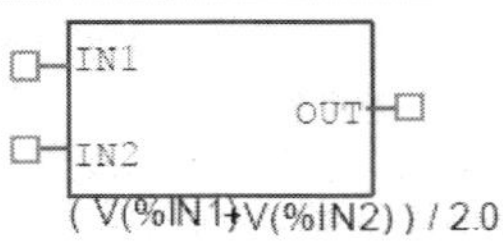	$Output = \dfrac{Input1 + Input2}{2}$	전압
ABM3	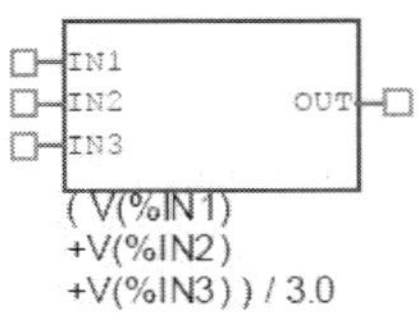	$Output = \dfrac{Input1 + Input2 + Input3}{3}$	전압
ABM/I	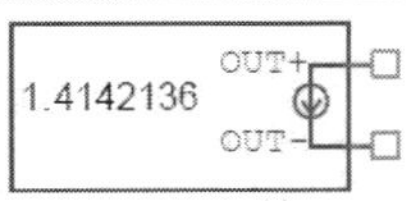	출력 값은 1.4142136	전류
ABM1/I	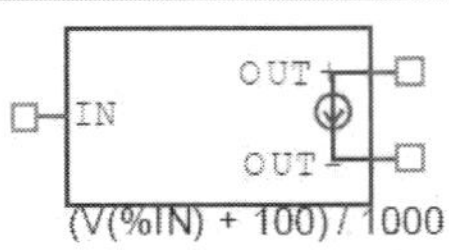	$Output = \dfrac{Input + 100}{1000}$	전류
ABM2/I	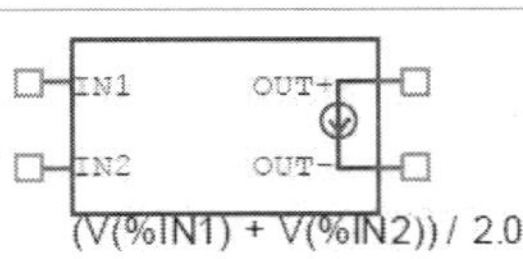	$Output = \dfrac{Input1 + Input2}{2}$	전류
ABM3/I	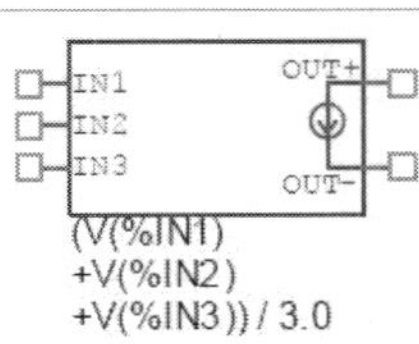	$Output = \dfrac{Input1 + Input2 + Input3}{3}$	전류

9) 전압제어 전압/전류원

표 16.10-1 전압제어 전압/전류원

<table>
<tr><th>구분</th><th>소자 이름</th><th>소자 심벌</th><th>기능</th><th colspan="2">함수 및 관계식</th></tr>
<tr><td rowspan="15">수학적인
표현 소자</td><td rowspan="5">EVALUE</td><td rowspan="5">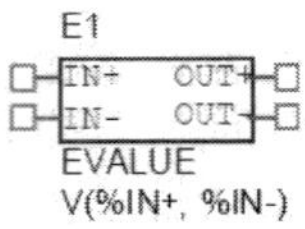</td><td rowspan="11">출력 값은 정의된 수식을 이용하여 입력신호 값을 결정한다.

EVALUE :
전압제어용 전압원
GVALUE :
전압제어용 전류원</td><td>ABS</td><td>TAN</td></tr>
<tr><td>SQRT</td><td>ATAN</td></tr>
<tr><td>EXP</td><td>SINH</td></tr>
<tr><td>LOG</td><td>COSH</td></tr>
<tr><td>LOG10</td><td>TANH</td></tr>
<tr><td rowspan="6">GVALUE</td><td rowspan="6">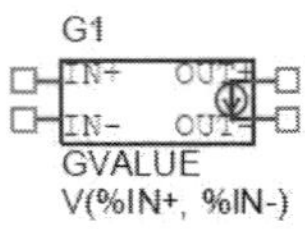</td><td>PWR</td><td>MIN</td></tr>
<tr><td>PWRS</td><td>MAX</td></tr>
<tr><td>SIN</td><td>LIMIT</td></tr>
<tr><td>ASIN</td><td>SGN</td></tr>
<tr><td>COS</td><td>STP</td></tr>
<tr><td>ACOS</td><td>IF</td></tr>
<tr><td>ESUM</td><td>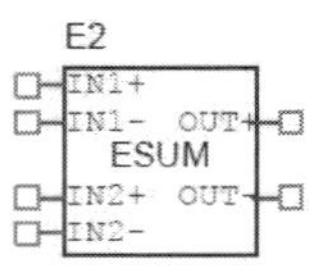</td><td rowspan="2">두 입력신호의 합으로 출력 값을 결정한다.

ESUM :
전압제어용 전압원이며 기준전압은 '–' 로 표현되는 단자이다.
GSUM :
전압제어용 전류원이며 방향은 위에서 아래이다.</td><td colspan="2">V(OUT+, OUT−) = V(IN+, IN=)+V(IN2+, IN−)</td></tr>
<tr><td>GSUM</td><td>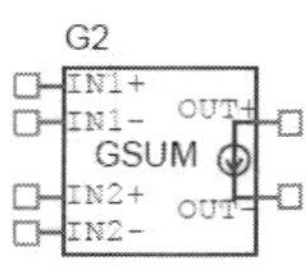</td><td colspan="2">I=V(IN+, IN−)+V(IN2+, IN−)</td></tr>
<tr><td>EMULT</td><td>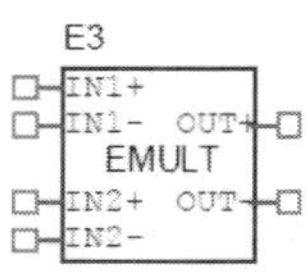</td><td rowspan="2">두 입력신호의 곱으로 출력 값을 결정한다.

EMULT :
전압제어용 전압원이며 기준전압은 '–' 로 표현되는 단자이다.
GMULT :
전압제어용 전류원이며 방향은 위에서 아래이다.</td><td colspan="2">V(OUT+, OUT−) = V(IN+IN−)*V(IN2+IN−)</td></tr>
<tr><td>GMULT</td><td>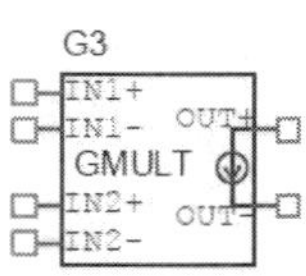</td><td colspan="2">I=V(IN+, IN−)*V(IN2+, IN−)</td></tr>
</table>

표 16.10-2 전압제어 전압/전류원

구분	소자 이름	소자 심벌	기능	함수 및 관계식
Frequency Look-up Table	EFREQ	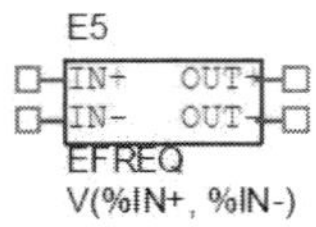	입·출력의 주파수 응답 관계를 table화 시킬 수 있는 소자이다. 변수 TABLE을 이용하여 주파수 성분, 크기 및 위상을 정의할 수 있으며, AC Sweep 해석 시에만 사용 가능하다. EFREQ : 전압제어용 전압원 GFREQ : 전압제어용 전류원	TABLE DELAY R_I MAGUNITS PHASEUNITS
	GFREQ	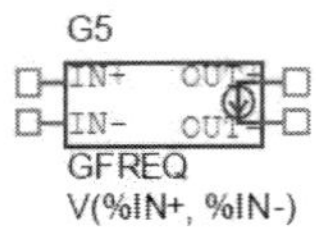		
Lplace Look-up Table	ELAPLACE	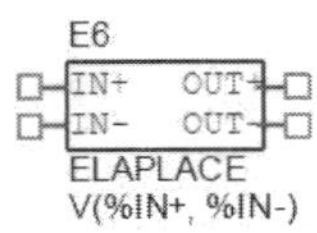	입·출력 사이의 전달함수를 정의할 수 있는 소자이다. AC Sweep 및 Transient 해석에서 사용할 수 있다. ELAPLACE : 전압제어용 전압원 GLAPLACE : 전압제어용 전류원	XFORM
	GLAPLACE	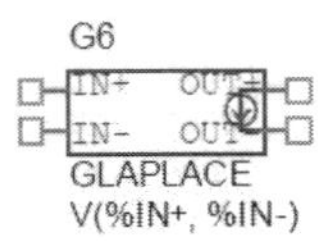		
Look-up Table	ETABLE	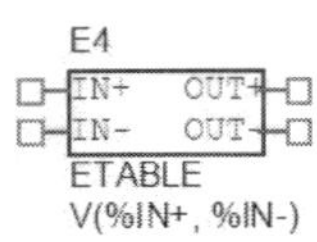	입·출력 관계를 table화 시킬 수 있는 소자이다. 변수 TABLE을 이용하여 정의할 수 있다. ETABLE : 전압제어용 전압원 GTABLE : 전압제어용 전류원	TABLE
	GTABLE	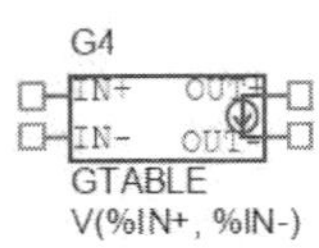		

16.3 ABM 모델 사용 예제

예제 16-1

ABM 전압제어 전압/전류원을 이용하여 실효값을 구하는 것을 PSpice 상에 나타내어 보라.

풀이

그림 16.1과 같이 PSpice 상에 ABM 전압제어 전압/전류원을 이용하여 회로도를 구성한다. PSpice 상에 이와 같이 회로를 작성하기 위한 순서를 요약하면 다음과 같다.

① 초기 창에서 File/New/Project를 선택한다.

② 새로운 Project 대화창이 열리고 여기서 Name 과 저장 위치 그리고 형태들을 정하고 ok를 선택한다.

③ Create PSpice Project 창이 열리면 ok를 선택한다.
(작은 창이 여러 번에 거쳐 열리면 확인을 선택하여 창을 닫는다.)

④ 작업할 Page가 열리고 작업 준비가 완료된다.

⑤ Place Part(P)를 선택하여 사용될 부품을 배치한다.
여기서 사용된 부품과 심벌은 다음과 같다.
R1, R2 : R/ANALOG, C1 : C/ANALOG,
V1 : VSIN/SOURCE, GND : 0/SOURCE,
GVALUE, EVALUE : GVALUE, EVALUE/ABM

abm.olb를 Library에 등록한 후 GVALUE, EVALUE를 찾아야 선택할 수 있다.

⑥ Place Wire(W)를 이용하여 선을 연결한다.

⑦ 각 부품을 선택하여 속성 창에서 부품 값을 입력한다.

⑧ Place Net Alias를 선택하여 INT, IN, OUT 네트 이름을 정한다.

vsin의 속성 창에서 VOFF=0, VAMPL=1 그리고 FREQ=1K 로 입력한다.

⑨ 파형을 나타내기 위하여 IN, OUT 단자에 Voltage Probe 를 붙이고, INT 단자에는 Voltage Probe를 붙인다.

⑩ 메뉴에서 PSpice/New Simulation Profile을 선택하면 New Simulation 창이 그림 16.2와 같이 나타나고 Name에 abm1(본인이 설정)이라고 입력하고 Create를 선택하여 창을 닫는다.

⑪ PSpice/Edit Simulation Profile을 선택하여 그림 16.3과 같이 Simulation Settings 창을 설정한다. 확인을 선택하여 창을 닫는다.

⑫ PSpice/Run을 선택하여 Simulation 한다. 그 결과가 그림 16.4에 나타나 있다.

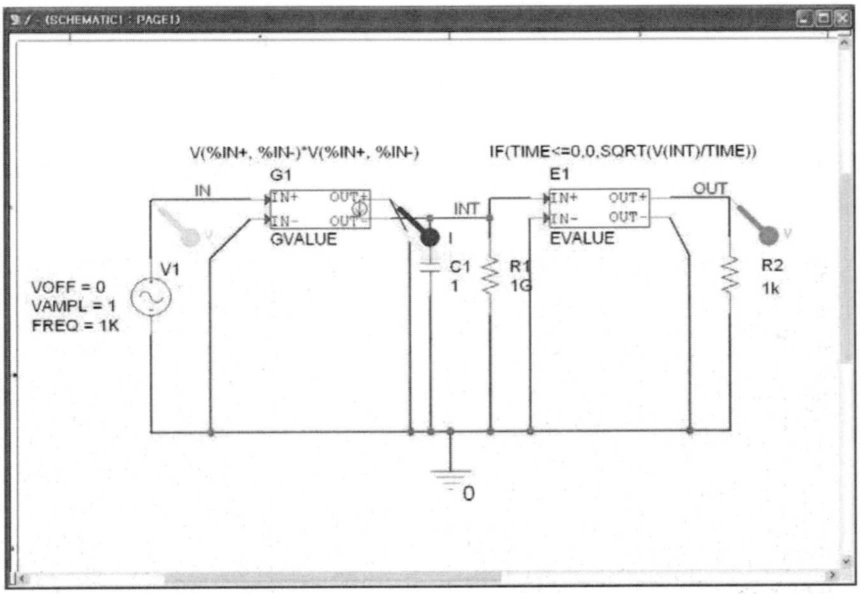

그림 16.1 PSpice 상에 ABM 전압제어 전압/전류원을 이용하여 회로도

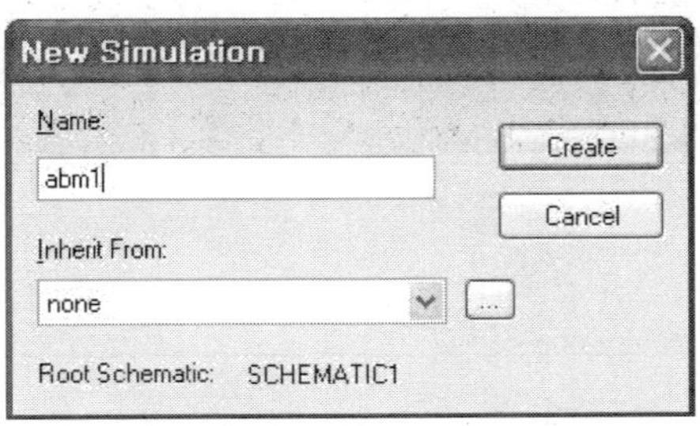

그림 16.2 Simulation 설정 초기창

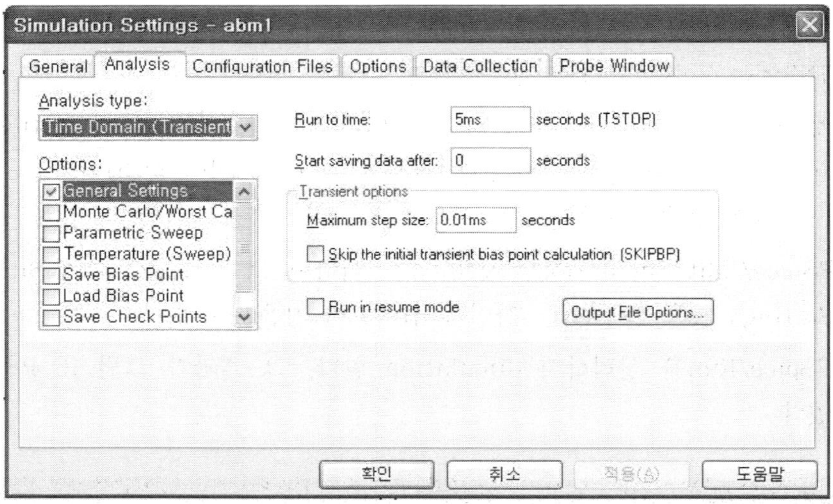

그림 16.3 Simulation Settings 창

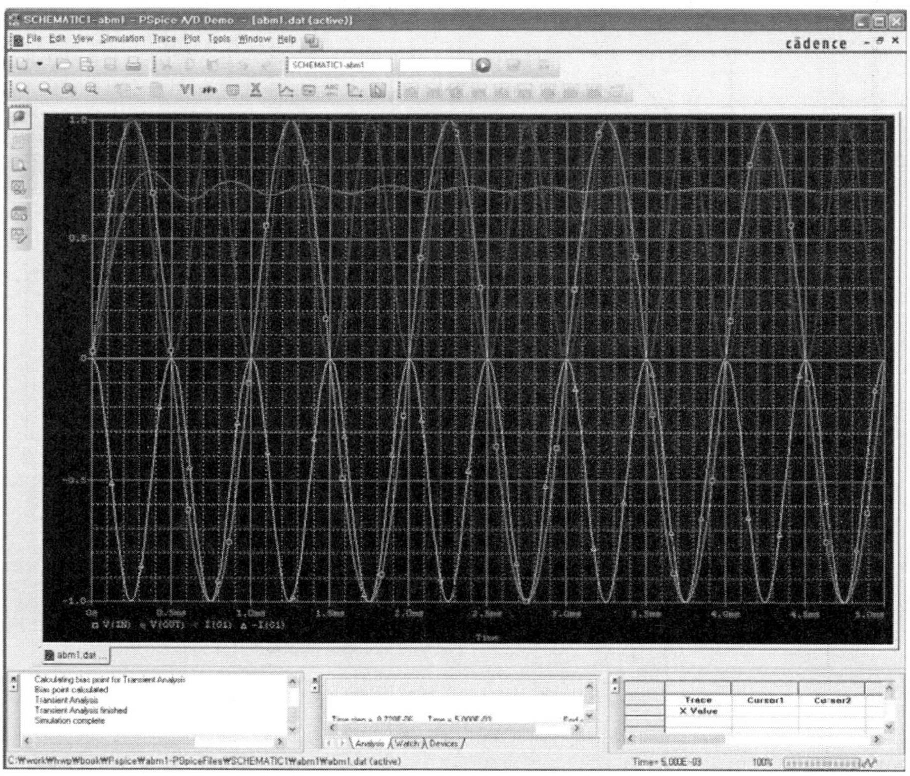

그림 16.4 Simulation 결과 창

⑬ 출력 창의 메뉴에서 Plot/Add Plot to Window를 선택하여 plot를 추가하여 전류 파형과 전압 파형을 분리하여 나타내면 그림 16.5와 같다.

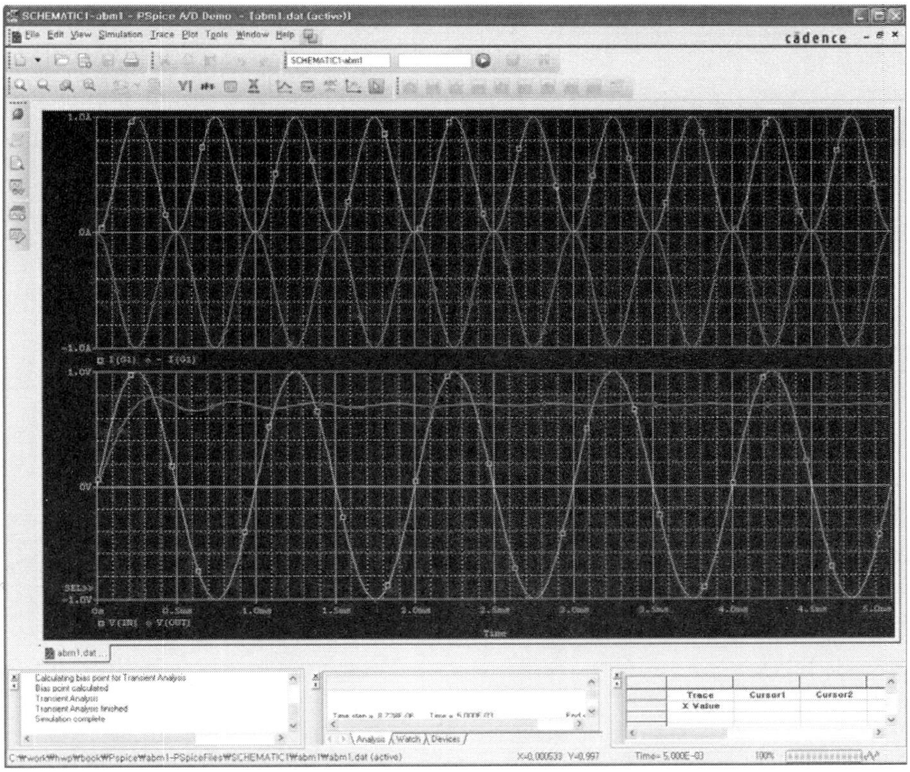

그림 16.5 전류 파형과 전압 파형이 분리된 결과창

제 5 단원
회로 실습하기

제 5 단원
회로 실습하기

제 17 장 아날로그 회로 실습

17.1 R-L 회로

1) Simulation 회로

그림 17.1에 나타나 있는 R-L 회로의 특성을 PSpice를 이용하여 알아 보자.

〈관찰 내용〉

① R-L 회로에서 인덕터 양단의 전압 및 전류 특성 알아보기

② 입력 전류의 변화 시 인덕터 양단에 흐르는 전류는 어떻게 변화하는가

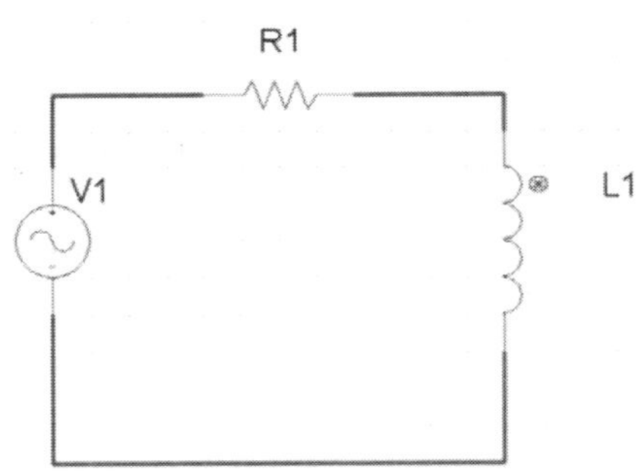

그림 17.1 R-L 회로

2) Simulation 조건

① 입력 전원 V1

- 전압 전원 : VPWL/SOURCE

② RESISTOR : R

Library : R/ANALOG, Value : 1[kΩ]

③ INDUCTOR : L

Library : L/ANALOG, Value : 100[mH]

④ 접지 : 0

0/SOURCE

⑤ Analysis Setup

- 전압 및 전류 특성 : Transient Analysis

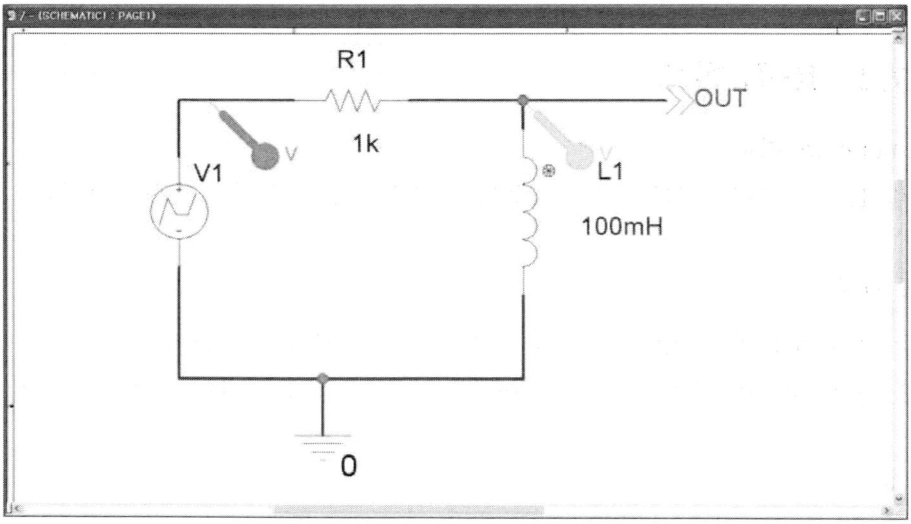

그림 17.2 PSpice 상의 R-L 회로

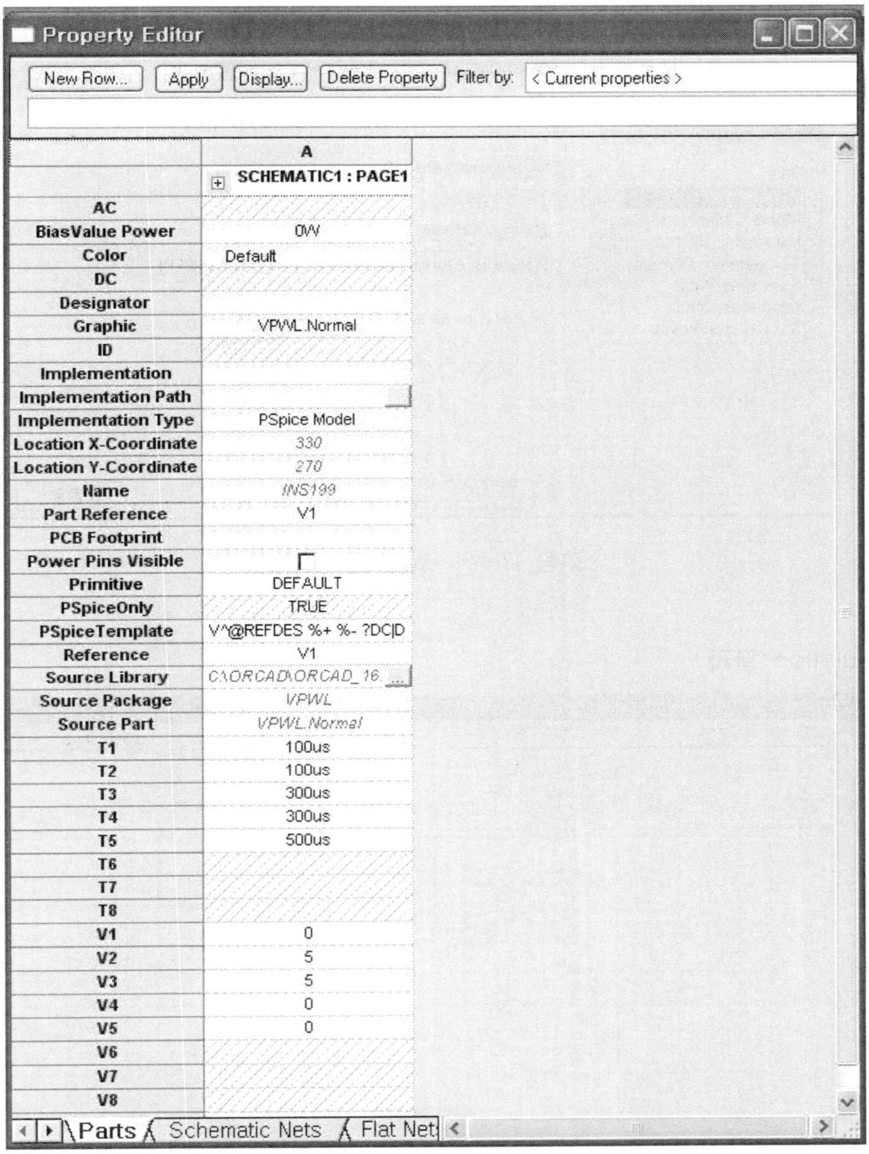

그림 17.3 VPWL 의 속성창

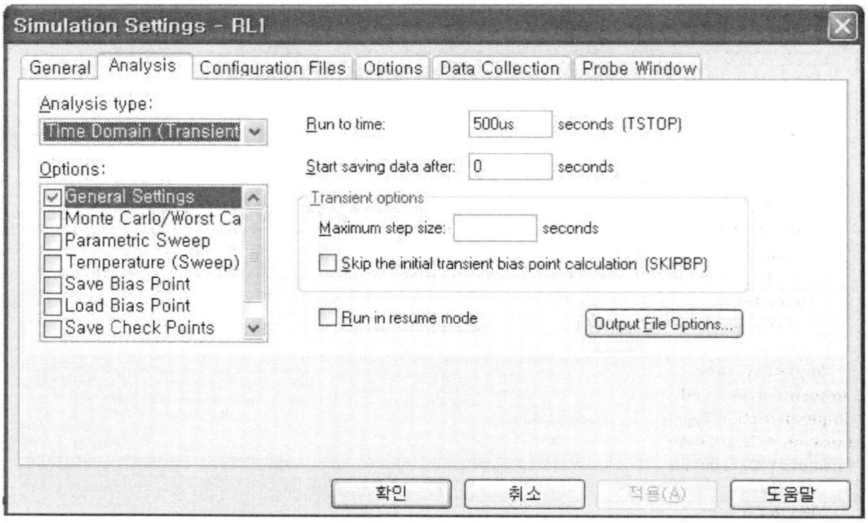

그림 17.4 Analysis Setup

3) Simulation 결과

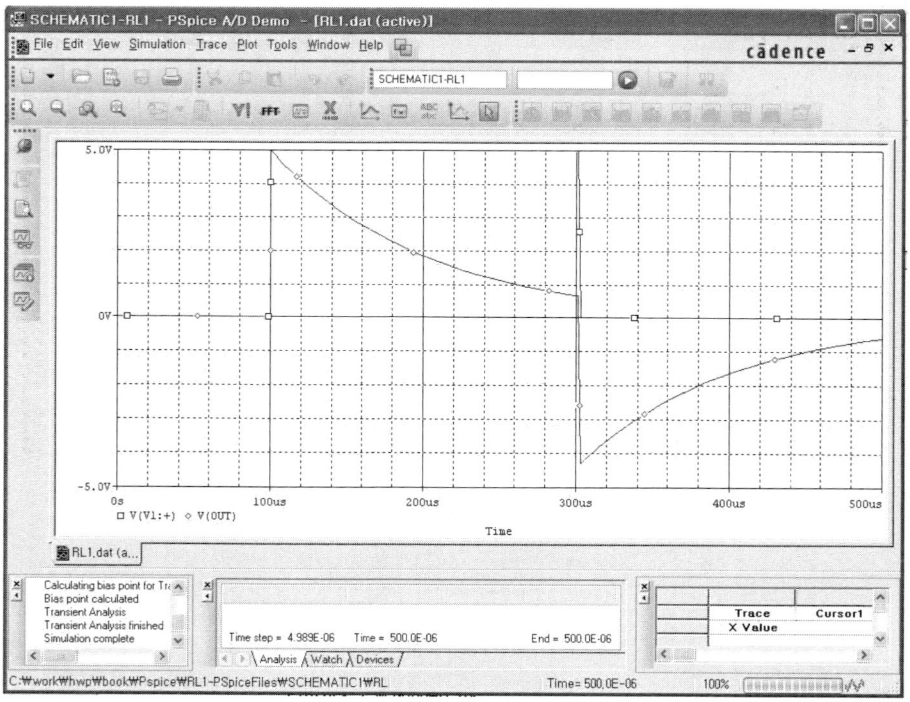

그림 17.5 전원과 인덕터 양단의 전압 파형

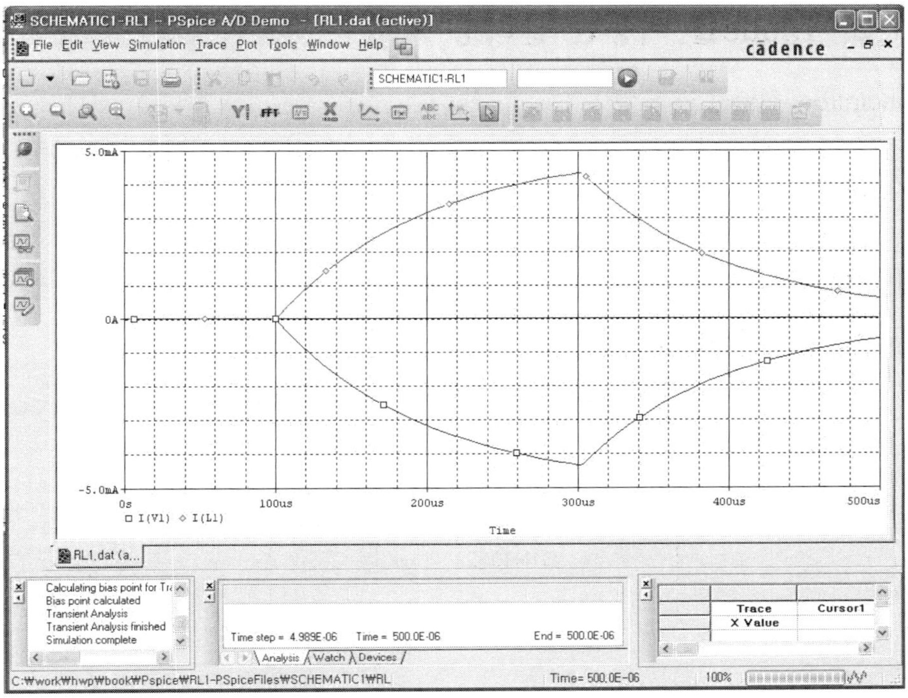

그림 17.6 전원과 인덕터에 흐르는 전류 파형

17.2 Diode를 이용한 클리핑 회로

1) Simulation 회로

그림 17.7에 나타나 있는 Diode를 이용한 클리핑 회로의 특성을 PSpice를 이용하여 알아보자.

〈관찰 내용〉

① Diode를 이용한 회로 구성

② 기준 전압 이하의 파형을 클리핑하는 회로 특성 이해

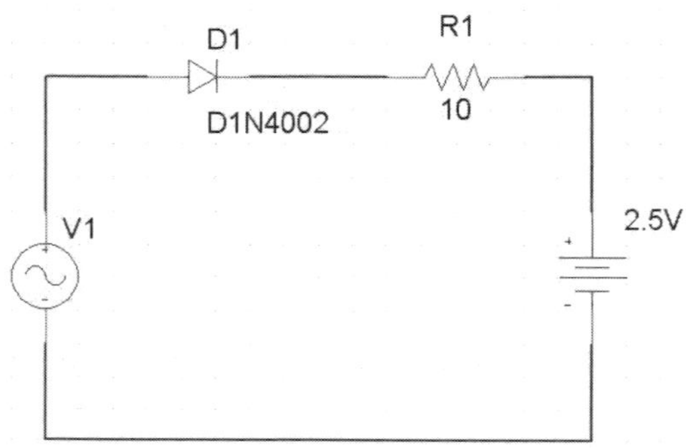

그림 17.7 R-L 회로

2) Simulation 조건

① 입력 전원 V1, VR

- 전압 전원 : VSIN/SOURCE, Value : $5\sin 120\pi t$
VDC/SOURCE, Value : 2.5[V]

② RESISTOR : R

Library : R/ANALOG, Value : 10Ω

③ Diode : D

Library : DIN4002/EVAL

④ 접지 : 0

0/SOURCE

⑤ Analysis Setup

- 전압 특성 : Transient Analysis

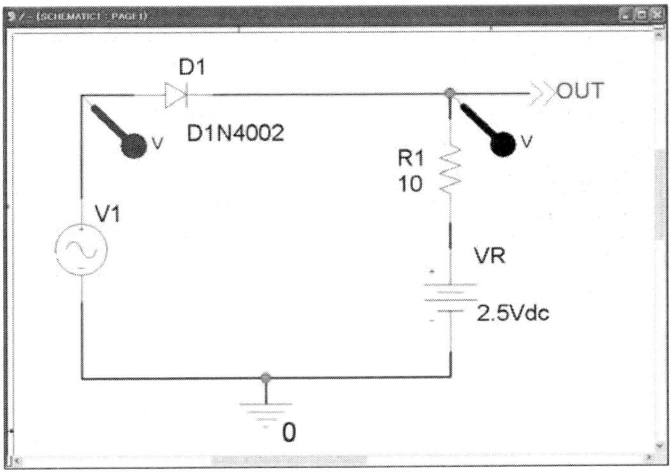

그림 17.8 PSpice 상의 Diode를 이용한 클리핑 회로

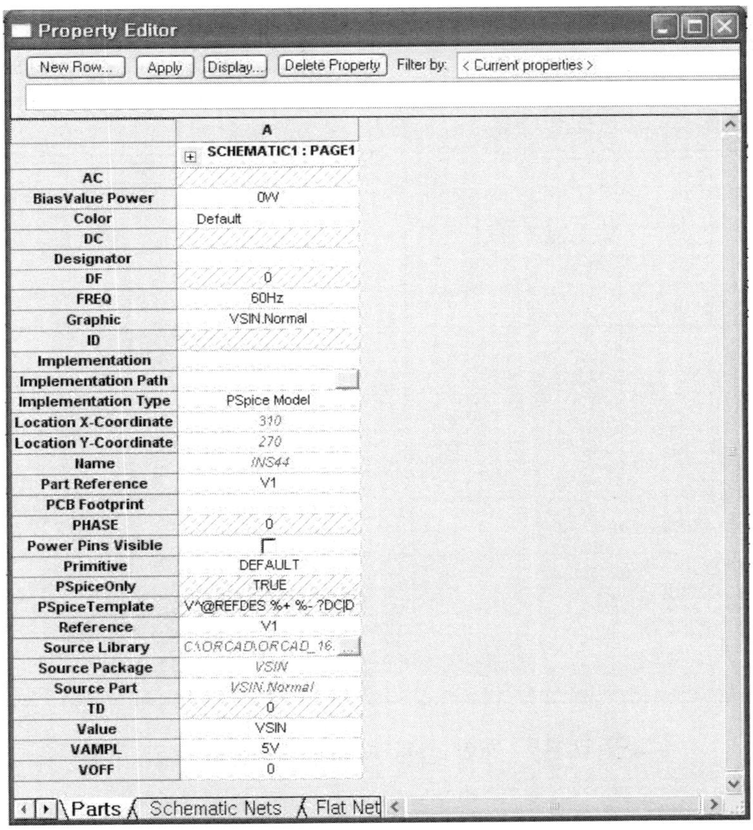

그림 17.9 Vsin의 속성창

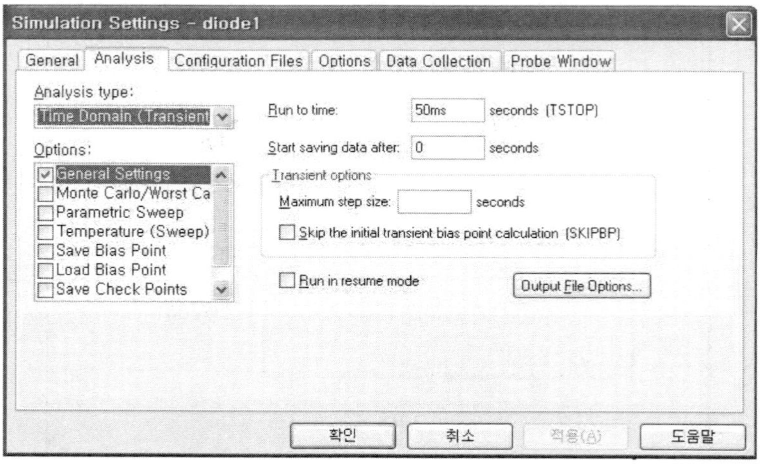

그림 17.10 Analysis Setup

3) Simulation 결과

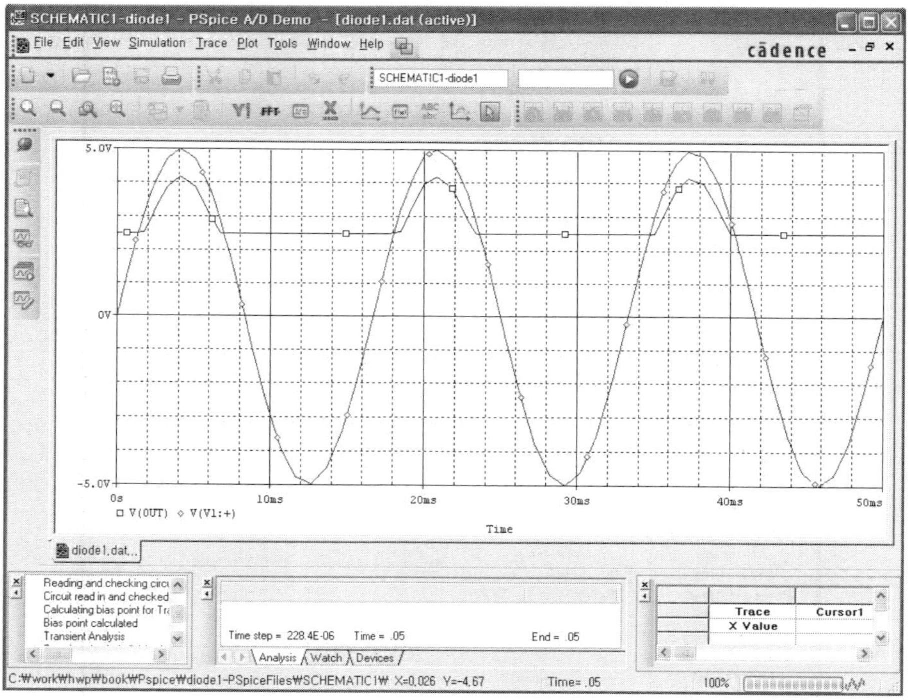

그림 17.11 전압 전원 파형과 클리핑된 전압 파형

17.3 트랜지스터를 이용한 증폭기 회로

1) Simulation 회로

그림 17.12에 나타나 있는 Transistor를 이용한 증폭기 회로의 특성을 PSpice를 이용하여 알아보자.

〈관찰 내용〉

① Transistor를 이용한 증폭기 회로 구성

② 증폭기 회로 특성 이해

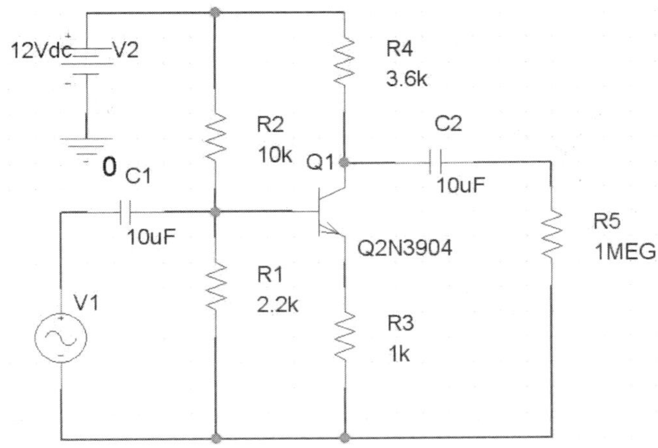

그림 17.12 Transistor를 이용한 증폭기 회로

2) Simulation 조건

① 입력 전원 V1, VR

- 전압 전원 : VSIN/SOURCE, Value : $0.5\sin 2000\pi t$

VDC/SOURCE, Value : 12[V]

② RESISTOR : R1, R2, R3, R4, RL

Library : R/ANALOG, Value : 10[k], 2.2[k], 3.6[k], 1[k], 1[MΩ]

③ Capacitor : C1, C2

Library : C/ANALOG, Value : 10[uF]

④ Transistor :Q1

Library : Q2N3904/EVAL

⑤ 접지 : 0

0/SOURCE

⑥ Analysis Setup

– 전압 특성 : Transient Analysis

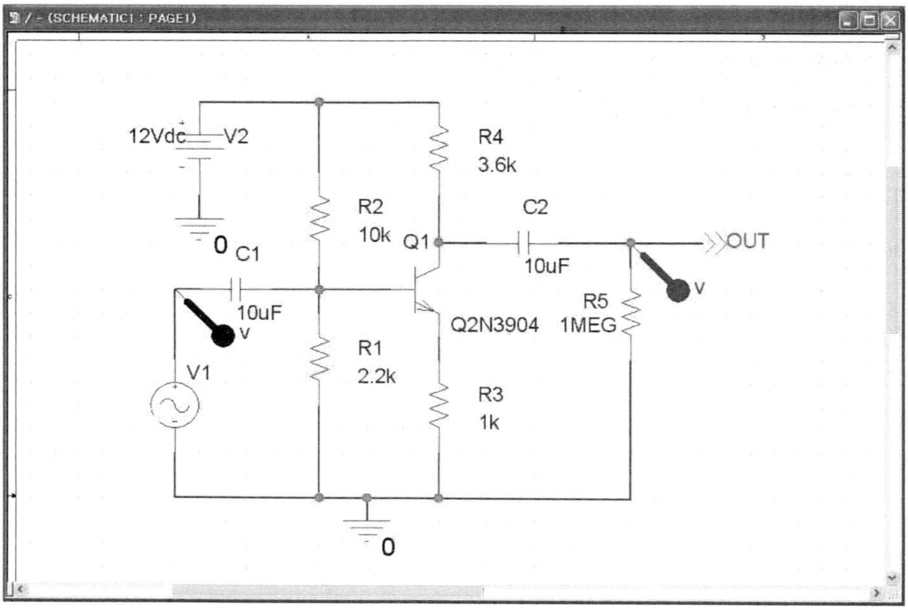

그림 17.13 PSpice 상의 Transistor를 이용한 증폭기 회로

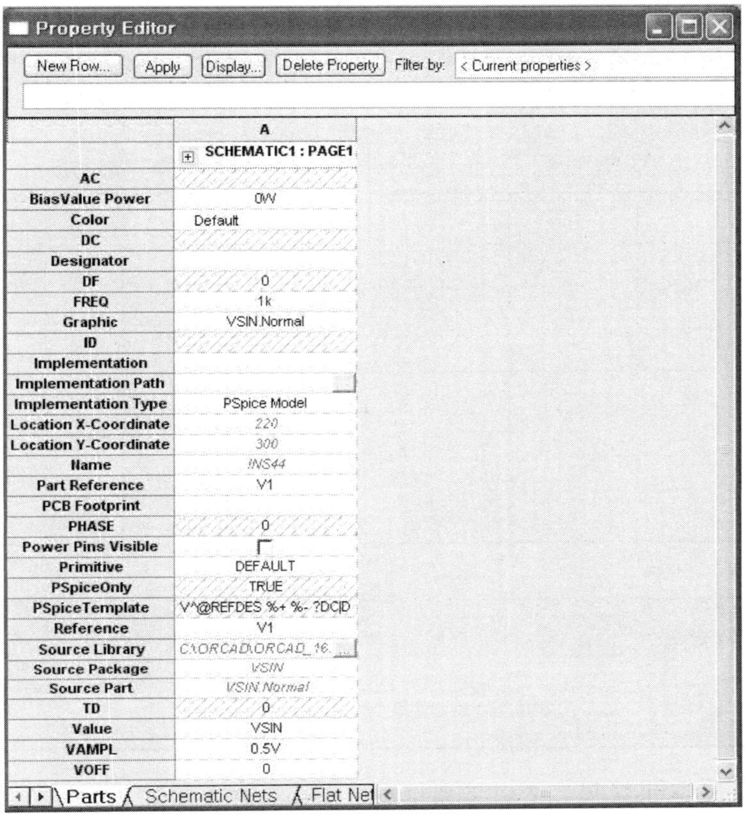

그림 17.14　Vsin 의 속성창

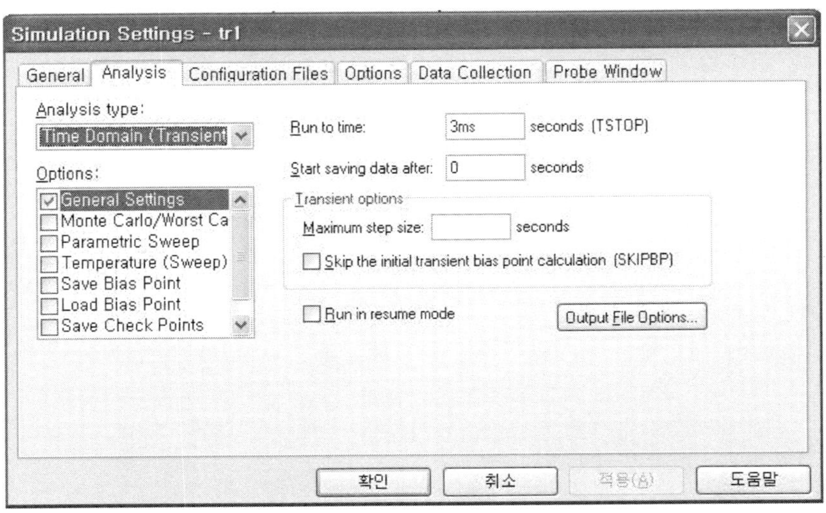

그림 17.15　Analysis Setup

3) Simulation 결과

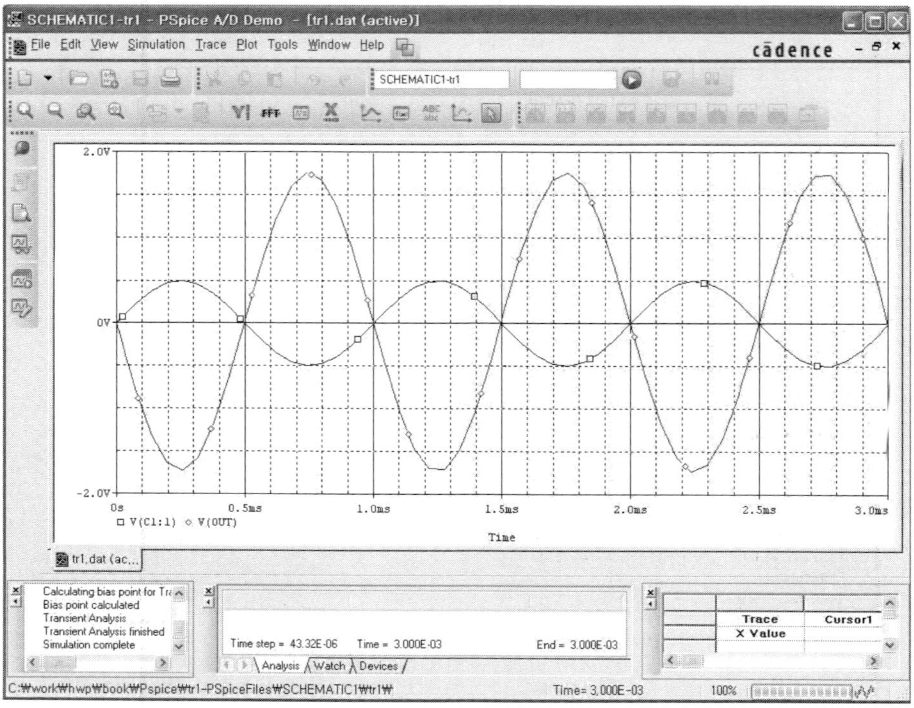

그림 17.16 전압 전원 파형과 증폭된 출력 파형

17.4 연산 증폭기를 이용한 파형 변환기

1) Simulation 회로

그림 17.17에 나타나 있는 연산 증폭기를 이용한 구형파를 삼각파로 변환하는 변환기 회로의 특성을 PSpice를 이용하여 알아보자.

〈관찰 내용〉

① 연산 증폭기를 이용한 증폭기 구성

② 구형파를 삼각파로 변환하는 변환기 특성 이해

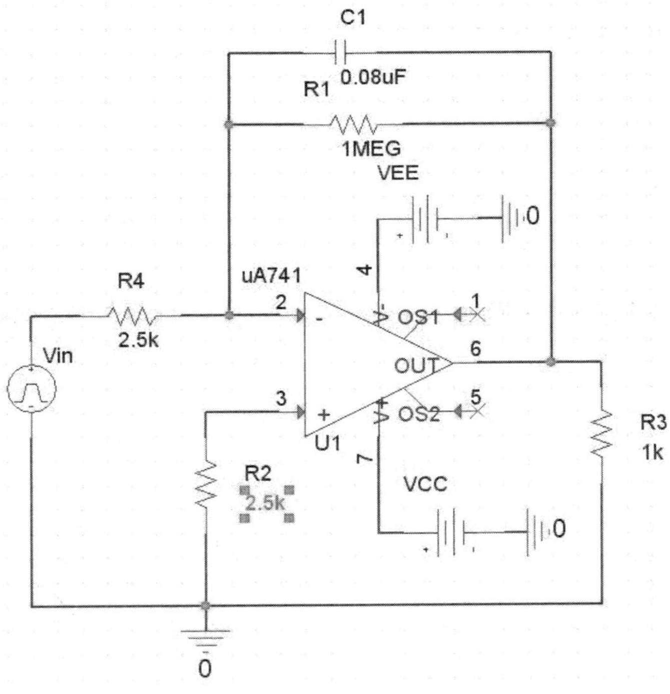

그림 17.17 연산 증폭기를 이용한 구형파를 삼각파로 변환하는 변환기 회로

2) Simulation 조건

① 입력 전원 VIN, VCC, VEE

- 전압 전원 : VPULSE/SOURCE, Value : V1=5[V], V2=-5[V],
  TD=0[ms], TR=10[ns], TF=10[ns], PW=8[ms], PER=16[ms]
  VDC/SOURCE, Value : 15[V], -15[V]

② RESISTOR : R1, R2, R3, RL
Library : R/ANALOG, Value : 1[M], 2.5[k], 1[k], 25[kΩ]

③ Capacitor : C1
Library : C/ANALOG, Value : 0.05[uF]

④ OP AMP : U1
Library : uA741/EVAL

⑤ 접지 : 0
0/SOURCE

⑥ Analysis Setup
- 전압 특성 : Transient Analysis

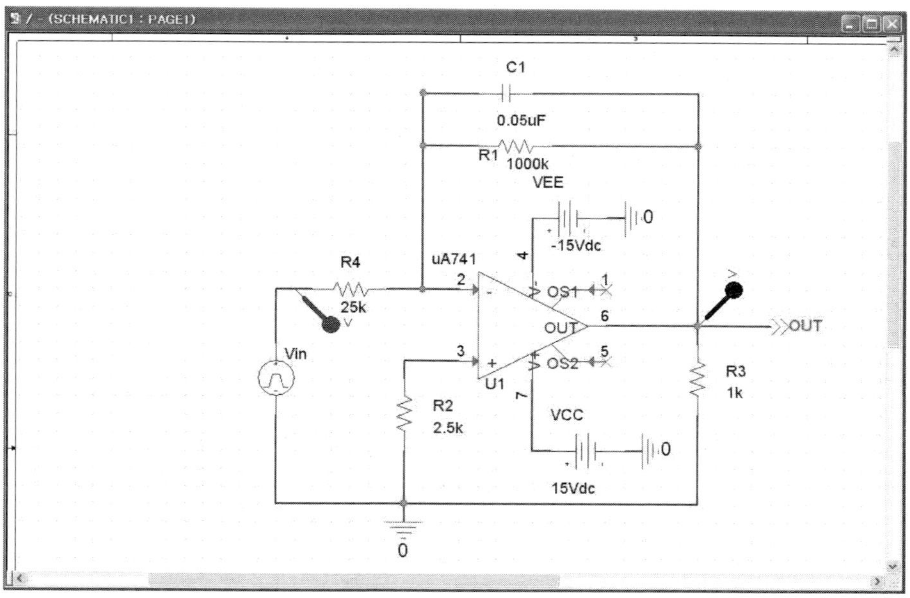

그림 17.18 PSpice 상의 구형파를 삼각파로 변환하는 변환기 회로

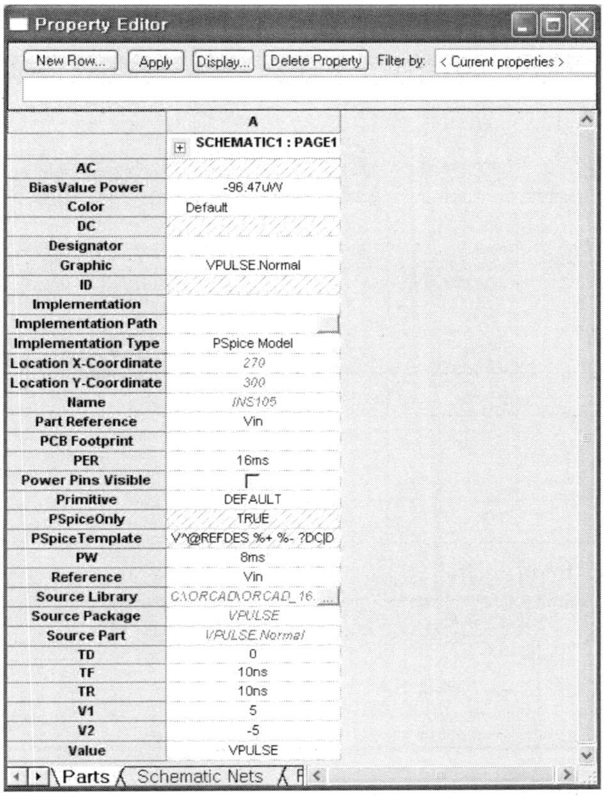

그림 17.19　Vsin의 속성창

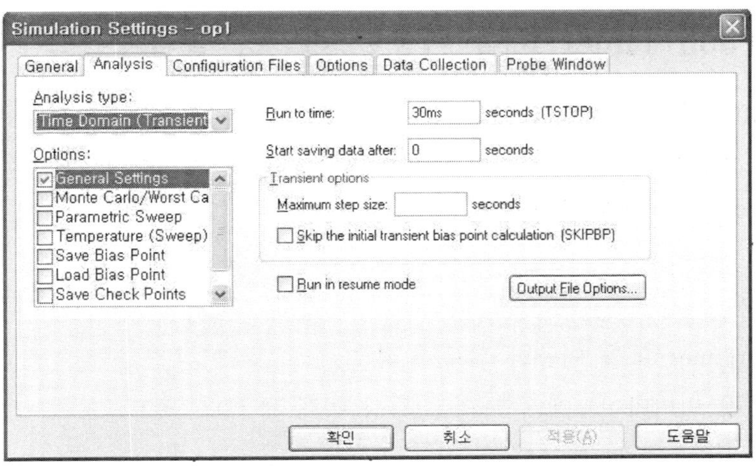

그림 17.20　Analysis Setup

3) Simulation 결과

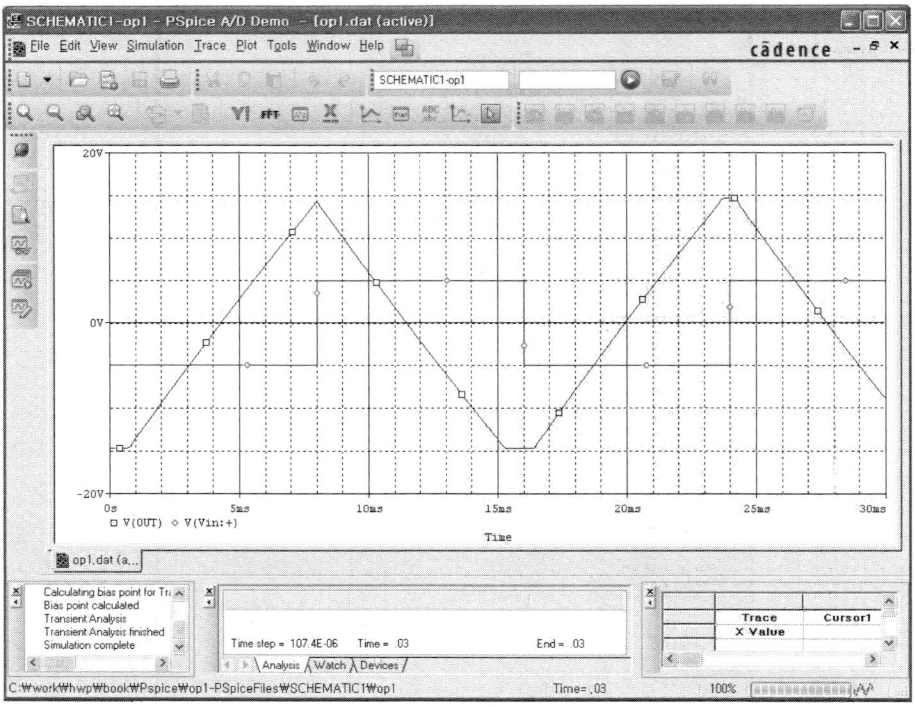

그림 17.21 입력 전압 전원 파형과 출력 삼각파 파형

17.5 555 Timer IC를 이용한 비안정 멀티바이브레이터

1) Simulation 회로

그림 17.22에 나타나 있는 555 Timer IC 를 비안정 멀티바이브레이터 회로의 특성을 PSpice를 이용하여 알아보자.

〈관찰 내용〉

① 555 Timer IC를 이용한 회로 구성

② 비안정 멀티바이브레이터 회로 특성 이해

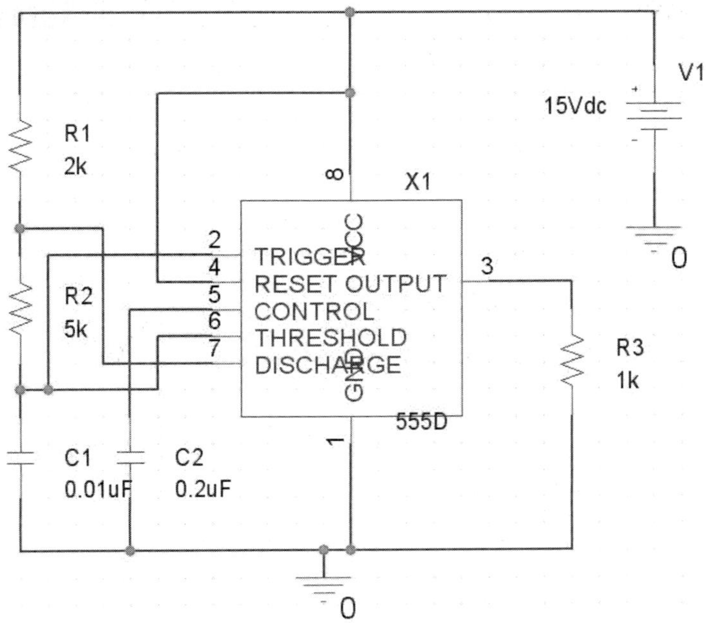

그림 17.22 555 Timer IC를 비안정 멀티바이브레이터 회로

2) Simulation 조건

① 입력 전원 VCC
 - 전압 전원 : VDC/SOURCE, Value : 15[V]

② RESISTOR : R1, R2, R3
 Library : R/ANALOG, Value : 1[k], 2[k], 5[kΩ]

③ Capacitor : C1, C2
 Library : C/ANALOG, Value : 0.01[uF], 0.2[uF]

④ IC : U1
 Library : 555d/EVAL

⑤ 접지 : 0
 0/SOURCE

⑥ Analysis Setup
 - 전압 특성 : Transient Analysis

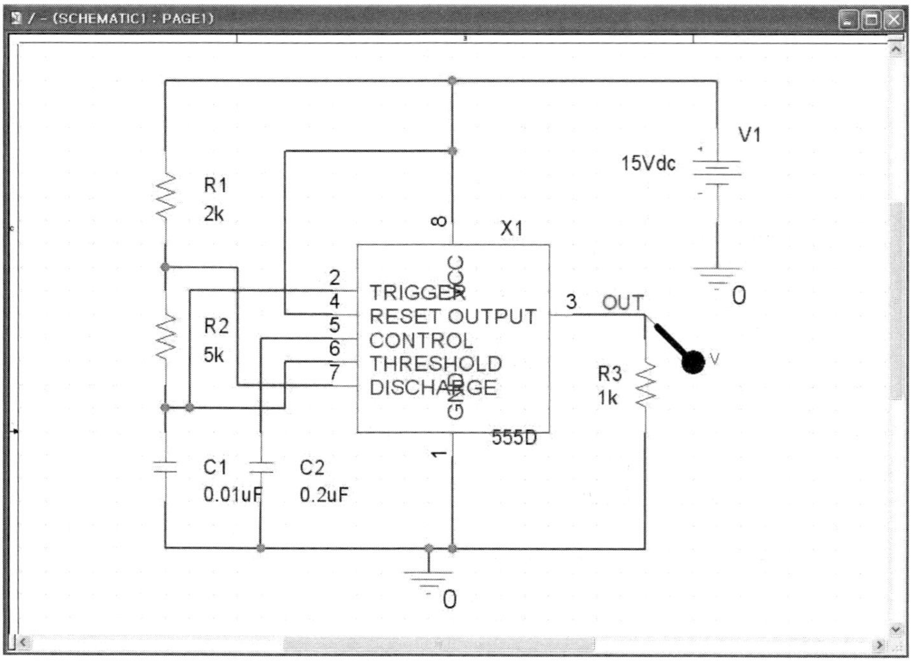

그림 17.23 PSpice 상의 비안정 멀티바이브레이터 회로

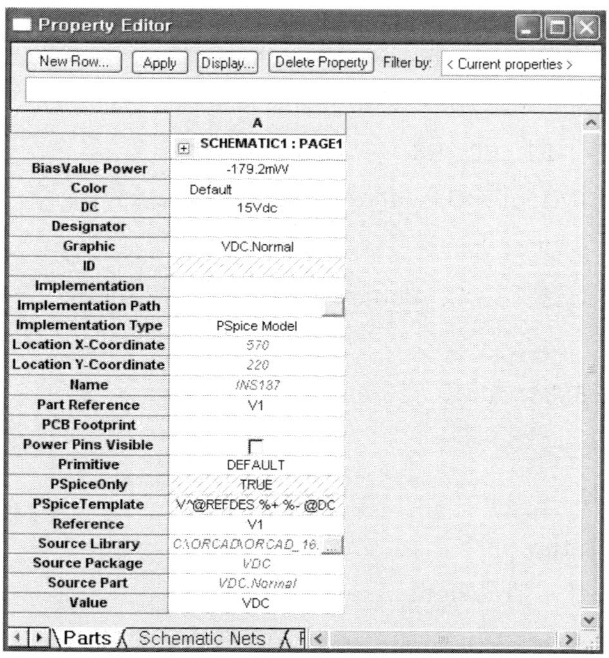

그림 17.24 Vdc 속성창

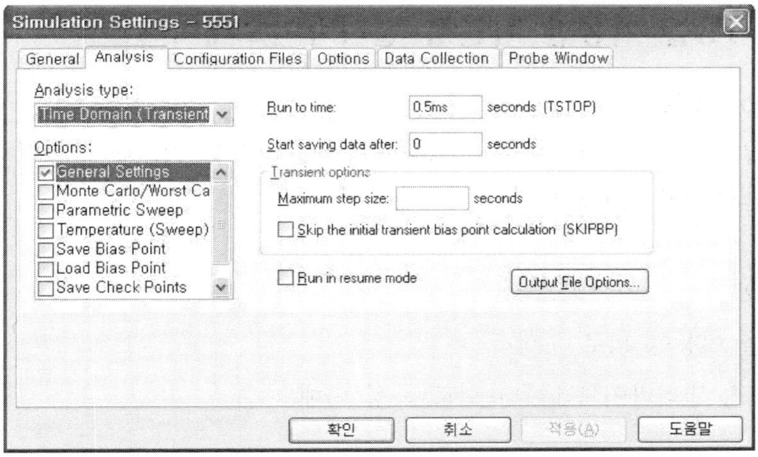

그림 17.25 Analysis Setup

3) Simulation 결과

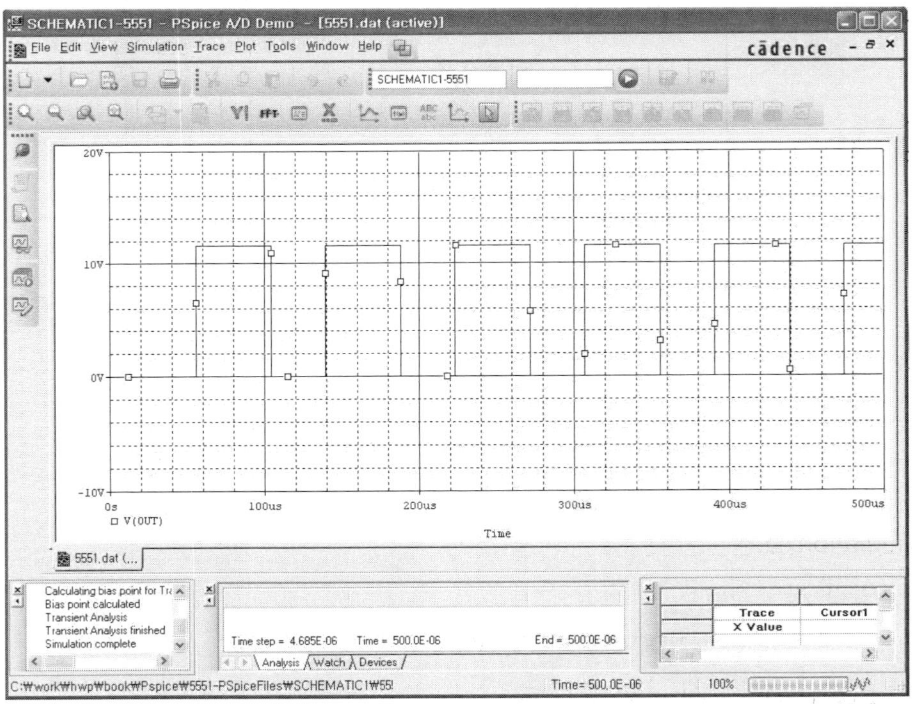

그림 17.26 회로의 출력 파형

17.6 TR을 이용한 비안정 멀티바이브레이터

1) Simulation 회로

그림 17.27에 나타나 있는 TR을 이용한 비안정 멀티바이브레이터 회로의 특성을 PSpice를 이용하여 알아보자.

〈관찰 내용〉

① TR을 이용한 회로 구성

② 비안정 멀티바이브레이터 회로 특성 이해

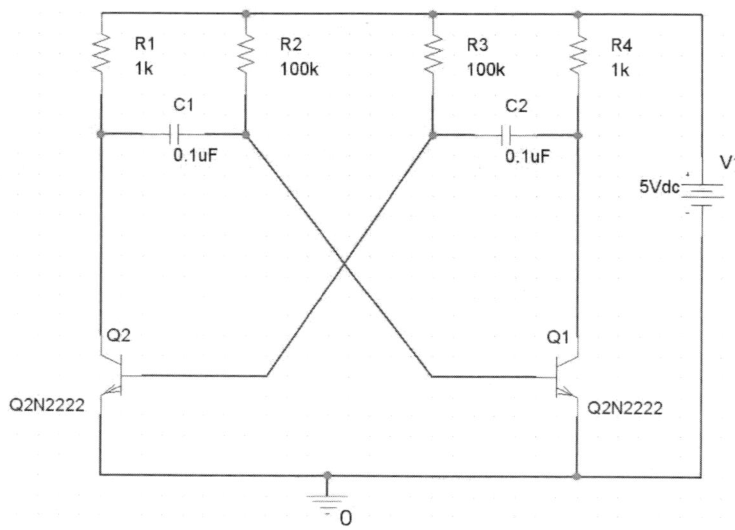

그림 17.27 TR을 이용한 비안정 멀티바이브레이터 회로

2) Simulation 조건

① 입력 전원 VCC

- 전압 전원 : VDC/SOURCE, Value : 5 V

② RESISTOR : R1, R2, R3, R4

Library : R/ANALOG, Value : 1k, 100k, 100k, 1kΩ

③ Capacitor : C1, C2

Library : C/ANALOG, Value : 0.1uF, 0.1uF

④ TR : Q1, Q2

Library : Q2N2222/EVAL

⑤ 접지 : 0

0/SOURCE

⑥ Analysis Setup

- 전압 특성 : Transient Analysis

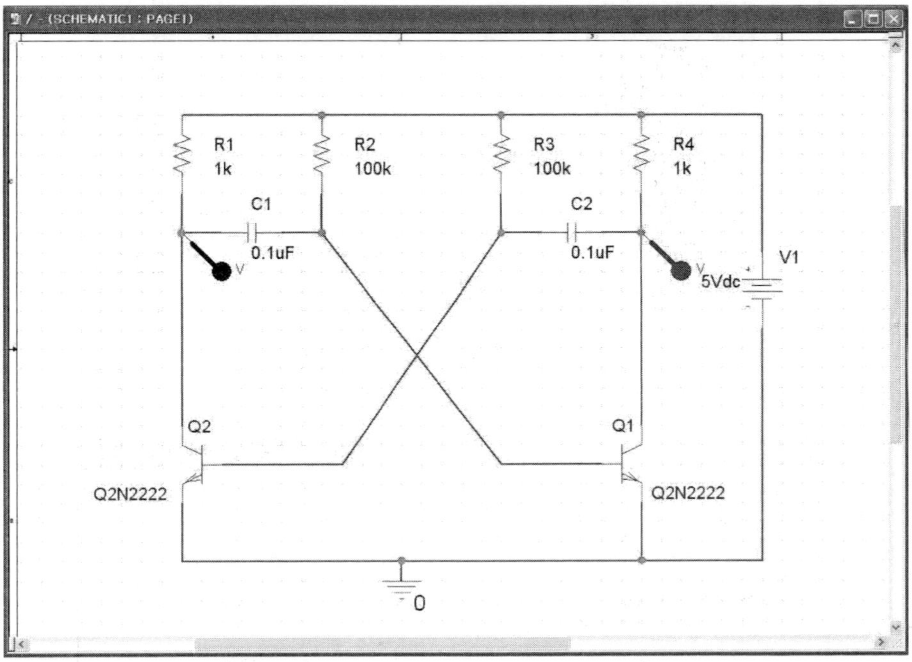

그림 17.28 PSpice 상의 TR을 이용한 비안정 멀티바이브레이터 회로

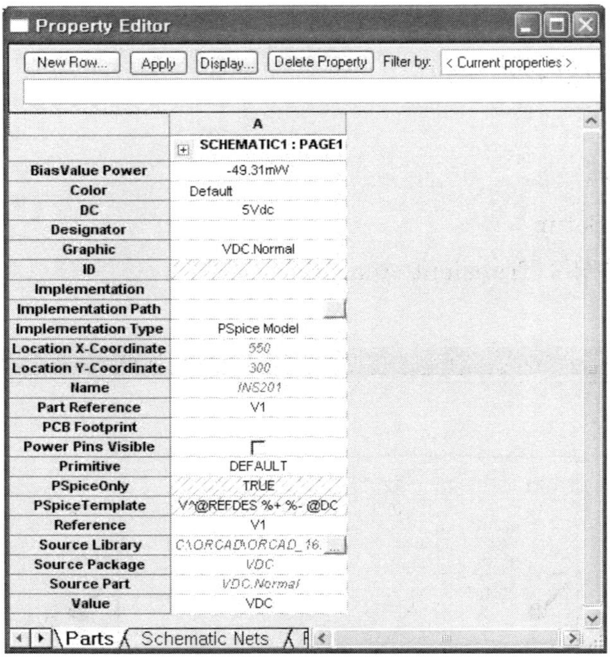

그림 17.29 Vdc 속성창

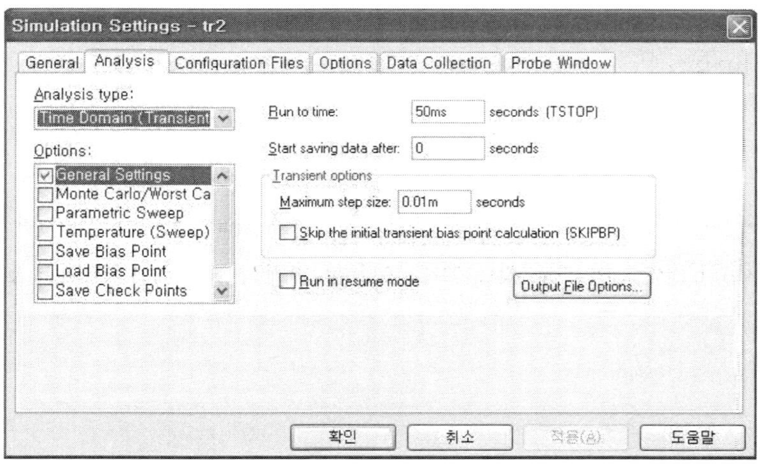

그림 17.30 Analysis Setup

3) Simulation 결과

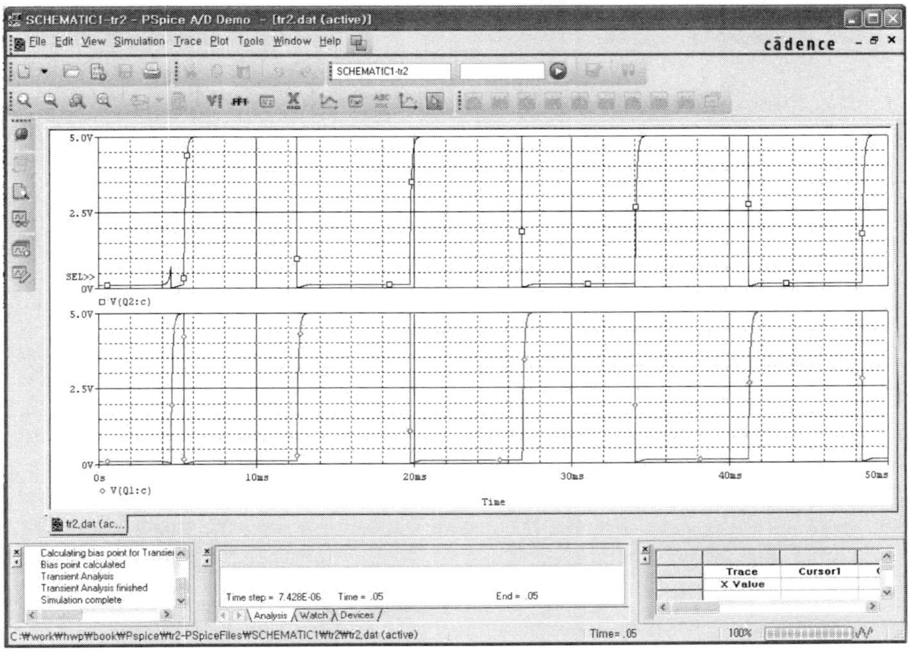

그림 17.31 회로의 출력 파형

제 18 장

디지털 회로 실습

18.1 가산기

1) Simulation 회로

그림 18.1에 나타나 있는 가산기 회로의 특성을 PSpice를 이용하여 알아 보자.

〈관찰 내용〉

① 디지털 신호 입력 특성 알아보기

② 가산기 회로의 특성을 알아본다.

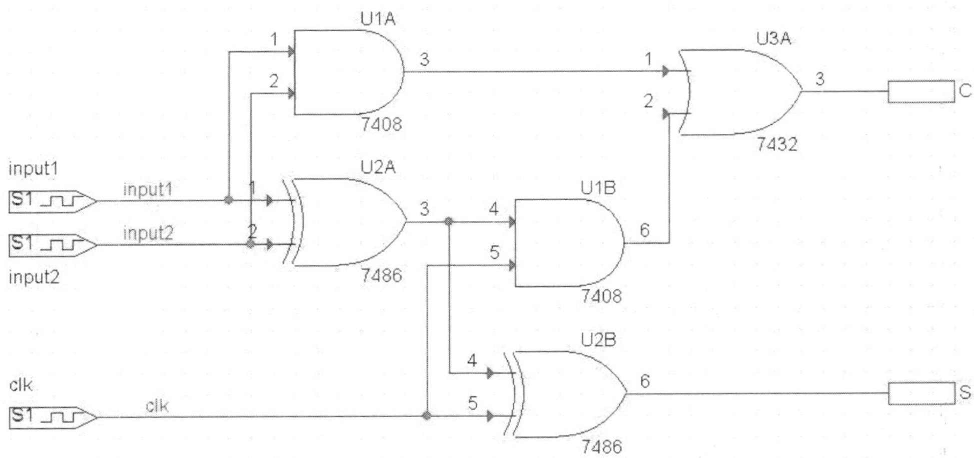

그림 18.1 가산기 회로

2) Simulation 조건

① 디지털 입력기 input1, input2, CLK

- Digstim : Digstim1/SOURCSTM

② AND gate : U1A, U1B

Library : 7408/EVAL

③ EX-OR gate : U2A, U2B

Library : 7486/EVAL

④ OR gate : U3A

Library : 7432/EVAL

⑤ Port : C, S

Library : PortNO-L/CAPSYM

⑥ 접지 : 0

0/SOURCE

⑦ Analysis Setup

- 전압 및 전류 특성 : Transient Analysis

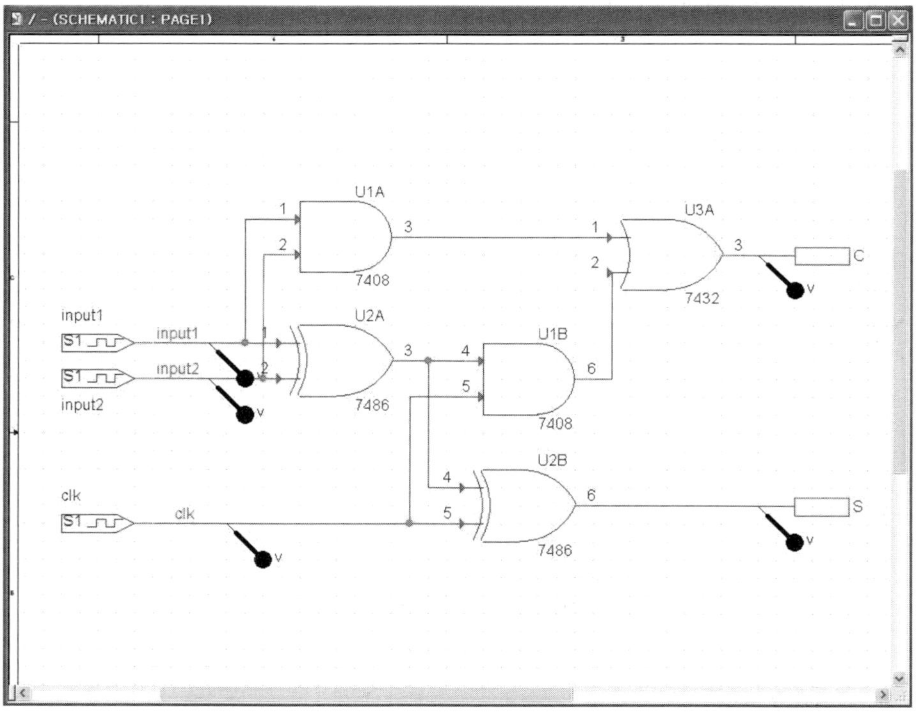

그림 18.2 PSpice 상의 가산기 회로

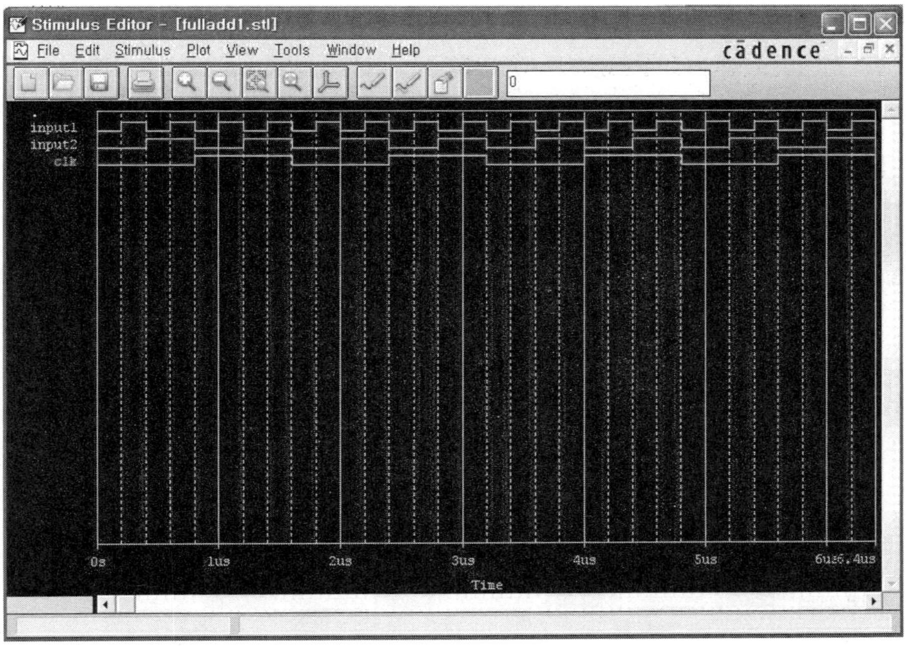

그림 18.3　입력 신호

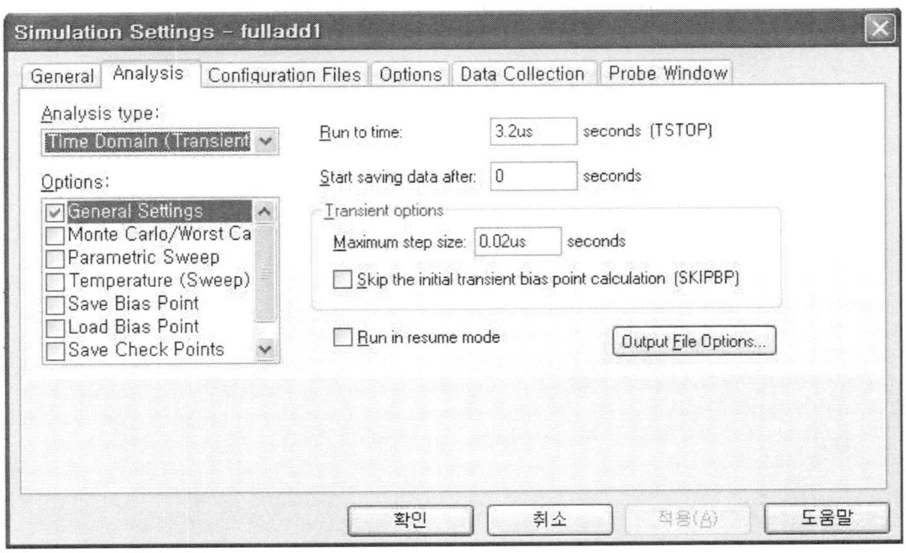

그림 18.4　Analysis Setup

3) Simulation 결과

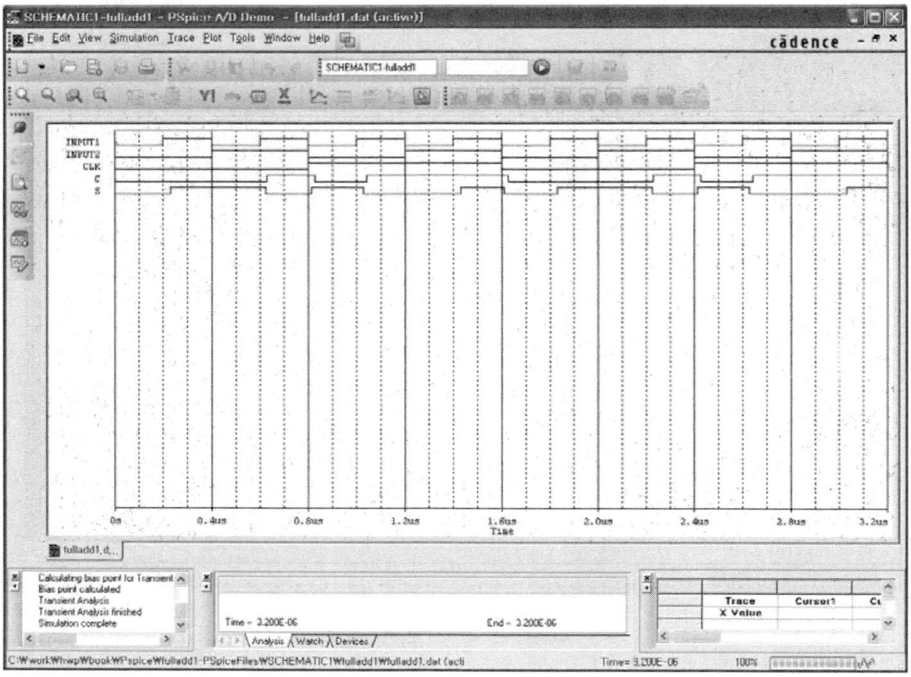

그림 18.5 입력 신호와 출력 신호 파형

18.2 디코드 회로 실습

1) Simulation 회로

그림 18.6에 나타나 있는 디코드 회로의 특성을 PSpice를 이용하여 알아 보자.

〈관찰 내용〉

① 디코드의 논리 특성 알아보기

② 디코드 회로의 특성을 알아본다.

표 18.1 디코드 논리 표

	B	A	D3	D2	D1	D0
0	0	0	0	0	0	1
1	0	1	0	0	1	0
2	1	0	0	1	0	0
3	1	1	1	1	1	0

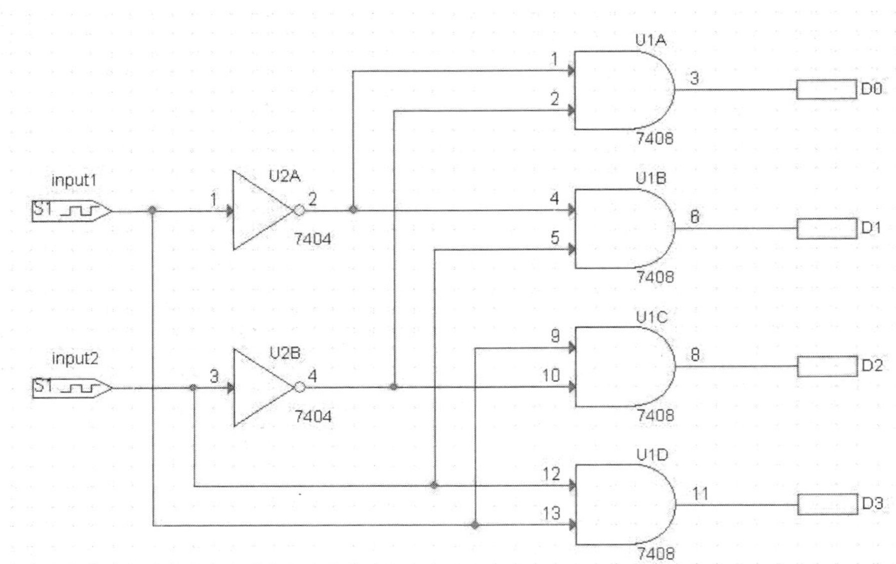

그림 18.6 디코드 회로

2) Simulation 조건

① 디지털 입력기 input1, input2
   - Digstim : Digstim1/SOURCSTM
② AND gate : U1A, U1B, U1C, U1D
   Library : 7408/EVAL,
③ NOT gate : U2A, U2B
   Library : 7404/EVAL,
④ Port : D1, D2, D3, D4
   Library : PortNO-L/CAPSYM
⑤ 접지 : 0
   0/SOURCE
⑥ Analysis Setup
   - 전압 및 전류 특성 : Transient Analysis

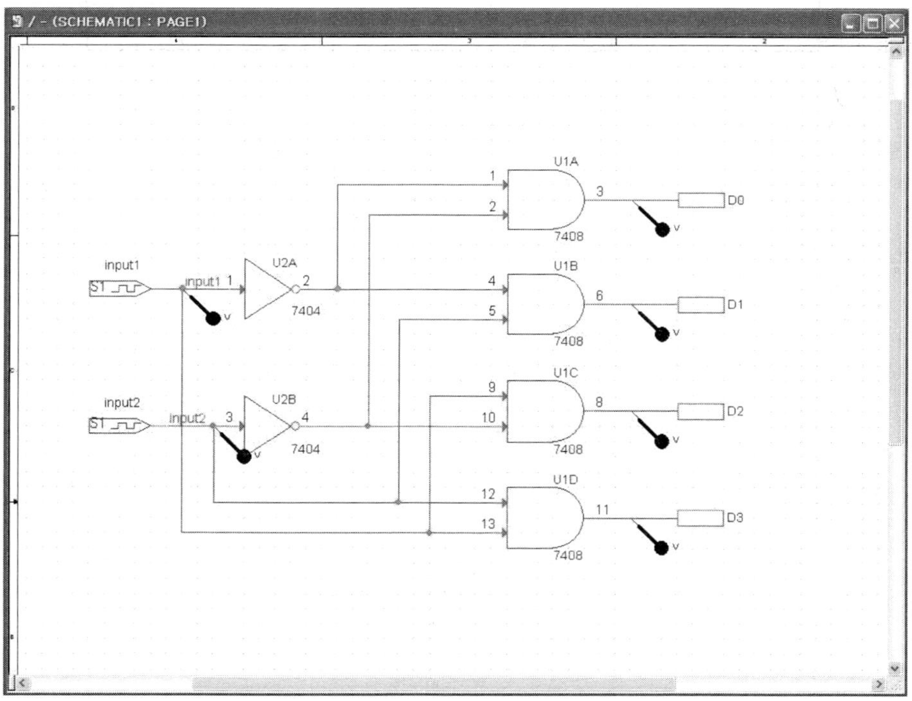

그림 18.7 PSpice 상의 디코드 회로

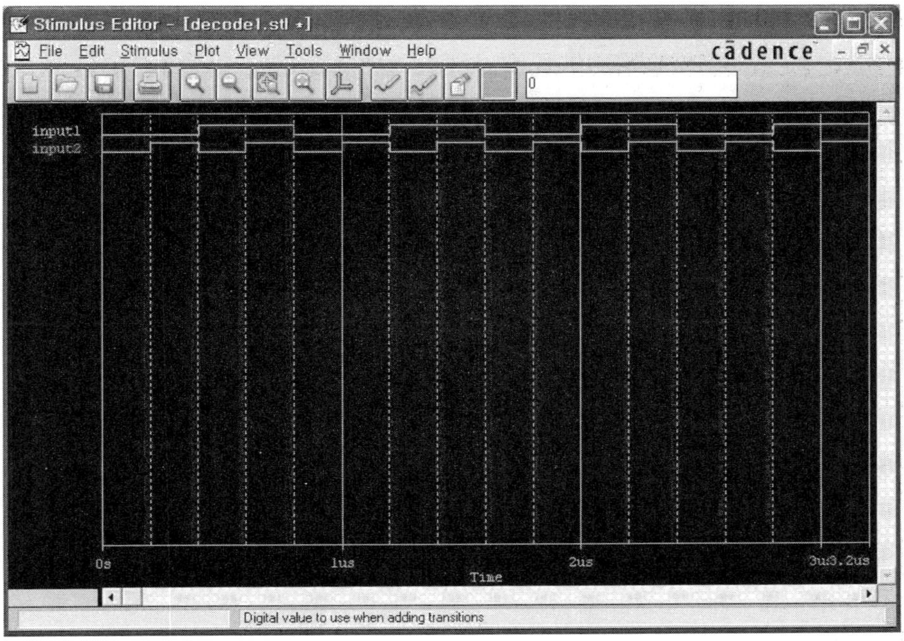

그림 18.8 입력 신호

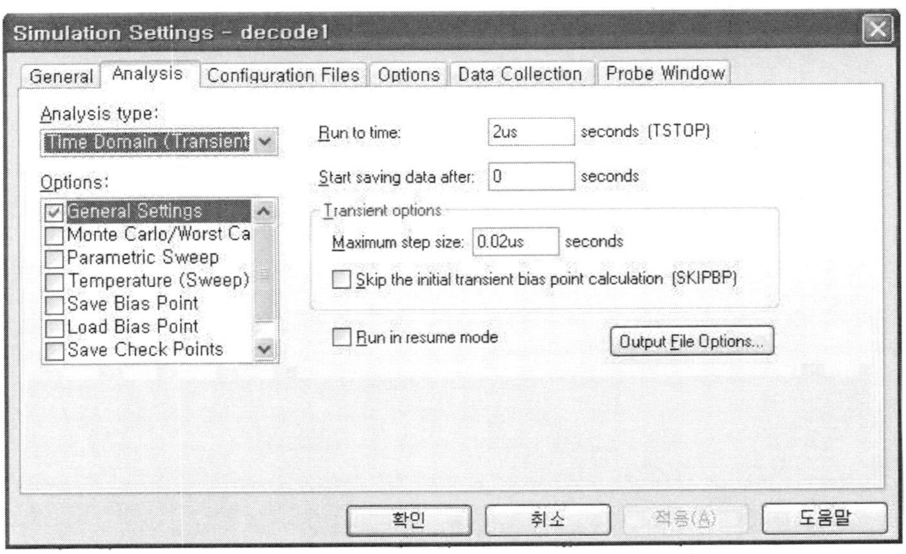

그림 18.9 Analysis Setup

3) Simulation 결과

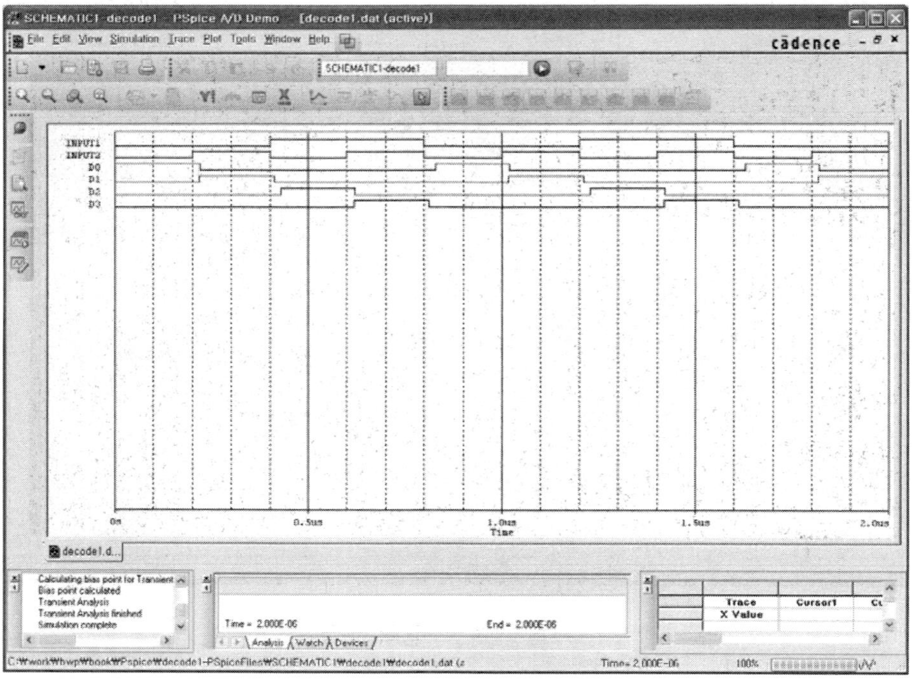

그림 18.10 디코드 회로의 입력 신호와 출력 신호 파형

18.3 동기식 카운터 실습

1) Simulation 회로

그림 18.11에 나타나 있는 동기식 카운터 회로의 특성을 PSpice를 이용하여 알아보자.

〈관찰 내용〉

① 동기식 카운터의 논리 특성 알아보기

② 동기식 카운터 회로의 특성을 알아본다.

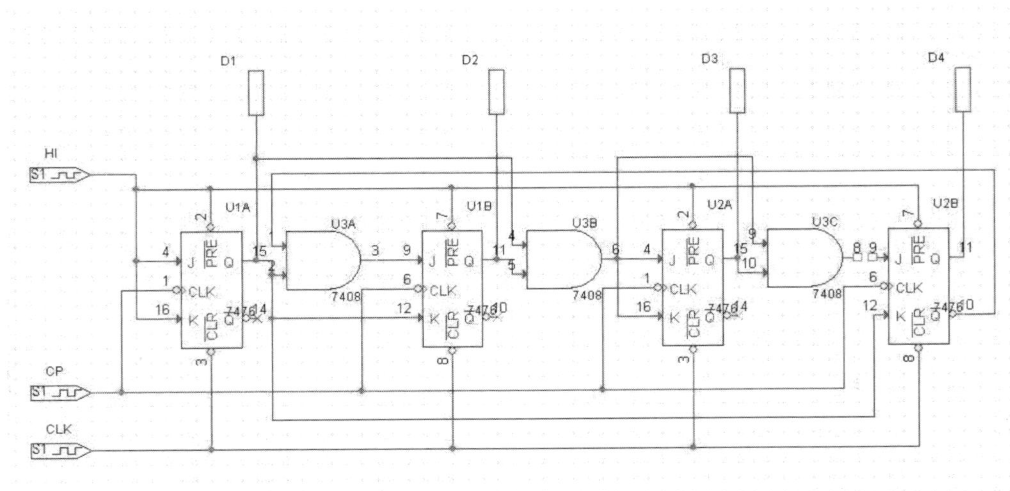

그림 18.11 동기식 카운터 회로회로

2) Simulation 조건

① 디지털 입력기 CP, CLR, HI

- Digstim : Digstim1/SOURCSTM

② AND gate : U2A, U2B, U2C

Library : 7408/EVAL,

③ Flip Flop : U1A, U1B, U1C, U1D

Library : 7476/EVAL,

④ Port : D1, D2, D3, D4

Library : PortNO-L/CAPSYM

⑤ 접지 : 0

0/SOURCE

⑥ Analysis Setup

- 전압 및 전류 특성 : Transient Analysis

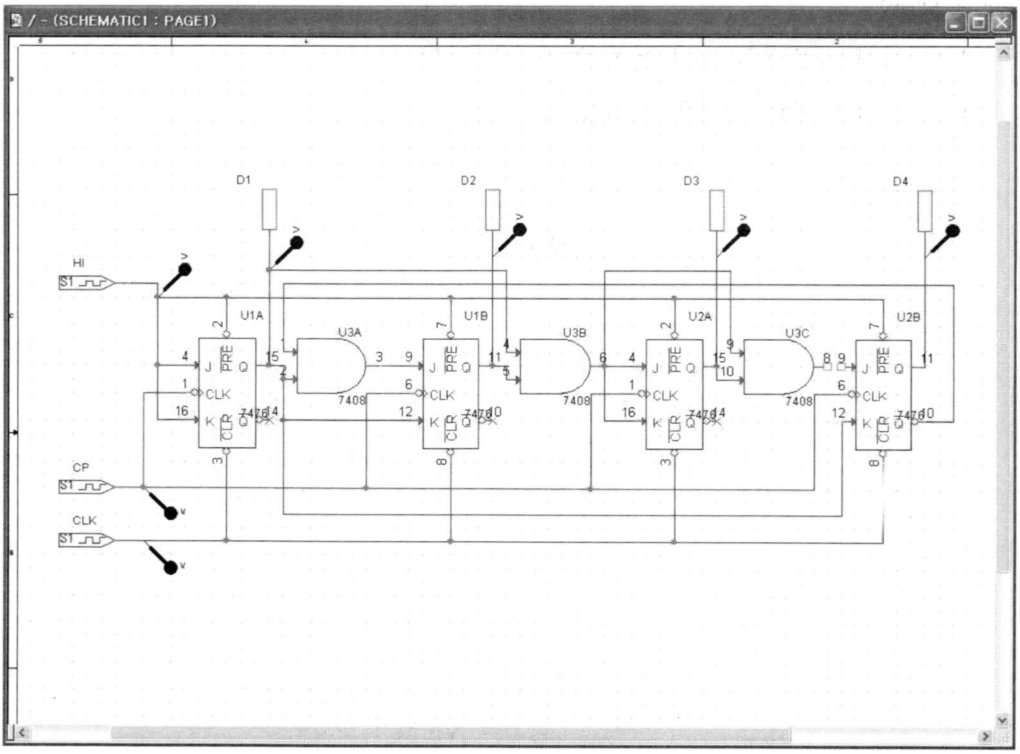

그림 18.12 PSpice 상의 동기식 카운터 회로

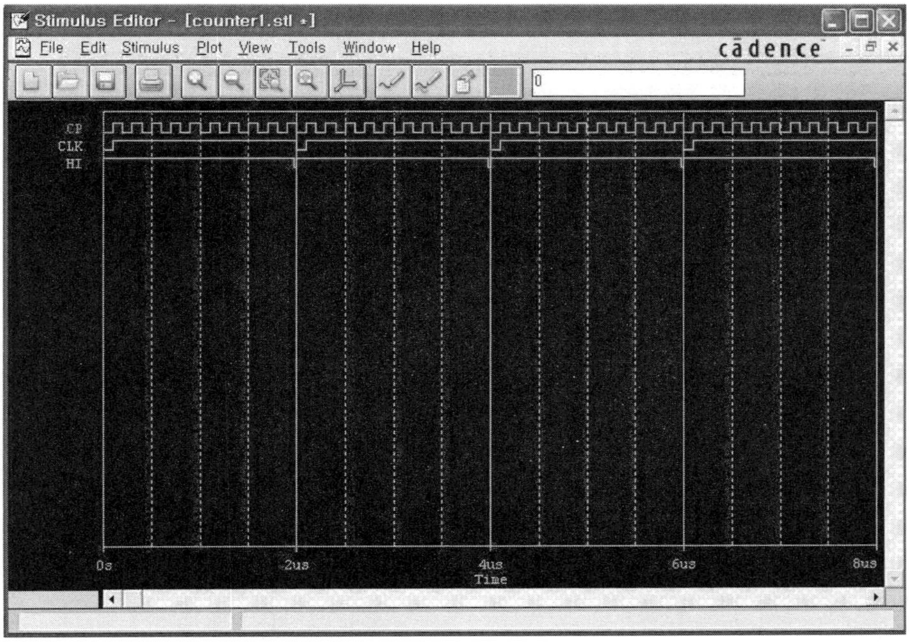

그림 18.13 입력 신호

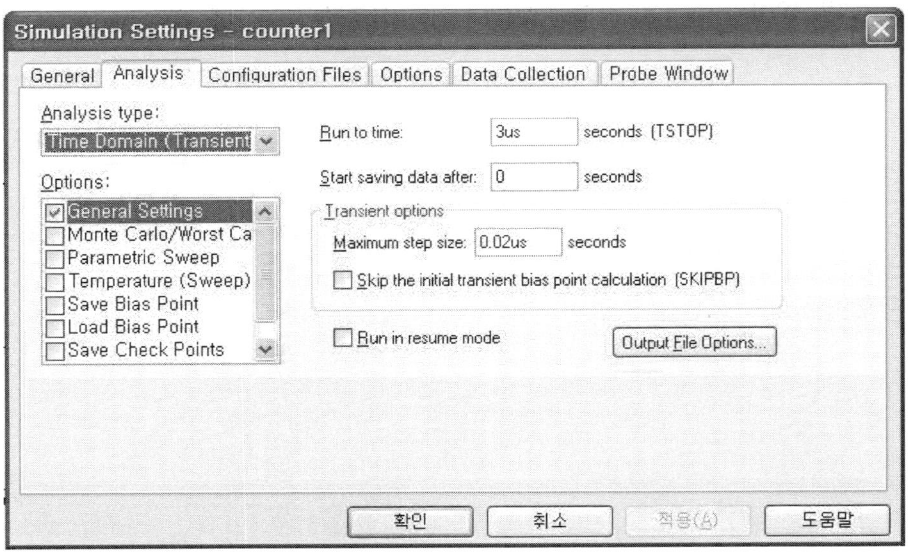

그림 18.14 Analysis Setup

3) Simulation 결과

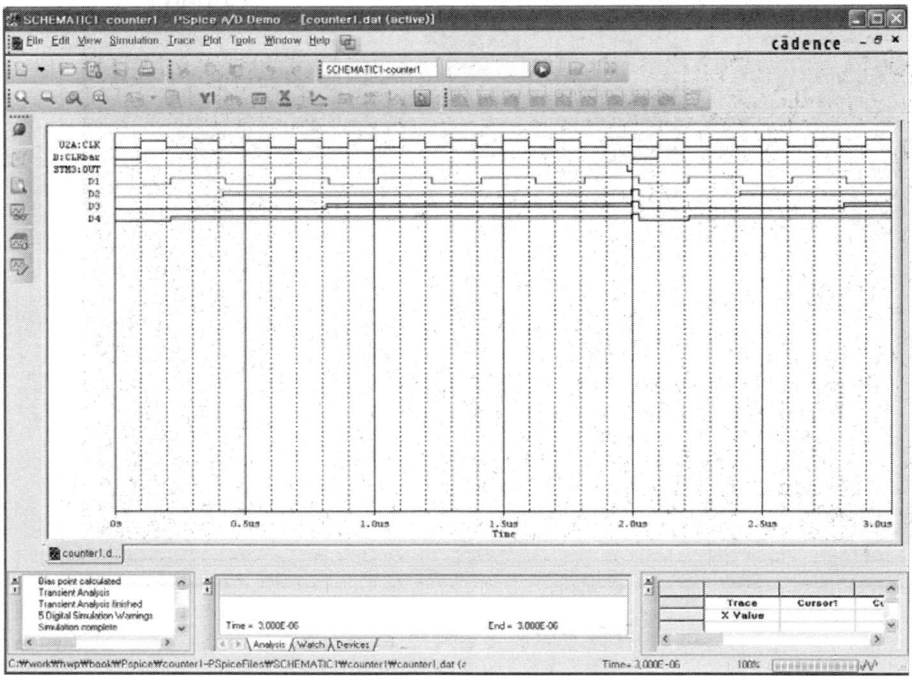

그림 18.15 동기식 카운터 회로의 입력 신호와 출력 신호 파형

Appendix

A. 관련 사항

A.1 임피던스

순수 저항 소자에 있어서의 저항 값은 실수 값으로 표현된 저항이라고 하지만 콘덴서와 코일은 허수 값으로 표현된 저항이라고 할 수 있다. 실수 값과 허수 값을 모두 나타내는 포괄적인 의미의 저항을 임피던스라고 한다. 즉 콘덴서, 코일, 저항을 포함하여 교류에 대한 저항을 말한다.

표 A.1 임피던스 구성 요소

구분	임피던스	저주파	고주파
저항	R	일정	일정
코일	$sL = jwL$	저항 작아짐	저항 커짐
콘덴서	$\frac{1}{sC} = \frac{1}{jwC}$	저항 커짐	저항 작아짐

s : Laplace 연산자

$w = 2\pi f$: 각 주파수

A.2 데시벨(dB)

현재의 음량이 인간의 귀가 어느 정도 크기로 느끼는지를 수치적으로 표시하기 위해 만든 단위이다. 예로 실제 음량을 기준 음량대비 100배로 올리면 인간의 귀는 대수적으로 취한 즉, 2배 정도 증가한 것으로 느낀다.

전력 데시벨 : $dB = 10\log_{10}\frac{P_2}{P_1}$

P_1 : 기준값(입력 기준값)

P_2 : 비교값(출력 측정값)

전압 데시벨 : $dB = 20\log_{10}\frac{V_2}{V_1}$

전류 데시벨 : $dB = 20\log_{10}\frac{I_2}{I_1}$

$$dBm = 20\log\frac{V}{0.775}$$

dBm : 임피던스 600[Ω](시스템 임피던스 : 시스템에 따라 75[Ω], 50[Ω]이 될 수도 있다.)에서 1[mW]를 소비할 때의 전압을 기준하여 나타낸 데시벨

표 A.2 전력, 전압 그리고 전류의 데시벨 표기

배수	전력(dB)	전압, 전류(dB)
$\frac{1}{100}$	−20	−40
$\frac{1}{10}$	−10	−20
$\frac{1}{4}$	−6	−12
$\frac{1}{2}$	−3	−6
$\frac{1}{\sqrt{2}}$	−1.5	−3
1	0	0
$\sqrt{2}$	1.5	3
2	3	6
4	6	12
10	10	20
100	20	40

A.3 S/N 비

신호 대 잡음비를 의미하며, 그 값이 클수록 잡음이 적은 기기라고 볼 수 있다.

$$\frac{S}{N} = 20\log_{10}\frac{V_a}{V_n}[dB]$$

V_a : 신호 성분 실효치

V_n : 노이즈 성분 실효치

A.4 Bode Plot

회로 혹은 시스템의 주파수 응답을 그래프 화 한 것으로 주파수 축에 대한 이득(Gain) 특성과 위상 특성을 표기한 것이다. 이때 입력 축에 인가하는 신호의 형태는 크기는 고정되어 있고 주파수만 저주파에서 고주파 부분까지 sweep 하는 형태를 갖고 있다. 전달함수를 주파수 응답에 대한 크기와 위상으로 표현하는 것을 말한다. 회로에 들어가는 입력 신호는 주파수에 따라서 크기와 위상이 변화하는 사인파의 합으로 적용한다.

A.5 PSpice에서 사용하는 단위

Alphabet used...	Stands for ..
F(f)	femto
P(p)	pico
N(n)	nano
U(u)	micro
M(m)	milli
K(k)	kilo
MEG(meg)	mega
G(g)	giga
T(t)	tera

사용 예)

Notations	Equivalent to
2M2	2.2M
2MEG2	2.2MEG
4L5	4.5H(Inductor of 4.5 henry)
2K2	2.2K
12C2	Capacitor of 12.2 farads
5R4	Resistor of 5.4 ohms
2p2	2.2p (2.2*1012)

B. 시뮬레이션 시 Error 대책

B.1 Unmondeled parts

Warning : Part Part_name has no simulation mode.

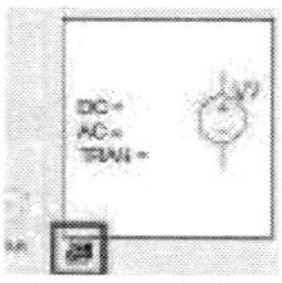

Place Part에서 왼쪽 그림처럼 PSpice 아이콘 모양이 있는 라이브러리를 사용해야 시뮬레이션이 가능하다.

B.2 Missing Ground

ERROR -- Node node_name is floationg

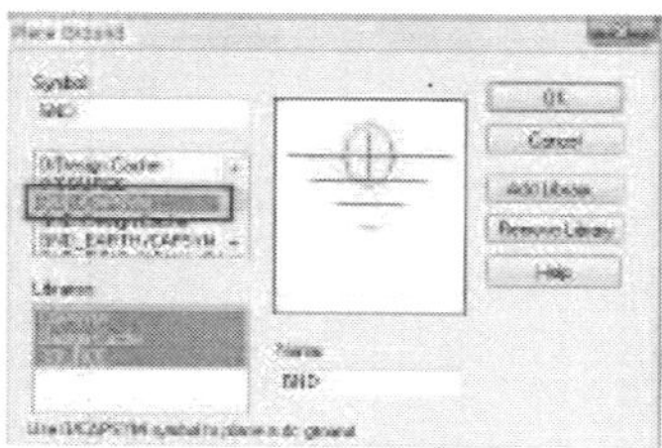

(X)

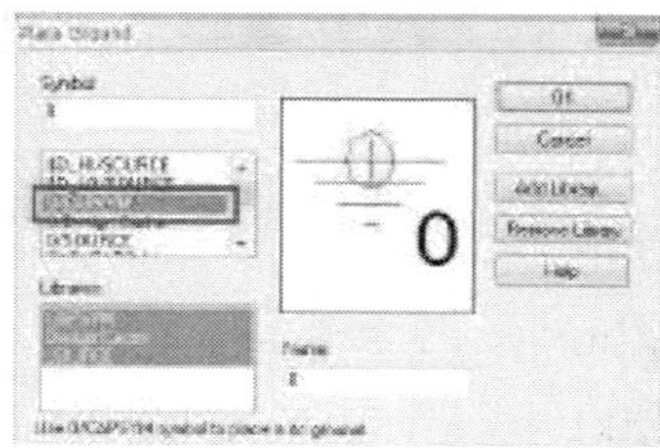

(O)

Source.olb의 0 ground 부품을 반드시 사용해야 한다. 또는 Wire에 Nest Alias로 0을 설정해야만 시뮬레이션이 가능하다.

B.3 Missing DC path to graound

DC 해석 시 병렬 Capacitor가 Open 해석되기 때문에 전압원-인덕터를 연결한 경우 직렬 인덕터에는 작은 저항(0.01 이하)을 직렬로 연결하고, 전류원-캐패시터를 연결한 경우 병렬 캐패시터에 큰 저항(1G 이상)을 병렬로 연결한다.

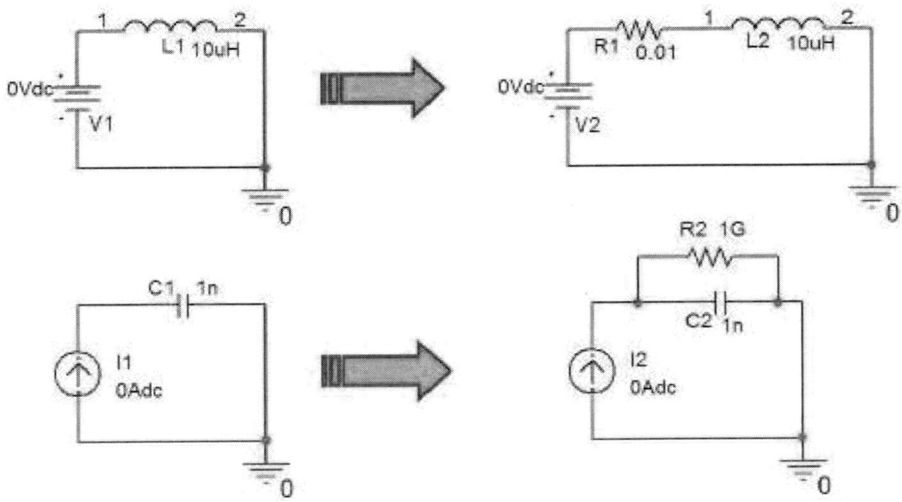

B.4 User Defined Model parts

ERROR -- Model Model_name used by Model_Ref is undefined

사용자가 직접 구하거나 생성한 모델을 이용하여 시뮬레이션 할 경우 Library가 경로에 있지 않아 특성을 불러오지 못하는 경우로 Simulation Profile에서 Library 경로에 추가시켜 줄 필요가 있다.

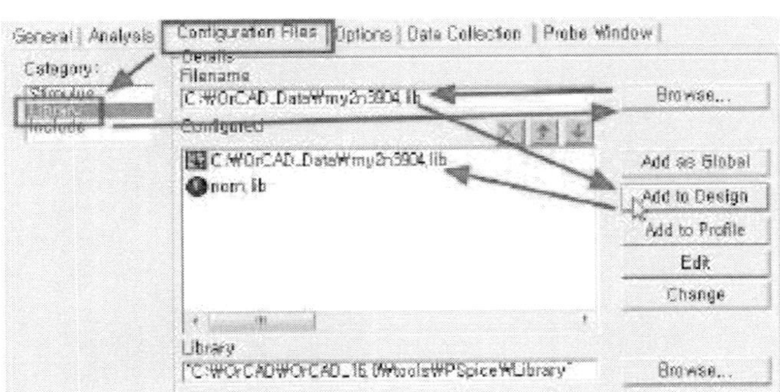

cadence™

PSpice® Quick Reference

Product Version 16.3
December 2009

Contents

PSpice shortcut keys

Key	Mode or user interface item	Function or menu command
CTRL+A	Zoom menu (on the View menu)	Area
CTRL+C	Edit menu	Copy
CTRL+SHIFT+C	Cursor menu (on the Trace menu)	Display
CTRL+F	Edit menu	Find
CTRL+SHIFT+F	Cursor menu (on the Trace menu)	Freeze
CTRL+G	Edit menu	Goto Line
CTRL+H	Edit menu	Replace
CTRL+I	Zoom menu (on the View menu)	In
CTRL+SHIFT+I	Cursor menu (on the Trace menu)	Point
CTRL+L	Zoom menu (on the View menu)	Redraw
CTRL+SHIFT+L	Cursor menu (on the Trace menu)	Slope
CTRL+SHIFT+M	Cursor menu (on the Trace menu)	Min
CTRL+N	With a PSpice window active	Creates a new text file
CTRL+SHIFT+N	Cursor menu (on the Trace menu)	Next Transition
CTRL+O	File menu	Open
CTRL+P	File menu	Print
CTRL+SHIFT+P	Cursor menu (on the Trace menu)	Peak
CTRL+SHIFT+R	Cursor menu (on the Trace menu)	Previous Transition
CTRL+SHIFT+S	Cursor menu (on the Trace menu)	Search Commands
CTRL+SHIFT+T	Cursor menu (on the Trace menu)	Trough
CTRL+U	With a waveform window active	Restores the last deleted traces

Key	Mode or user interface item	Function or menu command
CTRL+V	Edit menu	Paste
CTRL+X	Edit menu	Cut
CTRL+SHIFT+X	Cursor menu (on the Trace menu)	Max
CTRL+Y	With a waveform window active	Add a Y axis
CTRL+SHIFT+Y	With a waveform window active	Delete a Y axis
F1	Help menu	Help Topics
F3	Edit menu	Find Next
ALT+F4	File menu	Exit
F12	With a waveform window active	Restores the last waveform window
INSERT	With a waveform window active	Opens the Add Traces dialog box
DELETE	Edit menu	Delete
CTRL+DELETE	With a waveform window active	Deletes all traces in the waveform window

PSpice toolbars

PSpice toolbar in Capture

Tool	Name	Description
	New simulation profile	Opens the New Simulation dialog box. Equivalent to the New Simulation Profile command on the PSpice menu.
	Edit simulation settings	Opens the Simulation Settings dialog box. Equivalent to the Edit Simulation Settings command on the PSpice menu.
	Run	Runs the simulation. Equivalent to the Run command on the PSpice menu.
	View simulation results	Opens the simulation window. Equivalent to the View Simulation Results command on the PSpice menu.
	Voltage level marker	Places a voltage level marker on the schematic page. Equivalent to the Voltage Level command on the Markers menu (on the PSpice menu).
	Current into pin marker	Places a current into pin marker on the schematic page. Equivalent to the Current Into Pin command on the Markers menu (on the PSpice menu).
	Voltage differential marker	Places a voltage differential marker on the schematic page. Equivalent to the Voltage Differential command on the Markers menu (on the PSpice menu).

File toolbar in PSpice

Tool	Name	Description
	New	Opens a new simulation file or a new text file. Equivalent to the Simulation Profile command or Text File command on the New menu (on the File menu).
	Open	Opens a data file. Equivalent to the Open command on the File menu.
	Append file	Opens the Append dialog box, which you use to append a data file to the current waveform data. Equivalent to the Append Waveform (.DAT) command on the File menu.
	Save	Saves the active file. Equivalent to the Save command on the File menu.
	Print	Prints the active file. Similar to the Print command on the File menu.

Edit toolbar in PSpice

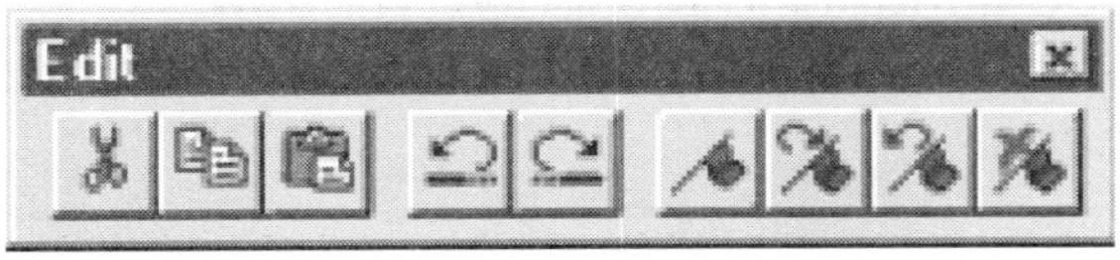

Tool	Name	Description
	Cut	Removes the selected object and places it on the Clipboard. Equivalent to the Cut command on the Edit menu.
	Copy	Copies the selected object to the Clipboard. Equivalent to the Copy command on the Edit menu.
	Paste	Pastes the contents of the Clipboard at the cursor. Equivalent to the Paste command on the Edit menu.
	Undo	Undoes the last command performed. Equivalent to the Undo command on the Edit menu.
	Redo	Redoes the last command performed. Equivalent to the Redo command on the Edit menu.
	Toggle bookmark	Toggles a bookmark at the current line. Equivalent to the Toggle Bookmark command on the Edit menu.
	Next bookmark	Moves to the next bookmark. Equivalent to the Next Bookmark command on the Edit menu.
	Previous bookmark	Moves to the previous bookmark. Equivalent to the Previous Bookmark command on the Edit menu.

Tool	Name	Description
	Clear all bookmarks	Clears all bookmarks in the active window. Equivalent to the Clear Bookmarks command on the Edit menu.

Simulate toolbar in PSpice

Tool	Name	Description
	Run	Runs the current simulation. Equivalent to the Run command on the Simulation menu.
	Pause	Pauses the simulation run. Equivalent to the Pause command on the Simulation menu.

Probe toolbar in PSpice

Tool	Name	Description
	Zoom in	Zooms in on a specified point. Equivalent to the In command on the Zoom menu (on the View menu).
	Zoom out	Zooms out from a specified point. Equivalent to the Out command on the Zoom menu (on the View menu).
	Zoom area	Zooms in on a selected area of a graph. Equivalent to the Area command on the Zoom menu (on the View menu).
	Zoom fit	Zooms to show all traces and labels. Equivalent to the Fit command on the Zoom menu (on the View menu).
	Log X axis	Toggles the X axis between log and linear scaling. Equivalent to selecting the Log option or Linear option in the X Axis tab in the Axis Settings dialog box (accessed by choosing the Axis Settings command on the Plot menu).
	Fourier	Toggles between displaying the Fourier transform of all analog traces in the selected plot. Equivalent to the Fourier (or End Fourier) command on the Trace menu.
	Performance analysis	Toggles the performance analysis on and off. Equivalent to the Performance Analysis command on the Trace menu. NOTE: This toolbar button and corresponding menu command are not available in PSpice A/D Basics.

Tool	Name	Description
	Log Y axis	Toggles the Y axis between log and linear scaling. Equivalent to selecting the Log option or Linear option in the Y Axis tab in the Axis Settings dialog box (accessed by choosing the Axis Settings command on the Plot menu).
	Add trace	Opens the Add Traces dialog box, which you use to add a trace (or traces) to a selected plot. Equivalent to the Add Trace command on the Trace menu.
	Evaluate measurement	Opens the Evaluate Measurement dialog box, which you use to evaluate a measurement expression's value. Equivalent to the Evaluate measurement command on the Trace menu. NOTE: This toolbar button and corresponding menu command are not available in PSpice A/D Basics.
	Text label	Opens the Text Label dialog box, which you use to add a text label to a graph. Equivalent to the Text command on the Label menu (on the Plot menu).
	Mark data points	Marks data points on analog traces. Equivalent to selecting the Mark Data Points option in the Probe Options dialog box (accessed by choosing the Options command on the Tools menu).
	Toggle cursor	Toggles the display of the Probe cursor on and off. Equivalent to the Display command on the Cursor menu (on the Trace menu).

Cursor toolbar in PSpice

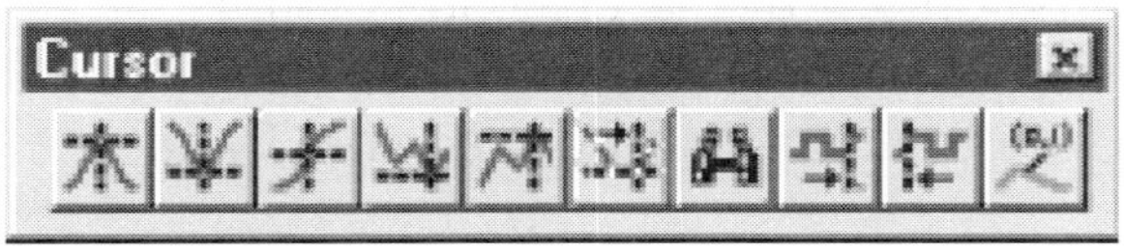

Tool	Name	Description
	Cursor peak	Positions the cursor at the next peak value. Equivalent to the Peak command on the Cursor menu (on the Trace menu).
	Cursor trough	Positions the cursor at the next trough. Equivalent to the Trough command on the Cursor menu (on the Trace menu).
	Cursor slope	Positions the cursor at the next slope. Equivalent to the Slope command on the Cursor menu (on the Trace menu).
	Cursor min	Positions the cursor at the next minimum value. Equivalent to the Min command on the Cursor menu (on the Trace menu).
	Cursor max	Positions the cursor at the next maximum value. Equivalent to the Max command on the Cursor menu (on the Trace menu).
	Cursor point	Positions the cursor at the next data point. Equivalent to the Point command on the Cursor menu (on the Trace menu).
	Cursor search	Opens the Search Command dialog box, which you use to position the cursor at a specific place along a trace. Equivalent to the Search Commands command on the Cursor menu (on the Trace menu).
	Cursor next tran	Positions the cursor at the next digital transition. Equivalent to the Next Transition command on the Cursor menu (on the Trace menu).

Tool	Name	Description
	Cursor prev tran	Positions the cursor at the previous digital transition. Equivalent to the Previous Transition command on the Cursor menu (on the Trace menu).
	Mark label	Marks the current cursor location with a value. Equivalent to the Mark command on the Label menu (on the Plot menu).

PSpice Model Editor shortcut keys and toolbar

Note: PSpice Model Editor is not available in PSpice A/D Basics.

PSpice Model Editor shortcut keys

Key	Mode or user interface item	Function or menu command
CTRL+C	Edit menu	Copy
CTRL+N	File menu	New
CTRL+O	File menu	Open
CTRL+P	File menu	Print
CTRL+S	File menu	Save
CTRL+V	Edit menu	Paste
CTRL+X	Edit menu	Cut
F1	Help menu	Help Topics
ALT+F4	File menu	Exit
DELETE	Edit menu	Delete

PSpice Model Editor toolbar

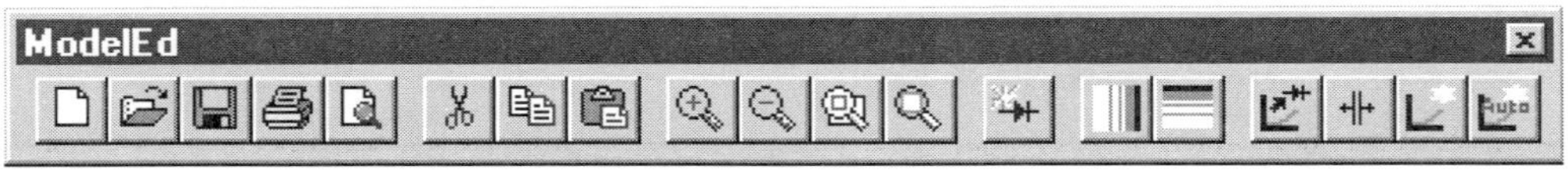

Tool	Name	Description
	New library	Creates a new library. Equivalent to the New command on the File menu.
	Open library	Opens an existing library. Equivalent to the Open command on the File menu.
	Save library	Saves the active library. Equivalent to the Save command on the File menu.
	Print model directly	Prints the active model. Similar to the Print command on the File menu.
	Print preview	Displays print preview pages of the model data. Equivalent to the Print Preview command on the File menu.
	Cut	Removes the selected object and places it on the Clipboard. Equivalent to the Cut command on the Edit menu.
	Copy	Copies the selected object to the Clipboard. Equivalent to the Copy command on the Edit menu.
	Paste	Pastes the contents of the Clipboard at the cursor. Equivalent to the Paste command on the Edit menu.

Tool	Name	Description
	Zoom in	Zooms in about the center of the plot. Equivalent to the In command on the View menu.
	Zoom out	Zooms out about the center of the plot. Equivalent to the Out command on the View menu.
	Zoom area	Zooms to fit a selected area. Equivalent to the Area command on the View menu.
	Zoom to fit data	Zooms to show all data in the plot. Equivalent to the Fit command on the View menu.
	New model	Inserts a new model into the library. Equivalent to the New command on the Model menu.
	Toggle X	Toggles the X axis between log and linear scaling. Equivalent to selecting the Log option or Linear option in the Axis Settings dialog box (accessed by choosing the Axis Settings command on the Plot menu).
	Toggle Y	Toggles the Y axis between log and linear scaling. Equivalent to selecting the Log option or Linear option in the Axis Settings dialog box (accessed by choosing the Axis Settings command on the Plot menu).
	Extract	Extracts new parameters from your specifications. Equivalent to the Extract Parameters command on the Tool menu.
	Sync splitters	Synchronizes the splitter bars in the model data windows within the Spec Entry document window. Equivalent to selecting the Synchronize Graph Splitter Window option in the Options dialog box (accessed by choosing the Options command on the Tools menu).

Tool	Name	Description
	Update graph	Redraws the graph after you add or edit values. Equivalent to the Redraw command on the View menu.
	Auto refresh	Refreshes a graph automatically after a change is made. Equivalent to selecting the Automatically Update Graph option in the Options dialog box (accessed by choosing the Options command on the Tools menu).

PSpice Stimulus Editor shortcut keys and toolbar

Note: PSpice Stimulus Editor is not available in PSpice A/D Basics.

PSpice Stimulus Editor shortcut keys

Key	Mode or user interface item	Function or menu command
ALT+A	Edit menu	Add
CTRL+A	View menu	Area
CTRL+D	With a plot window active	Delete
CTRL+I	View menu	In
CTRL+L	View menu	Redraw
ALT+N	Stimulus menu	New
CTRL+N	View menu	Fit
CTRL+O	View menu	Out
CTRL+P	View menu	Previous
CTRL+T	Edit menu	Attributes
F1	Help menu	Help Topics
ALT+F4	File menu	Exit
F12	File menu	Save As
CTRL+F12	File menu	Open
SHIFT+F12	File menu	Save
CTRL+SHIFT+F12	File menu	Print
DELETE	Edit menu	Delete
ALT+DELETE	Stimulus menu	Remove

Key	Mode or user interface item	Function or menu command
INSERT	Stimulus menu	Get

PSpice Stimulus Editor toolbar

Tool	Name	Description
	New	Opens a new plot window. Equivalent to the New command on the File menu.
	Open	Opens an existing stimulus library. Equivalent to the Open command on the File menu.
	Save	Saves the current stimulus library. Equivalent to the Save command on the File menu.
	Print	Prints the active plot window. Similar to the Print command on the File menu.
	Zoom in	Zooms in and centers plot at cursor location. Equivalent to the In command on the View menu.
	Zoom out	Zooms out and centers plot at cursor location. Equivalent to the Out command on the View menu.
	View area	Zooms in on an area you define. Equivalent to the Area command on the View menu.

Tool	Name	Description
	View fit	Zooms to the default view level. Equivalent to the Fit command on the View menu.
	Axis settings	Opens the Axis Settings dialog box, which you use to specify the axis settings. Equivalent to the Axis Settings command on the Plot menu.
	New stimulus	Opens the New Stimulus dialog box, which you use to create a new stimulus. Equivalent to the New command on the Stimulus menu.
	Get stimulus	Opens the Get Stimulus dialog box, which you use to add stimuli to the plot. Equivalent to the Get command on the Stimulus menu.
	Edit attributes	Opens the Edit Digital Transition dialog box, which you use to modify the values and settings of the selected stimuli. Equivalent to the Attributes command on the Edit menu.
	Add	Adds a new point or transition to the stimuli at the cursor location. Equivalent to the Add command on the Edit menu.

참고 문헌

1. 최 평, 조용범, 목형수, 백동철, "PSpice 기초와 활용" 복두출판사.
2. James W. Nilsson, Susan A. Riedel "Introduction to PSpice Manual Using OrCAD Release 9.2 to Accompany ELECTRIC CIRCUITS" Prentice Hall.
3. 서영수외 3인 "완벽 PSpice" 대영사.
4. PSpiceUserGuide
5. PSpice 한글 사용법
6. 차균현, 박노경, 박상봉, "PSpice 입문"기다이, 1991
7. Orcad Release 9 Note, "Simulation with PSpice Lab Workbook"
8. 서영수, 김영춘, 조문택. "PSpice를 이용한 회로해석과 시뮬레이션" 생능출판사, 1994
9. 이승무 "Orcad 10.3" 한올 출판사, 2005

PSpice를 이용한 기초 회로 해석

1판 2쇄 2013년 3월 4일

저 자 전광일
발행인 송광헌
발행처 복두출판사
주 소 서울특별시 영등포구 문래동 1가 39
센터플러스 807호 (우) 150-091
전 화 (02) 2164-2580
FAX (02) 2164-2584
등 록 1993. 11. 22. 제 10-902 호

정가 : 18,000 원
ISBN : 978-89-8000-683-0 93560

한국과학기술출판협회 회원사